U0648320

21世纪高等院校
市场营销专业
规划教材

Southeast
Asia Marketing

东南亚市场营销

（第二版）

林素娟 等 编著

东北财经大学出版社
Dongbei University of Finance & Economics Press

大连

图书在版编目（CIP）数据

东南亚市场营销/林素娟等编著. —2版. —大连：东北财经大学出版社，2017.8

（21世纪高等院校市场营销专业规划教材）

ISBN 978-7-5654-2958-3

Ⅰ. 东…　Ⅱ. 林…　Ⅲ. 市场营销学-东南亚-高等学校-教材　Ⅳ. F733.303

中国版本图书馆CIP数据核字（2017）第243293号

东北财经大学出版社出版

（大连市黑石礁尖山街217号　邮政编码　116025）

网　　址：http://www.dufep.cn

读者信箱：dufep@dufe.edu.cn

大连住友彩色印刷有限公司印刷　东北财经大学出版社发行

幅面尺寸：185mm×260mm　　　字数：440千字　　　印张：18.75

2017年8月第2版　　　　　　　2017年8月第2次印刷

责任编辑：孙　平　魏　巍　　　责任校对：刘贤恩　石建华

　　　　　刘慧美　徐　群　　　　　　　　尹　惠

封面设计：冀贵收　　　　　　　版式设计：钟福建

定价：36.00元

教学支持　售后服务　　联系电话：（0411）84710309

版权所有　侵权必究　　举报电话：（0411）84710523

如有印装质量问题，请联系营销部：（0411）84710711

第二版前言

　　东南亚拥有 457 万平方千米的区域面积，人口约 6.35 亿。2015 年 12 月 31 日，东盟共同体正式成立。目前，东盟是世界第七大经济体、亚洲第三大经济体、世界第四大进出口贸易地区，也是发展中国家吸收外商直接投资（FDI）的主要地区，即使在全球经济依然动荡的 2015 年，东盟经济的增长率仍在 4.4％ 以上，2014 年东盟国内生产总值（GDP）已经达到 2.57 万亿美元。世界银行发布的 2016 年经济增长评估报告显示，2016 年在东盟国家中，柬埔寨的经济增长率为 6.9％，印度尼西亚为 5.3％，老挝为 7％，马来西亚为 4.5％，菲律宾为 6.4％，泰国为 2％，越南为 6.6％，缅甸经济增长率最高，为 7.8％。在新加坡、马来西亚、泰国、印度尼西亚、菲律宾、文莱 6 个东盟国家之间，99％ 的品类已实现零关税；越南、柬埔寨、老挝、缅甸 4 个国家也计划在 2018 年之前基本取消关税。东盟是中国周边外交和对外经贸合作的优先方向，是"21 世纪海上丝绸之路"建设的必经之路，这个充满潜力与活力的区域将再次成为外国企业投资的热点地区。目前，向东盟国家寻求商机的中国企业也越来越多。然而，许多市场营销人员由于对东南亚国家的市场营销状况缺乏了解，因此走了不少弯路，甚至付出了高昂的代价。为了帮助广大市场营销人员更好地在东南亚市场上运用营销策略，减少因策略选择不当而造成的损失，我们在总结相关理论与实践的基础上编写了此书。

　　我们坚持以创新、实用为原则，吸收了国际市场营销学研究的最新理论和经验，着重深挖介绍东南亚的宏观环境特征，并在体例上设计"小资料"栏目，在内容上介绍东南亚各国最新的营销资料，以达到企业顺手可用的效果，从而使得在东南亚国家有投资往来的企业能够知己知彼，能够用恰当的营销决策开展有效的营销活动。本书也是教育部"适应中国－东盟自由贸易区发展需要的经济管理类人才培养模式的研究与实践"项目特色成果，适合开设特色教学的高校作为教材使用，也可作为广大响应"一带一路"倡议、与东南亚国家有贸易投资往来企业的培训教材及大众的普及读物。

　　本书由广西经济管理干部学院教师编著，林素娟负责拟定大纲、组织协调并总纂定稿。本书共分十三章，具体分工是：林素娟编写第一、二、三、四、六、九、十章；汤雅婷编写第五章；梁晓音编写第七、十一章；莫秀超编写第八、十二章；李宁编写第十三章。广西财经学院陆莉、罗雪梅、罗琴、陈英、何炯祥、张建中、蒙聪惠，广西师范学院曹世武等都对本书有所贡献，在此表示感谢！

　　本书在编著过程中参考了国内外许多有关国际市场营销和东南亚市场营销方面的文

献，获得了很多启迪，从而促进了本书的完成，在此对许多未见过面的作者深表谢意。尽管我们希望在读者面前呈现一本兼具学术性和实用性的作品，但由于学识所限、时间仓促、资料数据不全等因素，错误和缺点在所难免，也还有许多内容未尽，恳请读者提出宝贵意见。

编著者

2017 年 7 月

目　录

第一章　东南亚市场概述

市场营销学主要研究企业主体运作市场、占领市场的规律性问题。随着21世纪全球化时代的到来，世界各国与东南亚各国之间的经济合作越来越频繁，中国"一带一路"倡议的提出使得中国企业在东南亚国家的投资进入高峰期，进入东南亚市场的各类企业之间的竞争将更加激烈。

面对区域合作与竞争的新形势，企业要想取得较大的市场份额，就必须走出国门，在国外市场上开展营销活动。对于每一个进入东南亚市场的企业来说，掌握东南亚市场营销的基本原理，通过制定正确的东南亚市场营销战略和策略来指导企业的行动，是首先要考虑的问题。

第一节　东南亚市场营销背景

一、东南亚概况

东南亚是第二次世界大战后期才出现的一个新的地区名称，东南亚地区共有11个国家，包括越南、老挝、柬埔寨、泰国、缅甸、马来西亚、新加坡、印度尼西亚、文莱、菲律宾和东帝汶。东南亚地区除了东帝汶不是东盟成员国，其余10个国家全部为东盟成员国。本书所说的东南亚市场基本上是指前10个国家的市场，也就是人们常说的东盟十国。世界各国习惯把越南、老挝、柬埔寨、泰国、缅甸5个国家称为东南亚的"陆地国家"或"半岛国家"，而将马来西亚、新加坡、印度尼西亚、文莱、菲律宾5个国家称为东南亚的"海洋国家"或"海岛国家"。1967年，东南亚地区出现了一个"国家集团"，这就是东南亚国家联盟（简称"东盟"）。东南亚各国都有自己悠久的历史，并且都是新兴国家，除新加坡外，均属于发展中国家。东南亚各国都是多民族国家，全地区有90多个民族。东南亚地区也是世界上华侨、华人最多的地区，全地区约有华侨、华人2 000多万，另有200多万印度人，100多万其他国家的外来移民。

东南亚人口总数约为6.35亿。2016年，区域内人均GDP差别较大，如新加坡人均GDP为52 961美元，柬埔寨人均GDP仅为1 230美元。尽管东南亚各国的地理位置非常接近，但由于历史原因，它们在政治、经济、文化等诸多方面都存在差异。

如今，东南亚已成为世界经济发展最具活力和潜力的地区之一。在未来，东南亚在世界政治、经济中的作用和战略地位将更加重要。

二、东盟概况

东盟的前身是马来西亚、菲律宾和泰国于 1961 年 7 月 31 日在曼谷成立的东南亚联盟。1967 年 8 月，印度尼西亚、泰国、新加坡、菲律宾 4 个国家的外长和马来西亚副总理在曼谷举行会议，发表了《东南亚国家联盟成立宣言》，即《曼谷宣言》，正式宣告东南亚国家联盟成立。

20 世纪 80 年代后，文莱（1984 年）、越南（1995 年）、老挝（1997 年）、缅甸（1997 年）和柬埔寨（1999 年）5 个国家先后加入东盟，使东盟由最初成立时的 5 个成员国扩大到目前的 10 个成员国。

东盟的宗旨是本着平等和协作的精神，共同促进本地区的经济增长、社会进步和文化发展；遵循正义、国家关系准则和《联合国宪章》，促进本地区的和平与稳定；同国际和地区组织进行紧密和互利的合作。

随着经济实力和影响力的不断加强，东盟在地区事务中发挥着越来越重要的作用。20 世纪 90 年代初，东盟率先发起东亚区域合作进程，逐步形成了以东盟为中心的一系列区域合作机制。其中，东盟与中日韩（10+3）、东盟分别与中日韩（10+1）合作机制已经发展成为东亚国家开展合作的主要渠道。此外，东盟还与美国、日本、澳大利亚、新西兰、加拿大、欧盟、韩国、中国、俄罗斯和印度 10 个国家和地区形成了对话伙伴关系。2003 年，中国与东盟的关系发展为战略协作伙伴关系，中国成为第一个加入《东南亚友好合作条约》的国家。

近几年来，东南亚各国纷纷加大开放力度，老挝于 2012 年 10 月加入世界贸易组织。区域内外多边合作、多边洽谈活跃，政治关系融洽，相互提供互利互惠条件，多方共赢局面铺开，从而为自由贸易搭建了良好的平台。

2010 年 1 月 1 日，中国-东盟自由贸易区正式全面启动。中国-东盟自由贸易区是一个拥有 20 亿人口、国民生产总值达 6 万亿美元、贸易总额达 4.5 万亿美元的大市场。中国-东盟自由贸易区也是发展中国家间最大的自由贸易区。

2015 年 11 月，《中华人民共和国与东南亚国家联盟关于修订〈中国-东盟全面经济合作框架协议〉及项下部分协议的议定书》（简称《议定书》）正式签署，中国与东盟的合作将从"黄金十年"迈向"钻石十年"。目前，中国-东盟自由贸易区的零关税政策已经覆盖了双方 90%～95% 的产品，货物贸易自由化水平很高。升级版《议定书》的达成和签署，将进一步促进双边货物贸易的发展，促进双方在服务贸易上更多"补短板"。

第二节　东南亚市场营销概述

一、东南亚市场营销的概念

"市场营销"一词来自英文单词"Marketing"，原指市场上的买卖活动。美国市场营销协会（AMA）在整合了众多营销学者及营销人员贡献的基础上，于2007年公布了市场营销的定义，即"创造、沟通、传递、交换对顾客、客户、合作伙伴和整个社会具有价值的提供物的一系列活动、组织、制度和过程"。市场营销活动以满足顾客的需求并创造出有竞争力的价值为核心。市场营销组合（即产品、价格、渠道和促销）是企业市场营销战略的一个重要组成部分，市场营销组合的普遍原理不仅对欧洲、美洲、非洲市场适用，对东南亚市场也同样适用。

市场营销的实质，就是企业通过市场营销活动解决社会生产与消费的矛盾，满足目标市场的需求，实现企业预期的经营战略目标。国际市场营销的基本思想是企业的全部活动必须以国外消费者为中心，以满足国外消费者的需求和欲望为出发点，通过满足国外消费者的需求，吸引更多的顾客和拥有更大的市场占有率，以达到企业的营销目标，同时兼顾社会公众利益、保护环境、提高社会福利，最终促进人类的共同发展。随着经济全球化的发展、人类生活水平的不断提高和生态环境的日益恶化，国际市场营销思想和国际市场营销活动的内容也随之发生巨大变化。在国际交流平台越来越广泛、交流载体越来越丰富的今天，跨国营销现象已经非常普遍，但各地的文化差异较大，因此企业的市场营销活动也应有其特殊性。

东南亚市场营销是企业跨越国境在东南亚市场进行的营销活动，即企业为满足东南亚某国或多国消费者的需要，以获取利润为目的而进行的计划、定价、分销和促销活动。对东南亚市场营销这一概念的理解应把握好以下三个要点：一是东南亚市场营销属于跨国营销活动，企业必须将产品或服务销往东南亚市场；二是跨国公司、出口企业等是开展东南亚市场营销活动的主体；三是进行东南亚市场营销是为了满足东南亚各国消费者和用户的需求，因此必须注意产品或服务的市场适销性。

东南亚市场营销学作为一门研究跨国企业市场营销活动的综合性、应用性学科，主要研究如何使企业的产品或服务满足现有的和潜在的东南亚消费者的需求和欲望，研究的内容包括从产品或服务开发前的市场调研、市场预测到售后服务、信息反馈的全过程。也就是说，东南亚市场营销学是关于进入东南亚市场的跨国企业如何从当地消费者的需求和欲望出发，有计划、有组织、有目的地将产品或服务迅速转移到消费者手中，从而最大化满足消费者的需求、实现企业利润目标的一门学科。

东南亚市场营销是企业的产品或服务在东南亚地区顺利实现销售所必须进行的经济活动，如按照不同国家的进口需求，开发适销对路的产品或服务、建立相应的分销渠道、制定相应的价格策略、采取相应的促销手段等。也就是说，企业在东南亚市场进行商品交易时，只有保证市场营销活动的科学、合理，才能成功实现销售任务和目标。

二、东南亚市场营销的研究对象

研究东南亚市场营销，即站在企业的角度来研究东南亚的环境状况和消费者的购买特征，从而促进企业产品或服务在东南亚市场上的销售。这些企业既包括那些专门进行东南亚市场营销活动的企业，也包括那些以母国市场营销为主、兼有东南亚市场营销业务的企业，还包括在东南亚直接投资从事产品或服务销售的企业，以及那些出口产品或服务到东南亚市场的企业。

一个外国企业的产品或服务进入东南亚市场，很容易出现营销困境，研究东南亚市场营销，就是为了帮助企业摆脱这些困境。在东南亚市场上，从产品设计与包装、价格的制定、中间商的使用，到运输和存储政策、广告与销售策略、售后服务政策的制定，企业都需要以东南亚消费者的需要为中心，为这些活动指引方向并使之协调，从而在销售之外与消费者建立良好的关系，实现互惠互利。

研究东南亚市场营销，既要研究外国产品如何才能进入东南亚市场并换回外汇，也要研究外国企业如何到东南亚国家直接投资，生产出产品并在当地销售，还要研究外国企业如何与东南亚企业合作生产产品并在东南亚市场上销售。因此，无论产品在何处生产，只要企业生产的产品在东南亚市场销售，都在研究范围之内。

三、东南亚市场营销的研究内容

东南亚市场营销的研究内容是由研究对象的特定活动领域所决定的，是对东南亚市场营销活动过程的理论总结。东南亚市场营销的研究内容主要包括以下六个方面：

（一）东南亚市场的特点和运作方式

东南亚各国宏观环境的差异，使得东南亚市场营销和企业所在国的市场营销相比具有不同的特点。因此，研究东南亚市场营销必须从了解东南亚市场的特点和运作方式开始。

（二）东南亚市场营销环境的评价

通过对东南亚市场营销环境的评价，企业可以做出是否进入东南亚市场从事营销活动的决策。要评价东南亚市场营销环境，企业必须做好东南亚市场调研工作，只有了解了东南亚的金融和贸易体系，以及东南亚各国的经济环境、政治环境、法律环境、社会文化环境、自然环境、技术环境等方面的信息，才能发现企业的市场机会，顺利开展东南亚市场营销。

（三）东南亚目标市场的选择及东南亚市场营销战略的制定

企业决定进入东南亚市场从事市场营销活动后，还必须明确进入哪一个或哪几个东南亚国家市场，以及哪个行业的市场，并制定相应的市场营销战略。

（四）进入东南亚市场的途径

企业一旦确定了目标市场，就要决定进入该市场的途径。企业进入东南亚市场的途径主要包括：母国生产，东南亚销售；合作生产，返销东南亚；东南亚生产，东南亚销售。每条途径又包括多种具体形式，如间接出口、直接出口、许可证贸易、合资经营、在东南亚直接投资等。企业必须根据自己的实力，选择有效的进入东南亚市场的途径。

（五）市场营销组合策略的制定

企业要占领东南亚市场，必须有适销对路的产品、适宜的价格、适当的销售渠道和符合顾客要求的促销方式。这就需要企业制定产品策略、价格策略、渠道策略和促销策略，并将这些策略组合运用，这样才能取得最好的经济效益。制定市场营销组合策略的关键是要从企业的实际情况出发，选择整体最优的市场营销组合策略并付诸实施。

（六）东南亚市场营销管理

企业要在复杂多变的东南亚市场环境中求得生存和发展，不仅要适应市场的要求搞好营销活动，还必须做好东南亚市场营销管理。只有做好东南亚市场营销管理，才能保证东南亚市场调研、目标市场选择、市场营销组合策略制定等任务的顺利完成。东南亚市场营销管理包括建立市场营销组织、制订市场营销计划、监督市场营销决策的执行等内容。

四、东南亚市场营销的特点

东南亚市场营销与母国市场营销有许多相同之处：首先，开展市场营销活动的过程基本相同，即都要在对市场营销环境进行调查研究的基础上，制定自己的市场营销战略和策略。其次，使用的市场营销策略基本相同，即都要运用产品策略、价格策略、渠道策略和促销策略。最后，市场营销的目标基本相同，即都是在满足消费者需求的基础上取得最好的经济效益。

然而，在市场类型、市场范围、消费者行为和营销方式上，东南亚市场与母国市场仍存在很多差异，由此决定了东南亚市场营销与母国市场营销相比也具有不同的特点，具体概括如下：

（一）营销环境复杂

东南亚市场由10个国家组成，虽然这些国家具有一定的共性，但由于它们在地理位置、生产力发展水平、人口状况、经济结构、文化水平、风俗习惯、宗教信仰、消费水平、消费结构以及社会制度、货币政策等方面存在不同，因此东南亚的市场营销环境非常复杂。首先，虽然东南亚各国都把市场分为生产者市场、消费者市场、转卖者市场和社会集团市场，但具体表现形式各国并不一样。其次，东南亚各民族的信仰不同，不同的信仰产生了不同的价值观，因此消费者对产品和行为的价值评判差异较大。最后，东南亚市场的结算方式和结算货币因国家的不同而不同，从而增加了企业驾驭东南亚市场的难度。

总之，在进行东南亚市场营销时，企业只有做好市场调研工作，掌握多方面的市场信息，才能顺利占领东南亚市场。

❖小资料1-1

泰国商业部拟推动成立东盟有机产品联盟巩固其领先地位

泰国商业部部长阿披拉迪女士透露，为了进一步巩固泰国在本地区有机产品领域的领先地位，泰国将积极推动落实成立东盟有机产品联盟。泰国除了会促进联盟内有机产品的交流与合作外，还会积极开发符合市场需求的有机产品。

为了更好地达成上述目标，泰国商务部已经制定了一个包括4项实施战略的五年计划。

第一，建立更加有效的有机产品市场反应机制。

第二，不断提升有机产品的质量标准和认证体系，特别是泰国有机产品国际推广和品质认证。

第三，不断开拓泰国有机产品消费市场，尤其要开发一些能够满足消费者需求的有机产品。

第四，不断提升泰国有机产品的附加值，不管是在国内市场还是在国外市场。

资料来源：佚名. 泰国商业部拟推动成立东盟有机产品联盟巩固其领先地位 [EB/OL].[2017-05-29]. http://finance.sina.com.cn/roll/2017-05-30/doc-ifyfqqyh9025828.shtml.

（二）市场竞争激烈

首先，东南亚市场的竞争十分激烈，主要是因为科学技术的飞速发展。科学技术的飞速发展使新产品不断涌现，产品的生命周期大大缩短，许多产品供过于求；同时，竞争的手段也随着产品的变化而越来越多样化。

其次，参与东南亚市场竞争的国家增多也是东南亚市场竞争激烈的重要原因。过去，参与东南亚市场竞争的只有周边几个国家；现在，随着中国-东盟自由贸易区的升级和"10+3"框架的搭建，大部分周边国家，甚至远及欧美的发达国家也参与到了东南亚市场竞争中来。在此开放的格局下，东南亚市场营销既有外来投资企业与东道国企业之间的竞争，又有外来投资企业之间的竞争。

最后，东南亚国家相继出台了许多有利于投资的政策，但同时也出台了一些限制性措施。例如，文莱海关发布公告，从2007年3月1日起，实施酒类进口的新规定，具体规定如下：①携酒入境者必须年满17岁，为非穆斯林；②必须是合法入境者；③距离上次携酒入境的时间不能少于48小时；④携带入境的酒类只能供本人饮用，不能赠送、转送或转卖他人；⑤必须填报报关单并呈交海关官员；⑥每次携带的烈酒不得超过2瓶（2升），啤酒不得超过12罐（每罐330毫升）。这些政策的实施也提高了东南亚市场竞争的激烈程度。

（三）面临的不确定因素多

由于东南亚市场营销环境的复杂性和多变性，因此东南亚市场营销比母国市场营销面临的不确定因素多，主要包括：

第一，企业产品在东南亚市场上的总需求量难以调查和预测，不容易确定。

第二，企业很难深入东南亚市场一线了解谁是企业产品的主要购买者，只能通过中间商间接了解。也就是说，企业很难全面了解东南亚市场的产品需求状况及其变化趋势、消费者的购买动机等。

第三，企业产品初次进入东南亚市场时，很难确定一个合理的价格。因为一个对企业来说有利可图且消费者愿意接受的价格，需要进行广泛而深入的市场调研才能得出。

第四，由于不同国家的分销渠道结构、消费者购买习惯、对渠道的限制措施等不同，因此在东南亚市场上，企业很难对产品的分销渠道进行选择与控制。

第五，在东南亚市场上，由于不同国家的法律法规存在很大的差异，因此要想选择出一种对各国都适用的促销媒介对企业来说很难，即使选择了某种促销媒介，企业也很难对其经济效益和社会效益做出准确评价。

（四）面临的障碍多

开展东南亚市场营销面临的障碍很多，主要包括：

1.语言障碍

母国市场营销只需要一种语言，东南亚市场营销则需要多国语言，这就要求市场营销人员必须掌握英语以及越南语、老挝语、泰语、缅甸语等。

2.法律障碍

东南亚各国的法律法规并不完全一致，有的甚至差别很大，从事东南亚市场营销的人员对此必须高度重视。例如，市场营销人员不仅要熟悉东南亚各国的海关法、税法、反倾销法、仲裁法，而且要了解东南亚各国的商业惯例。

3.地理障碍

开展东南亚市场营销必须到东南亚去找贸易伙伴，虽然现在的交通资讯比以前发达得多，但地理障碍仍然增加了企业开展东南亚市场营销的难度。

4.货币障碍

东南亚各国使用的货币不同，并且这些货币多为难以兑换的货币，而许多企业对东南亚各国的货币并不十分了解，这也增加了东南亚市场营销的难度。

（五）营销风险大

在东南亚市场营销过程中，企业要承受的风险主要有：

1.信用风险

信用风险即由于对对方的资信了解不全或不准而带来的风险。在母国开展市场营销时，企业可通过政府部门调查对方的资信，但在东南亚某些国家，由于市场化程度不高、银行业不发达、信用系统数据不健全、缺少统一的信用监管部门，因此企业很难了解对方的资信，从而增加了信用风险。

2.商业风险

商业风险即由于进口方以各种理由拒收货物或拿货不给钱而带来的风险。拒收的理由多是货样不符、交货期晚、单证不符等。尽管拒收后可以交涉弥补，但企业的损失已经发生。

3.汇兑风险

汇兑风险即由于结算过程中采用的货币的汇率发生变化而带来的风险。一方面，东南亚资本市场的每一个风险因素发生变动，都可能将这种变动传递给相关国家和企业；另一方面，每一个风险因素之间也会相互影响，然后一波又一波地向各个国家传递，使企业面临的风险更复杂。

例如，1997年7月2日，泰国宣布放弃固定汇率制，实行浮动汇率制，泰铢汇率立即下跌了18%；7月11日，菲律宾宣布允许比索在更大的范围内与美元兑换，菲律宾比索开始大规模贬值；此后不久，马币也大幅度贬值，印尼盾甚至跌至历史最低点。

4.价格风险

价格风险即由于合同签订后价格产生变动而给企业带来的风险。近年来，原材料价格和农副产品价格波动频繁，这无疑增加了企业的价格风险。

5.运输风险

运输风险即由于运输时间长而带来的风险，包括货物损失风险和误期风险。在东南亚，货物运输大量依靠公路和水路，运输时间长，同时由于缺少高等级公路，因此增加了企业的运输风险。运输风险有时可由保险公司承担，但更多的时候是由企业自己承担的。

6.政治风险

政治风险即由于产品销售国的政局或政策变化而给企业带来的风险。政局的变动往往会进一步引起法律、文化、经济等方面的变动，从而给企业带来不利的影响。例如，2006年9月19日泰国发生军事政变，第二天，全国学校放假，政府部门、银行、股票交易所以及大部分企业也停工放假，从而对企业的市场营销活动影响很大。

总之，东南亚市场营销虽然与母国市场营销存在许多相同之处，但也存在很大的差别，企业千万不能把母国市场营销的经验硬套到东南亚市场营销中去，要随时关注东南亚市场上出现的新情况。为此，企业在开展东南亚市场营销时，首先要提高市场营销人员的素质；其次要对东南亚市场营销环境进行深入研究；最后要根据不同的市场类型制订不同的市场营销方案，以便适应不同国家市场的要求。

> ❖ 小资料1-2
>
> **邓普顿资产管理公司警示东南亚市场风险**
>
> 邓普顿资产管理公司2012年4月2日表示，投资者在寻求缅甸、柬埔寨等东南亚前沿市场的成长机会时，必须警惕这些市场存在的风险。
>
> 邓普顿资产管理公司的投资组合经理丹尼斯·里姆（Dennis Lim）表示："尽管缅甸拥有石油、天然气等资源，但是该市场仍然有许多不利的因素。"里姆进一步表示，柬埔寨能够从与泰国、越南及老挝等国的贸易中获益，但是投资者需要认真研究柬埔寨的公司治理情况。"对于缅甸市场，我们最担心的几个问题分别是：这个国家缺乏完善的法律体系，缺乏发达的银行系统，也缺乏稳定的外汇交易平台。对于柬埔寨市场，我们忠告投资者谨慎考虑这个国家的公司治理情况，以确保交易是在公平的条件下进行的。"
>
> 资料来源：翊海.邓普顿资产管理公司警示东南亚市场风险［EB/OL］.［2012-04-02］. http://finance.qq.com/a/20120402/000853.htm.

第三节　企业进入东南亚市场的方式

企业进入东南亚市场的方式如图1-1所示。

一、母国制造出口

母国制造出口是指生产企业根据东南亚市场的需求在母国组织生产，然后把产品出

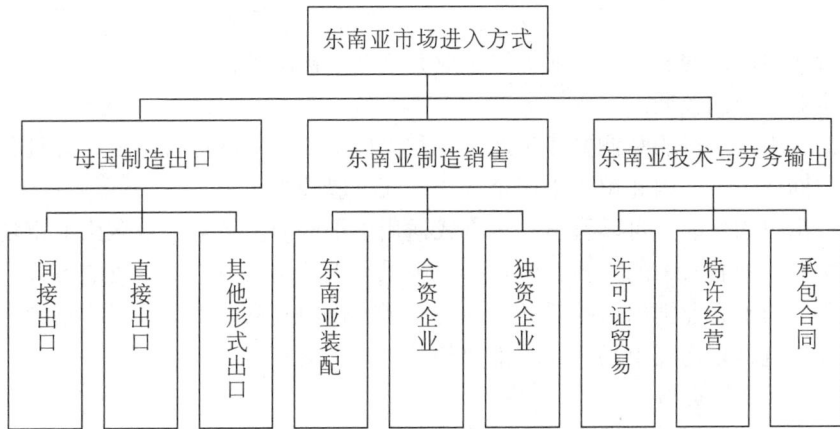

图1-1　企业进入东南亚市场的方式

口到东南亚销售的方式。母国制造出口是世界各国企业进入东南亚市场普遍采用的方式。母国制造出口包括间接出口、直接出口和其他形式出口三种不同的形式。间接出口是企业对东南亚市场进行探索并逐步获得东南亚市场营销经验的重要步骤；直接出口是企业真正走向东南亚市场的标志；其他形式出口是通过国际招标或国际大型零售企业采购出口。下面我们主要介绍间接出口和直接出口。

（一）间接出口

间接出口是指企业把生产出来的产品卖给母国或东道国的出口中间商，然后由这些中间商组织产品的出口。这是一种被动的出口形式，生产企业本身不直接参与东南亚市场营销活动，在出口销售过程中没有任何主动权。

1.间接出口的优点

（1）不需要增加专门的投资。

企业一般不需要改变自己的生产线，不需要设立专门的对外营销机构，也不需要过多了解有关东南亚市场营销的专门知识（包括产品、价格、渠道、促销、结算、运输等方面），从而节约了这些方面的投资。

（2）风险较小。

由中间商负责产品的出口销售业务，企业只要把产品交给中间商即可，出口的风险主要由中间商承担，对企业来说风险较小。

（3）有利于积累经验。

企业可以学到一些关于东南亚市场营销方面的知识，从而为以后直接出口或直接投资积累经验。

2.间接出口的缺点

（1）企业无法真正、全面了解东南亚市场的情况，从而无法掌握东南亚市场营销的主动权。

在间接出口方式下，出口业务由中间商完成，企业与东南亚市场完全隔离开来，企业对东南亚的市场行情、消费者需求不熟悉，只能通过中间商了解东南亚市场的信息，从而导致得到的信息可能既不全面又失真。同时，企业的产品、价格、利润等完全受制于中间商，企业无法根据东南亚市场的需求调整自己的产品结构，生产什么、怎样生产，完全听从中间商的安排，从而导致企业完全处于被动地位。

（2）企业的利润较低。

由于间接出口所得的利润要在生产企业和出口中间商之间进行分配，并且分配的权力在出口中间商手中，因此留给生产企业的利润一般较少。

从间接出口的优缺点可以看出，该方式适用于那些力量较弱、对东南亚市场情况了解较少的企业。随着实力的增强，企业应逐步采用直接出口或直接投资的方式。在间接出口方式下，由于企业把出口的任务全部交给了出口中间商，因此选择合格的出口中间商就成为企业进行东南亚市场营销的重要任务。

3.出口中间商的类型

（1）母国出口贸易商，即母国的对外贸易公司。它有出口销售的权利，负责收购生产企业的产品，然后卖到东南亚去，从中获取购销差价作为利润。

（2）母国出口代理商。母国出口代理商没有商品所有权，只是代替企业寻找东南亚购买者，从中收取一定的佣金作为利润。

（3）出口合作组织。出口合作组织是由几个生产企业组成的销售机构，代表参与该组织的企业从事出口销售活动。选择这种出口中间商进行出口销售的企业多为初级产品的生产者。

（4）出口管理公司。出口管理公司是专门为出口企业管理出口业务的公司。大多数出口管理公司都会组建一支东南亚市场营销专家队伍。出口管理公司的作用相当于生产企业的出口部门，但独立开展活动，通过收取一定的费用作为报酬。由于对东南亚市场情况的了解较多，出口销售的效益较好，因此很多生产企业会选择与出口管理公司合作。

上述四类出口中间商虽然都负责把产品出口到国外去，但其在完成出口销售任务的过程中所承担的工作是不同的，企业需要付出的代价和承担的风险也存在一定的差异。因此，企业应认真分析这些出口中间商的情况，以选择对企业最有利的出口中间商。

（二）直接出口

直接出口是指出口企业不通过母国的中间商，而是由自己独立完成一切对外出口业务。一些大企业和外向型企业较多采用直接出口方式。

1.直接出口的优点

（1）有利于企业迅速了解东南亚市场的情况，掌握东南亚市场竞争的主动权。

在直接出口方式下，由于企业直接与东南亚的中间商和消费者打交道，因此企业可以迅速了解东南亚市场上的供求信息及竞争状况，从而组织相应的市场营销活动，掌握市场竞争的主动权。

（2）有利于增加企业的利润。

在直接出口方式下，企业可以根据东南亚市场的供求状况确定产品的价格，所获利润也不需要与母国的出口中间商分享，从而增加了企业的利润。

（3）有利于提高企业开展东南亚市场营销的能力。

2.直接出口的缺点

（1）投资增加。

在直接出口方式下，企业既要建立自己的东南亚市场营销组织，也要拥有一定的销售渠道，还要不断根据东南亚市场的情况改变自己的生产和销售活动，从而使企业的投资增加；同时，企业产品的在途运输时间延长，使得资金的占用时间延长，从而间接增加了企业的投资。

（2）风险较大。

在直接出口方式下，风险主要由企业自己承担，因此风险较大。

3.直接出口的形式

（1）直接销售给最终用户，即企业派销售人员到东南亚国家直接销售企业的产品。销售人员的主要任务是宣传介绍产品、分析当地市场状况、争取订货、收取货款等。这种形式适用于产品在东南亚销量不大、市场开拓程度不高的企业。

（2）东南亚中间商，包括经销商、代理商和批发商。

经销商是指向出口企业购进商品，然后在东南亚市场上按照自己的条件出售商品，利用出口企业给予的一定的价格优惠获得差额收益的贸易企业。出口企业通过与经销商签订经销合同，建立长期的买卖关系，并且在价格上给予经销商一定的优惠，在货源上给予经销商一定的保证，因此能够调动经销商经销产品的积极性。出口企业可通过经销合同，在销售数量、价格、售后服务、广告宣传等方面间接控制经销商。

代理商是指接受母国出口机构的委托，在东南亚市场为委托人推销商品、提供情报的贸易企业。代理商的主要职能是销售商品，同时向出口企业提供市场信息、商业情报等。代理商与其委托人之间需要签订代理合同，合同中应包括交易条件及价格等。由于代理商的推销能力强，并且熟悉东南亚的情况，因此委托代理商更能满足企业开拓东南亚市场、及时获得商业情报的要求。

批发商是指向出口企业批量购进商品，然后在东南亚市场上将商品批量卖给下一级需求者的贸易企业。批发商经营的品种较多，销售对象较广，包括生产企业、零售商、企事业单位及政府部门等。在东南亚市场上，批发商是联系生产者和零售商的一个重要的中间环节，是直接出口的重要形式。

（3）设立东南亚分支机构，如专门负责营销业务的分支机构，包括批发商、零售商的分支机构等。设立东南亚分支机构要求企业有足够的经费和能干的营销人员，并且要对东南亚市场有一个充分的了解。东南亚分支机构的建立为企业产品在东南亚市场的销售打开了一个窗口，增强了企业对东南亚市场营销的控制，有利于企业进行市场营销调研和信息反馈。东南亚分支机构还可拥有自己的销售渠道，从事批发、零售、仓储和促销业务。需要注意的是，在东南亚设立分支机构的费用较高，因此有时几家企业会联合在东南亚设立分支机构。

二、东南亚制造销售

东南亚制造销售是指企业将自己拥有的资金、技术、人员、管理经验等生产要素直接投入东南亚目标市场，建立企业自己所有、自己控制的分支机构，以实现当地生产、当地销售的目的，从而占领东南亚市场。它是一种高层次的进入方式，特别适合目标市场规模较大、劳动力及原材料成本低、国际运输成本高、产品进口关税等条件苛刻的企业使用。例如，海尔集团自1996年开始在印度尼西亚、菲律宾、马来西亚等国家投资建厂，并取得了一定的经验。

（一）东南亚装配

东南亚装配是指企业在东南亚国家投资，开设装配制造分厂，将母国总厂生产的零部件、主机等运抵东南亚的装配制造分厂进行组装，形成最终产成品并销售出去。东南亚装配一般需要母国总厂提供装配所需要的设备、技术和有关的零件等方面的支持。

东南亚装配的优点包括：

（1）与完全在东南亚生产或制造产品相比，这种方式投资少，并且较为简单。

（2）与整机或最终产品的出口相比，这种方式可以节省运输成本、关税等支出。

（3）能够更好地满足当地政府及市场的某些要求。

（4）可以使大部分生产、技术等留在母国，从而使其得到更好的控制。

❖ 小资料 1-3

韩国三星在越南的投资大受欢迎

2012年，韩国三星电子超越芬兰诺基亚，成为全球最大的手机生产商，而支撑三星实现飞跃的，其实是它的越南工厂。三星在全世界拥有8座手机工厂。中国曾经是三星的主要生产基地，但是随着2009年4月三星在越南首都河内近郊开设的智能手机工厂建成使用，仅2年时间，越南工厂的产量就已经跃居榜首。

包括2011年投产的第二工厂在内，三星在越南的产能于2012年底就达到了1.5亿部。如果加上2013年底竣工的第三工厂，产能将达到2.4亿部。三星计划在2013年向全球供应5.1亿部手机，而三星越南工厂提供的产品将占到其中的一半。

三星的飞速发展也使越南受益匪浅。越南国家统计局的统计数据显示，2012年，"电话机及电话机部件"的出口额达到126.44亿美元，在越南总出口额中所占比例也扩大到了11.0%，仅次于居第一位的"缝制品"（13.1%）。三星的出现，正在从根本上扭转越南以轻工业为主体的产业结构。

2013年3月，在三星第三工厂的动工仪式上，时任越南总理阮晋勇亲自出席。他无不欢迎地表示："这座工厂将再为越南带来200亿美元以上的出口效益！"

资料来源：佚名. 全球制造业正悄然从中国转战东南亚 [EB/OL]. [2013-05-20]. http://finance.people.com.cn/n/2013/0520/c348883-21539459.html.

（二）合资企业

合资企业是指由东南亚投资者和东南亚以外其他国家的投资者共同在选定的东南亚国家投资，并按照该投资国的有关法律组织起来的以营利为目的的企业。合资企业的一般做法是"四共"，即共同出资、共同经营、共担风险、共负盈亏。东道国企业主要提供厂房、设备、劳动力和一部分资金，外方主要提供机器设备、工业产权和一部分外汇，合营各方按投资比例分担盈亏。

1. 合资企业的投资比例

关于合资企业的投资比例问题，东南亚各国都有明确的法律规定。因为投资者持股比例的大小直接关系到其在合资企业经营管理中的权利与义务，以及利润分配的多少。

❖ 小资料1-4

马贸工部部长欢迎各国来马投资，不会向中资关大门

马来西亚国际贸易与工业部部长穆斯塔法指出，政府不会对外资企业关上大门，同时会继续欢迎中资企业前来投资。他重申了外资企业对本地服务业发展的重要性，指出通过积极招商引资和提供优惠政策，很多外国企业都在马来西亚建立了全球性或区域性服务中心，其中一个典型的例子就是赛城。目前，已有超过800家公司入驻赛城。

穆斯塔法表示，依斯干达在物流、医疗保健、教育、金融服务、创意产业和房地产方面的开发吸引了大量外资企业包括中资企业入驻，从而为马来西亚提供了许多就业机会。相关统计数据显示，在马来西亚，至少有100万人在外资企业工作。外来直接投资是马来西亚经济发展中的重要组成部分，流入马来西亚的资金（包括中国企业的投资）能使本地市场受惠，制造业和服务业等主要领域因为外资注入而蓬勃发展。

资料来源：佚名. 马贸工部部长欢迎各国来马投资　不会向中资关大门［EB/OL］.［2017-02-07］. http://my.mofcom.gov.cn/article/sqfb/201702/20170202511020.shtml.

2. 合资企业的优势与弊端

（1）合资企业的优势。无论是对外来投资者还是对东南亚国家来说，合资企业都有自己的优势。

①对于外来投资者而言，合资企业的优势主要表现在：

A. 易于获得东南亚国家政府和人民的合作，从而降低了由于东道国的政策变化而产生的政治风险；

B. 易于取得当地的资源，有利于顺利打开东南亚市场的销售渠道；

C. 可以享受对外商投资和对东南亚企业的双重优惠待遇，有利于提高企业的经济效益；

D. 可以迅速熟悉当地法令、商业惯例、文化习俗等，有利于企业的稳健经营；

E. 如果企业生产过程中使用的原材料或零部件需要进口，则企业中的外来投资者可以得到这些商品的优先供应权；

F. 合资企业生产的产品容易被东南亚国家人民视为其国内产品，从而可以减少产品进入东南亚市场的阻力，有利于企业迅速占领市场。

②对于东南亚国家而言，合资企业的优势主要表现在：

A. 是解决东南亚欠发达国家建设资金不足问题的较好办法，因为这种外资投入是资本投入，不是借款，无须还本付息，也不会增加国家的债务负担，并且使用期限较长；

B.可以引进先进的技术、设备，从而填补了东南亚国家的技术空白，有利于促进东南亚企业的技术改造和产品的更新换代；

C.可以获得科学的管理方法，提高现有劳动力的技术水平和劳动生产率；

D.可以增加东南亚国家居民的就业渠道；

E.可以增加东南亚国家政府的税收。

（2）合资企业的弊端。

①由于双方的背景不同、经营目标不同，并且在文化和习惯上存在差异，因此双方在管理方法上很容易产生分歧，从而会给双方的合作带来障碍；

②许多外来投资者都有自己的全球发展战略，在合资经营过程中，其全球发展战略可能难以得到很好的落实，习惯的经营管理方法也可能难以全面贯彻实施；

③对东南亚企业来说，由于其在经验和技术水平方面均与外来投资者存在较大的差距，因而其很容易受到外来投资者的控制，有时甚至会遭受巨大损失。

由此可见，合资企业的优势往往是明显、直接的，并且近在眼前；合资企业的弊端往往比较间接、隐蔽，开始时常常不易发现。相关调查表明，发达国家与发展中国家合资经营企业的失败率超过50%，因此必须谨慎从事。

（三）独资企业

独资企业是指由东南亚以外其他国家的投资者独自在东南亚投资，并独立经营、自担风险、自负盈亏的企业。从东南亚国家的角度来看，独资企业属于一家外来企业，即由外商提供全部资金，在东南亚开办子公司或分公司，独立经营，并获取全部利润。

1.独资企业的优势和弊端

（1）独资企业的优势。独资企业之所以能够被外国投资者和东南亚国家所接受，是因为它具有其他投资方式所没有的独特优势。

①对外国投资者而言，独资企业具有以下优势：

A.投资者对子公司的经营活动具有完全的决定权和控制权，能够排除各种干扰，完全按照自己的目标和意志进行经营管理；

B.有利于集中管理与决策；

C.有利于技术保密；

D.有利于保证产品的质量和信誉；

E.可独享全部经营利润。

②对东南亚国家而言，只要对独资企业管理得法，也可以从中获得很多好处：

A.有利于引进先进技术，迅速提高东南亚国家的劳动生产率；

B.有利于东南亚国家培养人才，尤其是技术、管理方面的高层次人才；

C.可以带动同行企业、配套原材料工业、相关工业及服务业的发展。

当然，在实践中，独资企业也可能在市场占有率、税收、管理等方面与东南亚国家产生一些矛盾，因此外国投资者应遵守东南亚国家的法律、规章，了解并适应东南亚国家的社会文化环境，以便营造较好的外部营销环境。

❖ 小资料 1-5

中国航空企业在新首个重大投资——四川海特设立航空培训中心

2013 年 6 月 29 日，四川海特高新技术股份有限公司（以下简称"海特高新"）斥资 9 530 万新元在新加坡设立航空培训中心，为亚洲航空业者提供飞行机组训练服务。这是中国航空企业在新加坡的首个重大投资。

这座位于樟宜商业园（Changi Business Park）的培训中心有六层楼高，总建筑面积约 1.6 万平方米，2015 年投入使用，年营收目标超过 2 000 万新元。培训中心设立初期，配有两台航空飞行模拟机，未来会再增加四五台，以达到每年培训 4 万多小时的目标。

目前，全球航空业正在蓬勃发展，因此海特高新很看好培训服务市场的前景。因为新加坡是航空枢纽，在地理位置、政策、东西方文化融合、基础设施建设、人才培养等方面都占有优势，所以新加坡在海特高新的海外发展战略中扮演着重要的角色，是海特高新设立海外总部的首选地点。海特高新希望依托这个项目完成在东南亚航空培训业务领域的战略布局，从而为迈入国际航空技术服务市场奠定坚实的基础。除培训项目外，海特高新还将发展与航空相关的融资、租赁和研发业务，从而为国际客户提供更全面的服务。虽然中国的人工成本与新加坡相比较低，但在高端的航空技术研发领域所支付的人工成本与新加坡不相上下。中国企业日渐成熟，不少已经走向欧美，因此对海特高新来说，新加坡的商业成本是可以接受的。成立于 1992 年的海特高新总部设在成都，主要业务涉及飞机设备维修、航空技术研发等，是中国第一家综合航空技术服务类上市公司。海特高新的客户中有九成是中国的航空公司，其余来自海外。

凭借亲商的投资环境和技能熟练、经验丰富的人力资源，新加坡已经成为亚太地区最大的飞机维护、维修和运行（MRO）中心，有企业逾百家、员工近 2 万人。除海特高新设立的航空培训中心外，波音公司也在新加坡设立了 787 型梦幻客机飞行及维修培训中心。波音公司预测，全球商业飞机数量在 2032 年将增加 1 倍以上，达到 4 万余架。其中，1/3 的飞机交付量会在亚太地区。亚太地区的航空售后服务与飞行员培训的需求也将随之增加。

资料来源：佚名. 中国航空企业在新首个重大投资——四川海特设立航空培训中心［EB/OL］.［2013-07-22］. http://sg.mofcom.gov.cn/article/fuxin/fxtzdongtai/201307/20130700209111. shtml.

（2）独资企业的弊端。在现实中，独资企业同样存在某些弊端，具体表现为：

①所需投资规模较大，投资费用较高；

②面临的政治风险和经济风险较大。

在多数情况下，独资企业不受发展中国家政府和人民的欢迎，因为跨国公司控制下的子公司在东南亚国家的商业活动主要反映了跨国公司总部的愿望而非东南亚国家经济发展的要求。东南亚国家担心独资企业给其经济发展带来消极影响，因此常常采取比较严格的政策，或施加政治压力给外国投资者，从而使独资企业的开办和市场营销活动面临较大的政治风险和经济风险。尽管如此，由于独资企业能够克服合资企业的许多难以解决的困难，如双方在经营管理方法、市场目标选择等方面的不协调，因此许多外国投资者宁愿冒风险，也不惜花费大量资金在东南亚国家建立独资企业。

2.建立独资企业的方式

创建和并购是建立独资企业的两种基本方式，也是跨国公司进行国际直接投资的具体方式。

（1）创建。创建是指外国企业在东南亚投资建立一个全新的企业，主要是指建立新工厂。

这样做的优点是：外国企业可以按照自己的意愿和需要决定公司的规模、经营项目和经营范围，以及所需要的设备和员工等。不足之处是：创牌难、见效慢、周期长，外国企业要投入较多的管理人员，要有丰富的建厂经验，并且要充分了解东南亚的投资环境等。因此一般来说，创建方式比并购方式具有更大的不确定性。

（2）并购。并购是指外国企业通过购买东南亚现有企业而在东南亚建立自己的独资企业的行为。

目前，并购正越来越多地为国际大型公司所采用，尤其是进入20世纪80年代以后，并购取代了创建成为跨国公司对外直接投资的主要形式。以跨国并购形式进行直接投资，不仅在发达国家之间经常发生，在发达国家与发展中国家之间也经常发生。

跨国公司的跨国并购规模巨大、影响深远，并购领域涉及汽车工业、电信业、制造业、金融业、旅游业、高新技术产业等，几乎所有行业都不同程度地被卷入并购浪潮中。

❖ 小资料 1-6

东南亚将成为中国企业海外并购的下一站

中国企业海外并购显示出了一个新趋势，即中国企业开始对东南亚市场表现出明显的兴趣。

史密夫·斐尔律师事务所的一项调查显示，收购意识较强的中国企业正在将东南亚列为投资焦点。在受访的大型中国企业中，约47%的企业将东南亚视为未来三年首选投资目的地，17%的企业瞄准拉丁美洲，只有8%的受访者表示，美国是未来首选的投资目的地。

相关数据也显示，中国正在成为亚太地区并购交易的推动力量。Dealogic的数据显示，2015年中国大陆企业在亚太地区达成了大约500亿美元的地区交易，比2014年高出1倍多，占地区交易总额的40%。

中国现代国际关系研究院研究员骆永昆认为，并购东南亚企业是中国企业融入当地市场的有利机会。中国企业在东南亚国家的口碑不如美、日等国家的企业，这是因为：第一，在处理是否招收当地员工、如何获得当地员工认可方面没有经验；第二，很多中国企业即使尽到了教育、医疗等社会责任，也很少进行对外宣传。"并购则能够巧妙地解决这些问题，也更容易使中国企业进入当地市场。不过，东南亚国家对其他国家的并购行为抵触情绪严重。"

　　普华永道中国企业并购服务部合伙人吴可补充称，中国的"一带一路"倡议也是助推诸多中国企业选择投资东南亚国家的重要原因。此外，对于那些在"走出去"方面没有太多经验的中国企业而言，在投资成本相对欧美较低的东南亚投资也是一个比较不错的选择。

　　资料来源：佚名. 东南亚：中企并购下一站［EB/OL］.［2016-05-02］. http://top.china-daily.com.cn/2016-05-02/content_25010404.htm.

　　①并购的优点。采用并购东南亚现有企业的办法进行投资，由于只是改变了企业的所有者，而其他方面的变化不大，因此其优点很多：

　　A.能够快速扩大企业规模，尽快收回投资。由于采用并购的方式进行投资不需要新建厂房、新购设备和新培训人员，因此并购后，企业可在较短的时间内投入生产，从而迅速扩大企业规模，尽快收回投资。

　　B.可以利用被并购企业在东南亚的某些优势提高并购企业的竞争力。被并购企业在当地经营多年，因此其在无形资产、销售渠道和企业管理等方面具有一定的优势，尽管企业的主人更换了，但企业的优势仍然存在。

　　C.可以降低企业进入新行业的难度。在东南亚，企业要进入一个新的行业困难较多，既有技术上的困难，也有人员、专利、原材料等方面的困难，采用并购的方式则可以降低企业进入新行业的难度。

　　②并购的缺点。

　　A.可能因估价不准而增加投资。由于东南亚国家与母国使用的会计准则不同，因此企业在并购估价时也会存在差异，这些差异有时会造成估价不准，从而导致投资增加。

　　B.在组织管理方面可能存在较多问题。被并购企业具有固定的管理模式，并购后，新任管理者由于对这些内容不熟悉，因此在组织管理方面很容易产生问题。

　　C.原有职工的去留问题很难处理，容易产生经济上和法律上的问题。

　　但是，如果企业仅仅购买部分股权，并以此作为收取股息和红利的资本，那么上述优缺点也就不在研究之列。

　　通过以上分析可以看出，创建和并购都存在很大的优点和明显的缺点，并且其优缺点具有一定的互补性，因此企业在东南亚投资时，可以同时采用创建和并购方式。此外，由于不同国家的国情存在差异，不同国家在不同时期的政策也不同，因此企业应根据各国形势的变化，采用对自己最有利的投资方式。

三、东南亚技术与劳务输出

　　随着科学技术的飞速发展，技术与劳务输出所占的比重将逐渐提高。目前，技术与劳务输出的主要方式有许可证贸易、特许经营、承包合同。掌握这些方式的内容和特点，对于企业迅速进入东南亚市场、提高经营效益具有重要意义。

（一）许可证贸易

许可证贸易又叫"契约式"，是指企业把自己专有的工业产权或其他技术权利通过合同的形式输出东南亚，以此获取使用方技术提成费或其他形式报酬的行为。许可证贸易是技术贸易的一种最主要的形式，通过许可证贸易，许可方允许被许可方取得其拥有的专利、商标或专有技术的使用权及产品的制造权和销售权，被许可方则需要向许可方支付使用费，并承担保守秘密等义务。需要说明的是，许可证贸易出售的只是技术的"使用许可权"，而不是"控制权"。

1.许可证贸易的优点

（1）容易进入预定的目标市场。

例如，当目标市场所在的东南亚国家实行进口限制或投资限制时，通过其他方式很难进入目标市场，采用许可证贸易方式则容易得多。

（2）投资少，收益高。

许可证贸易是用企业的无形资产进行投资，不需要把资金直接输出，从而减轻了企业的资金压力。同时，由于这些无形资产是东南亚企业所急需的，因此投资后的收益较高，企业所获得的报酬也较高。

（3）投资风险小。

由于投产后产品的生产和销售均由东南亚企业承担，因此投资风险较小。

（4）容易得到东南亚国家的支持。

由于许多国家都希望通过许可证贸易获得先进的技术，因此该方式深受东南亚各国的欢迎。

2.许可证贸易的缺点

当然，对投资企业来说，许可证贸易也有许多缺点。例如，被许可方得到技术后迅速成长壮大，进而成为投资企业在东南亚市场上最强大的竞争对手；再如，在许可证贸易合同有效期间，投资企业由于不能进入被许可方的销售区域销售产品，从而造成了销售损失。

因此，投资企业必须采取一定的防范措施。例如，要求被许可方在使用投资企业的技术进行生产时，还必须购买投资企业的零部件或材料；不断进行技术创新，以使被许可方不能脱离投资企业而独立发展。

3.许可证贸易的授权方式

许可证贸易的授权方式主要有以下几种：

（1）独占许可证协议。这是指在约定的地区和有效期内，被许可方对许可项目下的技术享有独占的使用权，许可方或任何第三方都不得在该地区内使用该项技术或销售其产品。该方式由于限制了使用企业的户数，因此技术使用费最高。

（2）排他许可证协议。这是指在约定的地区和有效期内，被许可方和许可方对许可项目下的技术共同享有独占使用权，任何第三方都不得在该地区使用。该方式的技术使用费比独占许可证协议的技术使用费要低。

（3）普通许可证协议。这是指在约定的地区内，许可方可以同时把技术转让给多家企业使用。该方式由于扩大了转让面，因此技术使用费最低。

企业在进行许可证贸易时，具体选择哪种授权方式，要根据自己的经营目标、市场容量、竞争能力、技术性质等因素综合确定。一般说来，在市场容量大的情况下，企业宜采用普通许可证协议；在市场容量较小的情况下，企业宜采用独占许可证协议。

（二）特许经营

特许经营是指企业将自己的工业产权及整个经营体系授予东南亚企业使用，被特许人在一定的地区内以授权人的名义经营特许业务，并按规定交付特许人特许经营权使用费的行为。采用特许经营方式进入东南亚市场的行业大多是一些投资较少、技术要求不高和可转移性较强的行业，如快餐业、旅店业、汽车租赁业等，其他行业不宜采用该方式进入东南亚市场。

1.特许经营与许可证贸易的差别

特许经营是一种特殊的许可证贸易方式，它与许可证贸易有相似之处，就是投资企业都要输出工业产权和技术，但二者又存在明显的差别：

（1）许可证贸易的对象是专利、商标和专有技术，而特许经营的输出范围要大得多，既包括技术输出，也包括提供标准的产品生产方法、经营方法、管理服务、营销战略与策略等，还要提供广告支持。

（2）采用许可证贸易时，许可人可能只能控制被许可人的营销活动计划；采用特许经营时，特许人可以对被特许人的营销活动实行全面控制，被特许人必须完全按照特许人的要求组织生产经营活动，如果达不到特许人规定的规格、质量、服务等标准和要求，特许人有权终止合同。

（3）许可证贸易协议签订后，被许可人仍以自己的名义从事经营，如果被许可人做出有损许可人形象的事情，许可人无法马上制止；特许经营协议签订后，被特许人必须以特许人的名义从事生产经营活动，如果被特许人做出有损特许人形象的事情，特许人可以立即制止。

2.特许经营的优劣势

特许经营作为企业进入东南亚市场的方式之一，其优点主要有：

（1）投资少，风险小，收益高。企业不需要增加投资就扩大了经营规模，占领了东南亚市场，因此风险较小，收益也较丰厚。

（2）保持了企业产品的特色，扩大了企业的影响力，提高了企业和产品的知名度。

（3）统一技术，分散经营，容易进入目标市场和控制被特许人。

特许经营的缺点是：利润水平受被特许人的经营能力所限，并且被特许人可能发展成为企业新的有力的竞争对手。

3.特许经营协议的内容

企业采用特许经营方式进入东南亚市场时，要与被特许人签订书面协议，其内容主要包括：

（1）严格按照特许人的要求从事经营，包括产品、技术、保密等要求，否则将终止特许经营合同。

（2）规定被特许人的销售区域，以便合理增设特许经营网点。

（3）规定特许经营费用。特许经营费用因东南亚各国的物价水平不同而存在较大差异。

在东南亚市场中,一些国家的市场化程度不高,并且家族企业居多,因此采用特许经营方式进入东南亚市场时,企业要特别注意被特许人的选择问题,只有完全符合要求者才能被授予特许经营权,否则风险极大。

❖ 小资料 1-7

菲律宾特许经营业快速发展

菲律宾特许经营业始于 20 世纪 80 年代,从最初的 20 余个品牌,发展到如今超过 1 100 个品牌,经营行业涉及大众生活的各个方面。按照现有的品牌分类,食品类企业占 42%,以快餐店、咖啡店、特色食品生产企业为主;零售类企业占 34%,包括便利店、药店、超市、品牌服装店、家居用品店、饰品店、礼品店、加油站等;其余 24% 属于服务类企业,涉及运输、清洁、维修、汽车租赁、影像服务、教育等多个行业。这些行业不仅提供了大量的就业机会,为消费者提供了便利,而且为经济增长做出了重要贡献。

资料来源:佚名. 菲律宾特许经营行业特点 [EB/OL]. [2016-07-15]. https://wenku.baidu.com/view/01b3ffccdb38376baf1ffc4ffe4733687e21fc82.html.

(三)承包合同

承包合同是指出口企业以承包商的身份到东南亚市场上承包加工制造、建筑施工、成套设备供应、安装调试等项目,以取得外汇收入的行为。这是一种集技术、劳务和设备、物资输出于一体的方式,同时具有国外直接投资的性质,是企业开辟新市场、增加外汇收入的重要方式之一。

1. 承包合同的优缺点

通过签订承包合同进入东南亚市场,具有以下优点:

(1)在技术和劳务输出的同时,带动了设备、物资的输出,从而扩大了输出范围,能够取得较多的外汇收入。

(2)投入的工具与设备主要由收入抵偿,因此风险较小。

(3)签订承包合同是在东道国政府同意的情况下进行的,容易得到政府的支持,因此进入该国市场比较容易。

该方式的缺点是对人员素质、技术水平等的要求较高。

❖ 小资料 1-8

中国铁建东南亚最大生态农业工程总承包项目

2016 年 12 月 6 日,中国铁建(东南亚)有限公司与泰国双赢地产开发有限公司签订了泰国生态农业工厂项目施工总承包合同,内容主要包括设计和建造预制装配式钢结构厂房 300 栋,总建筑面积约 270 万平方米。该项目建成后将成为东南亚最大的生态农业工程项目。

中国铁建承建的这个泰国生态农业工厂项目响应了泰国普密蓬先王提出的适度

经济理念，所以得到了泰国政府的支持。生态农业一直以来就是泰国政府大力倡导和积极鼓励的现代化农业项目之一，是运用生态和经济协调发展的原则指导农业生产，从而使农村经济全面、可持续发展的农业模式。

该项目的厂房采用最新的发电和空调技术以及中国制造的LED光源。底层养殖家禽、水产，二至四层种植蔬菜、水果和花卉；屋面开放，设透明大棚，自然采光，用来种植水稻。初期钢结构构件、环保轻质墙体在中国制造，在项目进行过程中将视情况在泰国设钢结构加工和环保墙体生产工厂。

该项目的实施将显著提高泰国农业生产的科技含量和现代化水平，有效增强泰国农业的多样性，提高泰国农业产品的经济效益和附加值。该项目的建设也将在钢结构、机电工程等产品的输出与安装，国际产能合作等方面起到积极的推动作用。

资料来源：佚名. 中国铁建东南亚最大生态农业工程总承包项目［EB/OL］.［2016-12-07］. http://www.chinacrane.net/news/201612/07/111044.html.

2.承包合同的形式

承包合同的形式主要有制造合同、基建工程合同和交钥匙工程合同。

（1）制造合同。制造合同是指出口企业与东南亚制造商签订协议，由出口企业向东南亚制造商提供援助或技术，并利用东南亚制造商现有的设施，生产出符合要求的产品，出口企业以取得的承包费作为收入。

该方式实际上是一种技术输出，其优缺点与许可证贸易相似。对于那些具有技术优势但不适合对外直接投资、母国生产出口成本太高或受东南亚国家进口限制的企业来说，运用该方式进入东南亚市场是有利的。出口企业在运用该方式时要注意，不要同时"制造"出强有力的竞争对手。

（2）基建工程合同。基建工程合同是指出口企业同东南亚国家政府或厂商签订道路、房屋等基本建设工程的承包协议，由出口企业按期、按质完成工程建设任务，并收取工程承包费。

在承包工程项目期间，出口企业完全以自己的名义从事建设工程施工项目的管理工作，工程完工后，再把管理权移交给发包方。该方式不仅输出了设计、工程、管理等技术和劳务，还带动了机器、设备、材料等货物的出口，因此该方式是劳务输出与货物出口的混合形式，是母国建筑工程企业进入东南亚市场的主要方式之一。

（3）交钥匙工程合同。交钥匙工程合同是指出口企业与东南亚国家政府或厂商签订一揽子工程合同，由出口企业承担全部工程项目的设计和建筑施工、成套设备的供应和安装、人员培训、技术转让，最后把一个处于随时能开工生产的工厂或能从事经营的项目交给东南亚国家政府或厂商。

这种方式适用于大型的新建项目，如矿山开采、石油钻探、大型发电站建设、现代化机场的修建，以及大型机械制造厂或化工厂等的成套生产线的新建或扩建等。

该方式的优点是：①劳务输出可以带动成套设备及其他商品的出口，从而能够增加企业的收入，利润率较高；②交钥匙工程都是有关国民经济建设的大工程，因此可以提高企业在东南亚市场上的知名度；③成套设备交工后相当长的时间内，东南亚企业需要向承包方购买必要的零部件，因此可以使企业在较长的时期内不断有产品出口。

这种方式的缺点是：①投资额巨大，涉及的内容多，因此谈判相当复杂；②项目完工时间长，因此风险较大；③承担该项工程的企业必须具有先进的生产技术和管理经验。

综上所述，在东南亚市场营销的不同阶段，企业既可以只采用一种进入方式，也可以同时采用多种进入方式，如何做出合理的选择，需要企业综合考虑来自企业内部和企业外部的因素。

@ 本章小结

东南亚市场营销是企业跨越国境在东南亚市场进行的营销活动，即企业为满足东南亚某国或多国消费者的需要，以获取利润为目的而进行的计划、定价、分销和促销活动。

东南亚市场营销的研究内容包括：东南亚市场的特点和运作方式；东南亚市场营销环境的评价；东南亚目标市场的选择及东南亚市场营销战略的制定；进入东南亚市场的途径；市场营销组合策略的制定；东南亚市场营销管理。

东南亚市场营销具有营销环境复杂、市场竞争激烈、面临的不确定因素多、面临的障碍多、营销风险大等特点。

企业进入东南亚市场的方式有母国制造出口、东南亚制造销售、东南亚技术与劳务输出三种。

第二章 东南亚市场营销的过程与动因

第一节 东南亚市场营销的过程

尽管开展东南亚市场营销活动是一件十分复杂的事情，但它也有一定的规律性。就东南亚市场营销的过程来看，一方面表现为决策过程，另一方面表现为管理过程。换言之，东南亚市场营销是决策过程与管理过程的统一。

一、决策过程

东南亚市场营销决策与一般决策一样，是为了达到既定目标，从两个或两个以上方案中选择一个最佳方案，并加以实施的过程。东南亚市场营销活动中涉及的决策问题很多，但具有战略意义的决策主要有以下几个方面：

（一）评估东南亚市场营销环境

企业在决定是否进入东南亚市场之前，必须全面评估东南亚市场营销环境，包括微观环境和宏观环境两个方面。微观环境主要包括企业自身的状况以及供应商、竞争者、东南亚消费者、东南亚中间商、跨国银行、保险公司的状况等。宏观环境主要包括经济环境、政治环境、法律环境、社会文化环境、地理环境等。企业只有在充分了解、认识各种环境因素的基础上，才能对是否进入东南亚市场做出正确的决定。

（二）决定是否进入东南亚市场

每个企业都有自己特殊的情况，因此，并不是每个企业都必须进入东南亚市场。在母国市场具有十分广阔的前景或东南亚市场营销的前景并不乐观的情况下，慎重考虑是否需要进入东南亚市场尤为重要。如果东南亚市场前景看好、利润可观，企业在行业中又有独特的优势，就可以考虑进入东南亚市场；反之，企业就不要进入东南亚市场。

（三）决定要进入的东南亚目标市场

企业决定进入东南亚市场以后，接下来的问题就是决定要进入哪一个或哪几个目标市场，决策时要综合考虑市场吸引力、竞争优势和市场风险三个主要因素。通常的做法是：首先对若干个备选的目标市场进行财务分析，然后计算每个目标市场的投资报酬率，最后选择投资报酬率最高者作为目标市场。

计算投资报酬率的步骤如下：

（1）预测市场的潜力和风险；

（2）预测企业的销售潜力；

（3）预测成本和利润；

（4）估计投资报酬率。

（四）决定怎样进入东南亚目标市场

企业选定了要进入的东南亚目标市场以后，接下来就要选择进入东南亚市场的最佳方式。可供企业选择的进入东南亚市场的方式很多，我们在第一章已经介绍过，这些方式各具优缺点，企业必须综合分析内外条件，从而做出适宜的选择。

二、管理过程

在东南亚市场营销过程中，企业应充分发挥计划、组织、指挥、协调和控制五大管理职能，从而实现市场营销活动的目标。

（一）东南亚市场营销计划

市场营销计划是指在对东南亚市场进行调研、预测和分析的基础上，对市场营销目标、市场营销战略、市场营销行动方案等做出的决策或规划。从这个意义上说，计划是管理的首要职能。由于计划是对未来的规划，而未来又是不确定的，因此东南亚市场营销计划本身就存在一定的风险。企业要想消除计划本身的不确定性，就应提高预测的准确性，并将企业的整体营销计划具体落实到各职能部门，做到相互衔接、协调。

（二）东南亚市场营销组织

东南亚市场营销组织是指为了实现企业营销目标，根据市场营销计划对企业的各项营销工作及其生产要素进行的分派和组合。一方面，企业应充分利用内外各种资源，将企业内部各要素、各部门、各环节在空间和时间上联系起来，正确处理分工与协作的关系；另一方面，企业的管理机构要根据企业的规模、类型以及进入东南亚市场的方式来设置。

（三）东南亚市场营销指挥

东南亚市场营销指挥是指通过区域总部对企业各级各类人员进行指导。东南亚市场营销活动十分复杂，企业必须进行有效的指挥，否则再好的市场营销计划也无法实现。同时，指挥人员还应尽量使企业的各种资源实现优化配置，以最大限度地满足消费者的要求。

（四）东南亚市场营销协调

东南亚市场营销协调是指使市场营销活动各方面的工作建立起良好的配合关系，不发生重复或矛盾，从而有效实现营销目标。东南亚市场营销协调可以分为纵向协调与横向协调、内部协调与外部协调。纵向协调即高层管理人员与基层管理人员、一线营销人员以及各职能部门之间的协调；横向协调即同级各单位、部门之间的协调。内部协调即内部各部门之间的协调；外部协调即企业内部与外部环境之间的协调。此外，企业应依据自身所拥有的各种物的因素、人的因素加以协调，使物与物、人与人、物与人均保持一定比例，以提高生产运作效率。

（五）东南亚市场营销控制

进行东南亚市场营销控制是为了保证东南亚市场营销活动按既定目标实施。企业在开展市场营销活动时，常常会出现偏离计划目标的现象，因此需要经常采取措施加以控制，以纠正偏差。企业应建立东南亚市场营销管理的反馈机制，通过信息反馈，及时把握实际运行情况与市场营销目标的偏差，在此基础上，调整市场营销目标，使之更为合理，或者调整市场营销行为，使实际运行情况接近市场营销目标。

三、决策和管理的统一

决策和管理在东南亚市场营销过程中是统一的、不可分割的，它们不是两个不同的过程，而是同一个过程中两个不同的方面。两个方面相互影响，正所谓"决策之中有管理，管理之中有决策"。决策是企业进入东南亚市场的第一步，管理是为了保证决策的科学、可行和决策目标的完美实现。决策与管理贯穿于企业发展的整个生命周期，企业只要存在，就会面临着一系列大大小小的决策，而这些决策都需要管理者来把握。管理者要在熟练进行程序化决策的前提下，不断提高自己进行非程序化决策的能力。

东南亚市场营销既是一个不断重复的过程，又是一个自我强化的过程。它之所以是一个不断重复的过程，是因为决策付诸实施后，一旦营销活动的结果偏离原计划目标，信息反馈就会要求改变决策或重新做出决策，以适应新的变化了的环境或条件，其结果是市场营销决策又回到了最初状态。例如，目标市场国政治、经济环境的变化，消费者需求或偏好的变化，东南亚贸易或东南亚金融环境的变化，进入东南亚市场各种方式相关成本的变化等，都要求企业不断修改或重新进行决策。它之所以是一个自我强化的过程，是因为这种重复决策是在更高层次上进行的。也就是说，东南亚市场营销是由一系列相互关联的决策构成的，上一个决策往往是下一个决策的前提，下一个决策是上一个决策的结果。

❖ 小资料 2-1

东南亚市场有什么魅力引来互联网巨头们扎堆？

首先，东南亚的电商市场份额诱人。目前，电商在东南亚地区主要国家（越南、新加坡、马来西亚、泰国、印度尼西亚和菲律宾）的线上购物规模仅占东南亚零售营业额的 0.6%，而这个百分比每上升 1%，就能为互联网市场每年创造高于百亿美元的产值。全球企业增长咨询公司 Frost & Sullivan 曾预测，未来数年，东南亚电商年增长率将会达到 37.6%，有巨大的发展潜力。

其次，移动电商或希望以线上支付切入东南亚地区境外消费蓝海。东南亚地区是中国游客出境游的热门地点，截至 2016 年，中国赴东南亚的游客人数超过 5 000 万人次，同比增长了 90%，未来这一数据仍将不断攀升，出境游的线下消费更是值得投资者开发的一片蓝海。因此，各大国际互联网巨头都在东南亚出境游方面有所布局。

最后，开拓海外市场是大型企业战略发展的重要一步。一方面，成熟的互联网经济模式在发达国家和发展较快的发展中国家的市场上都逐渐趋向饱和，在本国获得进一步发展的门槛被提升，因此将多余的产能迅速复制到海外市场是精明的一步棋；另一方面，企业发展壮大后到海外市场进行国际化拓展，也是对境内市场的深层次巩固，因为开拓海外市场可以更好地服务中国的出境客户。

资料来源：佚名. 为什么互联网巨头们纷纷盯上东南亚市场？[EB/OL]. [2016-08-16]. https://sanwen8.cn/p/23benBf.html.

第二节　企业开展东南亚市场营销的动因分析

企业开展东南亚市场营销，无论对于国家还是企业来说，都具有十分重要的意义。进入东南亚市场的国家既有发达国家，也有发展中国家，它们各自的营销动因是有所差异的，不同动因激励下的营销活动方式的差异也很大。研究企业开展东南亚市场营销的动因，有助于明确营销目标，制定营销战略，选择更好的营销方式。企业开展东南亚市场营销的动因如下：

一、市场导向型

市场导向型市场营销活动的目的在于巩固和扩大原有市场，开辟新市场，避开各类贸易保护壁垒，直接或间接进入东南亚市场。20世纪80年代以来，贸易保护主义纷纷抬头，欧美等发达国家为了保护自身的利益，对许多国家的产品构筑了关税与非关税壁垒，如实施严格的配额限制，或者动辄以"反倾销"为由征收高额反倾销税，使各国特别是发展中国家的出口环境恶化。因此，许多国家试图通过扩大产品出口东南亚的规模，使母国产业同东南亚市场紧密结合，从而实现产业规模化，完成结构调整，达到发展经济目的。

（一）为剩余资本寻找出路

资本输出是企业进入东南亚市场的原始动因，其基本形式有生产资本输出和借贷资本输出。资本输出的客观基础是垄断造成的相对资本过剩，资本的本性是增值和扩张，发达国家或发展中国家的一些企业在长期的经营过程中积累了大量的资本以后，必然要为剩余资本寻找出路，即为剩余资本寻求获得高额利润的机会。

一般而言，拥有剩余资本的企业通常会考虑到东南亚市场寻找出路，以提高资本的回报。例如，有的企业发挥资本充裕的优势，生产资本密集型产品，并通过与东南亚国家的贸易往来取得利润；有的企业通过对外直接投资，将资金投向缺少资金、技术和管理的东南亚国家，以赚取利润。然而，无论是用产品替代资金，还是资金本身向东南亚流动，都可以使剩余资本增值。

（二）扩大市场份额

对于大多数开展东南亚市场营销活动的企业来说，这是最主要的动因。市场需求量由人口、购买力和购买欲望等因素决定，在一定的时空条件下，市场容量总是有限的。在市场容量相对较小或企业的母国市场需求总量有限的情况下，企业扩大生产经营就会受到制约。企业除了可以采用多元化的发展战略，向其他领域发展外，进入人口比较多的东南亚市场也是一个不错的选择。

美国属于经济高度发达的国家，美国市场早已呈现出过度饱和的状态。一方面，美国市场的产品供给增长迅猛，而美国人口增长缓慢，市场经济的发展又使得消费者的需求更加多样化，消费者对商品更加挑剔，这必然导致企业之间为扩大产品销售量而竞争激烈；另一方面，外国产品（如日本的家电、汽车，中国的鞋类、服装等）大量涌进美国市场，使得美国市场处于超饱和状态。因此，美国企业面临的不仅有美国竞争者还有外来竞争者，不仅有发达国家企业还有发展中国家企业，这使得原已饱和的美国市场矛盾突出、同行企业竞争激烈，美国企业要想获得生存和发展，就必须寻找新的市场，东南亚市场当然是其目标之一。例如，Coca-Cola、IBM、Nike、Intel等美国企业纷纷到东南亚市场寻找发展机会，开展东南亚经贸业务。

这种以市场为导向的投资实质上是对出口导向型工业的延伸，即把获得市场的手段从货物转为资本。例如，韩国在20世纪70年代的经济腾飞中执行的是以美国市场为主体的出口导向型政策，因此1985年以前，其制造业的对外投资是以美国为中心的，对东南亚国家只做个别项目的投资。随着东南亚国家经济的高速增长，市场容量的急剧扩张，韩国逐渐将投资重点转向东南亚。2002年，韩国产业资源部和产业研究院对1 000家韩国企业所做的"制造业海外投资现状"的调查显示，在准备对外投资的企业中，37.1%的企业准备向东南亚地区投资。

（三）产品生命周期发展阶段的差异

产品的生命周期分为导入、成长、成熟和衰退四个阶段。按照产品生命周期理论，一种产品首先可能在发达国家生产上市，并进入导入期；当该产品在发达国家进入成长期时，在次发达国家则可能进入导入期；当该产品在发达国家进入成熟期或衰退期时，在另外一些国家则可能鲜为人知，也可能处于导入期或成长期。在这种情况下，企业进入东南亚市场可能会延长产品的生命周期，从而获得更多的利润。美国、日本等发达国家是技术创新型国家，来自这些国家的跨国企业往往拥有最新的产品，它们总是先将新产品投放母国市场，在产品生命周期的最初阶段，这些企业可以取得垄断利润，但随着竞争激烈程度的提高，这种垄断利润就消失了。在这种情况下，这些企业会将新产品逐步投放到其他发达国家和发展中国家，特别是经济增长比较快的东南亚市场，以获取持久的利润。其实，产品生命周期发展阶段的差异，不仅表现在技术创新型国家、一般发达国家以及发展中国家之间，而且可能表现在产品技术水平不同但属于同一类型的国家之间。因此，发展中国家的企业同样可以通过进入东南亚市场，延长产品的生命周期。

（四）扩大利润来源，提高经济效益

能否取得较高的利润，往往是企业做出经营决策的重要依据。不同国家的市场条件不同，能够获得获利润率也不同，因此利润率较高的东南亚市场更能吸引企业进入。这具体表现为以下几个方面：

1.追求规模经济效益，获取利润

规模经济是一个经济现象，任何产品都有自己的经济规模，当生产经营量达不到一定的经济规模时，经济效益就不可能实现最优。在母国市场规模有限的情况下，为了达到一定的经济规模，实现良好的经济效益，企业可以选择进入东南亚市场，以增加销量，保证企业的可持续发展。

2.分摊研发费用，降低产品成本

对于一些研究和开发费用较高，但通用性较好的产品来说，企业在进入东南亚市场时，不需要对产品进行很大程度的修改，因而不需要追加大量的投资，并且可以分摊研发费用，收回初期的巨额投资，从而取得良好的经济效益。

3.利用不同国家经济增长速度的差异

经济增长速度因国家和地区的不同而有很大的差异，如果一个企业所在国的经济发展速度缓慢，则会影响该企业的发展。为了保证较好的发展势头，获得良好的经济效益，企业可以在经济增长速度较快的东南亚国家寻求发展，以改变自己的生存环境。

随着东南亚各国人均GDP的不断提高（见表2-1），东南亚市场现实的或潜在的购买力在不断增加，个人消费水平也在不断增长之中。在这种情况下，许多企业进入东南亚市场销售产品，在满足了东南亚市场需求的同时，也实现了企业产品的价值。因此，许多跨国公司纷纷投资东南亚国家，寻求新的利润增长机会。

表2-1　　　　　　　　　　　　2012—2016年东盟各国人均GDP梯度分布　　　　　　　　　　单位：美元

年份	第一层次		第二层次				第三层次			
	新加坡	文莱	马来西亚	泰国	印度尼西亚	菲律宾	越南	老挝	柬埔寨	缅甸
2012	54 578	47 641	10 653	5 849	3 745	2 611	1 753	1 414	946	1 100
2013	55 980	1 131	10 797	6 152	3 667	2 789	1 902	1 594	1 018	1 112
2014	56 287	41 460	11 049	6 508	3 524	2 862	2 051	1 693	1 081	1 228
2015	53 224	27 759	10 073	5 426	3 416	2 951	2 171	1 785	1 140	2 769
2016	55 509	27 817	11 090	5 697	3 384	3 192	2 321	1 877	1 217	1 364

资料来源：根据世界经济信息网的相关资料整理.

二、要素导向型

经济发展的过程就是各种生产要素不断积累并在更大范围内寻找最优组合的过程。各国由于自身禀赋条件的制约，因此不可能同时具备经济发展所需的各种要素，只能与外界进行要素交流，这样就产生了以寻求母国稀缺的或相对廉价的生产要素为导向的对外投资活动。这种类型的投资根据各国所寻求的要素的不同，可具体分为自然资源导向型、劳动力资源导向型、资金导向型、技术管理导向型、商业环境和投资环境导向型。

（一）自然资源导向型

与发达国家相比，东南亚国家对自然资源的管制不够严格。以获取自然资源为目的的投资是各种投资中最常见也是最初级的一种，并且多投向矿产、林业、农业等初级产业部门。在早期对外投资的过程中，以此为目的的企业占有相当大的比重。例如，马来西亚和印度尼西亚等东南亚国家的矿产资源丰富，因此吸引了众多跨国企业到东南亚开采矿产资源，然后运回母国加工，最后将成品出售到国际市场上。

（二）劳动力资源导向型

这类投资以利用东南亚国家的廉价劳动力为目的。随着投资企业母国人力成本的提高，劳动密集型行业在国际上的竞争力越来越弱，因此这类企业不得不把生产地点转移至劳动力价格便宜的东南亚国家，以追求比较成本优势。资料表明，近年来，每年都有800亿～900亿美元的劳动密集型及半密集型的产品从日本、西欧、韩国、中国台湾、中国香港等经济发达国家和地区的现代经济产业中分离出来，并转移到亚洲和环太平洋的经济欠发达国家。泰国、马来西亚、印度尼西亚和越南等东南亚国家都已采取积极措施，以吸引这些转移出来的产业。

❖ 小资料2-2

多重因素令外企"走出"中国　转向东南亚

《韩国经济》2015年2月13日发表文章称，被称为"世界工厂"的中国近年来发生了很大的变化。中国的人力成本每年都在急速增加，再加上中国经济增长率有所放缓，因此一些外资企业开始将工厂向东南亚地区转移。同时，近年来日益严重的大气污染问题加剧了这一现象的产生。

外资企业主要在中国广东地区设厂，但是由于中国人力成本的增加，因此将工厂转向东南亚地区的外资企业激增。广州地区的劳动者月平均工资为650美元，是印尼（300美元）、越南（250美元）以及柬埔寨（100美元）等东南亚国家劳动者的2～6倍。不仅是人力成本问题，中国的经济增长速度放缓也是外资企业离开中国的主要原因之一。此外，美国商业联合会中国分部最近对其在中国的447个会员企业进行了调查，有53%的企业表示由于严重的大气污染问题，人员招聘变得较为困难。因此，大气污染等环境因素也是外资企业撤出中国的重要原因之一。

资料来源：刘洋.韩媒：多重因素令外企"走出"中国　转向东南亚［EB/OL］.［2015-02-13］. http://world.huanqiu.com/exclusive/2015-02/5673979.html.

（三）资金导向型

这类投资以更有效地利用东南亚国家的资金为目的。东南亚国家（如新加坡）有比较成熟的金融市场，企业对东南亚直接投资的过程往往就是利用外资的过程。具体来说，企业可以通过母国的技术、设备折价投入，进而利用东南亚金融市场的配套资金在东南亚兴办企业，以达到利用外资的目的。

（四）技术管理导向型

这类投资以获取东南亚国家的先进技术和管理经验为目的，多采用直接外购东南亚企业的方式进行，是企业对外投资中层次较高的一种。新加坡的港口建设、菲律宾的家政服务业等都有一定的优势，通过投资可以将它们的先进技术和管理经验为己所用。随着东南亚国家经济的发展和管理水平的提高，此类投资将占有越来越重要的地位。

（五）商业环境和投资环境导向型

不少企业进入东南亚市场，看中的是当地的投资环境与优惠政策。例如，世界经济论坛发布的《2015—2016年全球竞争力报告》将竞争力分为制度建设、基础设施、宏观经济环境、商品市场效率等12个方面，以此衡量全球140个经济体在促进生产力发展和社会繁荣方面的能力。结果表明，新加坡仅次于瑞士居全球第二位，是国际投资的理想国家。又如，现在有许多企业到泰国投资办厂，主要原因是它们觉得母国市场尚不成熟，政策不配套，各种干预措施比较多，应该由企业自己决定的事情企业无法把握，如经营的范围、投资的领域、外汇的使用等，许多应该由政府、银行解决的事情，如提供资金服务、限制不公平竞争等却让企业操心。到泰国设厂，一是可以享受当地政府8年的免税优惠，并且免税期间的损失可以在免税以后的年份中逐年或一次性扣除；二是生产与流通可以一起抓，投资选择范围大；三是有一定实力后再回母国反投资，可以享受各种优惠，从而打破各种限制与约束。

三、发展战略导向型

这类投资并不注重短期收益，而是作为特定发展战略的组成部分，注重追求长远利益。具体来说主要表现在以下几个方面：

（1）在东南亚树立良好的企业形象，实现全球发展战略；

（2）领先或紧随主要竞争对手的战略，从而在全球竞争中立于不败之地；

（3）与其他跨国公司结成战略联盟，联手在东南亚投资。

多样化发展是企业重要的发展战略，其表现形式有多种，同时面向多个国家的市场就是其中一种。一般而言，多样化发展的主要优点是有利于降低经营风险。如果把企业的业务限制在一个国家，过分依赖单一国家的市场，这样其实比较危险，所以一些企业跨出国门，同时进入多个国家，以分散风险。

四、竞争防御导向型

开展东南亚市场营销，对于许多企业而言不仅是发展战略的需要，有时也是竞争防御的需要。

每个企业都会面临竞争，也必须正确应对竞争，这样才能在市场上生存和发展下去。由于每个企业在市场上的地位不同，理念和风格不同，因此其对待竞争和采取的竞争战略也不同。目前，一些国家或地区竞相抢占东南亚投资市场的"制高点"，并且这一行动已经引起了连锁反应，从而使这场"防御性对外投资战"愈演愈烈。其目的多为获得可靠的东南亚原料供应，或在出口受挫于贸易保护主义时取道第三国出口，或到低成本国家投资以应对其他国家的价格竞争。

❖ 小资料 2-3

日本企业成为涉足越南交通BOT项目首家外国企业

日本中部高速公路股份公司（NEXCO）和日本国际高速股份公司（JEXWAY）与越南FECON股份公司签署了在越南投资开展交通基础设施建设的战略合作协议。根据协议，日本两家公司将向越南FECON公司转让交通基础设施领域的工艺技术和管理技能，同时协助越南FECON公司与日本其他公司对接。作为合作的第一步，日本两家公司将购买越南FECON公司在府里市绕城公路和河南省境内1号国道路面加固BOT项目40%股份中的20%。该项目全长43千米，2014年开工建设，2016年已投入运营，总投资2.046万亿越南盾。至此，日本企业成为进入越南交通基础设施建设BOT项目的第一家外资企业。

资料来源：佚名. 日本企业成为涉足越南交通BOT项目首家外国企业［EB/OL］.［2017-06-06］. http：//www.mofcom.gov.cn/article/i/jyjl/j/201706/20170602587346.shtml.

第三节　中国企业开展东南亚市场营销的直接动因

近年来，随着东南亚市场经济的不断发展，许多中国企业也开始以各种各样的形式走出国门，开展东南亚市场营销。中国与东南亚国家毗邻，具有天然的投资优势。同时，随着中国"一带一路"倡议的提出，中国企业投资东南亚的热情更是高涨。中国企业开展东南亚市场营销的直接动因主要有：释放中国竞争压力；突破经营资源约束；获取先进技术和管理经验。

❖ 小资料2-4

德勤助力中国企业在东盟投资

2017年，德勤针对中国54家国有企业开展了一项题为"中国国有企业国际化与'一带一路'"的调研。调研结果显示，东南亚是最受中国国有企业青睐的投资目的地。德勤东南亚中国服务部领导人简耀强在第四届中国服务部领导人峰会上表示，东南亚地理位置优越，自然资源丰富，有6.3亿人口，年龄中位数为28.9岁。东南亚蕴藏着巨大的经济发展潜力，对中国投资者而言是最具吸引力，也是最活跃的投资地区之一。

马来西亚与中国在社会经济领域素有稳定合作，是中国企业投资东南亚市场的绝佳入口。同时，马来西亚在中国的"一带一路"倡议中将发挥重要作用。

德勤全球中国服务部主席杨莹称，东南亚各国资源丰富且各不相同，相互间可以取长补短，因此中国企业的投资领域十分广泛。比如，中国投资者可以在马来西亚投资房地产和基础设施建设，在泰国投资制造业，在新加坡投资金融服务业。中国对东南亚国家的境外投资流量与存量自2011年起逐年上涨，目前的投资流量复合增长率为27%，投资存量复合增长率为31%。如果东南亚各国都能够积极响应"一带一路"倡议，那么对该地区的投资将取得显著成效。

外商投资不仅能够促进国家经济的发展，同时通过知识转移、创建人才库等方式，还能为市场创造新机遇，助力人才培养。

资料来源：佚名. 德勤助力中国企业在东盟投资［EB/OL］.［2017-01-13］. http：//finance.china.com.cn/roll/20170113/4067164.shtm.

一、释放中国竞争压力

占有足够大的市场，是确立企业竞争地位、实现盈利和其他经营目标最基本的条件。近年来，大量的外国产品如潮水般涌进中国市场，如美国的电脑、日本的家用电器、欧洲的汽车及韩国的化妆品等，这使得中国国内市场的多种产品已经达到饱和状态。企业要想获得生存与发展，就必须寻找新的市场，因此释放中国竞争压力是中国企业进入东南亚市场的重要动因。具体有以下几种做法：

一是在东南亚投资设立经贸公司、贸易中心、分拨中心，建立维修、培训等售后服务体系，以保护已经建立的出口市场。

二是在东南亚投资建立生产性公司，带动中国的技术、设备、劳务向东南亚输出。

三是在东南亚接受订单和设计，在中国加工生产，然后组织产品出口。这种做法把东南亚市场的产品出口需求和中国生产基地的出口产品供给结合了起来，既满足了东南亚客户的需求，又开辟了中国出口产品的新渠道。

四是在已有东南亚销售渠道的基础上返回中国投资设厂，产品再度出口。这种做法已经具有发达国家跨国公司的全球发展战略意识，即中国企业在东南亚开拓若干年后，积累了资金和管理经验，掌握了东南亚销售渠道，为帮助中国母公司开拓新的销售渠道，以在东南亚注册的子公司的名义与中国母公司所属子公司合资，或与其他中国企业合资，然后将新合资企业生产的产品出口到国外。

部分东南亚国家虽不富裕，但人口多、市场潜力大。例如，越南2014年人均国民收入虽然仅为2 805美元，低于同期中国的人均国民收入水平，但越南对各类电子产品的需求量持续上升，而越南企业的制造水平与生产能力难以满足市场需求。以手机为例，2014年越南智能手机的普及率为23.25%，还有很大的发展空间。目前，中国的彩电、冰箱、空调、吹风机、电熨斗等家电产品及通信产品在越南都比较受欢迎，并且销量稳步上升，甚至有人感叹"中国的商品非常适合越南人的钱包"。

此外，发展中国家在确定对外投资区位时一般有两种选择，即上行投资和下行投资。上行投资是发展中国家对发达国家的投资；下行投资是发展中国家对其他经济发展水平相近或稍低的发展中国家的投资。其中，下行投资可以看成对产品生命周期理论的运用，因为它是将本国处于成熟阶段的产品或技术移植到较不发达的国家，以便实现产品或技术的第二次或第三次生命周期。实践证明，技术层次相差一个阶梯的两个国家之间最容易进行投资；较先进的发展中国家的技术更易为稍落后的发展中国家所吸收。因此，一些中国企业为了能够在激烈的市场竞争中占有一席之地，以及提高自身的经营层次和产品形象，纷纷进入东南亚市场。

◆ 小资料2-5

东南亚一国70%铜带来自"新星"

2007年9月，吴江新星铜业有限公司（以下简称"新星铜业"）再次接到东南亚某国电缆公司的"试单"：30吨T2紫铜带。公司董事长孙建新告诉记者，该国电缆企业所需的紫铜带，70%都是向"新星"采购的。

新星铜业的前身是吴江市新星铜材厂。新星铜业投资2亿元建成的新厂占地面积达12万平方米，一期工程投入1.2亿元。为了解决区域内现有铜带产品质量档次偏低、品种单一的问题，新星铜业在对中国电解铜生产线、铜带生产线进行充分调查的基础上，采用中国最成熟、最可靠、最先进的工艺技术，新建了一条年生产能力达 20 000 吨的高精度紫铜带生产线。"这种高精度紫铜带只有纸张的一半厚，每标准卷电解铜加工后可长达 4 000 米。我们公司目前能把铜带的厚薄精确到 0.001 毫米；仅有 0.05 毫米厚的铜带经表面处理后，即使不经过任何包装，裸放在空气中 6 个月，也不会发生一点表面氧化。"

优良的质量、适销对路的产品得到了众多客户的青睐。新星铜业的产品 1/3 出口国外，中国客户也都为知名企业，如大唐电信等。据东南亚某国电缆行业协会的统计，2006 年，该国所用的高精度铜带的 70% 由"新星"供应。

长期以来，铜带、铜管等传统有色金属加工产品一直服务于光电缆产业，是该产业重要的配套材料。七都镇是"光电缆之都"，其光电缆产业的兴旺在过去有效地带动了该镇有色金属加工产业的发展。近年来，随着技术含量的不断提高，产品种类的不断丰富，该镇有色金属加工企业已经不再局限于为该镇的光电缆企业提供生产材料，而是走出去开拓更为广阔的市场。

面对美好的市场前景，孙建新信心百倍："我们公司的高精度紫铜带将运用于 IT 产业等高新技术领域，并将运用于 3G 领域。"

资料来源：杨浪. 东南亚一国 70% 铜带来自"新星"[EB/OL]. [2007-09-19]. http://www.zgwj.gov.cn/UpFile/template/contentpage/zgwj_Xwzxnew/item.aspx?id=90974&p=0.

二、突破经营资源约束

如今，资源紧缺已经成为中国企业快速成长的限制条件，因此突破经营资源约束就成为中国企业对东南亚投资最直接的动因。具体有以下两种做法：

一是开采东南亚的自然资源。这些自然资源在中国长期供应紧张，在东南亚国家则蕴藏丰富，开采、运输条件十分优越。一些大型专业贸易公司和生产性企业已着手在东南亚设立原材料公司，可直接控制原材料的来源，保证供应稳定。在经营过程中，有的中国企业取得原材料后直接在世界市场出售以获取外汇，再利用这些外汇，进口所需要的设备或原材料；有的企业则将原材料运回中国，以弥补中国市场上该资源产品的不足。

二是吸收引进东南亚的技术和信息资源。这类资源在现代企业的经营发展过程中具有越来越重要的战略意义，一条信息可能会使企业化险为夷、绝路逢生。对某些结构不适、渠道不畅、信息闭塞的中国企业来说，如何及时获得第一手市场信息始终是一个难题。在东南亚投资建厂，可以深入东南亚市场一线捕捉大量技术和市场信息，并将其及时、准确地传递回中国，这对于中国企业了解东南亚市场动态、抓住机会扩大出口市场、引进外国技术都是极有好处的。例如，上海工具厂有限公司在产品出口量多年徘徊不前的情况下，果断地在泰国办了一家合资企业。公司领导明言，主要目的不是在那里生产，而是利用泰国在东南亚的地位和影响，广收科技、市场信息，反过来促进出口的增长。

中国企业在东南亚市场一般可以获得以下有用的信息：

（1）东南亚经济发展的现状、动态和趋势；

（2）东南亚市场商品的供求及价格变化趋势；

（3）东道国投资环境的现状和变化；

（4）合作伙伴的真实情况；

（5）汇率市场的波动情况。

❖ 小资料 2-6

老挝 Sepon 金铜矿山　助力中老能源合作

2009 年 6 月 11 日，中国五矿集团旗下的五矿有色金属股份有限公司成功收购澳大利亚 OZ Minerals 公司大部分资产，老挝的 Sepon 金铜矿便是其中之一。

Sepon 矿山是一个露天矿，位于沙湾拿吉（Savannakhet）省的 Vilabouly 地区。该矿山是老挝第一个重要的私营矿山，由 Lane Xang 矿业有限公司（五矿 LXML）经营管理。公司 90% 的股份属于五矿集团，10% 的股份由老挝政府持有。

目前，Sepon 矿山已停止开采金矿，转而开采铜矿。铜矿项目于 2011 年完成了升级改造，铜的年产量从 6.5 万吨增至 8 万吨，被伦敦金属所交易誉为 A 级铜矿。

Sepon 矿区的开发极大地带动了周边地区的发展，当地民众成为直接受益人。

资料来源：佚名. 中企投资东南亚　必须要借鉴的 5 个成功案例 [EB/OL]. [2016-02-03]. http://news.hexun.com/2016-02-03/182171087.html.

三、获取先进技术和管理经验

技术进步作为一种外生变量，对于促进经济增长具有重要的作用。由于中国企业远未成为研发的主体，市场风险投资机制也远未建立，因此中国企业多年来的技术进步主要靠外资企业的技术扩散，以及对外资企业的学习与模仿来实现。需要注意的是，发达国家一般把成熟产品或标准化产品作为出口产品进行对外贸易，把低于世界水平的设备和技术拿到中国进行投资，因此中国企业很难获得发达国家最先进的科学技术，甚至在引进成熟技术的过程中也会受到种种限制和刁难。中国企业如果直接在东南亚国家投资，特别是与具有最新技术的企业合作或合资，雇用当地的工程师、科研人员、管理人员、熟练工人，购买当地或世界市场上的先进设备，则有可能获得很多在中国得不到的先进技术和管理经验，从而实现企业的技术创新，并使企业的产品更接近消费者和占据市场领先地位。

中国企业在东南亚获得先进技术和管理经验的途径有：

（1）东南亚子公司购买、消化、吸收新兴国家的企业，可以获得先进技术和管理经验，并且可以利用东南亚国家的研制力量开发新产品；

（2）东南亚子公司购买东道国拥有先进技术的企业的股份，可以获得最新的技术和情报；

（3）东南亚子公司与具有先进技术设备的外国公司建立合资企业或合作企业，可以直接参与先进技术的学习和先进设备的管理；

（4）东南亚子公司在东道国按照东南亚惯例行事，可以获得东南亚先进的管理方法。

❖ 小资料 2-7

中企未来投资首选东南亚

未来三年投资东南亚的主要优势在于，企业可以通过此类并购获取东道国的能源和资源，还可以寻求新的利润增长点并占领新的市场。

"预计在未来三年内，中国企业将进入'出海'的第二阶段，即市场驱动型的海外并购。"CIC灼识咨询CEO楼自昂认为，东南亚市场人口超过6亿，购买力强劲，但基础设施建设、消费及互联网的发展均不像欧美地区那么成熟。再加上2015年底东盟经济共同体的成立，又为东南亚联合发展注入了一针强心剂，80%的东盟企业将东盟经济共同体视为企业发展的一次重大机遇。

与此同时，未来东南亚地区的GDP增长将远远超过发达市场，甚至将超过其他新兴市场。楼自昂称，2015年亚洲地区新兴市场的GDP增长预计为6.6%，而前沿市场（如缅甸、柬埔寨和老挝）的GDP增长预计超过7%并将逐年加快。这一潜在需求巨大而市场不成熟的经济体对于文化相近、贸易往来频繁的大型中国企业而言，具有较大的吸引力。

资料来源：佚名. 中企未来投资首选东南亚冷落欧美？你可能得知道更多 [EB/OL]. [2016-04-26]. http://finance.sina.com.cn/roll/2016-04-26/doc-ifxrpvqz6902728.shtml.

@ **本章小结**

东南亚市场营销是决策过程与管理过程的统一。决策过程包括：评估东南亚市场营销环境；决定是否进入东南亚市场；决定要进入的东南亚目标市场；决定怎样进入东南亚目标市场。管理过程包括：东南亚市场营销计划；东南亚市场营销组织；东南亚市场营销指挥；东南亚市场营销协调；东南亚市场营销控制。

企业开展东南亚市场营销的动因主要有：市场导向型；要素导向型；发展战略导向型；竞争防御导向型。中国企业开展东南亚市场营销的直接动因主要包括：释放中国竞争压力；突破经营资源约束；获取先进技术和管理经验。

第三章 东南亚市场营销的经济环境

东南亚市场营销本身是一种经济活动，是国际商品生产、交换与分配的过程。从目前的经济环境来看，各国经济迅速发展，各国对东南亚的投资迅速增加，各国间的经济贸易往来不断扩大，任何一个国家都不可能实行完全封闭的政策，都会受到世界经济的影响。企业在东南亚进行市场营销活动，必须对东南亚国家的经济发展有一个全面的认识。东南亚市场营销的经济环境主要包括各国的经济体制、经济发展水平、市场规模、基础设施建设、通货膨胀率、失业率、国际收支及金融外汇环境等内容。

第一节 东南亚主要国家货物贸易概况[①]

一、2016年印度尼西亚货物贸易及中印双边货物贸易概况

（一）2016年印度尼西亚货物贸易概况

据印度尼西亚（以下简称印尼）中央统计局统计，2016年印尼货物进出口总额为2 801.4亿美元，比2015年同期下降4.4%。其中，出口额为1 444.9亿美元，下降3.9%；进口额为1 356.5亿美元，下降4.9%。贸易顺差为88.4亿美元，增长14.8%。

2016年，印尼的出口额除对中国仍保持增长（增幅为11.6%）外，对其他主要贸易伙伴均出现了不同程度的下降，印尼对中国、美国、日本、新加坡、印度和马来西亚的出口额分别占其出口总额的11.6%、11.2%、11.1%、7.8%、7.0%和4.9%，合计占53.6%；印尼自其主要贸易伙伴进口占其总进口总额的比重依次为，中国22.7%、新加坡10.7%、日本9.6%、泰国6.4%、美国5.4%、马来西亚5.3%，合计占60.1%。

2016年，印尼前五大逆差来源国依次为中国、新加坡、泰国，澳大利亚和沙特阿拉伯，逆差分别为140.1亿美元、33.0亿美元、32.8亿美元、20.6亿美元、13.9亿美元；顺差主要来自美国、印度、菲律宾、日本、荷兰，分别为88.4亿美元、72.2亿美元、44.5亿美元、31.2亿美元和25.3亿美元。

印尼的出口结构呈现多元化的发展趋势，矿物燃料、动植物油、机电产品、贵金属及其制品、运输设备是印尼的主要出口商品，2016年这五大类商品的出口总额为664.9亿美元，合计占印尼出口总额的46.0%。机械设备、矿物燃料、机电产品、塑料制品、钢材是印尼的主要进口商品，2016年这五大类商品的进口额分别为210.7亿美元、192.5亿美元、154.3亿美元、70.0亿美元和61.8亿美元，合计占印尼进口总额的50.8%。

[①] 本节数据根据中国商务部网站的资料整理。

（二）2016年中印双边货物贸易概况

据印尼中央统计局统计，2016年，印中双边货物贸易额为475.9亿美元，增长7.0%。其中，印尼对中国出口额为167.9亿美元，增长11.6%，占印尼出口总额的11.6%，增长1.1个百分点；印尼自中国进口额为308.0亿美元，增长4.7%，占印尼进口总额的22.7%，增长2.1个百分点。印尼对中国的贸易逆差为140.1亿美元，下降2.4%。

矿物燃料、动植物油、木浆等纤维状纤维素浆、钢铁及其制品、木材及其制品是2016年印尼对中国出口最多的商品，上述五大类商品的出口额依次为54.0亿美元、27.4亿美元、9.7亿美元、9.3亿美元和8.3亿美元，合计占对中国出口总额的64.7%。印尼对中国出口的商品还有矿砂、橡胶及其制品、机电产品、塑料制品、杂项化学产品、铜及其制品、有机化学品、可可及可可制品、棉花、水产品等。

印尼自中国进口的商品主要有机械设备、机电产品、钢材、塑料制品、有机化学品，2016年上述五大类商品合计进口额为180.5亿美元，占印尼自中国进口总额的58.6%。除上述产品外，印尼自中国进口的商品还有金属及其制品、肥料、干鲜水果、无机化学品、化纤长丝、鞋类制品、肥料、铝制品、音响器材制品等。

目前，中国不仅是印尼第一大出口市场，也是印尼第一大进口商品来源地。在印尼的前十大类进口商品中，中国的机电产品、金属制品、纺织品、家具和瓷器处于较明显的优势地位，但中国的化工产品、塑料制品、光学仪器和运输设备等仍面临着来自欧洲、美国、日本等发达国家的竞争。

二、2016年马来西亚货物贸易及中马双边货物贸易概况

（一）2016年马来西亚货物贸易概况

据马来西亚统计局统计，2016年马来西亚货物进出口总额为3 584.2亿美元，比2015年同期下降4.7%。其中，出口额为1 897.4亿美元，下降4.8%；进口额为1 686.8亿美元，下降4.2%。贸易顺差为210.6亿美元，下降12.2%。

2016年，马来西亚的出口额除对美国仍维持有限增长（增幅仅为2.8%）外，对其他主要贸易伙伴均出现了不同程度的下降，马来西亚对新加坡、中国内地、美国、日本、泰国和中国香港的出口额分别占其出口总额的14.6%、12.5%、10.2%、8.0%、5.6%和4.8%，合计占55.7%；马来西亚自中国大陆、新加坡、日本、美国、泰国和中国台湾的进口额分别占其进口总额的20.4%、10.4%、8.2%、8.0%、6.1%和6.0%，合计占59.1%，增减幅依次为3.7%、−17.0%、−0.1%、−5.3%、−4.1%和7.2%。

2016年，马来西亚前五大逆差来源地依次为中国大陆、中国台湾、韩国、沙特阿拉伯和巴西，逆差额分别为105.9亿美元、49.9亿美元、34.0亿美元、17.5亿美元和13.2亿美元，增幅依次为48.2%、40.6%、99.6%、65.6%和43.4%；顺差主要来自新加坡、中国香港、美国、印度和荷兰，顺差额依次为101.5亿美元、60.3亿美元、59.5亿美元、37.2亿美元和35.9亿美元。

从商品分类上看，机电产品、矿物燃料、机械设备、植物油、光学仪器产品等是马来西亚主要的出口商品，2016年这五大类商品的出口总额为1 266.5亿美元，合计占马来西亚出口总额的66.7%；其他主要出口商品还有橡胶制品、塑料及其制品、化工产

品、木材及其制品、钢铁制品、珠宝首饰和家具等。机电产品、机械设备、矿物燃料、塑料及其制品、运输设备是马来西亚的主要进口商品，2016年这五大类商品的进口额分别为465.2亿美元、201.3亿美元、173.6亿美元、68.5亿美元和58.0亿美元，合计占马来西亚进口总额的57.3%。

（二）2016年中马双边货物贸易概况

据马来西亚统计局统计，2016年，马中双边货物贸易额为581.1亿美元，下降1.8%。其中，马来西亚对中国出口额为237.6亿美元，下降8.6%，占马来西亚出口总额的12.5%，下降0.5个百分点；马来西亚自中国进口额为343.5亿美元，增长3.1%，占马来西亚进口总额的20.4%，增长1.6个百分点。马来西亚对中国的贸易逆差为105.9亿美元，增长47.7%。

机电产品、矿物燃料、机械设备、动植物油、矿砂是2016年马来西亚对中国出口最多的商品，上述五大类商品的出口额依次为87.4亿美元、26.6亿美元，23.4亿美元、14.6亿美元和11.7亿美元，合计占马来西亚对中国出口总额的68.9%。马来西亚对中国出口的商品还有塑料及其制品、有机化学品、橡胶及其制品、光学仪器制品、锡及其制品、铜及其制品、木材及其制品等。

马来西亚自中国进口的商品主要是机电产品、机械设备、钢铁、塑料制品、矿物燃料，2016年上述五大类商品合计进口额为201.8亿美元，占马来西亚自中国进口总额的58.7%。除上述产品外，马来西亚自中国进口的商品还有铜类及其制品、钢材、运输工具、无机化学品、铝及其制品、新鲜蔬菜、纸张、家具和船舶等。

截止到2016年12月底，中国仅次于新加坡为马来西亚第二大出口贸易伙伴和第一大进口商品来源地。在马来西亚的前十大类进口商品中，中国的机电产品、金属制品、运输设备、纺织品和家具处于较明显的优势地位，但中国出口的化工产品、塑料制品、光学仪器和食品等仍面临着来自日本、美国、法国、新加坡和马来西亚等国家的竞争。

三、2016年新加坡货物贸易及中新双边货物贸易概况

（一）2016年新加坡货物贸易概况

据新加坡国际企业发展局统计，2016年新加坡货物进出口总额为6 129.5亿美元，比2015年同期下降4.7%。其中，出口额为3 299.1亿美元，下降4.8%；进口额为2 830.4亿美元，下降4.6%。贸易顺差为468.7亿美元，下降6.1%。

2016年，新加坡对中国内地、中国香港、马来西亚和印度尼西亚的出口额分别为428.4亿美元、416.2亿美元、350.1亿美元和257.9亿美元，分别占新加坡出口总额的13.0%、12.6%、10.6%和7.8%，增减幅依次为−10.2%、4.9%、−7.3%和−9.1%；新加坡自中国大陆、马来西亚、美国和中国台湾的进口额分别为403.9亿美元、322.6亿美元、305.5亿美元和233.0亿美元，分别占新加坡进口总额的14.3%、11.4%、10.8%和8.2%，增减幅依次为−4.1%、−2.4%、−8.0%和−5.6%。

2016年，新加坡前五大顺差来源地依次是中国香港、印度尼西亚、越南、澳大利亚和泰国，顺差分别为390.6亿美元、123.2亿美元、83.5亿美元、64.5亿美元和61.5亿美元；逆差主要来自美国、中国台湾和沙特阿拉伯，分别为90.5亿美元、85.7亿美元和

73.3亿美元，增减幅依次为−21.3%、−16.2%和5.4%。

从商品分类上看，机电产品、矿产品和化工产品是新加坡的主要出口商品，2016年这三大类商品的出口额分别为1 640.6亿美元、375.5亿美元和342.4亿美元，分别下降3.0%、14.4%和1.9%，分别占新加坡出口总额的49.7%、11.4%和10.4%。在机电产品中，电机和电器产品的出口额为1 148.6亿美元，下降2.8%；机械设备的出口额为492.0亿美元，下降3.4%。机电产品和矿产品是新加坡的主要进口商品，2016年这两类商品的进口额分别为1 272.7亿美元和518.7亿美元，分别下降0.5%和21.0%，分别占新加坡进口总额的45.0%和18.3%。

（二）2016年中新双边货物贸易概况

据新加坡国际企业发展局统计，2016年，新中双边货物贸易额为832.3亿美元，下降7.3%。其中，新加坡对中国出口额为428.4亿美元，下降10.2%，占新加坡出口总额的13.0%，下降0.8个百分点；新加坡自中国进口额为403.9亿美元，下降4.1%，占新加坡进口总额的14.3%，提高0.1个百分点。新加坡对中国的贸易顺差为24.5亿美元，下降56.2%。

机电产品一直是新加坡对中国出口的主力产品，2016年出口额为237.5亿美元，下降13.9%，占新加坡对中国出口总额的55.4%。塑料橡胶、化工产品和矿产品是新加坡对中国出口的第二至第四大类商品，2016年出口额分别为46.2亿美元、43.0亿美元和32.5亿美元，分别占新加坡对中国出口总额的10.8%、10.0%和7.6%，分别下降1.2%、5.9%和13.7%。

机电产品是新加坡自中国进口的最主要的商品，2016年进口额为244.2亿美元，下降5.5%，占新加坡自中国进口总额的60.5%。在机电产品中，电机和电器产品的进口额为157.7亿美元，下降3.1%；机械设备的进口额为86.5亿美元，下降9.5%。矿产品、贱金属及其制品是新加坡自中国进口的第二和第三大类商品，2016年进口额分别为38.5亿美元和28.3亿美元，分别占新加坡自中国进口总额的9.5%和7.0%，其中矿产品增长3.8%，贱金属及其制品下降10.8%。除上述产品外，光学仪器、钟表、医疗设备、化工产品和纺织品及原料等也是新加坡自中国进口的主要商品，2016年合计进口额占新加坡自中国进口总额的9.7%。

目前，中国是新加坡机电产品、贱金属及其制品、纺织品及原料、家具及玩具的首要进口来源地，分别占其市场份额的19.2%、26.1%、29.1%、35.5%，中国产品的竞争者主要来自马来西亚和日本等。

四、2016年泰国货物贸易及中泰双边货物贸易概况

（一）2016年泰国货物贸易概况

据泰国海关统计，2016年泰国货物进出口总额为4 094.4亿美元，比2015年同期下降0.8%。其中，出口额为2 136.6亿美元，增长1.3%；进口额为1 957.8亿美元，下降3%。贸易顺差为178.8亿美元，增长100.7%。

中国、日本和美国是泰国前三大贸易伙伴。2016年，泰国对上述三国的出口额分别为235.8亿美元，204.2亿美元和243.4亿美元，分别增长1.2%、3.5%和2.8%，三国出

口额合计占泰国出口总额的32%；泰国自上述三国的进口额分别为422.6亿美元、308.6亿美元和121.3亿美元，其中自日本和美国的进口额下降0.9%和12.2%，自中国的进口额增长3.3%，三国进口额分别占泰国进口总额的21.6%、15.8%和6.2%。美国是泰国最大的贸易顺差来源地，2016年顺差为122.1亿美元，增长23.8%。泰国的贸易逆差主要来自中国和日本，2016年逆差分别为186.8亿美元和104.4亿美元。

从商品分类上看，机电产品、运输设备和塑料橡胶是泰国的主要出口商品，2016年出口额分别为669.0亿美元、299.0亿美元和235.5亿美元，其中机电产品和运输设备的出口额分别增长0.7%和5.9%，塑料橡胶的出口额下降1.8%，三类产品的出口额合计占泰国出口总额的56.3%。另外，食品饮料的出口额为172.8亿美元，微增0.1%，占泰国出口总额的8.1%。机电产品、矿产品和贱金属及其制品是泰国的主要进口商品，2016年进口额分别为647.7亿美元、251.5亿美元和247.0亿美元，分别下降0.3%、18.2%和1.3%，三类产品的进口额合计占泰国进口总额的58.5%。此外，化工产品、运输设备等的进口额分别为162.0亿美元和132.2亿美元，分别占泰国进口总额的8.3%和6.8%。

（二）2016年中泰双边货物贸易概况

据泰国海关统计，2016年，泰中双边货物贸易额为658.4亿美元，增长2.5%。其中，泰国对中国出口额为235.8亿美元，增长1.2%，占泰国出口总额的11.0%；泰国自中国进口额为422.6亿美元，增长3.3%，占泰国进口总额的21.6%。泰国对中国的贸易逆差为186.8亿美元，增长6.1%。

塑料橡胶和机电产品是泰国对中国出口最多的商品，2016年出口额分别为63.2亿美元和57.1亿美元，分别下降4.9%和0.2%，分别占泰国对中国出口总额的26.8%和24.2%；植物产品的出口额为27.0亿美元，下降12.4%，占泰国对中国出口总额的11.5%，为泰国对中国出口的第三大类商品；光学仪器、钟表、医疗设备等的出口额为16.8亿美元，增长31.8%，占泰国对中国出口总额的7.1%，为泰国对中国出口的第四大类商品。

机电产品占据了泰国自中国进口产品的半壁江山，2016年进口额为200.8亿美元，下降0.7%，占泰国自中国进口总额的47.5%。贱金属及其制品、化工产品、塑料橡胶和纺织品及原料为泰国自中国进口的第二至第五大类商品，2016年的进口额分别为70.1亿美元、34.0亿美元、21.5亿美元和18.1亿美元，分别增长8.7%、5.5%、7.3%和9.5%，四类商品合计占泰国自中国进口总额的34.0%。在上述产品中，日本、美国、澳大利亚和马来西亚等是中国的主要竞争对手。

五、2015年越南货物贸易及中越双边货物贸易概况

据越南海关总局统计，2015年越南货物进出口总额为3 277.6亿美元，同比增长10%。其中，出口额为1 621.1亿美元，同比增长7.9%；进口额为1 656.5亿美元，同比增长12%。贸易逆差为35.4亿美元。

2015年，美国是越南最大的出口市场，出口额为335亿美元，增长17%，占越南出口总额的20.7%；第二为欧盟，出口额为309亿美元，增长10.7%；第三是东盟，出口额

为 183 亿美元，下降 4.2%。从出口产品来看，电话机及其零件出口额增长 29.9%；电子产品、电脑及其零件出口额增长 38.2%；纺织品出口额增长 8.2%；鞋类出口额增长 16.2%。

中国海关的统计数据显示，2015 年，中越双边贸易总额达 959.76 亿美元，同比增长 14.9%，占中国与东盟十国双边贸易总额的 20.3%，成为中国在东盟的第二大贸易伙伴。其中，中国自越南进口额为 298.45 亿美元，同比增长 49.9%；对越南出口额为 661.34 亿美元，同比增长 3.9%。2015 年，中国对越南贸易顺差为 362.89 亿美元。

从产品结构上看，中国对越南出口的产品主要有电子产品、机械设备、钢铁等。机电产品是中国对越南出口最多的产品，其中电子产品在 2015 年中国对越南的出口贸易中获得了快速增长，说明中国的电子产品愈发成熟，并且获得了越来越多越南企业和消费者的认同。此外，中国的铝及其制品对越南的出口额也持续增加，2015 年中国对越南出口铝及其制品同比激增 104.5%。

2015 年，中国自越南进口的前五类产品依次是电子产品、棉花、机械设备、矿物燃料和鞋靴及类似品，累计进口总额达 160.59 亿美元。2015 年，中国自越南进口电子产品的金额同比增长 38.7%，电子产品进口额的逐渐增加说明越南在电子产品领域的竞争力不断提高。2015 年，中国自越南进口棉花的金额同比增长 13.6%。

六、中国与东盟十国的货物贸易统计

表 3-1 为中国与东盟十国货物贸易额增长统计。

表 3-1　　　　　　　　中国与东盟十国货物贸易额增长统计①

	2001 年（亿美元）	2016 年（亿美元）	增长（倍）
中国与文莱	1.7	7.19	3.23
中国与柬埔寨	2.4	47.59	18.83
中国与老挝	0.6	23.38	37.97
中国与印度尼西亚	67.2	535.08	6.96
中国与马来西亚	94.2	868.76	8.22
中国与缅甸	6.3	122.84	18.50
中国与菲律宾	35.7	472.08	12.22
中国与新加坡	109.3	704.24	5.44
中国与泰国	70.5	758.65	9.76
中国与越南	28.2	982.26	33.83
中国与东盟	416.1	4 522.07	9.87

---

① 表 3-1 中数据根据中华人民共和国海关总署网站资料整理，由于数据来源不同，因此与前文数据存在差异。

表3-2为中国与东盟十国2016年货物贸易额统计。

表3-2　　　　中国与东盟十国2016年货物贸易额统计①

国家	进出口		出口		进口		贸易差额	
	金额（亿美元）	同比（%）	金额（亿美元）	同比（%）	金额（亿美元）	同比（%）	金额（亿美元）	同比（%）
文莱	7.19	-7.87	5.11	-8.98	2.08	1.11	3.03	13.12
柬埔寨	47.59	3.27	39.29	1.64	8.30	1.64	30.99	30.98
老挝	23.38	-4.43	9.85	-2.41	13.53	-2.02	-3.68	-3.27
印度尼西亚	535.08	-7.22	321.15	-22.27	213.93	15.05	107.22	144.54
马来西亚	868.76	-104.15	376.63	-63.27	492.13	-40.88	-115.50	-93.10
缅甸	122.84	-29.95	81.89	-14.66	40.95	-15.29	40.94	40.30
菲律宾	472.08	15.58	298.33	31.59	173.75	-16.01	124.58	76.97
新加坡	704.24	-91.41	444.76	-75.33	259.48	-16.08	185.28	244.52
泰国	758.65	4.03	371.85	-11.06	386.80	15.10	-14.95	11.24
越南	982.26	22.60	611.00	-50.24	371.26	72.84	239.74	362.82
东盟	4 522.07	-199.55	2 559.86	-220.10	1 962.21	15.45	597.65	828.12

从表3-1和表3-2可以看出，近年来中国与东盟各国的货物贸易增长幅度较大，发展空间巨大。

第二节　从东南亚到东盟的发展历程

东南亚国家具有悠久的历史。公元1世纪时，中南半岛就出现了东南亚历史上第一个国家——扶南。在以后的漫长岁月里，统一国家不断出现。16世纪初，西方殖民者开始进入东南亚。1511年，葡萄牙人占领了马六甲。在此后的300多年间，西班牙占领了菲律宾，荷兰占领了印度尼西亚，英国占领了马来亚（现为马来西亚）、缅甸，法国占领了越南、老挝、柬埔寨。19世纪末，美国通过战争，从西班牙手中夺去了对菲律宾的宗主权。这样，除泰国还保持着形式上的独立之外，东南亚其他国家都沦为了西方列强的殖民地。第二次世界大战期间，日本又占领了整个东南亚。

第二次世界大战以后，东南亚民族解放运动风起云涌。到20世纪50年代，绝大多数东南亚国家都获得了独立。最后一个宣告独立的国家是文莱（1984年1月1日）。

东盟包括印度尼西亚、马来西亚、菲律宾、新加坡、泰国、文莱、越南、缅

---

① 表3-2中数据根据中华人民共和国海关总署网站资料整理，由于数据来源不同，因此与前文数据存在差异。

甸、老挝、柬埔寨10个国家，总面积约450万平方千米，人口超过6亿。东盟10个对话伙伴是澳大利亚、加拿大、中国、欧盟、印度、日本、新西兰、俄罗斯、韩国和美国。

1984年1月文莱独立后，随即加入东盟。1995年，越南加入东盟；1997年，老挝和缅甸成为东盟成员；1999年，柬埔寨加入东盟。东盟物产丰富、地理位置重要，是世界交通枢纽之一，也是国际上重要的投资市场、商品市场和原材料来源地。

东盟首脑会议是东盟最高决策机构，主席由成员国轮流担任，主要讨论成员国间在政治、经济等领域发展合作关系的问题。东盟还设有常务委员会，负责讨论东盟外交政策，并落实具体合作项目。历次东盟首脑会议及其内容见表3-3。

表3-3　　　　　　　　　　　　　历次东盟首脑会议及其内容

届次	时间	地点	成效
第1次	1976年2月23日至24日	印尼巴厘岛	东盟五国首脑签署了《东南亚友好合作条约》和《东南亚国家联盟协调一致宣言》
第2次	1977年8月4日至5日	马来西亚吉隆坡	会议确定东盟将扩大区域经济合作，加强同美、日、澳等国和欧共体的对话及经济联系
第3次	1987年12月14日至15日	菲律宾马尼拉	会议通过了《马尼拉宣言》
第4次	1992年1月27日至28日	新加坡	东盟六国首脑签署了《1992年新加坡宣言》、《东盟经济合作框架协定》和《有效普惠关税协定》
第5次	1995年12月14日至15日	泰国曼谷	会议通过了《曼谷宣言》，签署了38项旨在促进相互间在政治、经济等领域加强合作的文件。会议还决定在两次正式首脑会议之间每年召开一次非正式首脑会议
第6次	1998年12月15日至16日	越南河内	会议通过了《河内宣言》《河内行动纲领》《大胆措施声明》等一系列旨在促进东盟加强经济、政治与安全合作的文件
第7次	2001年11月5日至6日	文莱斯里巴加湾	东盟十国领导人审议通过了《河内行动计划中期回顾》等文件，并确定了加速东盟区域一体化、发展信息和通信技术以及人力资源开发等方面的优先合作项目
第8次	2002年11月4日至5日	柬埔寨金边	东盟十国领导人就实现东盟一体化、打击恐怖主义等共同关心的地区性和国际性问题进行了深入、广泛的讨论，并签署了《东盟旅游协定》
第9次	2003年10月7日至8日	印尼巴厘岛	会上通过了一份旨在2020年成立类似于欧盟的"东盟共同体"宣言，确定了东盟将向关系更加密切的共同体迈进

续表

届次	时间	地点	成效
第10次	2004年11月29日至30日	老挝万象	会议签署了《万象行动纲领》和《东盟关于一体化优先领域的框架协议》两份文件，并通过了《东盟社会文化共同体行动纲领》和《东盟安全共同体行动纲领》两个文件
第11次	2005年12月12日	马来西亚吉隆坡	会议通过了关于制定东盟宪章的《吉隆坡宣言》，以加快实现东盟共同体的建设
第12次	2007年1月13日	菲律宾宿务	东盟国家领导人通过了关于制定东盟宪章的宣言，并决定成立高级别特别小组，负责起草宪章。会议签署了有关在2015年以前建成东盟共同体、保护和促进海外劳工权益等宣言，还签署了本地区第一份反恐公约
第13次	2007年11月19日至22日	新加坡	东盟领导人在会上签署了《东盟宪章》和《东盟经济共同体蓝图宣言》等重要文件
第14次	2009年2月28日至3月1日	泰国华欣和差安	会议签署了《2009—2015年关于东盟共同体路线图的差安-华欣宣言》《东盟政治与安全共同体蓝图》《东盟社会与文化共同体蓝图》《东盟一体化工作计划第二份倡议》《关于东盟内部实现千年发展目标的共同宣言》《东盟地区食品安全声明》《关于全球经济与金融危机的媒体声明》
第15次	2009年10月21日至25日	泰国华欣	会议启动了东盟政府间人权委员会，并通过了应对气候变化、粮食安全和生物能源开发合作、灾害应对等一系列声明
第16次	2010年4月8日至9日	越南河内	会议通过了《东盟经济复苏和可持续发展联合声明》以及《东盟应对气候变化联合声明》，签署了《东盟宪章框架内争端解决机制协议》，确定将在《东盟宪章》框架内以规则来解决各成员国之间的争端
第17次	2010年10月28日至29日	越南河内	会议通过了促进经济复苏和人力资源开发的《东盟宣言》、旨在加强保障东盟地区妇女儿童福利的《河内宣言》以及《东盟互联互通总体规划》等文件
第18次	2011年5月7日至8日	印度尼西亚雅加达	会议主题是"全球一体化中的东盟共同体"，讨论东盟经济发展、2015年建成东盟共同体，以及共同打击恐怖主义、应对气候变化等议题
第19次	2011年11月17日至19日	印尼巴厘岛	会议通过了《巴厘第三协约宣言》，为提升东盟作为地区组织在国际事务中的地位指明了发展方向
第20次	2012年4月3日至4日	柬埔寨金边	会议通过了《金边宣言》《主席声明》《金边议程》《2015年建立东盟无毒品区宣言》和《"全球温和派行动组织"概念文件》等一系列重要文件，为东盟共同体建设取得进展制订了具体行动计划

续表

届次	时间	地点	成效
第21次	2012年11月18日至20日	柬埔寨金边	会议签署了历史性的《东盟人权宣言》，启动了旨在维护东盟地区和平与稳定的"和平与和解机构"，决定在柬埔寨建立东盟地区排雷行动中心，并将2015年12月31日设为建立东盟共同体的最后期限
第22次	2013年4月24日至25日	文莱斯里巴加湾	会后发表了《主席声明》，强调加强东盟共同体建设，扩展东盟次区域合作，和平处理有关争议
第23次	2013年10月9日至10日	文莱斯里巴加湾	会议重点讨论维护南海地区和平、稳定及海上安全等问题
第24次	2014年5月10日至11日	缅甸内比都	会议通过了《关于在2015年实现东盟共同体的内比都宣言》，承认在2015年建立东盟共同体时间紧迫，呼吁各方共同努力
第25次	2014年11月12至13日	缅甸内比都	会议通过了《关于东盟共同体在后2015年发展愿景的内比都宣言》和《关于加强东盟秘书处和评估东盟机构宣言》，为东盟共同体的未来发展规划蓝图
第26次	2015年4月26日至27日	马来西亚吉隆坡和兰卡威	会议通过了《建设一个以人为本的东盟吉隆坡宣言》、《"全球温和运动"兰卡威宣言》以及《进一步规范东盟、共同体及其人民应对灾害和气候变化措施的宣言》三项成果文件
第27次	2015年11月21日至22日	马来西亚吉隆坡	会议签署了《关于建立东盟共同体的2015吉隆坡宣言》，宣布2015年12月31日正式建成以政治安全共同体、经济共同体和社会文化共同体三大支柱为基础的东盟共同体，同时通过了题为《东盟2025：携手前行》的愿景文件，为东盟共同体未来十年的发展指明了方向
第28次和第29次	2016年6月6日至8日	老挝万象	会议通过了《东盟宣言：一个东盟，一种反应机制》的文件，签署了《万象宣言：关于通过东盟共同体工作计划（三）的倡议》及《万象宣言：关于通过东盟互联互通2025的总体规划》，为东盟共同体2025年愿景的实现提供了指导意见
第30次	2017年4月26日至29日	菲律宾马尼拉	东盟国家领导人就共同关切的地区和国际问题交换了意见，确认东盟合作在解决恐怖主义、暴力极端主义、海盗、人口贩运、毒品等影响地区和平、安全、繁荣问题上的重要性

东盟自1967年成立以来，在政治、经济、文化等方面都取得了非凡的成就，为东南亚地区的和平稳定、发展繁荣做出了重要贡献，是当今世界政治经济领域一支重要的国际力量。尤其是进入21世纪以来，新老东盟成员的合作与发展取得了巨大的进步。

2015年12月成立的以政治安全共同体、经济共同体和社会文化共同体三大支柱为基础的东盟共同体,是亚洲地区第一个次区域共同体。东盟共同体的成立意味着东盟国家在政治安全、经济和社会文化领域的一体化水平将进一步提升,但不容忽视的是,东盟完全实现一体化仍面临诸多挑战。

东盟经济共同体的建设是东盟一体化建设的基础。在三大支柱中,经济共同体的建设难度相对较低,进展也最快。《东盟经济共同体蓝图》中列出了506项优先措施,其中463项已经落实,完成率达到91.5%,东盟内部平均关税税率几乎降至零。

在经济共同体框架下,东盟成员国的合作领域十分广阔,东盟成员国将在创造就业、增加民众收入和实现经济可持续增长等方面发挥积极作用。

不过,为了保护本国的重要产业和敏感产业,东盟各国设立的规则、标准等非关税壁垒依然存在。东盟多数成员国的生产和出口结构同质化现象比较严重,彼此间竞争激烈,贸易保护主义在东盟内部仍然盛行。东盟各国的政治体制不同,宗教、文化多样,经济发展水平差异巨大。这些因素都在一定程度上影响了东盟在世界经济舞台上的竞争力。东盟的目标是要建成"以人为本"的共同体,但从目前的情况来看,东盟共同体的建设在一定程度上还停留在政府热、民间冷的阶段,普通民众对东盟共同体的认同感相对较低,参与东盟共同体建设的热情和行动有待进一步提高。此外,东盟一体化缺乏统一的执行机构,对于涉及多国、多个关联部门的重大问题,在沟通协调方面仍存在一些困难。

尽管东盟成员国的利益诉求多样,发展水平参差不齐,但东盟共同体的成立是落实其路线图的既定之举,具有广阔的发展前景,对东盟成员国的发展也具有积极意义。因此,东盟一体化建设离不开各成员国的团结,东盟在一体化建设进程中应采取照顾各方舒适度、协商一致的东盟方式。东盟各国也应为了东盟的整体利益而弱化一己之利。

有关人士认为,推进东盟一体化建设进程需要东盟各国着力缩小发展差距,进一步平衡各国之间的差距有利于东盟的完善与发展,因此东盟应给予缅甸、老挝、柬埔寨等经济相对落后的国家更多的支持,努力促进东盟各国之间的民族、文化融合,同时要正确对待领土主权等问题。总之,东盟应努力创造一个有利于各方发展的良好区域环境,为顺利推进东盟一体化创造更加有利的条件。

第三节　东南亚各国的市场经济环境①

印度尼西亚、马来西亚、菲律宾、新加坡、泰国、文莱6个国家称为老东盟六国。到1999年4月30日柬埔寨加入东盟,东盟由原来的6个国家扩大为10个国家,称为大东盟。后加入的越南、缅甸、老挝和柬埔寨称为新东盟四国。

大东盟具有以下鲜明特征:

(1)经济发展迅速,但实力尚小,各成员国的经济发展水平相差悬殊。各成员国按

---

① 本节内容根据中华人民共和国商务部网站、百度网站、中国知网的资料整理。

科技发展状况、工业化水平和贸易结构区分，大致可分为四个层次：第一层次是新加坡，具有高科技及知识密集型产业的比较优势；第二层次是马来西亚、泰国，具有中等技术及资金密集型产业的比较优势；第三层次是菲律宾、印度尼西亚、文莱，具有自然资源及劳动密集型产业优势；第四层次是越南、老挝、柬埔寨及缅甸，具有低廉劳动力及自然资源优势。

（2）各成员国之间的联系日益紧密，对美、日、中的依赖较大。

（3）合作取得进展，但关系复杂，仍有矛盾。

一、老东盟六国的市场经济环境

（一）新加坡

截止到2016年6月，新加坡总人口达到561万，其中新加坡公民有341万（有些人是由外国人转成公民的）。新加坡是最早进入工业化国家行列的东盟国家，是东盟国家中经济发展水平最高的国家，在亚洲仅次于日本。新加坡是一个地理位置优越而自然资源匮乏的岛国，农业在国民经济中所占比例不到1%，工业化程度高，主要行业是制造业和建筑业，是世界第三大炼油中心。

新加坡的传统经济以商业为主，包括转口贸易、加工出口、航运等，对美国、日本、欧洲和周边市场的依赖性很大。新加坡独立后坚持自由贸易政策，加紧发展资本密集、高增值的新兴工业，大力投资基础设施建设，力求以最优越的商业环境吸引外来投资。新加坡的经济以商业、制造业、建筑业、金融业、交通和通信业五大部门为主，同时不断调整产业结构。20世纪90年代，新加坡尤为重视信息产业，投资兴建了"新加坡综合网"。制造业产品主要包括电子产品、化工产品、机械设备、交通设备、石油产品等。

新加坡的旅游业发达，旅游收入是其主要外汇来源之一。新加坡的入境旅游人数由1990年的532.2834万人次增长到2015年的1 523.1469万人次，主要旅游景点有圣淘沙、乌节路等。美国《福布斯》杂志调查显示，在许多中国人眼里，新加坡是他们观光旅游的首选之地。

新加坡的金融业非常发达。2013年，新加坡金融机构的在管资产规模达1.82万亿新元，仅居瑞士之后。新加坡有100多家商业银行、50多家招商银行、3家金融公司，人均外汇储备名列世界前茅。新加坡的货币名称为新加坡元，2016年12月30日，新加坡元与美元比价为1.445：1。经过多年的努力，新加坡已经成为亚太地区领先的金融中心，是跨国公司在亚太地区首选的上市地之一。新加坡是全球第四大外汇交易中心、亚洲第二大场外衍生产品交易市场。大宗商品衍生品是新加坡交易所发展最快的业务，进驻新加坡的金属和矿物交易商5年前只有几家，2014年已经超过100家。新加坡针对亚洲三大经济体——中国、印度和日本，构建了全球最大的亚洲股指期货离岸市场。2013年，新加坡启动人民币清算业务，其策略十分灵活，充分体现了城市国家的特点。

根据新加坡统计局公布的数据，2016年新加坡国内生产总值约4 102.719亿新元（约合2 969.757亿美元），比2015年增长1.8%；人均国内生产总值约73 167新元（约合52 962美元）。新加坡在2016年出现了负通货膨胀，居民消费价格指数（CPI）与2015

年相比下跌了 0.5%。

（二）印度尼西亚

2016 年，印尼人口为 2.611 亿，居世界第四位。印尼的经济以农业为主，自然资源丰富，具有发展热带农业得天独厚的条件，已经形成了很有竞争力的外向型农业格局。印尼主要种植热带粮食作物和经济作物，其中胡椒、木棉、奎宁的产量均居世界首位，橡胶、棕榈油和椰子的产量居世界第二位，咖啡和可可的产量居亚洲第一位、世界第二位。2016 年，农业对印尼国内生产总值的贡献率很低，只有 13.8%。采矿业为印尼的支柱产业之一，其中石油、天然气开采占主导地位。电子、汽车等新兴工业发展迅速。印尼工业部的数据显示，2015 年制造业对印尼国内生产总值的贡献率为 18%。

印尼旅游业的目标是，到 2019 年，旅游收入占国民生产总值的 8%，达到 240 万亿印尼盾，带动 1 300 万人就业，吸引超过 2 000 万人次的外国游客，国内旅游人数达到 2.75 亿人次，旅游竞争力指数排名达到世界第 30 位。印尼的货币名称为印尼盾，2016 年 12 月 30 日，印尼盾与美元的比价为 13 450：1。2016 年，印尼的通货膨胀率是 3.02%，为近 10 年来最低。通货膨胀得以控制，反映了由政府安排的物价比较稳定。截至 2016 年 8 月底，印尼的外汇储备量约为 1 114 亿美元。截至 2012 年底，印尼共有 109 家商业银行，其中 5 家为国有银行，26 家为地区发展银行，55 家为私营银行，23 家为外资或合资银行。

对外贸易在印尼国民经济中占有重要地位。近年来，印尼政府采取一系列措施，鼓励和推动非油气产品出口，简化出口手续，降低关税，对外贸易取得较大发展。印尼的主要进口产品有机械运输设备、化工产品、汽车及零配件、发电设备、钢铁、塑料及其制品、棉花等；主要出口产品有石油、天然气、纺织品和成衣、木材、藤制品、手工艺品、鞋、铜、煤、纸浆和纸制品、鲜冻虾、电器、棕榈油、橡胶等。目前，电子产品和机械设备的出口增长超过了成衣、木材及其制品等传统出口产品。印尼的主要贸易伙伴为日本、美国、新加坡、韩国、德国、澳大利亚、中国、荷兰和英国等。

印尼的经济增长率从 2015 年的 4.8% 上升至 2016 年的 5%，在各大新兴经济体中保持着较高的增长水平。2015 年，印尼国内生产总值为 11 540.8 万亿印尼盾（约合 8 617.7 亿美元），人均 GDP 为 4 518 万印尼盾（约合 3 377 美元）。

（三）马来西亚

马来西亚统计局发布的最新数据显示，2016 年马来西亚人口达 3 170 万。20 世纪 70 年代以前，马来西亚的经济以农业为主，主要依赖初级产品出口。马来西亚是世界第一大棕榈油生产国和第三大天然橡胶生产国。70 年代以来，马来西亚不断调整产业结构，大力推行出口导向型经济，电子工业、制造业、建筑业和服务业发展迅速。马来西亚的工业主要涵盖电子、汽车、钢铁、石油化工、纺织和采矿等行业。其中，制造业发展较快，在马来西亚国民经济中占有重要地位，马来西亚制造业指数已经连续两年（2014—2015 年）居全球榜首。马来西亚的服务业涵盖范围广，包括水、电、交通、通信、批发、零售、饭店、金融、保险、不动产及政府部门提供的服务等。2013 年，服务业对马来西亚国内生产总值的贡献率达 55%，吸收就业人口占总就业人口的 57.3%，是就业人数最多的行业。旅游业是马来西亚的支柱产业之一，2015 年，到马来西亚旅游的外国游客达 2 570 万人次，同比增长 8.8%。

商业银行、回教银行、证券银行、金融公司与兴业金融机构构成了马来西亚的银行体系。马来西亚共有 27 家来自国内外的商业银行，主要提供贷款、现金管理等服务。2017 年 6 月 2 日，中国建设银行落户马来西亚，成为马来西亚的第三家中资银行。马来西亚的货币名称为林吉特，2016 年 12 月 30 日，马来西亚林吉特与美元比价为 4.468∶1。2016 年，马来西亚的通货膨胀率为 2.13%。2016 年 3 月，马来西亚的外汇储备降至约 970 亿美元。马来西亚统计局的资料显示，2016 年，马来西亚国内生产总值约 2 967.81 亿美元，人均国内生产总值约 9 635 美元。

❖ 小资料 3-1

东盟成东北亚投资热点　马制造业 FDI 排第三名

根据渣打银行的一项研究，东南亚是面对成本上涨压力的厂商最喜爱的制造基地迁移地点，因此，东南亚国家获得的来自东北亚国家的外来直接投资（FDI）持续增加，马来西亚是主要受惠市场之一。

联合国贸易和发展会议的数据显示，东盟国家 2015 年 FDI 增长至 1 260 亿美元，其中，最多 FDI 流入的领域为制造业和金融业，马来西亚制造业获得的 FDI 在东盟国家中排第三名。

渣打银行经济学家指出，东盟 2015 年流入的 FDI 约占全球 FDI 的 7%，低于 2014 年的 9.8%，但仍高于过去 10 年平均 6% 的比例。

经济学家表示，东盟充裕且廉价的劳动力供应、不断改善的基础设施、多重贸易协议、政局稳定和经济增长快速等优点，会不断吸引外商到此投资。

资料来源：佚名. 东盟成东北亚投资热点 马制造业 FDI 排第三名 [EB/OL]. [2017-06-19]. http://my.mofcom.gov.cn/article/jjdy/201706/20170602594887.shtml.

（四）泰国

2016 年，泰国人口达 6 886 万。泰国的森林、矿产、渔业、石油、天然气等自然资源丰富。泰国的农业较发达，泰国是世界上著名的大米生产国和出口国，大米出口额约占世界市场稻米交易额的 1/3。2016 年，泰国出口大米总量达 988 万吨，总值约 44.1 亿美元。泰国也是世界上最大的木薯产品出口国，木薯产品出口量占世界木薯产品出口总量的 80% 以上，每年为泰国创收超过 5 亿美元。制造业在泰国国民经济中占有较大比重，主要工业门类有采矿、纺织、电子、塑料、食品加工、玩具、汽车装配、建材、石油化工等。泰国的旅游资源丰富，历来以"微笑国度"闻名于世，主要旅游地有曼谷、普吉岛、芭提雅、清迈、帕塔亚、清莱、华欣、苏梅岛等。2016 年，到泰国旅游的外国游客达到 3 260 万人次，并且带来了 1.64 万亿泰铢（约合 3 179 亿元人民币）的旅游收入，比 2015 年增长近 13%，其中 1/3 的游客来自中国。

泰国经济和社会发展委员会公布的数据显示，2016 年，泰国名义 GDP 约合 4 068.58 亿美元，同比增长 2.0%；人均名义 GDP 约合 5 898 美元，同比增长 1.8%。泰国的货币名称为泰铢，2016 年 12 月 30 日，泰铢与美元比价为 35.81∶1。泰国的中央银行为泰国银行，主要商业银行有储蓄银行、住宅赞助银行、泰京银行、农业及农业合作社银行、泰国进出口银行、盘古银行等。

（五）菲律宾

2016年，菲律宾人口达1.03亿。菲律宾于1982年被世界银行列为"中等收入国家"。2014年，在菲律宾的产业结构中，农业占9.8%，工业占33.3%，服务业占56.9.7%。农业是菲律宾国民经济的主要组成部分，45%的劳动力靠农业为生；工业是菲律宾经济发展的重要部门，主要包括制造业、建筑业和矿产业；服务业是拉动菲律宾经济发展的重要力量。2010年以来，菲律宾的对外贸易额持续增长，造船业、服务外包产业等发展迅速，2014年超过印度成为全球最大的服务外包接包国，2015年4月造船业新承接订单量以59万修正总吨居全球第一位。菲律宾的服务业，特别是零售业和金融服务业较发达，服务设施完善，服务网点分布较广，服务质量较高。电信、运输、保险等行业近几年发展也很快，相关设备主要依赖进口。海外劳工汇款是菲律宾最主要的外汇来源，2014年，菲律宾1 000多万海外劳工共向国内汇款269亿美元，约占菲律宾国内生产总值的10%，同比增长1.3%。2014年，菲律宾业务流程外包收入达180亿美元，是2008年的2倍。菲律宾是世界上主要的劳动力来源国，约900万菲律宾人工作和生活在世界上140个国家，约占菲律宾全国人口的10%。2015年，到菲律宾旅游的外国游客达到536万人次，旅游收入达到50亿美元，增长5.92%，创历史新高。

2014年，菲律宾国内生产总值达2 845亿美元，在东盟排第五位；国内生产总值年增长速度为6.3%，在亚洲排第二位，在东盟排第一位；人均国内生产总值达2 849美元，在东盟排第六位。

菲律宾的银行主要有菲律宾金融银行、菲律宾首都银行和菲律宾群岛银行等。菲律宾的货币名称为比索，2016年12月30日，菲律宾比索与美元比价为49.485∶1。截至2015年底，菲律宾的外汇储备达到806亿美元，较2014年底增长了11.1亿美元。2016年底，菲律宾外债总额为748亿美元，同比下降3.5%。

（六）文莱

2015年，文莱人口达42.898万。文莱的农业比较落后，目前仅种植少量水稻、橡胶、胡椒、椰子和木瓜等热带水果，生产力水平较低，基本上是家庭式经营。从事农业的人口不足总人口的1%，农业产值约占文莱国内生产总值的2%，80%的内需农产品依赖进口。文莱是东南亚第三大石油生产国和世界第四大液化天然气生产国。石油、天然气是文莱经济的两大支柱，是国家外汇收入的主要来源。由于国际油价下降，文莱的油气产业2015年下滑1.1%，2016年下滑幅度扩大至6.1%。非油气产业的发展势头较好，建筑业是文莱新兴的第二大产业。服装业亦有较大发展，服装是文莱继石油、天然气之后的第三大出口产品。旅游业方面，政府努力改善旅游设施，扩大宣传，力争实现旅游业的高增长。2015年，文莱国际游客人数约为22万人次，马来西亚、中国、菲律宾、印度尼西亚、新加坡是文莱前五大游客来源国。其中，中国游客占文莱国际游客总数的16.9%。

文莱不设国家中央银行，而是在财政部设货币局和金融局，负责金融管理。文莱全国有 9 家银行、5 家金融公司、26 家保险公司和 1 家证券交易公司。近年来，文莱政府大力发展伊斯兰金融和离岸金融业务，极力打造"文莱清真"品牌。文莱的货币名称为文莱元，文莱元与新加坡元实行 1：1 汇率挂钩，2016 年 12 月 30 日，文莱元与美元比价为 1.444：1。2015 年，文莱的通货膨胀率为零。

　　2016 年，文莱国内生产总值为 118.53 亿美元，人均国内生产总值达 26 939 美元，是世界上最富有的国家之一。文莱主要出口石油产品和液化天然气，进口机器和运输设备、工业品、食物、药品等，主要贸易对象是日本、英国、新加坡、泰国、马来西亚和美国。

二、新东盟四国的市场经济环境

（一）越南

2017 年 1 月，越南人口达 9 513 万。2015 年是越南农业面临较多困难的一年，许多主力农产品在产量、出口总额及价格方面均比 2014 年有所下跌，如水产品、大米、橡胶、咖啡等。2014 年，越南国内生产总值约合 1 840 亿美元，同比增长约 5.98%。其中，农林水产业增长 3.49%，贡献 0.61 个百分点；工业和建筑业增长 7.15%，贡献 2.75 个百分点；服务业增长 5.96%，贡献 2.62 个百分点。通货膨胀率低于 3%，为 10 年来最低。农业以种植业为主，虾、查鱼、咖啡、腰果、胡椒和大米为主要出口农产品；工业主要涵盖能源、机械、化工、建筑材料、钢铁、纺织、鞋类加工、食品等行业；旅游业发展迅速，2016 年国际游客接待量超过 1 000 万人次，国内游客接待量超过 6 200 万人次，旅游收入约合 180 亿美元。

　　越南的主要银行有越南国家银行（亦称中央银行）、越南工商银行、越南外贸银行、越南国际贸易股份银行等。越南的货币名称为越南盾，2016 年 12 月 30 日，越南盾与美元比价为 22 727.272：1。2015 年，越南 CPI 上涨 0.6%，这是宏观经济稳定和燃料价格下跌的结果。据《越南新闻》2016 年 9 月 26 日报道，截至当日，越南国家银行已买入超过 100 亿美元作为外汇储备，越南国家外汇储备已突破 400 亿美元，创历史新高。世界银行公布的数据显示，截至 2014 年底，越南中央政府债、中央政府担保债和地方政府债总额约为 2 350 万亿南越南盾（约合 1 100 亿美元），相当于GDP 的 59%。

　　2015 年，越南国内生产总值约合 2 040 亿美元，人均国内生产总值约合 2 228 美元（以购买力平价衡量达 5 600 美元以上）。2016 年 1 月 1 日至 12 月 15 日，越南实现贸易顺差 25.9 亿美元，贸易总额为 3 330.6 亿美元。大韩贸易投资振兴公社（KOTRA）的统计数据显示，截至 2016 年底，韩国对越南的投资总额超过 500 亿美元，是越南最大投资来源国。从 1988 年到 2016 年，韩国企业流入越南的资金总额为 505 亿美元，占越南吸引外资总额的 30.8%；投资项目达 5 773 个，主要投资领域包括制造业（71%）、房地产业（14.8%）、建筑业（5.4%）等。日本对越南的投资总额达 424 亿美元，居第二位，新加坡、中国台湾和英属维尔京群岛对越南的投资额分别为 382 亿美元、318 亿美元和 204 亿美元，分别列第三、第四、第五位。

（二）缅甸

2015年，缅甸人口达5 389.7万。农业是缅甸国民经济的基础，农作物主要有稻谷、小麦、玉米、棉花、甘蔗和黄麻等。缅甸的森林资源丰富，森林覆盖率约为50%，是世界上柚木产量最高的国家。全球95%的翡翠、树化玉产自缅甸。工业产值约占缅甸国内生产总值的20%，主要行业有农产品加工、油气开采、小型机械制造、纺织印染、木材加工、制糖、造纸、化肥、制药、电力等。第三产业发展较快，产值约占缅甸国内生产总值的36%。缅甸劳工、移民与人口部的数据显示，2017年5月，缅甸外派劳工13 768人，其中派往泰国12 877人、韩国332人、日本296人、马来西亚221人。缅甸旅游资源丰富，2014年到缅甸的外国游客达300万人次，2015年为468万人次。

2014年，缅甸国内生产总值为643.3美元，增长率为8.5%，人均国民总收入为1 270美元。截至2015年底，缅甸有26家银行和1家财务公司，其中包括缅甸中央银行、缅甸外贸银行、缅甸投资与商业银行、缅甸经济银行4家国有银行。缅甸的货币名称为缅甸币，单位为元，2016年12月30日，缅甸元与美元比价为1 367.989∶1。2014年，缅甸的通货膨胀率为6.6%。据《缅甸时报》2017年2月9日报道，缅甸外债2016年12月31日下降至89.90亿美元，相比2016年3月31日的95.30亿美元下降了5.40亿美元。据缅甸《七日新闻》2013年11月13日报道，截至2013年10月29日，缅甸拥有黄金7.1539吨，拥有外汇储备81.9亿美元。

缅甸商务部的数据显示，2013—2014财年，缅甸对外贸易额突破200亿美元，与邻国的边境贸易额为50亿美元。中国商务部发布的数据显示，2016年中国对缅甸非金融类直接投资流量为3.09亿美元，同比增长49.8%；截至2016年末，中国对缅甸直接投资存量为45.67亿美元，在外资来源国中排第一位，并长期保持对缅甸第一大投资国的地位。近年来，中资企业还通过第三国或其他地区，对缅甸开展越来越多的投资活动。

❖ 小资料3-2

2016—2017财年缅甸与欧盟贸易额达14亿美元

缅甸商务部的数据显示，2016—2017财年，缅甸向欧盟及其他欧洲国家出口额达8.28亿美元，从欧洲国家进口额达6.27亿美元，进出口贸易总额超过14亿美元。缅甸出口欧洲的商品主要包括鱼类、纺织品、豆类、玉米等。与其他贸易伙伴相比，欧洲国家与缅甸的贸易额，特别是出口额增长最快，这主要是因为欧盟给予缅甸贸易普惠制待遇（GSP）和税收减免措施。欧盟的贸易普惠制待遇允许特定低收入国家的商品包括农产品，以低关税出口到欧盟。在缅甸军政府统治期间，欧盟曾取消给予缅甸的普惠制待遇，2013年予以恢复。2016年，美国也恢复了给予缅甸的贸易普惠制待遇。在欧洲各国中，德国和英国是缅甸的主要贸易伙伴，它们对食品、农产品的需求较大。欧盟从2015年开始实施了一项"三年计划"，通过简化海关手续、提供畅通信息来促进贸易发展。有评论称，缅甸若提高产品质量，如使用更好的食品包装等，将有助于迅速扩大出口。

资料来源：佚名. 上财年缅甸与欧盟贸易额达14亿美元［EB/OL］.［2017-05-29］. http://mm.mofcom.gov.cn/article/jmxw/201705/20170502583342.shtml.

（三）老挝

2016年，老挝人口为676万。农业在老挝的国民经济中占较大比重，主要种植水稻和杂粮，经济作物有橡胶、咖啡、虫胶、棉花等，养殖家畜量也比较大，全国可耕地面积约800万公顷，农业用地约470万公顷。老挝工业基础薄弱，主要工业门类有发电、锯木、采矿、炼铁、服装、食品、修理和编织、竹木加工等。2015—2016财年，老挝经济增长率为6.9%，国内生产总值达135.8亿美元，人均国内生产总值达2 026美元。旅游业方面，据老挝《巴特寮报》报道，2016年到老挝旅游的外国游客达4 239 047人次，比2015年减少40万人次，这主要是因为美国和东盟国家的游客减少。

老挝人民民主共和国银行是老挝的国家银行，老挝境内受该银行管辖的金融机构达到176家。老挝的货币名称为基普，2016年12月30日，老挝基普与美元比价为8 196.721∶1。截至2016年，老挝的黄金储备达8.9吨，黄金占外汇储备的39.7%。2014年，老挝的通货膨胀率为5.16%。

2014年，老挝的进出口贸易额为81.35亿美元，同比增长5%。其中，出口额为35.82亿美元，同比下降1.75%；进口额为45.53亿美元，同比增长11.4%；贸易逆差为9.71亿美元，同比增长6%。产生贸易逆差的主要原因是在出口减少的同时进口增加，进口产品主要为基础设施建设物资及消费品，出口产品主要为金、铜等自然资源类产品。

近年来，中国在老挝的基础设施项目的投资规模非常可观，主要体现在能源电力开发、交通运输等领域。中国商务部的统计资料显示，2015年，中国对老挝非金融类直接投资流量突破10亿美元，达13.6亿美元，同比增长36.2%，首次超过印尼，位列新加坡之后，在东盟国家中居第二位。2015年，中国对老挝工程承包合同额超50亿美元，达51.6亿美元，较2014年增长39.8%，在东盟国家中仅次于印尼和马来西亚，居第三位，在亚洲国家中居第四位。

（四）柬埔寨

2016年，柬埔寨人口达1 576万。柬埔寨是世界上最不发达的国家之一，贫困人口占总人口的36%。2015年，柬埔寨农业、工业、服务业的比例分别为29%∶26.2%∶39.4%。农业是柬埔寨的支柱产业，农业人口占全国从业人口的80%以上，主要种植水稻、玉米、豆类、薯类，经济作物有橡胶、胡椒、糖棕、烟草、麻类、棉花以及林木等。2015年，稻谷种植面积达67.4万公顷，同比增长52.2%；玉米种植面积达9.81万公顷，同比增长23.1%；木薯种植面积达31.1万公顷，同比增长27%；渔业产量为27.85万吨，同比下降34.2%。工业方面，制衣和制鞋业产值为23.04亿美元，同比增长14.3%，其他主要产业为建筑、水电供应和矿业加工。服务业发展较快，旅游业是带动柬埔寨服务业发展的原动力。柬埔寨旅游部的统计数据显示，2015年，柬埔寨接待国际游客约470万人次，增长6.1%，其中中国游客约70万人次，增长24%，占总入境游客总数的14.5%，继越南之后成为柬埔寨第二大游客来源国。

2015年，柬埔寨国内生产总值为185.02亿美元，同比增长6.9%；人均国内生产总值为1 228美元，同比增长9.4%。

截至2016年5月，柬埔寨的黄金储备为12.4吨，黄金占外汇储备的6.5%。柬埔寨的货币名称为瑞尔，2015年12月30日，柬埔寨瑞尔与美元比价为 4 050∶1。2015年，柬埔寨的通货膨胀率为3%。

2015年，柬埔寨对外贸易总额达205.34亿美元，同比增长12.6%。其中，出口额为89.9亿美元，同比增长16.7%；进口额为115.44亿美元，同比增长9.6%。主要出口产品为服装、鞋类、大米、橡胶和木薯等。

@ **本章小结**

经济环境是影响企业市场营销活动开展的重要环境因素，本章首先介绍了印度尼西亚、马来西亚、新加坡、泰国、越南的货物贸易及其与中国的货物贸易情况，同时给出了中国与东盟十国的货物贸易统计。

东盟是东南亚地区以经济合作为基础的政治、经济、安全一体化合作组织，本章介绍了其发展历程，有助于企业了解东盟合作关系及其成就，便于企业对东盟自由贸易区的未来进行研判。

东南亚各国的经济是分层次的，老东盟六国与新东盟四国的经济差别很大，本章在人口、产业结构、经济特点、金融、外贸等方面对东南亚各国的市场经济环境进行了详细介绍。

第四章 东南亚市场营销的政治环境

第一节 东南亚国家的政治架构

政治和经济历来关系密切，并相互影响。由于东南亚各国的历史发展轨迹各异，因此政治架构也有着显著的不同。市场营销人员有必要了解东南亚各国的政体、立法制度、行政制度、司法制度和政党制度，进而熟悉各国的政治运转状况。因为其中有可能蕴含着无穷的商机，也可能蕴藏着巨大的风险。

一、政体

政体一般是指一个国家政府的组织结构和管理体制，在不同的历史时期、不同的国家和地域，其政体都不尽相同。国家政权是由一定的实体组成的，这些实体分化组合的原则、方式和相互关系，就构成了一国的政体。政体并不等同于政府机构设置，而是在国家主权层次所展开的国家政权的宏观架构，它为政府机构设置奠定了基本原则和合法性源泉。政体类型的划分有多种标准，目前人们普遍采用的方法是将政体划分为君主制和共和制两大基本类型。在君主制政体下，国家的最高权力掌握在世袭君主手里；在共和制政体下，国家最高权力执掌者是通过选举产生的，并规定了相应的任职期限。

第二次世界大战以前，东南亚十国中，除了泰国以外，其他九国（新加坡、马来西亚、缅甸、老挝、柬埔寨、越南、印尼、文莱和菲律宾）都是西方帝国主义的殖民地；第二次世界大战以后，东南亚各国陆续取得了民族独立，纷纷建立起不同的政治制度。有的实行西方式的议会民主制和君主立宪制，有的则实行社会主义制度。随着近代民主政治的发展，共和制已经取代君主制成为现代国家政体的主流。在意识形态、社会制度以及民主特征方面，除了老挝、越南与中国同属社会主义阵营外，大部分东南亚国家实行的是资本主义制度，但是由于这些国家独特的社会历史发展进程，因此其"威权"色彩较为浓厚。对这些"威权主义"国家而言，除了保持经济增长、促进经济繁荣以外，建立民主制度、进行民主化改革无疑是其国家发展战略的重要内容。东南亚各国政体、民主特征和国家意识形态比较见表4-1。

表4-1 东南亚各国政体、民主特征和国家意识形态比较

项目 国家	政体	民主特征	国家意识形态
文莱	君主专制政体	微弱	马来化、伊斯兰化和君主制
柬埔寨	议会制君主立宪制	微弱,威权主义仍在发挥作用	无正式的国家意识形态,但存在一个意识形态主题,即"国家、宗教和国王"
印度尼西亚	总统制共和制	威权主义	"建国五基"又称"潘查希拉",即信仰神道、人道主义、民族主义、民主和社会公正
老挝	人民代表大会制度	一党制威权国家	马列主义
马来西亚	议会制君主立宪制	威权主义	"国家原则"包括:信仰真主;效忠最高元首和国家;支持宪法;法治;良好的行为和道德
缅甸	总统制共和制	微弱	从"缅甸社会主义道路"到"主要目标"(即不允许分裂联邦,不允许破坏民族统一,以及主权巩固)
菲律宾	总统制共和制	威权主义	无官方的国家意识形态,但宪法规定了国家的"原则和政策宣言"
新加坡	议会制共和制	"有控制的民主",人民行动党一党独大,威权主义	共同价值观即国家至上,社会为先;家庭为根,社会为本;关怀扶持,尊重个人;一致同意,禁止冲突
泰国	君主立宪制	威权主义	无官方的意识形态,"国家、宗教和国王"的口号常起到意识形态作用
越南	人民代表大会制度	社会主义民主	共产主义和胡志明思想

❖ 小资料4-1

新加坡与菲律宾政体的特点

　　新加坡原为英国的殖民地,摆脱英国的殖民统治后加入马来西亚联邦,20世纪60年代脱离马来西亚联邦成为独立国家,独立后的新加坡政体是议会制共和制。议会拥有立法、组织和监督政府(内阁)等权力。政府(内阁)由占议会多数席位的政党或政党联盟组织,政府对议会负责,当议会通过对政府的不信任案时,政府就得辞职或呈请国家元首解散议会,重新选举。作为国家元首的总统只拥有虚位,没有实权。新加坡在李光耀的带领下,确立了这一政体。

　　菲律宾是一个总统制国家,实行三权分立的政治制度和自由的选举制度。历史上,菲律宾是东南亚地区最早被殖民化的国家,西方殖民者给菲律宾留下的最显著

的政治遗产便是培育了菲律宾的民主政体。西班牙的殖民统治对自由民主思想在菲律宾的传播起到了一定作用。西班牙对菲律宾采取殖民统治以前，菲律宾的经济、文化发展水平较为落后。随着西班牙殖民政策的推进，菲律宾中部和北部的居民信奉了天主教。天主教的影响逐渐渗透到菲律宾社会生活的各方面，促进了拉丁文化和西班牙文化在菲律宾的传播，也有利于西方的民主、自由思想在菲律宾的传播。同时，随着菲律宾贸易港的开放，民族资本主义经济得到发展，从而促进了具有民主意识的民族资产阶级和无产阶级的形成、壮大。西班牙殖民教育体系的建立也使得受教育人数大大增加，一些人甚至有机会到西方国家留学，更易接触、接受西方的民主自由思想。美国对菲律宾的统治时间虽然不长，却把美式民主政体移植到了菲律宾，使菲律宾的政治发展刻上了很深的美国民主印记。

资料来源：佚名. 东南亚国家政体比较［EB/OL］. ［2014-03-04］. https://wenku.baidu.com/view/851c8f0aeefdc8d376ee327d.html.

二、立法制度

不论实行何种政体的国家，立法权都是最重要的国家权力，立法机构的名称大多是议会（或国会）。在东南亚国家，根据宪法的要求，议会通过直接选举产生，以人民的名义行使立法权，并对政府的职能进行监督，以确保立法能够得以贯彻执行。其他国家机关，无论是由人民选举产生的，还是通过议会组成的，都必须执行议会的立法。

三、行政制度

行政机构是行使国家行政权力的机构。行政机构执行立法机构制定的法律，管理国家内政、外交、军事等方面的行政事务。不论实行何种政体的国家，行政领域都是国家各种政治力量角逐的中心。政党之间的政治竞争都是围绕着争夺行政权来进行的，只有取得了行政权，才算执政党。在现实世界中，行政权实际上总是优于立法权和司法权。

政府的职能包括行政职能、立法职能和司法职能。

四、司法制度

司法机构是行使审判权和检察权的机构，是国家权力系统三个中心之一。司法机构独立行使司法权力，不受任何政府机构、社会团体和个人的干涉。

司法机构通常包括审判机关和检察机关。

五、政党制度

政党是现代政治的一个基本构成要素和重要活动主体，政党制度是一国政治制度的重要组成部分，政党政治是围绕通过选举争取执政权开展的，是现代民主政治的主要表现形式。充分了解东南亚各国的政党和政党制度，对于开展东南亚经市场营销也是大有裨益的。

政党制度可以分为一党制、一党独大制、两党制、多党制等。

东南亚各国的立法制度、行政制度、司法制度和政党制度比较见表4-2。

表4-2　　　东南亚各国的立法制度、行政制度、司法制度和政党制度比较

国家	立法制度	行政制度	司法制度	政党制度
文莱	1959年宪法规定，苏丹为国家元首和宗教领袖，拥有立法、行政和司法等全部国家权力。根据新宪法，内阁由苏丹任命，向苏丹负责，苏丹可随时撤换大臣。总检察长和高级法院司法专员（大法官）亦由苏丹任命。苏丹有权宣布紧急状态和修改现有法律，包括宪法的条款。现任文莱苏丹是哈吉·哈桑纳尔·博尔基亚，兼任首相、国防大臣和财政大臣	文莱立法会议员非由选举产生，而是由苏丹直接委任	司法体制以英国习惯法为基础。一般刑事案件在推事庭或中级法院审理，较严重的案件由高级法院审理，民事案件最终可上诉至英国枢密院。最高法院由上诉法院和高级法院组成。另设伊斯兰法庭，负责处理违反伊斯兰教义的案件	1985年5月30日，苏丹宣布允许政党注册，随后出现了文莱国家民主党和文莱国家团结党。1988年文莱政府将国家民主党取缔，现仅存文莱国家团结党。另有国民觉醒党和国民进步党两个小党
柬埔寨	宪法规定，柬埔寨实行自由民主制和自由市场经济，立法、行政、司法三权分立。国王是国家元首、武装力量最高统帅、国家统一和永存的象征，有权宣布大赦，在首相建议并征得国会主席同意后有权解散国会。现任柬埔寨国王是诺罗敦·西哈莫尼，首相是洪森	参议院是柬埔寨国家立法机关，有权审议国会通过的法案。柬埔寨宪法规定，法案必须经国会、参议院、宪法理事会逐级审议通过，并经国王签署后才能生效。参议院主席按礼宾顺序排在国王之后、国会主席和政府首相之前，是国家第二号领导人，当国王因故不能视事或不在母国时代理国家元首。国会是柬埔寨最高国家权力机关和立法机构	法院分初级法院、上诉法院和最高法院三级。最高法官理事会是司法系统的管理部门，负责监督法院工作，拥有遴选、任免法官的职权。柬埔寨没有独立的检察院，各级法院设检察官，行使检察职能	2008年大选有11个政党参选。主要政党有柬埔寨人民党、奉辛比克党、森朗西党

续表

国家	立法制度	行政制度	司法制度	政党制度
印度尼西亚	现行宪法为《1945年宪法》，宪法规定，印度尼西亚为单一的共和制国家，实行总统制，总统为国家元首、政府行政首脑和武装部队最高统帅。现任印尼总统为佐科·维多多	人民协商会议是国家最高权力机关，由人民代表会议（即国会）和地方代表理事会共同组成。主要职能包括制定、修改和颁布宪法；根据大选结果任命总统、副总统；依法对总统、副总统进行弹劾等	在三权分立的权力机构设置下，最高法院和最高检察院独立于立法和行政机构。最高法院正、副院长由国会提名，总统任命。最高检察院总检察长由总统任免。现任最高法院院长为巴吉尔·马南，最高检察院总检察长为拉赫曼	主要政党有印尼民主党、专业集团党、建设团结党、民族觉醒党、新月星党、国家使命党、繁荣公正党等
老挝	1991年8月，老挝最高人民议会第二届六次会议通过了老挝第一部宪法。国家主席是老挝各族人民的代表。国家主席由国会选举产生，必须获得国会与会人数2/3选票才能当选，每届任期5年。现任老挝国家主席是本扬·沃拉吉	国会是国家最高权力机构和立法机构，负责制定宪法和法律。国会每年召开两次会议，特别会议由国会常委会决定或由2/3以上的议员提议召开	最高人民法院为最高司法权力机关。现任最高人民法院院长为坎潘·西提丹帕，最高人民检察院检察长为坎山·苏冯	老挝人民革命党是老挝唯一的政党和执政党
马来西亚	马来西亚宪法规定，最高元首为国家首脑、伊斯兰教领袖兼武装部队统帅，由统治者会议选举产生，任期5年。最高元首拥有立法、司法和行政的最高权力，以及任命总理、拒绝解散国会等权力。现任马来西亚最高元首是穆罕默德五世	国会是最高立法机构，由上议院和下议院组成。联邦政府采用责任内阁制，内阁是马来西亚最高行政机关，由选举中占半数以上的政党组成。政府首脑是总理	最高法院为联邦法院。设有马来亚高级法院（负责西马）和婆罗洲高级法院（负责东马），各州设有地方法院和推事庭。另外，还有特别军事法庭和伊斯兰教法庭	注册政党有40多个。由14个政党组成国民阵线联合执政。主要执政党有：马来民族统一机构，简称巫统；马来人政党；马来西亚华人公会，简称马华公会，最大的华人政党；马来西亚印度人国大党

国家	立法制度	行政制度	司法制度	政党制度
缅甸	2008年5月，新宪法草案经全民公决通过，并于2011年1月31日正式生效。根据2008年宪法，缅甸是一个总统制的联邦制国家，将实行多党民主制度。总统既是国家元首，也是政府首脑。现任缅甸总统是廷觉	联邦议会是缅甸最高权力机关	法院和检察院共分4级。设最高法院和最高检察院，下设省、邦、县及镇区3级法院和检察院。最高法院为国家最高司法机关，最高检察院为国家最高检察机关。现任最高法院院长为吴吞吞乌，最高检察院总检察长为吞吞沃	2010年11月7日，缅举行全国多党民主制大选，共有37个获批准注册的政党参选，包括4个原合法政党和33个新成立政党。目前主要政党有全国民主联盟、联邦巩固与发展党、民族团结党、全国民主力量党等
菲律宾	菲律宾独立后共颁布过三部宪法，现行宪法于1987年2月由全民投票通过并正式生效。该宪法规定：实行行政、立法、司法三权分立政体；总统拥有行政权，由选民直接选举产生，任期6年，不得连选连任；总统无权实施戒严法，无权解散国会，不得任意拘捕反对派；禁止军人干预政治；保障人权，取缔个人独裁统治；进行土地改革。现任菲律宾总统是罗德里戈·杜特尔特	国会为菲律宾最高立法机构，由参、众两院组成。参议院由24名议员组成，由全国直接选举产生，任期6年，每3年改选50%，可连任两届。众议院由250名议员组成，其中200名由各省、市按人口比例分配，从全国各选区选出；25名由参选获胜政党委派，另外25名由总统任命。众议员任期3年，可连任三届	菲律宾司法权属最高法院和各级法院。最高法院由1名首席法官和14名陪审法官组成，均由总统任命，拥有最高司法权；下设上诉法院、地方法院和市镇法院	菲律宾有政党100余个，大多数为地方性小党。主要政党包括自由党、基督教穆斯林民主力量党、民族主义人民联盟、摩洛民族解放阵线

国家	立法制度	行政制度	司法制度	政党制度
新加坡	宪法规定，新加坡实行议会共和制。总统为国家元首，由全民选举产生，任期6年。总统委任议会多数党领袖为总理。现任新加坡总统为哈莉玛·雅各布，总理为李显龙	总统和议会共同行使立法权。议会称国会，实行一院制。国会可提前解散，大选须在国会解散后3个月内举行	新加坡设有最高法院和总检察署。最高法院由高庭和上诉庭组成。最高法院大法官由总理推荐、总统委任。现任大法官为梅达顺，总检察长为黄鲁胜	新加坡已注册的政党共24个。人民行动党为执政党，近年来影响较大的还有工人党
泰国	2007年宪法经普密蓬国王御准生效，分为总章、国王、公民权利、自由与义务、基本国策、议会、内阁、法院、权力监督、地方行政等15章309款，但在2014年5月22日因泰国军方宣布军事政变后暂停。现行临时宪法于2014年7月22日生效，主要涉及国家立法议会、内阁、国家改革大会、制宪委员会等机构组建及职能等内容，共48条。现任泰国国王为玛哈·哇集拉隆功	国家立法议会负责制定法律，行使国会和上、下两院职权。根据临时宪法规定，立法议会议员最多不超过220名	属大陆法系，以成文法作为法院判决的主要依据。司法系统由宪法法院、司法法院、行政法院和军事法院构成。宪法法院的主要职能是对议员或总理质疑违宪但已经国会审议的法案及政治家涉嫌隐瞒资产等案件进行终审裁定，以简单多数裁决，院长和法官由上议长提名呈国王批准。行政法院主要审理涉及国家机关、国有企业及地方政府间或公务员与私企间的诉讼纠纷。行政法院分为最高行政法院和初级行政法院两级，并设有由最高行政法院院长和9名专家组成的行政司法委员会，最高行政法院院长的任命须经行政司法委员会及上议院同意，由总理提名呈国王批准。军事法院主要审理军事犯罪和法律规定的其他案件。司法法院主要审理不属于宪法法院、行政法院和军事法院审理的所有案件，分为最高法院、上诉法院和初审法院三级	截至2011年3月，共有49个政党在选举委员会登记注册。主要政党包括民主党、为泰党等

国家	立法制度	行政制度	司法制度	政党制度
越南	宪法规定：越南是社会主义国家，越南共产党是领导国家和社会的力量，国家的一切权力属于人民，实行人民代表大会制度。现任越共中央总书记为阮富仲，国家主席为陈大光	国会是国家最高权力机关，通常每年举行两次例会。现任国会主席为阮氏金银，2016年3月当选	司法体系由最高人民法院、最高人民检察院及地方法院、地方检察院和军事法院组成。现任最高人民法院院长为阮和平，最高人民检察院检察长为黎明智	越南实行一党制，越南共产党是越南唯一合法政党，越南祖国阵线是越南共产党领导下的统一战线组织

第二节 美国、中国和日本与东南亚国家的关系

在东南亚市场营销活动中，企业既要考虑东南亚各国之间的关系，又要考虑东南亚国家与世界大国之间的关系。下面我们主要介绍美国、中国和日本与东南亚国家之间的关系。

一、美国与东南亚国家的关系

东南亚一直是稳定支持美国全球战略的地区，美国在东南亚既有传统盟友泰国与菲律宾，也与印度尼西亚和新加坡等国家关系密切。冷战时期，美国把东南亚作为其在远东的反共基地，因此与一些东南亚国家保持着密切的关系。冷战结束后，美国在东南亚地区的影响有所下降。老布什和克林顿执政期间，对东南亚地区均重视不够。1997年亚洲金融危机期间，美国不仅未对其盟国——泰国、菲律宾等伸出援手，反而趁机施加压力，要求它们按照国际货币基金组织的要求，开放电信、金融市场等领域。2001年"9·11"事件后，东南亚成为美国全球反恐战略中的"第二战场"，美国与东南亚国家的军事合作进一步加强。随着中国在东南亚的影响不断增大，美国却没有进入东南亚国家的合作范围，这使得美国政府受到国内各界人士的普遍批评，美国政府不得不重新审视其对东南亚的政策，开始在东南亚采取一系列外交攻势，同时加快了与东南亚国家在政治、经济等其他领域的合作步伐。目前，美国是东南亚主要的贸易伙伴，在安全问题上也是东南亚最紧密的合作伙伴，东盟与美国的双边关系也是东盟对外关系中最重要的一环。2016年2月，美国和东盟国家领导人举行非正式会议，表明美国已将东南亚视为"重返亚太"战略的重要支点。美国想拉拢地区国家对抗中国的做法实则是一种冷战思维。让美国"重返东南亚"，总体来说是东盟以往实行的"大国平衡"政策的继续。

（一）美国与东南亚国家的反恐合作

第一，美国扩大与东盟国家的官方往来，积极发展双边关系。

美国多位领导人相继访问了部分东盟国家。2002年APEC峰会期间，布什总统会见了部分东盟国家领导人。2005年5月，副国务卿佐利克访问了泰国、菲律宾等东盟六国。同时，东盟国家多位领导人先后访问了白宫。

第二，签署联合宣言，增加双方在反恐合作上的共识。

美国与东盟十国签署了《合作打击国际恐怖主义联合宣言》，从而为美国在该地区开展军事活动奠定了基础，意味着美国的反恐势力真正进入东南亚地区，对美国在东南亚地区构筑反恐"第二战场"具有重要意义。

第三，美国积极加强与东南亚国家的情报合作，增强东南亚国家获取情报的能力。

根据美国与东盟签署的反恐宣言，双方将在打击恐怖主义领域分享情报，加强跨国合作，严格控制恐怖分子入境；遵守联合国安理会有关决议和宣言。

第四，频繁举行双边或多边联合军事演习，增强双方军队在东南亚地区的反恐能力。

近年来，美国与东盟国家举行的联合军事演习次数频繁、规模逐渐扩大，是前所未有的。其中，美国与菲律宾、泰国等举行的联合军事演习最为突出。美泰"金色眼镜蛇"联合军事演习已从双边扩展到美、泰、新三国。

第五，美国积极介入对东南亚恐怖组织"伊斯兰祈祷团"的打击活动，并协助菲律宾打击阿布沙耶夫绑架集团，使其遭受重创。

第六，伊拉克战争爆发以后，部分东南亚国家表现出了某种不满情绪。

关于美英发动伊拉克战争，东南亚国家的态度分裂成为两个阵营：新加坡与菲律宾对此持支持态度，泰国在战争开始阶段表示中立，随着战争的推进，泰国政府改为支持的态度；马来西亚、越南、印度尼西亚则对此持反对态度。

（二）美国与东南亚国家的经济合作

东南亚国家一直是美国重要的贸易和投资市场。近年来，随着中国与东盟经济合作的加强，美国迅速加强了与东盟的经济合作。2002年4月初，在东盟第六次财政部长会议期间，美国贸易代表佐利克访问了东南亚，这是10年来美国贸易代表团与东盟的首次正式会谈。2002年APEC峰会期间，布什总统提出了"东盟行动计划"，该计划的核心是缔结自由贸易协定（FTA），以东盟的经济改革为前提条件，先与东盟各国分别缔结双边FTA，然后建立"美国-东盟自由贸易区"，美国与东盟国家的双边自由贸易谈判随后展开。2008年2月，美国宣布加入跨太平洋战略经济伙伴关系协定（TPP）。2009年11月，美国正式提出扩大跨太平洋伙伴关系计划，开始推行自己的贸易议题，全方位主导TPP谈判，至此跨太平洋战略经济伙伴关系协定更名为跨太平洋伙伴关系协定。美国企图在东南亚乃至整个亚太地区开拓市场，借此恢复受金融危机重创的国内经济，并谋求与此地区国家建立更加长远的经济合作关系。美国在东南亚获得的巨大经济利益决定了其不会放松在东南亚地区的活动，但美国新任总统特朗普就职当天就宣布退出TPP。

（三）美国对东南亚国家的外交政策

为了推进"亚太再平衡"战略，在政治、经济和安全方面加强与东南亚国家的关系，美国价值观外交的地位有所下降，实用主义外交则受到了更多的重视。

在缅甸，奥巴马政府采取了"不看邪恶"战略。在缅甸做出一系列政治改革措施之后，2011年11月，时任国务卿希拉里访问缅甸，宣布美国要逐步放松对缅甸的经济制裁，并且要重新派驻缅甸大使。2012年11月，美国总统奥巴马在连任成功后对缅甸进行了历史性的访问，并且邀请缅甸参加2013年2月美泰共同举办的"金色眼镜蛇"演习；2014年8月，美国国务卿克里在参加第21届东盟地区论坛时对缅甸展开正式访问；2014年11月，奥巴马参加东亚峰会期间再次访问缅甸。自2012年美缅两国恢复外交关系以来，在不到两年的时间里，美国对缅甸的援助已经超过2亿美元。

在马来西亚，美国对纳吉布政府在选举中的舞弊行为和不断镇压反对派的做法仅仅发表了较为温和的声明。2013年5月，虽然美国认为马来西亚议会的选举过程中存在明显的欺诈，但3天后白宫仍然祝贺纳吉布执政联盟取得了胜利，只是表达了"关注关于不规范选举行为的报告"。2014年4月，在访问马来西亚期间，奥巴马拒绝会见反对派领导人安瓦尔·易卜拉欣，尽管奥巴马受到了一些美国人权活动人士和国会议员的"易卜拉欣受到了不公正审理和判决"的压力。

美国也积极发展与柬埔寨的安全联系，自2010年至今，美国与柬埔寨已经举行了3次"吴哥哨兵"联合军演和多次联合海上战备演习。

在泰国，当2014年5月原陆军司令巴育发动军事政变推翻通过选举上台的英拉政府时，奥巴马政府仍然强调了美泰同盟的重要性，仅宣布暂时冻结对泰国的援助，而自1982年开始的每年一次的"金色眼镜蛇"美泰联合军演2015年仍继续举行。

在印度尼西亚，同样是因为人权问题，美国在1999年停止了双方的军事合作以及武器出售，但为了落实重返亚太政策，美国开始与印尼加强双边政治互信与支持。在美国政府的东南亚战略中，印尼被赋予了更高的地位。2001年9月19日—21日，印尼总统梅加瓦蒂访问美国。其间，双方就反恐等一系列问题发表了联合声明，印尼对美国建立国际反恐联合阵线表示支持；作为回报，布什总统答应恢复对印尼的经济和军事援助。在印度洋海啸期间，美国也进行了援助。此外，美国于2013年9月向印尼出售了8架阿帕奇攻击型直升机，表明因人权问题曾对印尼实施的军火禁令已完全解除。

在越南战争结束后的一段时间，美越双方仅做了有限接触。1984年，美国正式通过法令，禁止向越南销售武器，理由是不满越南政府在人权方面的表现。即使双方在1995年实现关系正常化以后，也直到2007年美国才修改了《国际武器贸易条例》，决定在具体情况具体分析的基础上向越南放开非致命性防卫装备及服务方面的贸易渠道，但仍然禁止对越南出售或转让致命性武器项目。自2012年开始，南海局势持续升温，特别是2014年7月中国和越南因中国石油钻井平台发生冲突之后，美国已经有意部分解除对越南的致命性武器禁运。人权和意识形态问题一直是阻碍美越关系长远发展的障碍，如今美国有意解除障碍，说明与价值观外交相比，实用主义外交在美国对越政策中的地位上升了。

菲律宾遭受了美国近半个世纪的殖民统治，独立后仍然受制于美国，菲律宾国内民族主义情绪不断高涨，民众的反美呼声此消彼长。1992年，最后一批美军撤离了苏比克湾海军基地，结束了美国在菲律宾将近一个世纪的军事存在。进入21世纪，美国与菲律宾的关系逐渐升温。希拉里在参加亚太经合组织领导人非正式会议前夕对菲律宾进行了24小时的"闪电访问"，希拉里此次菲律宾之行内容非常丰富，不仅与菲律宾外长就棉兰老岛和平进程、2010年菲律宾大选、缅甸问题、核不扩散问题、气候变化等议题举行了双边闭门会谈，也与时任总统阿罗约就菲律宾人权、地区及国际热点问题交换了意见。同时，希拉里还在其行程中放下身段，进行一系列亲民外交。可见，自2009年7月开始担任东盟与美国对话伙伴关系的协调国后，菲律宾对美国"重返"东南亚具有重要的意义。杜特尔特上台后，美菲关系并不那么和谐。2016年9月13日，杜特尔特说菲律宾将不再与美国联合在南海巡航。

2009年6月，奥巴马总统将柬埔寨和老挝从限制投资黑名单国家中删除，这势必将对该地区的权力格局演变以及地区安全秩序的塑造产生重大影响。东盟国家出于"大国平衡"的考虑，也期待美国政府调整对东南亚的政策。近年来，因双边关系逐年改善，美国与东盟的贸易往来及直接投资都增长很快（见表4-3）。①

表4-3　　　　　　　　　　美国与东盟贸易状况（2009—2016年）　　　　　　　　　单位：亿美元

年份	进口	出口	总额	差额	外国直接投资（FDI）
2016	158 405	74 525	232 930	-83 880	不详
2015	151 941	74 878	226 819	-77 063	273 457
2014	137 498	78 418	215 916	-59 080	253 611
2013	126 941	78 994	205 935	-47 947	222 984
2012	122 887	75 420	198 307	-47 467	183 650
2011	118 263	76 387	194 650	-41 876	160 906
2010	107 722	70 395	178 117	-37 327	144 457
2009	92 058	53 842	145 900	-38 216	122 274

数据来源：根据United States International Trade Commission网站（http://dataweb.usitc.gov）资料整理.

二、中国与东南亚国家的关系

中国与东南亚国家山水相连，有着悠久的友好交往传统。自20世纪90年代初，中国与东盟启动双边对话以来，双边关系不断深入发展。2010年1月1日中国-东盟自由贸易区的全面启动，是中国-东盟双方关系发展新的里程碑。

（一）中国与东盟关系发展历程

中国与东盟关系发展历程，反映了冷战后东亚地区政治、经济、安全格局的变化，

① 李益波.奥巴马政府对东南亚政策的调整及原因分析[J].太平洋学报，2010（1）.

也体现了发展中国家之间政治合作的一些特点。表4-4对中国与东盟关系发展历程进行了简要总结。

表4-4 中国与东盟关系发展历程

时间	内容
1991.7	中国外交部部长钱其琛应邀出席了第24届东盟外长会议开幕式,这是我国首次同东盟正式接触
1994.7	中国作为东盟磋商伙伴参加了在泰国首都曼谷举行的首届东盟地区论坛会议,中国国务院副总理钱其琛在会上提出了中国对亚太安全合作问题的五项原则
1995.4	中国与东盟高级官员(副外长级)首次磋商会在中国杭州举行
1996.7	第29届东盟常设委员会第六次会议将中国由过去的东盟磋商伙伴国升格为东盟全面对话伙伴国
1997.12	首次中国-东盟领导人非正式会议在马来西亚首都吉隆坡举行,中国国家主席江泽民发表了题为《建立面向21世纪的睦邻互信伙伴关系》的重要讲话
2000.11	第四次中国-东盟领导人会议在新加坡举行,中国国务院总理朱镕基在会上积极评价了中国与东盟双边关系,首次提出了建立双边自由贸易区的倡议
2001.11	第五次中国-东盟领导人会议在文莱举行,双方一致同意在10年内建立中国-东盟自由贸易区
2002.11	第六次中国-东盟领导人会议在柬埔寨首都金边举行,双方签署了《中国与东盟全面经济合作框架协议》
2003.10	第七次中国-东盟领导人会议在印度尼西亚巴厘岛举行。中国政府宣布加入《东南亚友好合作条约》,并与东盟签署了《中国与东盟面向和平与繁荣的战略伙伴关系联合宣言》,确立了中国与东盟的战略伙伴关系
2004.11	第八次中国-东盟领导人会议在老挝首都万象举行,会议通过了《落实中国-东盟面向和平与繁荣的战略伙伴关系联合宣言的行动计划》。此外,双方还签署了《中国-东盟全面经济合作框架协议货物贸易协议》和《中国-东盟争端解决机制协议》等文件
2005.7	《中国-东盟全面经济合作框架协议货物贸易协议》开始实施,中国与文莱、印度尼西亚、马来西亚、缅甸、新加坡、泰国等东盟六国相互实施自贸区协定税率
2005.12	第九次中国-东盟领导人会议在马来西亚吉隆坡举行,中国国务院总理温家宝发表了题为《深化全面合作,推进中国-东盟战略伙伴关系不断发展》的讲话
2006.10	中国-东盟建立对话关系15周年纪念峰会在中国广西南宁召开,双方签署了《中国-东盟纪念峰会联合声明——致力于加强中国-东盟战略伙伴关系》
2007.1	第十次中国-东盟领导人会议在菲律宾宿务举行,双方签署了《中国-东盟自贸区服务贸易协议》《落实中国-东盟面向共同发展的信息通信领域伙伴关系北京宣言的行动计划》等合作文件
2010.1	中国-东盟自由贸易区正式启动,标志着中国-东盟双边合作关系进入了一个新的发展阶段
2013.10	第十六次中国-东盟领导人会议在文莱斯里巴加湾市举行,与会领导人发表了《纪念中国-东盟建立战略伙伴关系10周年联合声明》
2014.9	中国-东盟自由贸易区升级谈判启动
2015.11	中国商务部部长高虎城与东盟十国领导人在马来西亚吉隆坡正式签署中国-东盟自贸区升级谈判成果文件——《中华人民共和国与东南亚国家联盟关于修订〈中国-东盟全面经济合作框架协议〉及项下部分协议的议定书》

（二）近年来中国与东盟合作的积极成果

1.政治领域

（1）高层频繁互访，推动深化合作。中国与东盟国家首脑会晤机制是推动双边关系发展的重要动力。自1997年12月中国国家主席江泽民出席中国-东盟领导人会议以来，中国与东盟形成了制度化的"10+1"或"10+3"（包括日、韩两国）首脑会晤机制，为推动双边关系发展奠定了良好的政治基础。中国与东盟各国高层频繁互访，共同推动深化合作。中国-东盟领导人会议是中国-东盟合作框架下最高层级的会议，每年举行一次，主要对中国-东盟合作及其长远发展做出战略规划和指导。目前，中国与东盟已经建立了较为完善的（官方）对话合作机制，主要包括国家领导人会议机制、12个部长级会议机制和5个工作层对话合作机制。

（2）中国政府推进双边合作的新主张。2010年10月29日，中国国务院总理温家宝在越南河内举行的第13次中国-东盟领导人会议上指出，中国珍视同东盟国家的传统友谊，愿与东盟国家永做好邻居、好朋友、好伙伴。双方应继续以和平发展为主题，以友好合作为主线，共同落实好第二个5年行动计划。2013年10月，中国国家主席习近平访问东南亚国家，首次提出了与东盟携手建设更加紧密的中国-东盟命运共同体、推动缔结中国-东盟国家睦邻友好合作条约、筹建亚洲基础设施投资银行、共同建设21世纪"海上丝绸之路"等重大倡议。2016年3月，双方达成了《落实中国-东盟面向和平与繁荣的战略伙伴关系联合宣言的行动计划（2016—2020）》，为中国-东盟关系未来5年的发展规划了蓝图。

（3）合作平台不断完善。在东盟的对话伙伴中，中国第一个加入了《东南亚友好合作条约》，第一个与东盟建立了战略伙伴关系，第一个明确支持《东南亚无核武器区条约》，第一个确定同东盟建立自由贸易区。中国于2003年作为非东南亚大国率先加入《东南亚友好合作条约》，并与东盟建立了面向和平与繁荣的战略伙伴关系；2004年和2010年，双方先后签署了两份为期5年的《落实中国-东盟面向和平与繁荣的战略伙伴关系联合宣言的行动计划》；2011年，中国-东盟中心的服务平台建成。2012年，中国政府设立了常驻东盟使团，以推进中国-东盟战略伙伴关系的巩固和深化。

（4）妥善处理南海问题分歧。2002年11月，中国同东盟国家签署了《南海各方行为宣言》。2011年7月，中国与东盟国家就落实《南海各方行为宣言》后续行动的指导方针达成一致。2012年，中国与东盟国家两次就"南海行为准则"问题举行非正式磋商。2013年，中国与东盟国家正式启动"南海行为准则"磋商。2014年，中国与东盟国家正式通过"南海行为准则"磋商第一份共识文件，同意建立中国-东盟国家海上联合搜救热线平台和外交部应对海上紧急事态高官热线平台，作为"南海行为准则"磋商的"早期收获"。2015年11月，在第十届东亚峰会上，中国国务院总理李克强提出了解决南海问题的五点倡议。截至2015年12月，中国已与东盟国家举行了10次落实《南海各方行为宣言》高官会和15次联合工作组会，达成了"南海行为准则"磋商第二份共识文件。2017年5月18日，中国与东盟国家落实《南海各方行为宣言》第14次高官会在贵阳举行，会议审议通过了"南海行为准则"框架。2017年8月5日，在菲律宾首都马尼拉召开的第50届东盟外长会上，"南海行为准则"框架正式通过。

❖ 小资料 4-2

李克强总理提出解决南海问题的五点倡议

第一，各国承诺遵守《联合国宪章》的宗旨和原则，捍卫二战成果和战后秩序，珍惜得来不易的和平，共同维护国际和地区包括南海地区的和平与稳定。

第二，直接有关的主权国家承诺根据公认的国际法原则，包括1982年《联合国海洋法公约》，通过友好磋商和谈判，以和平方式解决领土和管辖权争议。

第三，中国和东盟国家承诺全面有效完整落实《南海各方行为宣言》，加快"南海行为准则"磋商，在协商一致的基础上尽早达成"南海行为准则"，并采取措施不断完善地区互信合作机制建设。

第四，域外国家承诺尊重和支持地区国家维护南海和平稳定的努力，发挥积极和建设性的作用，不采取导致地区局势紧张的行动。

第五，各国承诺依据国际法行使和维护在南海享有的航行和飞越自由。

资料来源：李克强. 李克强在第十届东亚峰会上的发言（全文）[EB/OL]. [2015-11-23]. http://www.gov.cn/guowuyuan/2015-11/23/content_2971143.htm.

2.经济领域

中国-东盟启动对话以来，双方经贸合作迅速发展，成为双边关系发展的重要领域和主要推动力。尤其是2008年国际金融危机爆发以来，双方排除困难、共迎挑战，取得了令人瞩目的成就。

（1）成功应对国际金融危机。2008年国际金融危机爆发以来，中国和东盟各国为抵御危机的冲击，加快金融机制建设，取得了积极成果。截至2008年年底，中国与泰国、菲律宾、马来西亚和印度尼西亚等国共签署了6份总额为635亿美元的双边货币互换协议。2009年以来，亚洲各国央行建立本币互换机制，中国人民银行先后与马来西亚、印度尼西亚、新加坡的货币管理当局签署了总额为3 300亿元人民币的双边本币互换贸易，以支持直接双边贸易及直接投资。2009年12月，中国与东南亚共同参与设立总规模为120亿美元的亚洲区域外汇储备库，极大地提升了本地区解决流动性与国际收支问题的能力，标志着亚洲区域监督进程以及货币与金融稳定建设进入机制化阶段。2010年10月，第二届中国-东盟金融合作与发展领袖论坛在中国南宁召开，论坛围绕如何构建中国-东盟自由贸易区金融互利共赢发展的新格局这一议题进行了探讨。中国与东盟在平等互利的基础上开展的一系列金融合作，有力地促进了贸易投资的便利化，推动了中国-东盟经贸关系的深入发展。

（2）启动中国-东盟自由贸易区。2010年1月1日，中国-东盟自由贸易区正式全面启动。中国-东盟自由贸易区启动后，双方将逐步实现零关税。零关税推动了中国-东盟服务贸易领域的实质性开放，给双边经贸发展带来了无限商机。2015年，中国与东盟签署了《中华人民共和国与东南亚国家联盟关于修订〈中国-东盟全面经济合作框架协议〉及项下部分协议的议定书》，该议定书是我国在现有自贸区基础上完成的第一个升级协议。此外，香港-东盟自贸区谈判也在稳步推进。

（3）积极拓展经贸合作的新领域。中国–东盟自由贸易区启动以来，中国与东盟的经贸合作呈现全面展开之势。2010年6月，中国–东盟中小企业合作发展论坛召开，提出了加大双方中小企业合作的计划；5—10月的上海世博会期间，东盟各国的展馆为双方的经贸合作营造了丰富而生动的人文环境；8月，大湄公河次区域经济合作第16次部长级会议在河内召开，中、缅、老、泰、柬、越6个国家的部长级官员进一步探讨了未来10年的次区域合作计划；8月，第6届泛珠三角区域合作与发展论坛在南宁召开，论坛以对接东盟为重点，吸引了中国很多省市积极发展与东盟的经贸合作。此外，中国与东盟的交通体系对接开始提速，在矿产资源开发、商务与投资、环保、消除技术性贸易壁垒、文化版权交易、产业园区建设、金融等领域也不断加强合作，中国与东盟的全面合作进入纵深时代。

（4）双方的贸易投资持续增长。中国连续7年成为东盟最大的贸易伙伴，东盟连续5年成为中国第三大贸易伙伴。2016年，双方货物贸易额为4 522亿美元，其中，中国对东盟出口额为2 560亿美元，自东盟进口额为1 962亿美元。中国–东盟双向投资也快速发展。截止到2016年底，中国与东盟双向投资额累计达1 779亿美元，其中东盟对中国投资1 059亿美元，中国对东盟投资720亿美元。中国支持《东盟互联互通总体规划》的实施，探讨设立中国–东盟互联互通合作中小项目库，使用好100亿美元优惠贷款和100亿美元中国–东盟基础设施专项贷款。中国政府还设立了中国–东盟海上合作基金，以鼓励与扶持重点合作项目的启动及建设。

3.安全领域

近年来，由于恐怖主义、跨国犯罪问题日益突出，东南亚地区的安全环境也日趋复杂，针对中国与东盟国家海域的抢劫、走私、枪支贩卖等海上违法犯罪活动时有发生，因此双方开展了一系列防务合作。

2000年，中国与东盟签署了《东盟和中国禁毒合作行动计划》。2001年，中、老、缅、泰4个国家签署了禁毒合作《北京宣言》。2001年，中国与东盟签署了《反恐联合声明》。

2002年11月，《中国与东盟关于非传统安全领域合作联合宣言》发表，从而启动了双方在非传统安全领域的全面合作。该宣言指出，当前"贩毒、偷运非法移民（包括贩卖妇女儿童）、海盗、恐怖主义、武器走私、洗钱、国际经济犯罪和网络犯罪等非传统安全问题日益突出，成为影响国际和地区安全的重要不确定因素，对国际和地区和平与稳定构成新的挑战"；各国"认识到非传统安全问题十分复杂，有着深刻的背景，需要综合运用政治、经济、外交、法律、科技等手段加以应对；认为非传统安全问题需要加强地区和国际合作，中国与东盟各国互为近邻，在应对非传统安全问题方面存在广泛的共同利益"。中国公安部通过举办近百场禁毒执法、刑事技术、海上执法、案例研讨、出入境管理、网络犯罪侦查等培训或研修项目，培养了大批东盟成员国执法官员。

2004年，中国与东盟签署了《关于非传统安全领域合作谅解备忘录》。中国倡议并参加了首届东盟与中日韩"10+3"打击跨国犯罪部长级会议。会议通过了《首次东盟与中日韩打击跨国犯罪部长级会议联合公报》，同意建立"10+3"打击跨国犯罪合作机制。此后，双方的防务合作逐步向实践领域推进。2006年，中国与东盟举行海上执法合作研讨会，商讨建立中国和东南亚各国海上执法机构合作机制。

从2008年起，中国军事科学院举办了两届"中国-东盟高级防务学者对话"，分别就"军队现代化与地区互信""东亚地区安全形势与中国-东盟防务合作"等议题进行了交流。

2010年11月，东盟与中日韩（"10+3"）打击跨国犯罪执法合作研讨会在中国南宁举行。2011年，中国同东盟举行了首次防长交流。2015年，首次中国-东盟防长非正式会晤和首次中国-东盟执法安全合作部长级对话在中国举行。

通过一系列防务对话交流，中国与东盟各国进一步增强了互信，有助于双方共同应对安全威胁，维护本地区的安全与稳定。

4.文化领域

中国与东南亚是近邻，双方人民的友好往来和文化交流历史悠久。多年来，中国积极推动与东盟在文化领域的交流与合作，并且成果显著。目前，丰富多彩的文化交流活动已成为维系双边关系的重要纽带。

（1）启动中国-东盟友好交流年活动。2011年1月25日，在中国昆明举行的中国-东盟外长会议上，双方宣布中国-东盟友好交流年正式启动。中国-东盟友好交流年将围绕"互利共赢的好伙伴"主题，开展30多项庆祝活动。2012年，首届中国-东盟文化部长会议在新加坡举行，会议规划了双方的文化合作方向。2014年，中国-东盟文化交流年正式启幕，活动以"同享文化、共创未来"为主题，开展了多项交流活动，体现了中国与东盟全方位人文交流的特点。2014年4月，第二次中国-东盟文化部长会议在越南召开，双方签署了《中国-东盟文化合作行动计划（2014—2018）》，为未来5年双方的文化合作规划了方向，标志着双方的文化合作交流进入了全方位发展阶段。

（2）推动双边文化产业发展。中国与东盟国家间的经贸往来，给双方的文化交流提供了充足的空间，文化产业已发展成为双边合作的一个重要领域。中国-东盟博览会的举办和中国-东盟自由贸易区的成立不仅给中国和东盟的商品贸易提供了广阔的平台，也给中国和东盟各国的文化交流打开了一扇新的窗口。2010年11月，以"中国-东盟文化产业的互动与发展"为主题的中国-东盟文化产业论坛在南宁召开，参与论坛的包括越南、缅甸、老挝、泰国、柬埔寨的代表。在论坛上，中国提出的每年举办中国-东盟文化产业博览会、中国广西民族博物馆与东盟十国博物馆结成合作联盟等方案受到了东盟国家代表的普遍欢迎。

（3）推进广播影视、教育等文化领域的交流。

一是广播影视领域的交流。广播影视是中国与东盟各国最早进行文化交流的内容之一。从20世纪80年代开始，中国就与菲律宾的广播协会签订了协议，每年派代表团互访；从1992年起，中国国家广电总局（现为中国国家新闻出版广电总局）与马来西亚新闻局每两年开展一次对话、交流活动；印尼的美都电视台是印尼播放华语新闻的电视台，与中国中央电视台有密切的合作关系；新加坡媒体公司每年都派摄制组到中国拍摄纪录片和电影；2008年，一部由中、柬、老、缅、泰、越6个国家电视台合拍的大型纪录片《同饮一江水》在各国播出，获得了良好的反响。

二是教育领域的交流。2006年以来，中国广西连续举办了两届"东盟与中日韩文化人力资源开发合作研讨班"；广西民族文化艺术研究院赴泰国、马来西亚、越南等国开展了民俗民间文化研讨。2008年7月，首届中国－东盟教育交流周在贵阳成功举办，至今已经举办了10届，建立了中国－东盟教育交流的平台。2008年，新东方教育集团在南宁开设新东方学校，除英语外，还特别推出了越南语、泰语等东盟国家语言课程。在云南，全省有多所高校开设了泰国语、缅甸语、越南语、老挝语、柬埔寨语专业。2010年11月，"中国－东盟文化交流培训中心"在广西民族博物馆正式成立。中国外交部、教育部联合批准了10个国家级"中国－东盟教育培训中心"，分别落户广西、四川、贵州、云南、福建、黑龙江6个省区。中国在东盟国家建立了29所孔子学院、15座孔子课堂和中国文化中心。

随着中国－东盟自由贸易区的深入发展，双方的经贸关系日益密切，共同的经济利益日益增加，从而为该地区的稳定、发展和繁荣创造了有利条件。

（三）中国－东盟关系发展中存在的主要问题

由于东盟各国的利益差异及亚太国际关系格局的发展演变，中国与东盟之间也存在着一些争议和隐忧，这也是未来中国发展与东盟的关系时必须重点加以应对和解决的问题。

1.南海主权之争

中国南海与东盟多个国家的海域毗邻，南海诸岛及其附近海域自古以来就是中国的领土，中国对此拥有无可争辩的主权。20世纪70年代，中国政府提出了"搁置争议，共同开发"的主张，对维护地区稳定和促进双边关系发展发挥了积极的作用。近年来，由于南海油气资源等重要战略利益的显现，以越南、菲律宾等为代表的东盟国家不断对中国提出主权要求，加之域外大国（主要是美国）的介入，南海问题开始成为双边关系发展的一个现实障碍。

2.东盟国家对中国经济"威胁"的担忧

由于同属发展中国家，中国与东盟各国的经济发展水平相似，在投资、出口等经济领域难免存在竞争关系。因此，中国经济近年来的迅速发展使得东盟国家感觉受到了"威胁"。马来西亚前总理马哈蒂尔曾说："中国是东南亚面临的一个经济威胁。可以预计，中国的产品不仅会挤走日本和韩国的产品，而且会挤走东南亚国家的产品。中国不大可能进行军事占领，却有可能取得经济控制的地位。"新加坡发展银行也表示："中国的大量廉价劳工和广大市场将吸引大量投资，从而严重威胁东南亚国家。"

3.区域贸易自由化的交叉推进带来复杂影响

2015年10月，跨太平洋伙伴关系协定结束实质性谈判，协定内容涉及成员间投资、服务、电子商务、政府采购、知识产权、劳工、环境等领域更高水平的相互开放。同时，区域全面经济伙伴关系（RCEP）谈判也取得积极进展。谈成后的RCEP将成为世界上涵盖人口最多、成员构成最多元、经济发展水平差异最大、发展最具活力的自贸区。东盟10个国家均为RCEP的谈判方，其中有4个国家还是TPP谈判成员国，印度尼西亚、泰国等也表达了加入TPP的意愿。因此，东盟各国不得不平衡TPP和RCEP之间的关系，这必将分散东盟各国建设经济共同体的注意力，对中国和东盟着力推进的中国－东盟自由贸易区升级版及中国－东盟经贸关系也将带来不确定的影响。

❖ 小资料 4-3

TPP 与 RCEP

跨太平洋伙伴关系协定（Trans-Pacific Partnership Agreement，TPP）是目前重要的国际多边经济谈判组织，旨在促进亚太地区的贸易自由化。其前身是跨太平洋战略经济伙伴关系协定，是由亚洲太平洋经济合作组织成员中的新西兰、新加坡、智利和文莱4个国家发起的，从2002年开始酝酿的一组多边关系的自由贸易协定。TPP的实施将对全球经济贸易产生重大影响。2015年10月5日，美国、日本、澳大利亚等12个国家已成功结束TPP谈判，达成了TPP贸易协定。2017年1月23日，美国总统特朗普在白宫签署行政命令，标志着美国正式退出TPP。

区域全面经济伙伴关系（Regional Comprehensive Economic Partnership，RCEP）是由东盟10个国家发起，邀请中国、日本、韩国、澳大利亚、新西兰、印度共同参加（"10+6"），通过削减关税及非关税壁垒，建立16国统一市场的自由贸易协定。它是东盟国家近年来首次提出，并以东盟为主导的区域经济一体化合作，是成员国间相互开放市场、实施区域经济一体化的组织形式。RCEP若取得成功，将涵盖约35亿人口，GDP总和将达到23万亿美元，占全球总量的1/3，所涵盖区域也将成为世界上最大的自贸区。

资料来源：佚名. 跨太平洋伙伴关系协定［EB/OL］.［2017-08-01］. https：//baike.baidu. com/item/%E8%B7%A8%E5%A4%AA%E5%B9%B3%E6%B4%8B%E4%BC%99%E4%BC%B4%E5%85% B3%E7%B3%BB%E5%8D%8F%E5%AE%9A/16854195?fr=aladdin.

4.美国"重返东南亚"增加了该地区的战略压力

由于面临"一场危机，两场战争"的不利局面，2009年1月，美国总统奥巴马提出了"巧实力"理念。在此背景下，美国推出了一系列"重返东南亚"的战略举措：不断加大对东南亚的政治、军事和经济投入，增强其对东南亚的影响力；削弱中国在东南亚日渐扩大的影响力，以巩固美国在亚太地区的战略利益。由于美国的大肆煽动蛊惑，以及少数域内国家着眼于一己私利，中国与东南亚国家以发展经济为核心的合作进程在相当程度上受到了外部干扰。

三、日本与东南亚国家的关系

第二次世界大战后，日本-东盟关系逐渐发展为东亚国际关系中的重要双边关系。总体上看，二者间的经济关系非常密切，而政治、文化关系则有进一步发展的空间。

（一）日本-东盟关系发展的三个阶段

第二次世界大战以后，日本-东盟关系的发展大致经历了以下三个阶段：

第一阶段，第二次世界大战结束初期到20世纪70年代中期，日本对东南亚政策的基调是"经济外交"，经济关系构成了双边关系的基本内容。20世纪50年代，日本以战争赔偿的方式重返曾经侵占过的东南亚，并逐渐与东南亚国家发展起了非常密切的经济关系。

1957年，日本首相岸信介成为二战后首位访问东南亚国家的日本领导人。在访问期间，他提出了设立"东南亚发展基金"的建议。日本首相访问东南亚，显示了日本对外政策的基本原则，也说明日本开始关注东南亚了，但是日本仅把东南亚作为其原料供应区和生产区。

20世纪60年代末至70年代中期，日本外交先后遭到"尼克松冲击"、"石油冲击"和"东南亚冲击"。在三大"冲击"之下，日本政府被迫对"经济外交"政策进行反思。1975年，日本首相田中角荣出访东南亚时在曼谷和雅加达遭遇的大规模反日示威活动，就是日本"经济外交"的必然结果。"东南亚冲击"迫使日本不得不审视并制定新的东南亚政策。

第二阶段，福田主义的出台到冷战的终结标志着日本-东盟关系进入了全方位发展的新阶段。福田主义是第二次世界大战以后日本-东盟关系发展的历史性"拐点"，象征着"日本接近东南亚的顶点"，给双边关系营造了一种相当积极的政治氛围。当时，日本已经发展成为世界经济舞台上的强国，对于正着力进行经济发展的东盟国家而言具有很大的吸引力。对日本来说，其之所以重视东盟，一方面是因为东盟与日本的经济关系非常密切；另一方面是因为自1976年第一次东盟首脑会议举行后，东盟已经崛起为一个名副其实的区域性组织。总之，对于这样一个在经济上有密切关系、在地区政治和经济上有一定发言权的东盟，日本当然会加以重视，并且希望将东南亚发展成为自己的战略"后院"。

第三个阶段是冷战结束以来新型的日本-东盟关系。这个阶段的双边关系是没有共同意识形态对手的普通关系，从日本自我期许的"特殊关系"逐渐演变为平衡、互动色彩更加凸显的"普通关系"，日本逐渐成为东盟"大国平衡"战略的重要一环。在FTA成为东亚国家密切双边经济、政治关系重要手段的同时，该地区出现了许多以东盟为中心的多边对话机制，包括东盟地区论坛（ARF）、"东盟+3"、"东盟+1"甚至"东盟+6"，其目的是讨论地区政治和安全问题、促进互信、增加军事透明度、化解地区冲突、维持并改善地区秩序。东盟在这些对话机制中发挥了"领导"作用，日本-东盟关系主要是通过东亚地区化进程中的互动关系展现出来的。

日本-东盟全面经济伙伴关系协定（AJCEP）于2008年12月在日本与老挝、缅甸、新加坡、越南之间，2009年1月在日本与文莱之间，2009年2月在日本与柬埔寨之间分别生效。AJCEP是日本第一个与多国间的经济合作协定，它有助于加强日本与东盟的战略关系。2008年，日本向湄公河"东西走廊"无偿援助2 000万美元，以加强与东盟各国的联系。2011年，日本首相野田佳彦出席日本与东盟领导人会议时宣布，向东盟各国提供共计2万亿日元（约合1 600亿元人民币）的基础设施援助。

从以上三个发展阶段来看，日本与东南亚国家在经济上关系紧密。长期以来，日本一直都是东南亚国家最大的援助国、最大的贸易伙伴和最大的投资国，东南亚的资源和市场与日本的资金、技术、生产之间具有相当的互补性，所以双方都比较重视这种关系。然而，密切的经济关系并未带来与之相称的政治关系和文化关系。东南亚国家与日本并没有形成紧密经济关系基础上的"特殊"双边关系，只是一种相当正常的国际关系。

（二）日本与东盟的贸易关系

日本与东盟的贸易关系从20世纪60年代开始就显示出了迅速发展的势头。1970—

1980年，日本与东盟五国（新加坡、泰国、马来西亚、印度尼西亚和菲律宾）的贸易额由13 244亿日元增加到77 911亿日元，10年间增长了4.88倍。然而，20世纪80年代以后，日本与东盟五国贸易额的增长速度明显放缓。进入21世纪以后，日本与东盟的贸易很快走出亚洲金融危机的阴影。2000年，日本与东盟的贸易额合计为1 284.76亿美元。2008年，日本与东盟的贸易额首次突破2 000亿美元，达到2 089.17亿美元。2012年，日本与东盟的贸易额达到2 593.91亿美元，其中日本向东盟的出口额为1 297.88亿美元，日本自东盟的进口额为1 296.03亿美元，之后几年有所下降（见表4-5）。近几年，东盟是日本第三大出口对象，东盟是日本第二大进口来源地。在东南亚各国中，泰国、印度尼西亚、马来西亚和新加坡是日本最主要的贸易对象国。

表4-5　　　　　　　　　　2011—2016年日本与东盟各国的贸易额　　　　　　　　　单位：亿美元

项目	日本向东盟各国出口额						日本自东盟各国进口额					
年份	2011	2012	2013	2014	2015	2016	2011	2012	2013	2014	2015	2016
合计	1 227.33	1 297.88	1 116.72	1 052.43	950.53	955.35	1 246.07	1 296.03	1 186.43	1 165.01	979.52	923.00
新加坡	271.63	233.62	211.01	211.20	198.73	197.96	86.47	87.88	75.18	79.32	79.06	74.54
泰国	373.99	438.47	362.20	315.55	279.99	273.84	244.29	237.13	221.90	218.77	204.37	201.25
马来西亚	187.14	177.59	153.31	142.39	120.09	121.25	303.86	329.75	300.06	293.53	215.38	172.14
印度尼西亚	177.31	203.37	171.38	148.48	115.50	113.36	339.70	323.94	290.78	257.89	197.74	182.43
菲律宾	112.13	118.92	97.45	99.29	94.92	103.45	89.22	93.78	92.79	102.52	88.77	90.62
文莱	1.42	1.88	1.52	1.08	1.21	0.83	56.95	60.11	48.04	40.43	23.48	16.88
越南	95.81	107.67	105.89	118.56	125.35	130.08	115.62	151.38	143.12	154.97	151.42	162.56
老挝	0.78	1.38	1.22	1.39	1.05	1.17	0.97	1.24	1.08	1.17	0.97	1.15
缅甸	5.07	12.63	10.63	11.93	10.67	10.34	5.91	6.76	7.62	8.64	8.65	9.38
柬埔寨	2.05	2.35	2.11	2.56	3.02	3.07	3.08	4.06	5.86	7.77	9.68	12.05

资料来源：根据日本财务省历年公布的《日本贸易统计》资料整理.

（三）日本对东南亚直接投资的新发展

早在1953年，日本就开始了对东南亚的直接投资。到20世纪90年代，东南亚一直是日本对亚洲直接投资最多的地区。

1.日本对东南亚直接投资概述

日本对东南亚的直接投资主要集中在新加坡、泰国、印度尼西亚、马来西亚和菲律宾。近年来，越南又成了日本新的投资对象国。表4-6为日本对东南亚各国直接投资的统计，从中可以看出日本对东南亚市场的重视程度日益明显。

表4-6 　　　　　　　　日本对东南亚各国直接投资的统计　　　　　　　单位：百万美元

国家或地区 \ 年份	2005	2010	2011	2012	2013	2014	2015	2016
新加坡	557	3 845	4 492	1 566	3 545	8 144	6 779	18 955
柬埔寨、老挝、缅甸、文莱	4 276	4 310	13 204	6 397	16 587	12 594	11 645	10 709
泰国	2 125	2 248	7 133	547	10 174	5 567	3 926	4 064
印度尼西亚	1 185	490	3 611	3 810	3 907	4 834	3 306	2 924
马来西亚	524	1 058	1 441	1 308	1 265	1 292	2 893	1 409
菲律宾	442	514	1 019	731	1 242	902	1 520	2 312
越南	154	748	1 859	2 570	3 266	1 652	1 439	1 854
东盟	9 263	13 213	32 759	16 929	39 986	34 985	31 508	42 227
亚洲	16 188	22 131	39 492	33 477	40 470	43 409	34 477	10 886

资料来源　根据日本贸易振兴机构的统计数据整理．

❖ 小资料4-4

日本在东南亚投资额连续三年超越中国

据《南洋商报》2016年5月31日报道，日本2015年在东南亚市场的投资总额连续第三年超越中国。日本对东南亚投资金额的持续增长，显示了区域市场的发展潜能和低劳工成本对日本的极大吸引力。

随着日本经济增长乏力，国内人口老龄化和人口萎缩，日本企业一直在亚洲其他地区寻找投资机会。中国商务部的统计数据显示，日本对中国的投资在2015年下降了25.8%，为连续第三年负增长。2015年全球对中国的投资总额同比增长6.4%，日本对中国的投资却降至2012年峰值时期的50%以下。对日本而言，东盟市场很有吸引力。由于人均收入相对较低和年轻人口较多，很多东盟国家具有很大增长潜力。日本对中国投资和对东南亚投资呈现相反趋势的原因还包括劳工成本和市场对外开放程度的差异。根据普华永道的资料，日本是泰国、印度尼西亚最大的外资来源国，菲律宾和马来西亚的第二大外资来源国。

资料来源：佚名. 日本在东南亚投资额连续三年超越中国［EB/OL］.［2016-06-01］. http://www.mofcom.gov.cn/article/i/jyjl/j/201606/20160601330409.shtmlk.

2.日本对湄公河五国的援助及投资简介①

（1）泰国

日本一直以来注重对泰国的扶持，为泰国经济的发展打下了良好基础，并且日本还在努力将泰国打造成区域内共同合作的助手，与此对应的是日本获得了政治回报。在申请加入联合国常任理事国的过程中，日本得到了大部分东盟国家的支持，并且在日本与缅甸外交关系的发展过程中，泰国起到了中间桥梁的作用。

日本与泰国于1952年恢复外交关系，日本在东南亚地区第一个与泰国建交，此后日本的政府开发援助对日泰关系的发展做出了巨大的贡献。泰国的工业基础相对其他4个国家条件较好，因此日本对泰国的无偿援助资金较少，同时很重视对泰国的技术援助（见表4-7），以帮助泰国快速走上独立自主的经济发展轨道。在日本的帮助下，泰国的生产力水平和工业化程度得到提高。泰国汽车产业的蓬勃发展就得益于日本的投资，如今泰国仍是亚洲主要的汽车制造基地。1993年，鉴于泰国经济发展的良好势头，日本认为泰国已从"低收入国家"发展为"中等收入国家"，遂将其由原来的受援国变为援助国，日泰贸易额也逐年增长（见表4-8）。同时，日本还积极推动泰国参与到东南亚地区，特别是大湄公河次区域的政治、经济与军事合作中，通过"以点带面"的方式间接促进了其他4个国家的贸易合作。这样既使日本获取了合作的领先优势，也使日本在次区域合作中能够发挥主导作用，更有利于日本提升国家影响力和树立大国形象。

表4-7 　　　　　　　　　　　　　**日本对泰国的援助形态和成果** 　　　　　　　　　单位：亿日元

年份	日元贷款	无偿资金援助	技术援助
2011	—	3.06	51.62
2012	—	89.86	49.80
2013	—	1.78	44.85
2014	—	2.31	34.86
2015	382.03	11.68	23.95

表4-8 　　　　　　　　　　　　　　　　　**日泰贸易额** 　　　　　　　　　　　　单位：亿美元

年份	2012	2013	2014	2015	2016
出口额	438.47	362.20	315.55	279.99	273.84
进口额	237.13	221.90	218.77	204.37	201.25

资料来源：根据日本财务省贸易统计数据整理.

（2）老挝

老挝的安全稳定与经济发展同湄公河流域以及东盟的安全与繁荣息息相关。由于老挝的经济基础最薄弱，因此其对国际合作开发湄公河的要求最迫切、最积极。日本自1991年以来，就一直是老挝的主要援助国，两国之间也建立了良好的外交关系。日本对老挝的援助见表4-9。

---

① 本节资料全部出自日本外务省网站，由作者统计整理。

表4-9   日本对老挝的援助形态和实绩   单位：亿日元

年份	日元贷款	无偿资金援助	技术援助
2011	41.73	41.75	38.64
2012	—	47.06	36.11
2013	150.62	62.11	34.40
2014	—	35.44	33.48
2015	102.71	44.85	35.14

日本对老挝的援助方针是：首先，支援社会基础设施的建设。支援道路、桥梁和空港等交通设施的建设，以强化东盟内部的连通，积极建设物流中心和工业园，支援污水处理以及城市规划等项目。其次，支援农业发展和森林资源保护。主要支援老挝灌溉农业的发展，以促进其生产率和栽培技术的升级；支援森林资源的保护项目，以实现森林资源的可持续利用。最后，支援"软环境"建设，即改善教育质量和促进人才培养。例如，基于MDGs[①]，以母子保健领域为中心，支援老挝医疗人才的培养以及健康医疗服务和设备的改善。

2015年是日老两国建交60周年，日本对老挝的重视与日俱增，并且将合作领域从经济层面深入到政治层面。2014年5月7日，在法国访问的岸田文雄与老挝外长通伦会谈，表示将无偿提供总计约24.5亿日元资金，用于支援该国南部桥梁的建设。日本与老挝之间有指定的"东南亚青年船计划"和"21世纪东亚青少年大交流计划"等合作项目，同时提供老挝公务员前往日本的大学学习公共政策学的机会。老挝对于日本的援助表示感谢，在老挝的国家媒体报道中，也强调日本是老挝的主要援助国。

（3）柬埔寨

日本与柬埔寨的合作始于1959年3月《日本-柬埔寨经济技术合作协定》的签署。1991年以来，日本积极参与联合国在柬埔寨的维持和平活动，为缩小东盟内部差距，日本加大了对柬埔寨的援助。日本对柬埔寨的援助方式主要有技术援助、无偿资金援助和日元贷款（见表4-10）。日本对柬埔寨的援助方针是：从经济基础的强化、社会开发的促进以及治理的强化三个方面展开，援助的重点领域是基础设施、农业、医疗保健和教育。

表4-10   日本对柬埔寨的援助形态和实绩   单位：亿日元

年度	日元贷款	无偿资金援助	技术援助
2011	114.3	65.22	46.83
2012	—	66.55	41.69
2013	88.52	74.78	43.89
2014	368.09	88.27	43.66
2015	172.98	79.47	34.12

---

① MDGs（Millennium Development Goals），即千年发展目标，是以2000年9月在纽约召开的联合国千年首脑会议上通过的《联合国千年宣言》为基础制定的，目标是到2015年消灭极度贫困和饥饿。

日本支援柬埔寨进行基础设施的建设，重点加强道路、桥梁的建设，修建、完善港口配套设施；注重扶持中小微企业，加强对员工的培训；提高农村及农业发展水平，改善农田灌溉系统，传授灌溉技术、水稻生产技术以及农作物收获后对土地及农产品的处理方法；在水资源、医疗卫生、教育及扫雷方面也制订了有针对性的帮扶计划。

日本对柬埔寨的援助产生了显著的经济效益和社会效益。从1990年起，日柬双边贸易额逐年增加。2000年以后，柬埔寨开始出现小幅度的贸易顺差。2010年，两国双边贸易额达到320亿日元。虽然日柬双方已在2007年签署了自由贸易协议，以鼓励日本投资商到柬埔寨投资，但日本私营企业在柬埔寨的投资项目并不多。柬埔寨发展理事会的统计数据显示，1994—2010年，日本在柬埔寨的FDI总额为1.48亿美元，仅占柬埔寨外国直接投资总额（342亿美元）的0.43%。随着各国在柬埔寨的博弈愈加激烈，日本也加大了投资力度。同时，日本在政治上推动了柬埔寨国内政治的稳定与和平，这种外交渗透对中柬关系起到了一定的分化作用，柬埔寨开始保持与中国的距离，在各大国之间保持平衡。

（4）越南

日本对越南的援助始于1992年，现在日本是越南最大的援助国。日本对越南的援助主要涉及三个方面：首先，促进经济发展和竞争力强化，包括提供技术援助、无偿资金援助及日元贷款等（见表4-11），同时支援产业开发和人才培养。其次，协助解决生态脆弱性问题。最后，强化治理。

表4-11　　　　　　　　　　日本对越南的援助形态和实绩　　　　　　　　单位：亿日元

年份	日元贷款	无偿资金援助	技术援助
2011	2 700.38	55.20	123.97
2012	2 029.26	17.20	102.97
2013	19.85	14.65	102.78
2014	1 124.14	14.81	92.69
2015	1 787.61	42.85	101.57

由表4-11可知，日本对越南的援助中，日元贷款最多，其次是技术援助，并且援助额度超过了其他东南亚国家，这体现了日本对越南的重视。据越南《投资报》2012年11月23日报道，2012年1—10月，日本对越南投资49.2亿美元，并且仍有不断增加的趋势。在基础设施建设上，日本的ODA（官方开发援助）也发挥了巨大的作用。截止到2013年，日本的ODA项目帮助越南建设了3 676千米的高速公路以及覆盖30个省市的电力网络。在教育方面，日本还是向越南提供无返还教育培训援助基金最多的国家之一，提供了上百种不同类型的奖学金。

在政治上，日本与越南的战略伙伴关系日益紧密。近年来，越南和日本双方高层互动日益频繁，双方不断发表联合声明，签署合作协议，以推进战略伙伴关系的发展。日本首相安倍晋三连任后首次出访即选择了越南，显示了日本在东南亚的战略需求和越南的战略地位。在诸多地区事务和国际事务上，越南也积极配合日本。例如，对于日本担任联合国安理会常任理事国的愿望，越南表示坚定支持。

日本和越南都与近邻中国有领土之争，地缘政治的博弈更加促进了日本与越南的安保合作和军事交流。2014年，日本外相岸田文雄访问越南，同意提供6艘船作为无偿资金合作，这表面上是经济援助，实质为支援越南抗衡中国的地区影响力。这也体现了日越合作中，潜在的共同对抗中国的战略默契。

（5）缅甸

日本在缅甸的外交重点是推动缅甸的政治转型，将日本的民主价值观灌输到缅甸的政治体制内，以提升日本的政治影响力，实践日本的亚洲独立外交和政治大国的抱负；配合美国的亚太战略，平衡、削弱中国在缅甸的影响力。日本对缅甸的援助方针是，推动缅甸的民主化进程和促进各领域的持续发展。援助内容主要包括：对贫困地区在医疗、保健、农业等方面提供支援；促进人才培养，推进民主制度建设，接受研修生等；促进基础设施建设和相关制度的制定。日本对缅甸的援助形态和实绩见表4-12。

表4-12　　　　　　　　　　**日本对缅甸的援助形态和实绩**　　　　　　　　单位：亿日元

年份	日元贷款	无偿资金援助	技术援助
2011	—	45.13	21.23
2012	1 988.81	277.36	42.00
2013	510.52	199.76	67.14
2014	983.44	181.89	75.18
2015	1 257.38	176.05	87.63

从1998年缅甸实行对外开放政策以来，截至2012年11月，日本对缅甸的投资总额达到2.47亿美元。日本政府对缅甸基础设施建设的援助为日本企业进驻缅甸起到了促进作用。日本驻缅甸大使馆发布的资料显示，2013年以前，中国是缅甸最大的投资国，到了2013年，新加坡超过中国成为最大的投资国。

第三节　东南亚市场营销的政治风险

一、政治风险概述

政治风险是指由于东道国的政治环境突然或逐渐发生变化，而使在东南亚经营的外国企业处于劣势地位或遭受经济损失的可能性。一般而言，政府不允许外国企业涉及"敏感性"行业，如国防、通信、能源等。如果企业被东道国认为是不友好的，那么它将很难经营下去。

东南亚市场营销的政治风险根据来源不同可分为三个层次：国际、区域以及东南亚国家本身。

从国际层次来看，一些国际组织会对东南亚国家的经济产生影响，进而会给企业在东南亚的市场营销活动带来影响。例如，如果国际货币基金组织（IMF）因为印度尼西亚的一些政策因素不给予印度尼西亚金融援助，就会使印度尼西亚的经济遭受重击，国际信用等级降低，进而会导致企业更难获取贷款。

从区域层次来看，区域内国家间如果有冲突，就会产生严重的政治风险。例如，如果泰国与缅甸边境因走私偷渡等问题而引发武装冲突，就会影响这两个国家的经济活动，给企业造成资金损失。此外，区域间结盟的情形也会引发政治风险，结盟国家可能会基于某些价值上的考量而对来自"不友善"国家的投资加以限制。

从东南亚国家本身来看，这一层次的政治风险不仅来源多（其来源可能是领导人、激进分子、利益团体、政党等，也可能是国家的体制、意识形态等），而且发生频繁。在东南亚国家，政权不稳定所产生的政治风险对企业市场营销活动的影响相当大。其中，印度尼西亚和菲律宾均属于高风险地区。

表4-13概括了东南亚直接投资的政治风险因素，希望能够给开展东南亚市场营销的企业提供参考。

表4-13 东南亚直接投资的政治风险因素

国际政治环境	国际冲突，如世界战争 轴心化，如民主集团 相互依赖，如国与国之间的政治互动 国际政治环境的稳定性，如国际领导者稳定与否
区域政治环境	区域冲突，如边境战争 区域结盟，如宗教或意识形态上的不友善行为 区域政治环境的稳定性，如区域领导国家与各国关系是否稳定
国家政治环境	仇外情形，如对外资企业的攻击行为 民族主义情结，如将外资企业国有化 国家政治环境的稳定性，如国家的排外行为 其他因素，如领导者个人特质

二、政治风险的类型

具体来说，东南亚市场营销的政治风险一般可以分为以下几种类型：

（一）国有化

国有化是指东道国政府将外国企业强制性收归国有的过程。国有化是有偿的，并且具有程度上的差别，有时东道国可能会给跨国公司保留少数股权。国有化主要有以下三个特点：

（1）一般是将整个产业或部门全部收归国有，而不是将个别企业收归国有；

（2）国有化是收归国有，而不是转由本国经营者所有；

（3）国有化通常是一个渐进的过程。

（二）征用

征用是指东道国政府占有或控制外国资产，并给予一定的补偿。补偿的金额可能并不能满足被征用资产者的意愿。根据国际法的规定，东道国在征用外国资产时，应给予及时而足够的补偿，补偿金必须是可以兑换的货币。世界银行的报告显示，从20世纪60年代到70年代初，有22个资本出口国的1 535家公司受到了76个国家的511次征用。

（三）没收

没收是最严厉的剥夺行为，是指东道国政府根据自己的主权，采用强制措施无偿接收外国资产。

以征用或没收方式获得的企业可以收归国有，也可以转由本国经营者所有。征用或没收并不一定波及全行业，也可以仅对行业中的个别企业进行。

（四）本国化

本国化是指东道国政府利用较为隐蔽的手段，逐渐控制外来投资的过程。其手段主要有：逐渐缩小外国企业在本国某一行业或某一企业中的所有权比例；提拔当地人员担任企业的高级管理职务，使本国人有更大的决策权；规定更多的产品由本地生产，而非进口组装；要求苛刻的出口比例等。

对进入东南亚国家的企业来说，政府的这种干预形式也是一种较严重的政治风险，因为这是一种蚕食政策，企业很可能会被彻底接管；同时，政府选派的管理人员是否称职和是否把公司利益放在第一位、国产化的产品质量是否合格、国产化后是否会影响企业的声誉和市场营销活动等，都会在一定程度上影响企业的命运。

（五）外汇管制

一些东道国为了平衡国际收支、防止资金外逃，会对外汇买卖、外汇收付、国际借贷与该国货币汇率等进行管理。如果东道国政府实行外汇管制，就会使得企业的资金流转出现困难，利润难以汇回母国，这自然会打击跨国企业的积极性。例如，2008年11月，印度尼西亚出台了旨在抑制外汇流出的新监管规则，要求每月规模超过10万美元的购汇活动必须有潜在交易作为支撑，从而增加了外汇流动的难度。

（六）税收政策

税收是国家财政收入的重要来源，而上缴税金是企业支出的一个重要项目。如果东道国政府出于限制外资的目的而提高税率，就会减少企业的利润，削弱企业原本具有的价格优势与市场竞争力。

（七）价格管制

价格管制是指政府对某些商品的价格涨幅进行控制，甚至不允许上涨。价格管制直接干预了企业的定价政策。从产品的角度来看，生活必需品易受政府的价格管制；从时间的角度来看，政府在通货膨胀时期最可能采取价格管制措施。例如，新加坡《物价控制法》自1950年3月3日正式颁布一直适用至今，其间进行了多次修订。某新加坡学者说，新加坡的《物价控制法》很少动用，其严厉的惩罚措施在经济生活中却起着一种引而不发的威慑作用，从某种意义上来说，它是一部隐形的、备用的法律。再如，泰国商业部自2008年3月6日起对部分地区的生猪肉价格采取为期2个月的监管措施，将肉价固定在98泰铢/千克，以缓解普通民众的生活压力。该管制方案仅为临时性措施，若肉价仍持续上涨，政府还会通过降低饲料原料价格、重新调整生猪肉价格计算公式等方式加强价格控制。

（八）劳工方面的限制

有的东道国严令禁止外资企业解雇工人，规定工人参与企业利润的分享，这也会给企业的正常经营带来影响。

（九）暴力事件和游行示威活动频繁发生

在东南亚一些国家，暴力事件和游行示威活动频繁发生，从而给企业造成了很大的损失。例如，2014年5月13日，数百名越南民众冲进胡志明市北方平阳省的台商聚集区，见到华人就叫嚣攻击，并闯进多家台商的工厂，看到设备就砸、抢、破坏。2014年6月24日，越南政府向受暴力骚乱事件影响的近140家外国企业支付了700多万美元的首笔赔偿，这些企业中许多是中国企业。

❖ 小资料4-5

投资东南亚须防五大风险

中国国际贸易促进委员会发展研究部对80多家参加"企业赴东南亚投资培训班"的企业进行了问卷调查和访谈。企业在接受采访时，反映了投资东南亚需要注意的一些问题。

一是政治风险。一些东南亚国家政局不稳，中资企业的投资安全难以得到保障。例如，有些东南亚国家历史上发生过排华事件；有些东南亚国家政策变动频繁，企业最担心财产和技术被侵占。

二是营商环境欠佳。企业赴东南亚国家投资除了会受到当地政策影响之外，还会遭遇懒政、腐败等问题。例如，缅甸政府要求企业的矿石出口货款必须先存入其指定的银行，然后才会给企业开具出口许可证，这给企业带来了巨大的经营风险，导致中资企业基本上无法在缅甸进行矿业投资。再如，有些东南亚国家办事程序不规范，某些税目都是临时设立的，随意性很大，一些政府工作人员不给钱就不办事。

三是产业配套设施不足。一些东南亚国家的道路、水电等基础设施不健全，成为制约企业对东南亚投资的重要因素。例如，在印度尼西亚投资农业种植园，企业需要花大笔资金帮助当地通电、通路、通水。

四是企业融资难。部分东南亚国家的金融机构无法为中资企业提供完善的融资服务，加上中资商业银行未进入当地开展业务，因此企业面临融资难、融资贵的问题。目前，企业在海外直接融资的成本远远高于国内，但如果企业在国内融资，愿意提供中长期国际商业贷款的银行很少，并且一般采取"内保外贷"的方式，即海外融资项目需要以境内资产作为抵押，然而"走出去"的企业一般境内资产较少，在海外的资产又无法通过抵押来获得贷款。

五是融入当地社区困难。在东南亚国家，佛教、伊斯兰教并存，从而形成了特色鲜明的地区文化。这就要求中国企业必须努力融入当地的社区环境，避免做出违反当地风俗习惯的事情。

资料来源：佚名. 投资东南亚须防五大风险 ［EB/OL］.［2017-04-06］. http://www.ccpit. org/Contents/Channel_4128/2017/0406/784955/content_784955.htm.

三、政治风险的评估

近年来，东南亚各国的政治环境变化迅速，企业必须对由此可能产生的政治风险进行评估。表4-14为政治风险的评估指标，企业可以据此分析自己在东道国开展市场营销活动所面临的政治风险。

表4-14　　　　　　　　　　　政治风险的评估指标

经济层面	政治层面	社会层面
国内生产总值	与邻国的关系	都市化程度
通货膨胀率	独裁程度	是否存在宗教活动
资本积累的速度	政府是否腐败无能	种族问题的紧张程度
国外负债	政府的合法性	
大宗商品对外依存度	军事或政治管制程度	
	卷入国外冲突或战争的程度	

四、降低政治风险的对策

企业在开展东南亚市场营销时，必然会面对各种各样的政治风险，有些风险是可以预知的，有些风险则可能是潜在的，企业不可能完全克服来自东道国的所有政治风险。为了将政治风险对企业开展东南亚市场营销活动的不利影响降到最低，企业可以采取一些预防措施。常用的降低政治风险的对策主要有：

（1）与东道国政府建立良好的关系，取得当地政府的信任。企业在开展市场营销活动前，应主动与当地政府进行协商，以便得到当地政府的理解与合作。

（2）协调好企业目标与东道国利益的关系，避免发生冲突。企业应将获利建立在对该国经济发展做出贡献的基础上，尊重东道国的国家利益。

（3）努力使企业当地化。例如，将企业的一部分股权出售给东道国；有计划地培养和选拔当地人担任重要职务；与东道国企业享受平等的待遇，多雇用当地员工，多向东道国缴纳税收，引进东道国急需的新资源或者新技术等。

（4）吸引东道国资本参与。利用东道国的金融机构取得贷款，或者通过当地证券市场发行公司债券或股票以取得当地机构和公民的一定资金，以分散政治风险。

（5）建立合资企业。如果合资对象是东道国企业，则可以对东道国政府产生一定的牵制作用。即使合资对象是第三国企业，也可以增加企业讨价还价的砝码。

（6）把关键部件和重要原料的生产供应放在第三国或母国。这样，如果东道国政府对企业进行征用，则必须付出较高的代价去应付后续局面。此外，如果能够有效控制分配渠道，则会使企业处于更加主动的地位。

（7）积极参与对东道国政府有益的公共事业，树立企业在当地公众心中的良好形象。

（8）利用有关研究机构的资料了解各国的政治风险，以便采取应对措施。例如，英国《经济学人》杂志的信息部门每季度都会出版国别政治风险评估报告，其中包括对各国政治与经济形势的分析等信息。表4-15和表4-16对英国《经济学人》杂志2017年公布的国别总体风险评级和政治稳定风险评级中有关东南亚国家的数据进行了简要分析与比较。

表4-15　**英国《经济学人》杂志2017年公布的国别总体风险评级（东南亚部分）**

项目 国别	等级 当前	分数 当前	等级 以前	分数 以前
印度尼西亚	C	48	C	50
马来西亚	B	28	B	29
菲律宾	C	48	C	49
泰国	C	44	C	46
越南	C	48	C	47
新加坡	A	11	A	12
柬埔寨	C	57	C	58
文莱	B	30	B	31
老挝	C	57	C	57
缅甸	D	61	C	60

资料来源：根据英国《经济学人》杂志网站资料整理.

表4-16　**英国《经济学人》杂志2017年公布的国别政治稳定风险评级（东南亚部分）**

项目 国别	等级 当前	分数 当前	等级 以前	分数 以前
印度尼西亚	B	40	B	40
马来西亚	B	35	B	35
菲律宾	C	50	C	50
泰国	C	60	C	60
越南	C	50	C	55
新加坡	A	20	A	20
柬埔寨	D	65	D	65
文莱	C	45	C	45
老挝	C	50	C	50
缅甸	C	55	C	50

资料来源：根据英国《经济学人》杂志网站资料整理.

该评估体系采取百分制计量法，将国家政治风险程度进行打分，0分代表无任何政治风险，100分代表政治风险极高。A、B、C、D表示等级，A级风险最低。由此可以看出，除了新加坡处于A级之外，东南亚大部分国家为中等政治风险的投资地区。

（9）采取入乡随俗的态度，包括尊重当地的风俗习惯和法规；尽可能使用当地的语言；广告要符合当地的文化需要；提供的产品要尊重当地人的消费习惯和口味等。雀巢咖啡和麦当劳产品能遍及世界就是这方面最好的例证。

（10）降低产品的政治敏感度。企业在进入东道国目标市场时，必须重视研究该市场所在国政府为维护本国利益而采取的各项具体政策，同时必须注意产品的政治敏感度。不同的产品受政治因素影响的程度不同。有些产品的政治敏感度强，如军火、高新技术产品等。企业在开展东南亚市场营销活动时，应根据本企业产品的政治敏感度采取相应的措施，特别要注意宗教影响。

总之，对于身处东南亚国家市场的企业来说，保持中立是一个明智之举。

❖ **小资料4-6**

中国在缅甸地区的投资风险

第一，缅甸中央与地方分权，部分地区局势动荡。缅甸是亚洲国家中民族成分最复杂的国家之一，存在大量的民族矛盾和地区分裂势力。美国中央情报局网站的数据显示，缅甸全国约有人口5 575万，政府承认的民族共有135个，民族语言有100多种。缅甸北部的克钦邦和掸邦等地军事冲突经常发生，政局不稳。2013年6月至今，克钦邦境内的武装冲突一直不断。企业投资时要注意避开这类地区，避免投资、建设因武装冲突而无法开展、延期或中断。

第二，对缅甸投资时需要注意在获得法律和政府的批准之外，还应赢得民众的认同。因为民众也可能质疑决策的合法性，通过游行、示威来表达自己的诉求，干涉合作项目的开展。所以企业必须重视缅甸民众的声音，积极与缅甸民众、社会组织沟通，广泛听取社会舆论的意见，处理好在缅甸的公共关系，树立良好的企业形象。

第三，缅甸转向"大国平衡"的外交战略。缅甸新一届政府上台后，在重点发展与周边国家，尤其是东盟国家关系的同时，还努力改善与欧美大国的关系。缅甸也希望与其他重要国家搞好关系，在中、美之间通过平衡外交，实现国家利益最大化。美、日、印等大国也希望缅甸减轻对中国的依赖，企图在区域内弱化中国的影响力。在美国重返亚太的国际环境下，企业投资也可能会受到此类不确定性因素的影响。

总体来说，投资缅甸的政治风险略高，但机遇重重。缅甸中央和地方政策的稳定性和一致性缺失，都可能给投资带来风险。企业在缅甸开展投资活动时，既要尊重当地的法律法规和社会习俗，也要注意避开内部冲突，和各相关方均保持良好的关系，加强与在野党派、民间团体、普通民众的交流，履行好企业的社会责任，合作共赢，从而为在缅甸投资赢得更好的外部环境。

资料来源：任琳.中国在缅甸投资 这些政治风险不得不防［EB/OL］.［2015-03-25］.http://finance.qq.com/a/20150325/034574.htm.

@ **本章小结**

　　政治和经济历来关系密切，并相互影响。由于东南亚各国的历史发展轨迹各异，因此政治架构也有着显著的不同。市场营销人员有必要了解东南亚各国的政体、立法制度、行政制度、司法制度和政党制度，进而熟悉各国的政治运转状况。

　　在东南亚市场营销活动中，企业既要考虑东南亚各国之间的关系，又要考虑东南亚国家与世界大国之间的关系。本章介绍了美国与东南亚各国的战略关系及贸易状况；中国与东南亚各国关系的发展历程、取得的成果及关系发展中存在的主要问题；日本与东南亚各国关系发展的3个阶段、日本与东盟的贸易关系、日本对湄公河五国的援助及投资状况。

　　政治风险是指由于东道国的政治环境突然或逐渐发生变化，而使在东南亚经营的外国企业处于劣势地位或遭受经济损失的可能性。本章对东南亚市场营销的政治风险进行了概述，特别介绍了东南亚直接投资的政治风险因素，将政治风险分为国有化、征用、没收、本国化、外汇管制、税收政策、价格管制、劳工方面的限制、暴力事件和游行示威活动频繁发生等类型，最后介绍了政治风险的评估及降低政治风险的对策。

第五章　东南亚市场营销法律环境

东南亚各国的法律环境会直接影响营销组合的各个环节，各国保护知识产权的法律、反倾销的法律以及促进竞争的法律对开展东南亚市场营销的影响尤其重大。国际商务活动难免会产生国际商务争端，每个营销者必须了解东南亚各国的法律环境，了解如何通过适当途径合理地解决争端。国际商务争端一般都是通过协商和解，或调解、仲裁、司法诉讼等方式来解决。

第一节　中国-东盟合作法律体系

随着中国-东盟博览会的成功举办和中国-东盟自由贸易区建设进程的加快，中国与东盟的经贸交流和合作不断深入，成员国之间法律适用以及法律规范相互排斥、国内立法与相关国际惯例不尽协调等涉及经贸与投资的法律问题，一定程度上制约了中国-东盟自由贸易区建设进程和中国与东盟经贸投资活动的进一步深入，引起各方的关注。双方应该探索出一系列适应国际规则、符合实际、能够为中国-东盟自由贸易区成员普遍接受的经贸与投资保障机制，达到防止和减少风险与纠纷，促进司法协助，推动中国-东盟自由贸易区法制建设进程的目的。

一、中国-东盟自由贸易区的法律研究方向

自由化与便利化是中国-东盟自由贸易区服务、贸易领域的两大目标，如何较快地实现这两个目标并使之法律化、制度化，是推进中国-东盟自由贸易区建设过程中的重要课题。尽管2004年11月《中国-东盟关于争端解决机制的协议》已经签署，东盟成员国对建立建议机制、磋商机制、司法裁决机制等达成共识，但是有关完善制度安排、建立相应组织的工作，仍然需要尽早实施。在构建中国-东盟自由贸易区法律制度时应当考虑到政治性原则和法律性因素，并从以下方面入手：

（1）取消关税及贸易限制的法律规范。

（2）制定法律促进生产要素的自由流动。

（3）规范和完善货币、财政及其他经济和社会政策协调方面的法律规范。

（4）设立负责处理解决中国-东盟自由贸易区争端的司法机制和司法机构，明确CAFTA各组织机构制定的规范性文件具有优先于各成员国及东盟制定的规范性文件的效力，明确CAFTA的规范性文件符合WTO规则的要求，即使没有规定效力优先也要优先适用，区内WTO成员与非成员之间的权利义务也要依据CAFTA的规范性文件来调整。

（5）明确规定CAFTA的规范性文件可以直接适用于成员国的个人。

（6）在CAFTA组织机构的表决机制上，采用一国一票制表决制度。

二、中国-东盟自由贸易区的法律制度构架应当遵循的原则

构建中国-东盟自由贸易区的法律制度需要遵循一定的原则：

（1）必须建立相对完善的区域性组织机制和运行机制，如设立自由贸易委员会或者类似组织，并设立秘书处，组建若干专门委员会，如执行委员会、商务谈判委员会、环境委员会、劳务合作委员会、原产地委员会和仲裁委员会等，在时机成熟时还应当设立专门的银行和其他金融机构，协调自由贸易区内的商品及服务贸易与流通。

（2）按照WTO协议的规则，加快中国-东盟自由贸易区经济一体化的法律框架的建设速度，通过订立协定和协议的形式，作用于各国国内法，促进生产要素在自由贸易区内自由配置和流动。

（3）推动各国构建统一协调的货币、国际支付方式及其他财政经济和社会政策的法律规范，建立和谐的争端解决机制。

（4）建立完善的中国-东盟自由贸易区环境保护合作机制和法律体系。

（5）完善中国-东盟自由贸易区区域内各国法律间的协调统一，由经济贸易领域推进到内务司法合作领域，提高一体化建立的层次与水平。

❖ 小资料5-1

加强培养面向东盟的高素质法律人才

随着中国-东盟自贸区升级版的建设，广西迫切需要大量面向东盟的高素质法律人才。除经贸、文化等合作外，广西与东盟还应进一步加强法律尤其是法律人才培养等方面的交流与合作。广西是面向东盟开放合作的前沿和窗口，与东盟各国的交流往来日益密切，但一直以来，面向东盟国家的高素质法律人才严重不足。广西应充分发挥与东盟毗邻的独特优势，在南宁、崇左等地设立东盟法律高素质人才培训基地，建立中国-东盟联合大学，开设面向东盟的法律专业，加大互派教师进修和硕士、博士联合培养力度。同时，还应与东盟国家有实力的法律院校联合，共同培养高端法律人才。中国-东盟博览会已成为广西与东盟各国政治、经贸、文化等各领域交流合作的重要平台。广西可以在现有基础之上，充分利用博览会平台，进一步加强与东盟各国的法律交流合作，不断创新合作方式、丰富合作内容、凸显合作特色，充分了解彼此司法体制，协力应对各种挑战，努力为区域经济发展营造公平有序的法治环境。

资料来源：董文锋，许丹婷. 加强培养面向东盟的高素质法律人才［N］. 广西新闻网-广西日报，2016-03-11.

三、加深中国与东盟间的法律合作

中国与东盟经济的迅猛发展直接带动了法律服务行业市场的繁荣和壮大，中国与东

盟各国律师在法律服务合作领域面临巨大的机遇和广阔的前景，中国与东盟各国律师应加强合作，共同为中国－东盟自由贸易区的顺利发展提供更加优质的服务，并在合作中实现利益共享、多方共赢。

（1）逐渐开放对自由贸易区成员国法律服务人员的市场准入。例如，可考虑允许自由贸易区成员国公民报名参加其他成员国的法律执业资格考试，申请律师执业；可考虑允许成员国律师受聘于其他成员国律师事务所担任法律顾问，办理涉及其所在成员国的法律事务；还可考虑已在其他成员国设立代表机构的外国律师事务所与成员国律师事务所进行联合经营，以实现市场的共同拓展。

（2）建立法律信息沟通机制。中国与东盟各国应考虑在自由贸易区内建立有关法律服务需求、法律专业人才需求等相关法律信息的沟通平台，相互交换必要的法律信息和法律文件，在条件许可时，应尽力为对方提供所需的相关法律服务信息，以实现信息共享。

（3）积极开展中国和东盟法律服务业方面的业务交流。中国与东盟各国法律服务机构应积极考虑共同举办法律专业研讨会、专题讲座，或考虑共同研讨有关中国－东盟律师法律服务合作实务的课题，或考虑建立定期友好互访活动机制，积极创造互访条件和便利，增进各国法律专业人士的合作与交流，为彼此间的资源共享创造沟通的平台。

❖ 小资料 5-2

携手合作　共商共建——积极推动中国-东盟区域商法的协调与整合

2017年6月8日，中华人民共和国二级大法官、最高人民法院审判委员会专职委员、第一巡回法庭庭长刘贵祥在第二届中国-东盟大法官论坛上进行"区域内各国商法之协调与整合"专题发言时表示，随着"一带一路"倡议的深入发展，21世纪海上丝绸之路已经成为中国和东盟在更大范围、更高水平、更深层次的合作共赢之路。协调化、统一化的法律规则能够稳定商业预期、降低交易成本、便利争议解决。因此，区域经济一体化不仅需要像WTO规则这样的国际经济法的维护，更加需要区域内各国商法实体规范和争议解决规则的协调与整合。各国法院应在案件审理中善意解释国际条约及国内法，倡导诚信等一般法律原则，加强比较法研究，寻找各国商法的"共同核心"，建立国际商事判决和仲裁裁决交换机制，促进条约解释、国际惯例适用的统一化。先易后难，循序渐进，软法先行，选择冲突规范、实体规范和程序规范差异较小的领域制定示范通则。

资料来源：刘婧. 携手合作　共商共建 [EB/OL]. (2017-06-08) [2017-08-08]. http://www.chinacourt.org /article/detail/2017/06/id/2891252.shtml.

四、《中国与东盟全面经济合作框架协议》

2002年11月4日，时任中国国务院总理的朱镕基和东盟十国领导人在出席东盟与中国领导人会议后签署了《中国与东盟全面经济合作框架协议》，决定到2010年建成中国－东盟自由贸易区。该框架协议是中国与东盟全面经济合作的里程碑，它的签署标志着中国与东盟的经贸合作进入了崭新的历史阶段。

《中国与东盟全面经济合作框架协议》是中国-东盟自由贸易区的法律基础，共有16项条款，规定了自由贸易区的目标、范围、措施、起止时间，总体确定了中国-东盟自由贸易区的基本架构。根据协议，中国-东盟自由贸易区涉及货物贸易、服务贸易、投资和经济合作等领域。协议还对自由贸易区涉及的贸易规则，如原产地规则、争端解决机制等内容做出了原则规定。

为进一步提高东盟贸易自由化和便利化水平，2014年8月，中国-东盟经贸部长会议宣布升级谈判正式启动。经过一年半的谈判，2015年11月22日，中国政府与东盟十国政府在吉隆坡正式签署了中国-东盟自贸区升级谈判成果文件《中华人民共和国与东南亚国家联盟关于修订〈中国-东盟全面经济合作框架协议〉及项下部分协议的议定书》（下文简称《议定书》）。《议定书》是在现有自贸区基础上完成的第一个升级协议，内容涵盖货物贸易、服务贸易、投资、经济技术合作等领域，是对原有协定的丰富、完善和补充，体现了双方深化和拓展经贸关系的共同愿望和现实需求。

《议定书》主要有以下新增内容：（1）在货物贸易方面，升级体现在完善原产地规则和贸易便利化措施，如扩大适用"4位税目改变"和"区域价值百分比40%"标准的产品种类数量，进一步简化海关通关手续，就海关预裁定、复议与诉讼制度等达成共识等；（2）在服务贸易领域，中国在多个部门做出改进承诺，东盟各国在商业、通信、建筑等8个部门的约70个分部门向中国做出更高水平的开放承诺，具体改进措施包括扩大服务开放领域、扩大经营范围、减少地域限制等；（3）在投资促进领域，双方同意通过组织投资促进活动、增强行业互补性和促进生产网络化、举办投资相关的研讨会和信息交流等方式促进相互投资，同时，双方还同意简化投资批准手续，促进投资相关规则、法规、政策的信息发布；（4）在经济技术合作方面，双方同意在农业、渔业、林业、知识产权、人力资源开发、中小企业和环境等10多个领域开展合作，同意为有关经济技术合作项目提供资金等支持。

五、《争端解决协议》

作为一个宏观性的法律文件，《中国与东盟全面经济合作框架协议》规定的内容十分广泛，包括谈判时间安排、自由贸易区的时间框架、"早期收获方案"、多边最惠国待遇等。从法律的角度来看，其中最为重要的规定是贸易规则的制定，包括原产地规则、贸易救济措施（反倾销、反补贴和保障措施）、争端解决机制等，其中的争端解决机制更是自由贸易区赖以生存和发展的"安全阀"。为此目的，框架协议中的一个重要内容是规定中国与东盟将逐步制定关于自由贸易区的基本贸易规则，特别在第11条提出要制定争端解决机制，以保证未来中国-东盟自由贸易区经济合作的正常运转。2004年11月29日，《争端解决协议》在万象举行的第八次中国和东盟领导人会议上得到签署。应该说，《争端解决协议》是实施框架协议的核心机制之一，它的生效进一步加强了框架协议的法律效力和社会影响，使中国与东盟间全面的经济合作进一步规范化和制度化。

《争端解决协议》创设了富有特色的争端解决机制，为中国-东盟自由贸易区提供必要的法律基础和保障，是自由贸易区赖以生存和发展的基本制度安排。《争端解决协议》的主要内容有：

（1）性质。《争端解决协议》具有多边性，这是由中国-东盟自由贸易区本身的性质决定的。这种多边性表现在：《争端解决协议》的缔约方并不是中国与东盟，而是中国和东盟的10个成员国。因此，该协议是一个拥有11个缔约方的多边协议。在该协议中，各缔约方享受平等的权利，能够利用该协议规定的多种争端解决方式来解决争议。各缔约方就框架协议中规定的权利和义务关系所产生的争议均可以通过《争端解决协议》来解决。

（2）适用范围。《争端解决协议》第2条全面规定了该协议的适用范围。根据该条的规定，《争端解决协议》适用于框架协议下发生的争议。由于框架协议的范围包括其附件，各缔约方也可以继续根据框架协议缔结更多的协定，因此框架协议的内容除目前已经达成的协议之外，还包括将来依据其缔结的所有法律文件。

（3）磋商。《争端解决协议》第4条规定了通过磋商解决争议的方式。只要缔约方根据框架协议直接或间接享有的利益遭到损害，或者框架协议任何目的的实现受到阻碍，则缔约方可以对另一缔约方提出磋商请求。磋商请求应当以书面形式提交，并说明争议措施、事实问题和法律问题等。接到措施请求的一方应当在规定的时间内给予答复，如未能遵守时间限制，则请求措施的缔约方可以直接要求组成仲裁庭来处理争议。

（4）调解。《争端解决协议》第5条规定了调解制度。根据该条，争议当事方在任何时候都可以通过调解来解决争端，也可以在任何时候结束调解。调解程序以及当事方的立场均为保密信息，调解也不得对任何一方的权利有不利影响。

（5）仲裁。从篇幅和规定的详细程度来说，《争端解决协议》无疑对仲裁最为重视，在第6、7、8、9条中详细规定了仲裁的相关问题。

对于仲裁庭的设立，第6条规定，如果在收到磋商请求的60日内或紧急案件情况下的20日内无法解决争议，则请求方可以书面告知被请求方要求设立仲裁庭，同时要说明理由，包括争议措施、事实问题和法律问题等。由于该协议并未设立常设机构具体负责争端解决，因此，在此种情况下设立仲裁庭实际上是自动的，只要申请方要求设立，就可认为仲裁庭成立了。

对于仲裁庭的组成，第7条做了详细规定。在仲裁程序中，仲裁庭的组成是一个重要步骤，对于公平、公正地处理争议具有很大的影响。在比较和借鉴的基础上，《争端解决协议》采取当事方各自推选仲裁员的方式来组成仲裁庭。仲裁庭由3人组成，争端双方各自指定一名仲裁员，第三名仲裁员为双方共同选定并且为仲裁庭主席。该协议对仲裁员的选择也有严格要求：仲裁员应该是熟知法律、国际贸易、国际经贸争议解决等方面知识的专家；仲裁庭主席不得为争议当事方的国民，也不得在争议当事方领土内拥有惯常住所或为任何一方当事方所雇用。

第8条规定了仲裁庭的职能。仲裁庭主要是对争议做出客观评价，包括争议的事实问题、框架协议的适用性以及遵守情况等。如果仲裁庭认定某一措施与框架协议的规定不一致，则应建议被申请方使该措施与框架协议的相关规定相符合，并就被申请方如何执行建议提出方法。但在调查和建议中，仲裁庭不能增加或者减少框架协议所规定的各成员国的权利和义务。在审理过程中，仲裁庭采取不公开的方式审理争议，根据陈述、辩论和相关信息，向争端当事方提交报告，在提交最后报告前还应给予当事方充分机会复审。仲裁庭应当根据一致意见做出裁决，在未能取得一致意见的情况下以多数做出裁决。仲裁庭的裁决为终局裁决，对争端双方都有约束力。但是，仲裁庭并不能做出命令要求缔约政府采取何种措施。这是尊重缔约方主权的体现。

（6）执行。争端解决机制的最终目的是解决争议，而争议解决的核心是落实，也就是能否得到执行。《争端解决协议》第12条规定了执行方面的事宜。根据该条，被申请方应当遵循仲裁庭的决定，将其执行裁决的意向通知申请方。如果不能立即执行，被申请方应当在合理期间内执行。如果争端当事方对于被申请方的执行是否符合框架协议发生争议，则它们应将其提交原仲裁庭来裁决。

（7）补偿和中止减让。由于仲裁裁决是终局性的，因此被申请方如果未能执行裁决，则其须给予申请方必要补偿；申请方也有权中止依据框架协议给予被申请方的减让或利益。但是，《争端解决协议》规定上述措施仅是暂时性的，在价值取向上并不鼓励争端当事方采取上述措施，而是认为执行裁决才是最为重要的出路。

❖ 小资料5-3

中国-东盟法律合作中心在海南成立

中国-东盟自由贸易区在推动贸易和投资快速发展的同时，将不可避免产生各类经济摩擦和利益冲突，相当数量的纠纷需要运用法律手段进行调处和化解。为适应中国-东盟自由贸易区高速发展的需要，中国法学会于2011年9月在马来西亚吉隆坡举办的第五届"中国-东盟法律合作与发展"高层论坛上，倡议成立中国-东盟法律服务合作组织，这一倡议得到了东盟10国法学、法律界代表的积极响应。经过前期详尽的调研论证和准备，中国法学学术交流中心、北京市大成律师事务所、海南仲裁委员会共同发起成立了环宇中国东盟法律合作中心。

该中心依托海南作为国际旅游岛的优势和政府的大力支持，以及与东盟各国天然的地缘交通优势、便利的出入境政策、海南籍东南亚侨胞的人缘纽带优势，定址海口市，并将在云南、广西、广东和福建等与东盟联系较多的省份设立办事机构。该中心主要根据争端双方申请，以第三方的身份进行磋商、调处，化解纠纷；应相关司法机构邀请，协助解决纠纷；打造中国与东盟各国法律培训与交流平台；为中国与东盟各国的投资、贸易提供信息服务；开展专项贸易、投资项目的市场调研、可行性研究、风险评估等服务；安排中国-东盟范围内跨国海关、保税区、保税港区、经济技术开发区等涉及的专项法律服务等业务。

资料来源：陈新. 中国东盟法律合作中心定址海口　将调解双方纠纷［EB/OL］.（2012-03-26）［2017-08-08］. http://news.qq.com/a/20120326/000212.htm.

第二节　东南亚各国市场营销法律环境

一、文莱法律环境

（一）文莱法律环境概述

文莱有完善的英国普通法系统，以及完备的国际法规。文莱于1959年9月29日颁布第一部宪法，1971年进行了重大修改。1984年文莱恢复完全独立，再次修改宪法，从英国政府手中收回了国防和外交权力。文莱司法体系以英国习惯法为基础，一般刑事案件在推事庭或中级法院审理，较严重的案件由高级法院审理，文莱民事案件最终可上诉至英国枢密院。此外，文莱还设有伊斯兰教法院审理穆斯林的宗教案件。

（二）文莱与企业活动相关的法律

1.投资法令与政策

文莱政府于1975年和2001年颁布了鼓励投资法令。文莱工业和初级资源部依据该法令划定了十个工业项目，并规定这些项目及其产品为"先驱工业"和"先驱工业产品"，如飞机、食品、水泥、药品、铝业、轧钢、化工、船务等，相关企业可以在一定期限内免交30%的公司税。不仅如此，投资"先驱工业"项目的公司，按照投资金额可从生产之日起享受不同程度的免税优惠。

为吸引外资，文莱出台了一系列法律法规及优惠政策，如不征收个人所得税；外国投资者可以享有20年免公司税的优惠待遇；外国投资者可以100%持股；无外汇限制；成立离岸金融中心，为投资者提供金融服务等。文莱还于2006年颁布施行了多项新的金融法令以鼓励投资，如《保险法》、《银行法》、《分期付款法》以及修改后的《金融公司法》等。

2.对外贸易相关规定

文莱实行自由贸易政策，其贸易政策的制定和实施主要由文莱工业和初级资源部负责，财政部和其他有关部门参与。政策内容主要有：（1）禁止进口物品：文莱禁止进口鸦片、海洛因、吗啡、淫秽品、印有钞票式样的印刷品、烟花爆竹等。对某些商品实行临时禁止进口，如水泥、锌皮瓦片等。（2）进口许可制度：出于环境、健康、安全和宗教方面的考虑，文莱海关对少数进口商品实行进口许可制度。机动车、农产品、药品及与药品相关的产品进口还需提供相关的原产地证书和检查证明。（3）贸易中的技术性要求：文莱公共卫生（食品）条例规定所有的食品，无论是进口还是本地产品，都要安全可靠，符合伊斯兰教清真食品的要求。（4）服务贸易中的政府工程项目：金额在500 000文莱元以下的项目，一般而言仅限于文莱本国公司有投标资格；对于500 000文莱元以上的项目，外国公司与当地公司合资注册的公司可投标，外国公司不可以单独投标。（5）出口限制：文莱政府除了对石油、天然气出口控制以外，对动物、植物、木材、大米、食糖、食盐、文物、军火等少数物品实行出口许可证管理，其他商品出口管制很少。（6）贸易补贴：文莱政府对水稻等农作物的本国生产者在土地、化肥、信贷和农业基础设施方面给予一定的支持和补贴。

3.海关与税率相关规定

文莱海关是《协调制度公约》的正式成员，履行成员的全部义务。1995年文莱海关加入WTO，采用世界贸易组织标准对进口货物征税，并对与贸易有关的知识产权实行检查。2008年1月1日，文莱取消征收汽车、香烟和酒精饮料的进口税。2010年4月17日，文莱新《所得税法》正式生效，该法为文莱政府与其他国家签署避免双重征税协议，以及履行在信息交换方面满足国际标准的承诺提供了法律依据。2017年4月1日，文莱正式实施《2012年海关进口税和消费税法令》修正法案，内容包括大幅降低汽车零配件、新轮胎进口关税，对含高量糖分、味精的食品饮料征收消费税，同时调高塑料商品的消费税等，明确了各类进口商品调整后的关税与消费税。

二、柬埔寨法律环境

（一）柬埔寨法律环境概述

由于历史原因，柬埔寨的法律体系还十分不健全和不完善。柬埔寨无经济法庭等专业法庭，经济纠纷、民事、刑事等案件都由同一法庭受理。柬埔寨唯一的仲裁机构是全国商事仲裁中心"National Commercial Arbitration Centre"，于2014年开始运作。在实际司法过程中，由于司法标准不统一，法官的执法空间很大，对各类案件的裁决有很强的随意性，把经济纠纷当作刑事案件来处理的情况时有发生。同时，1993年以来柬埔寨向西方发达国家借鉴制定的《投资法》、《劳工法》和《商业注册法》等，这些新的法律法规尚未真正进入司法适用程序，在具体执法过程中未能得到严格遵循。另外，一些国际性条约和法规、双边协定，如《投资贸易保护》等，在柬埔寨实际司法过程中也未得到充分适用。

（二）柬埔寨与企业活动相关的法律

1.投资法令与政策

私人投资特别是外商投资是柬埔寨经济发展的主要动力。柬埔寨于1994年颁布实施《投资法》，于2003年颁布实施《投资法修正法》，该修正案是对《投资法》的补充和修正，在投资申请、投资项目购进与合并、合资经营、税收、土地所有权及其使用、劳动力、惩罚等方面给出相关定义，并做出明确规定。2005年，柬埔寨颁布了《投资法修正法实施细则》，该细则列出了禁止柬埔寨企业及外籍实体企业从事的投资活动，还列出了"不享受投资优惠的投资活动"和"可享受免缴关税，但不享受免缴利润税的特定投资活动"。除此之外，柬埔寨还于当年颁布了《关于特别经济区设立和管理的148号次法令》，该法令规定了建立经济特区的法律程序、管理框架与任务、鼓励措施、对出口加工生产区的特别措施、劳动力管理与使用、职业培训、侵权与纠纷的解决等事项。

2.商业领域的法律法规

1995年5月，柬埔寨国会审议通过了《商业规定和商业注册法》，将其作为管理所有商业行为的法律准则，规定商业部为商业注册机构。另外，根据合同和侵权行为赔偿责任，以及一系列有关消费者保护的补充规定的原则，柬埔寨制定了以产品责任为根本的《货物和服务质量法》。1999年12月，柬埔寨国家银行颁布了重组柬埔寨对外贸易银行及其附属机构功能的规定。柬埔寨现行的商业及金融领域法规还有《保险法》《审计法》《对财经部组织和功能的条例》等。

3.海关与税率的相关规定

柬埔寨进出口关税的法律框架始于1989年9月颁布的《进出口税法》，在这之后柬埔寨财经部做了多次补充修订，并于1997年9月发布了No.002号关于关税的修改决定。柬埔寨《海关法》规定了诸多免于缴纳关税的情形，比如政府部门进口一般无须缴纳关税，普通进口货物经柬埔寨发展委员会批准也可免于缴纳关税等。

4.劳工用人相关规定

1997年1月柬埔寨国会批准通过《劳动法》，取代了1992年旧的《劳动法》，明确了在自由市场经济条件下雇主和工人的责任和义务的基本法律原则，还表明了建立劳动法庭的必要性。2016年3月10日，柬埔寨内政部与劳动与职业培训部发布《关于加强审查在柬埔寨外国劳工的联合通告》，对在柬埔寨投资运营的外国企业的劳工审查工作进行法律上的规范。另外，1994年颁布的《移民法》中对雇用外国人也有相关的规定。

5.保护知识产权的法律法规

1995年起柬埔寨草拟了有关知识产权的法律，并于1999年加入《巴黎公约》。目前柬埔寨施行的知识产权法律法规包括：《商标、商号与反不正当竞争法》（2002年）、《版权与相关权利法》（2003年）、《专利、实用新型与工业设计法》（2003年）、《育种者权利和植物品种保护法》（2008年）等。作为东盟成员，柬埔寨已经批准"1995东盟知识产权合作协定框架"在柬埔寨实施。

三、印度尼西亚的法律环境

（一）印尼法律环境概述

在投资与贸易方面，印度尼西亚的法律环境并不理想，法律环境的恶化导致外商投资急剧下降乃至撤资等情况不时发生。外商纷纷抱怨印度尼西亚法律的不完善、不确定和不公正，提出了中央政府缺乏有关地方自治的法律法规，新投资法充满不确定性以及劳工法的不公平等问题。为了改善投资环境，印度尼西亚对外国投资法和劳工法进行了修改，并简化了审批程序。印度尼西亚国会签署的新劳工法旨在为工人提供更多的合法保护，同时创造积极的投资气候，兼顾劳工和雇主的利益。

（二）印度尼西亚与企业活动相关的法律

1.投资法令与政策

印度尼西亚与投资相关的法律法规有《外国投资法》《国内投资法》《2007年印尼共和国投资法》等，与贸易相关的法律还涉及《禁止垄断行为和不正当贸易竞争法》《1934年贸易法》《海关法》《建立世界贸易组织法》等。印度尼西亚的投资政策有以下主要内容：

（1）投资程序。投资者在印度尼西亚投资前，首先应查阅《非鼓励投资目录》（DNI），该目录包含了所有对国内和国外投资者均禁止经营的业务范围，以及仅对国外投资者禁止经营的业务范围。该目录还包含了一些业务范围，其经营者必须满足规定的条件方可准许。

（2）禁止或限制投资的领域。印尼禁止或限制外资投资的领域，主要是有关国防和公共福利的领域。部分领域同时禁止内资、外资投资，部分领域只禁止外资投资。

（3）吸引外资政策。印度尼西亚政府对外国投资始终持欢迎态度，实行开放政策。外资法规定外国投资者可成立独资企业，投入资本不受限制，但自投产和商业运营15年后，须至少象征性地将部分股权转让给印度尼西亚公民。

2.保护知识产权的法律法规

19世纪末，印度尼西亚已逐步建立起完整、统一的知识产权行政管理机构。近年来，印度尼西亚积极与各国开展知识产权领域的合作。在双边领域，印度尼西亚先后与欧洲专利局、日本专利局以及澳大利亚知识产权局等机构签订了双边条约；在多边领域，印度尼西亚目前已是《海牙协定》《保护工业产权巴黎公约》《保护文学和艺术作品伯尔尼公约》《专利合作条约》《商标法条约》等公约或条约的缔约方。印度尼西亚现行的知识产权法律法规主要有：《反不正当竞争法》（1995年）、《商业秘密法》（2000年）、《外观设计法》（2000年）、《专利法》（2001年）等。

印度尼西亚最新修订的《商标法》于2001年8月1日开始施行，取代了1961年颁布施行的商标法。该商标法主要规定了以下内容：（1）商标的构成要素：单词、字母、数字、图形或照片、徽章、颜色或者颜色组合、商品的容器或外包装的形状（不能仅是为了获得某种功能的形状），以及上述要素的组合等；（2）种类：商标的种类包括商品商标、服务商标、集体商标和立体商标；（3）主体：主体即商标的拥有者，具体规定为不管是个人还是合伙人或公司都可以申请注册商标；（4）注册商标的期限：商标权的期限为10年，期满可以续展，每次10年（关于商标的续展，新法放宽至专用期满日前1年至期满日止）；（5）优先权：关于优先权，新商标法则规定，未于3个月内补齐优先权文件之商标申请案，依非主张优先权之申请案进行审查；（6）商标争议：商标撤销争议案应向商业法院提起，亦可通过仲裁程序解决商标纠纷，另外，第三人提出异议的时间则由公告日起6个月缩短为3个月；（7）使用优先制：印度尼西亚是使用优先制国家，凭商标的原始凭证认定权利人。

3.外汇管理相关规定

印度尼西亚货币为印度尼西亚盾，可与美元、欧元等主要货币自由兑换。印度尼西亚实行相对自由的外汇管理制度，资本可自由转移。印度尼西亚货币还实行自由浮动汇率政策，银行采取一揽子货币汇率定价法，根据印度尼西亚主要贸易伙伴的货币汇率特别提款权的汇率变化来确定对外比价，每日公布其汇率。

四、菲律宾法律环境

（一）菲律宾法律环境概述

在投资与贸易方面，菲律宾宪法对所有投资人及企业的基本权利均给予保障。在参议院通过"多边投资保证机构"（MIGA）公约并符合会员资格条件后（认购484股的资本股，价值约为669万美元），菲律宾成为MIGA的完全会员国，凡签订MIGA的投资均可受到保护，使其免于遭受东道国的限制货币兑换和汇款、征收、战争、革命或民众骚乱等风险。此外，MIGA还进一步保证外国投资人免于遭受东道国毁约的风险。通过该保证，外国投资人可以与保政治风险的保险公司共同承保，或由该保险公司再保，以对抗非商业性质的风险。

（二）菲律宾与企业活动相关的法律

1.投资领域的法律法规

菲律宾外资政策的主要依据为《1987年外国投资法》和《1991年外国投资法》。后者促进了菲投资体制自由化，外商可在大多数经济领域拥有100%的资产，并在50个经济特区享有免税优惠。该法规定外国公司可以在菲律宾从事未列入《外国投资限制清单》的行业。《外国投资限制清单》中列举了禁止和限制外国投资的领域，主要包括两部分：（1）清单A为宪法或其他法律规定禁止和限制外国投资的领域；（2）清单B为外商所有权受法律限制的领域，包括与国防、执法、公众卫生、道德、保护中小企业等相关的领域。

1993年菲律宾颁布了《BOT法》，国家投资署（Board of Investment，BOI）每年公布一个旨在鼓励国内外投资的"投资优先计划"（Investment Priorities Plan，IPP），以特殊的优惠待遇，独立管理各类经济区、出口加工区和保税区的国内外投资。同时，菲政府每年制订一个《投资优先计划》，列出政府鼓励投资的领域和可以享受的优惠条件，引导内外资向国家指定行业投资。

2.外资优惠政策

菲律宾政府对外资的财政优惠措施有：（1）免所得税，新注册的优先项目企业免交6年的所得税，传统企业免交4年所得税，扩建和升级改造项目免税期为3年，新注册企业在满足规定条件下，还将多享有1年免税奖励；（2）可征税收入中减去人工费用；（3）减免用于制造、加工或生产出口商品的原材料的赋税；（4）可征税收入中减去必要和主要的基建费用；（5）进口设备的相关材料和零部件减免关税；（6）减免码头费用以及出口关税；（7）自投资署注册起免除4~6年地方营业税。

非财政优惠措施有：（1）简化海关手续；（2）托运设备的非限制使用：托运到菲律宾的设备贴上可出口的标签；（3）进入保税工厂系统；（4）雇用外国公民：外国公民可在注册企业从事管理、技术和咨询岗位5年时间，经投资署批准，期限还可延长，总裁、总经理、财务主管或者与之相当的职位可居留更长时间。

3.产品质量相关规定

菲律宾是《关税与贸易总协定》东京回合中《技术贸易壁垒协议》的签约国。产品质量局是菲律宾负责产品质量标准的机构，它通过质量管理认证手段来促进产品质量的提高，通过对进口商品粘贴合格标志来管理进口商品。根据协议及菲律宾相关规定，投入市场的食品必须符合食品法典委员会和世界动物卫生组织制定的标准；新鲜、冷冻鱼类产品必须取得农业部《195号行政法规》中规定的国际健康证和卫生植物检疫证；如果进口来自有害虫区的蔬菜和水果，则应具有消毒证明；化妆品、医药在生产时必须取得生产许可证，并提供国际认证机构的临床试验报告。对于危险品（刺激物和腐蚀性、易燃和放射性物质）的进口，则必须依照菲律宾卫生部标准进行标签、销售和扩散。

五、马来西亚法律环境

（一）马来西亚法律环境概述

马来西亚于1957年加入《关税和贸易总协定》，是世界贸易组织（WTO）的创始成员国。马来西亚也是东盟的创始成员国，2002年起东盟国家开始启动自由贸易区建设，在区域内部实现贸易零关税。截至2013年，马来西亚已与日本、巴基斯坦、新西兰、印度、智利及澳大利亚签署了双边自由贸易协定（FTA）；与土耳其和欧盟的双边自贸协定还在进行磋商。作为东盟成员，马来西亚已与中国、日本、韩国、印度以及澳新（澳大利亚、新西兰）签署了区域自贸协定。

（二）马来西亚与企业活动相关的法律

1.投资领域的法律法规

马来西亚政府鼓励外国投资者到其出口导向型的生产和高科技领域投资。可享受优惠政策的行业主要包括：农业生产、农产品加工、橡胶制品、石油化工、医药、木材、纸浆制品、纺织、钢铁、有色金属、机械设备及零部件、电子电器、医疗器械、科学测量仪器制造、塑料制品、防护设备仪器、可再生能源、研发、食品加工、冷链设备、酒店旅游及相关的服务业等。

马来西亚的《1986年促进投资法》、《1967年所得税法》、《1967年关税法》、《1972年销售税法》、《1976年国内税法》以及《1990年自由区法》等法律法规是其投资政策的法律基础。

2.对外贸易相关规定

在进出口贸易方面，马来西亚实行宽松的进口管理政策，除对一些涉及健康、安全、道德和动植物保护等原因而禁止进口的商品和一部分实行进口许可管理（有关商品目录会定期公布）的商品，如汽车马达、车壳、摩托车、基本钢材产品、咖啡、原糖等外，其他商品都可以自由进口。在出口方面，按马来西亚海关法的有关规定，对出口商品的管理划分为三类：禁止出口商品、实行出口许可管理的商品和自由出口商品。禁止出口商品包括：珊瑚、藤条、海龟蛋和所有以以色列为目的港的出口商品；实行出口许可管理的商品主要包括一些出于健康、卫生、动植物保护、安全和保证国内稳定需求等原因需加强管理的商品和实行被动配额管理的纺织品等。

3.保护知识产权的法律法规

2002年1月，马来西亚颁布了《知识产权公司法》，2003年成立了马来西亚知识产权公司，以监督实施知识产权法律，维护知识产权国际利益。马来西亚商标法制定于1976年，服务业的商标注册法律起步较晚，于1997年12月1日开始实施。在2000年修订的商标法于2001年8月起实施，取消了A、B的注册簿制度，保护驰名商标，增加了海关执法措施。马来西亚于1989年加入WIPO和巴黎公约，尚未加入马德里协定及其议定书。

4.其他法律法规

2005年5月1日，马来西亚卫生部国家药品管理局开始实施2004年4月通过的《药品注册的指导性文件（修正案）》。在马来西亚销售的药品，无论是现代制药还是传统医药，是国产还是进口产品都必须使用全息摄影安全（防伪）图案。

2010年10月，马来西亚发布了修订案《消费者保护法2010》，该法规取代已被撤销的《消费者保护法2009》，确定了消费品安全标准自我声明的一般程序要求，内容包括企业活动登记、合格证明制备、合格声明、安全和标志要求、违法、处罚，及保存在马来西亚销售的商品记录。

❖ 小资料 5-4

马来西亚食品上市规定

食品在马来西亚是由马来西亚卫生部下属的食品安全和质量部监管。马来西亚的《食品法（1983）》是马来西亚食品基本法，后续又发布多部食品法规，都是对《食品法（1983）》的补充和完善。

食品分类及标签审查文件清单及流程：食品在马来西亚严格来讲不能被"注册"，应叫作被"分类"，成功分类后会授予申请者一张"分类函"，即产品合法上市的"身份证"。如果产品是非马来西亚地区生产的，进口前还需要向主管机构报备产品标签，获得核批后方能进口销售。食品分类只需向主管机构提供以下材料：申请表，产品配方，产品工艺流程，产品标签（含产品营养标签），检测报告，自由销售证明或健康证书（仅限进口产品），生产商和进口商名称、地址，申请人的名称、地址、电话、传真、身份证号（或护照号），当地公司的注册号等。申请的流程则较为简单，只需把上述材料整合后提交，无须提交样品，获批后即可销售，整个审批时间要3~5个月。

食品标准：马来西亚食品标准是由马来西亚行业标准委员会（ISCs）制定的。马来西亚采用的食品相关标准参考了国际标准化组织、国际食品法典委员会、国际认证论坛等国际性组织所制定的有关标准和准则。

标签要求：（1）基本要求：需标示产品名称、净含量、成分列表、食用方法、储存方法、制造商/代理商名称、地址、原产地（进口产品）、有效日期（日/月/年）、营养标签、过敏源（如有）等信息。另外，如果含有牛肉、猪肉等动物成分或酒精成分，还需另外标明。（2）语言要求：对于当地制造的食品，要求用马来语或英语进行标示；对于进口食品，要求最少用马来语进行标识，也可翻译为其他语言（如果用其他语言标示，则全部标签内容均要翻译为该种语言）。（3）其他要求：为了让消费者能在最短的时间了解产品的成分并选择合适的产品，官方还要求在食品主视面清晰标明产品的描述。食品是不允许有任何功效宣称的。

资料来源：邹士玉，唐青涛. 中药产品在马来西亚上市的相关要求及建议 [J]. 中草药，2012，43（12）：2534-2540.

六、新加坡法律环境

（一）新加坡法律环境概述

新加坡是一个崇尚"法律之上没有权威，法律之内最大自由，法律之外没有民主，法律面前人人平等"的法治国家，具有完备的法律体系，靠"有法必依、执法必严、严刑峻法"治理出了一个安全有序的社会环境。独立的司法体系严谨地将此原则付诸实施，不论是内阁部长、普通人、富贵名人、贫穷市民，不论种族、宗教、肤色、语言，也不论是外国人或新加坡公民，都一律受到法院依法庭程序平等的审理，也都同样享有诉讼及辩护的权利。群体利益至上已成为新加坡司法制度的指导原则。

新加坡透明公正的法律体系使市场活动的参与者能够获得充分的信息，降低了投资的不确定性和风险，提高了社会的经济效率，增强了广大投资者，特别是海外投资者的信心。

（二）新加坡与企业活动相关的法律

1.外国投资的法律保障

新加坡已经建成了一个在全世界都堪称先进的法律网络，严密的法网覆盖了社会经济生活的各个方面，商业法律法规均采用国际原则。新加坡同包括中国在内的许多贸易伙伴都签署了国际投资担保协定。在协定下，签署国或组织的个人或公司在对方境内投资时，最初都享有5年的保障，以免受战争以及征用资产、将资产国有化等非商业风险的影响。海外投资者的业务如果受到非商业风险的影响，新加坡政府都将给予他们赔偿。签署投资担保协定的目的是向海外投资者保证新加坡政府会平等地对待所有投资者；准许投资者把在当地赚取的收入和资金汇回自己的国家；在征用投资者的资产或把这些资产国有化时，为给予合理（接近市场价值）的赔偿提供一个解决纠纷的机制。

2.对外贸易相关规定

新加坡为其高度自由化、便利化的进出口贸易制定了完善的配套措施及鼓励政策：（1）关税政策：新加坡是自由港，因此大多数商品在进出口时关税为零，只对极少数产品征收进口税；新加坡出口商品一律免税，对于出口额达到一定限额的公司或者组织，均可申请减免出口收益税金。（2）进口政策：新加坡在1984年成为WTO前身关贸总协定《进口许可程序协议》的缔约国，对大多数进口商品没有配额限制，也不需要进口许可证。（3）出口政策：根据新《进出口管理法》的规定，只有当出于安全或者卫生方面的考虑时才会对部分商品的出口要求具有许可证。（4）通关政策：新加坡电子政务建设具有相当高的水平，涉及通关的诸多环节均实现了无纸化、自动化和网络化，为商家节省了宝贵的时间、人力和物力。（5）金融政策：新加坡是东南亚金融中心，实行比较自由的金融政策。新政府取消外汇管制，外汇可以自由进出。（6）自由港区政策：新加坡毗邻港口和机场共设立了8个"自贸区"，为全世界的商品进出新加坡提供免税优惠和便捷的物流服务。（7）财政政策：新加坡有具体的出口贸易与服务出口贸易减、免税奖励规定。

3.保护知识产权的法律法规

新加坡政府非常重视知识产权保护，致力于把新加坡建成重要的区域知识产权中心，积极营造鼓励创新、方便智力成果产业化的科研、政策和商业环境。在新加坡受到保护的知识产权有专利、商标、注册外观设计、版权（著作权）、集成电路设计、地理标识、商业秘密和机密信息以及植物品种，新加坡分别制定了单项法规对这些知识产权进行保护。目前，新加坡已形成比较完备的知识产权保护体系，也是《保护工业产权巴黎公约》、《商标国际注册马德里协定》、《保护文学艺术作品伯尔尼公约》和世界知识产权组织等众多与知识产权相关的公约和国际组织的成员。

4.保护消费者权益的法律法规

为保护消费者权益，新加坡政府颁布了《消费者保护（安全要求）法规2002》，代替了1991年的《消费者安全保护规定》，以实施新的《消费者保护（安全要求）注册计划》（简称CPS计划）。该计划规定管制产品的供应商必须到安全授权机构进行注册，并按规定申请注册并粘贴安全标志，方可在新加坡上市。其目的是确保被指定为管制产品的家用产品符合相应的安全标准，以保护消费者的利益。2011年4月1日，新加坡开始实施新的《消费者保护（消费品安全）条例2011》（CGSR），进一步明确了多项产品的安全标准。CGSR涉及的产品范围十分广泛，包括玩具、儿童产品、服装、家具、寝具、运动休闲产品、自制工具、电子电器产品等。

❖ 小资料5-5

中国与东盟各国企业法律服务需求升温

华佗故里安徽省亳州市是中国著名的药材之乡，与药材资源丰富的广西在药材种植、加工方面长期合作。然而，有广西这个作为中国对东盟交流桥头堡的合作伙伴，亳州市在开拓东盟这个中草药大市场方面还是遇到了难题。2007年1—9月，亳州市对东盟国家的中医药出口额为300万美元左右，仅占出口总额的1/10。东盟国家本应成为亳州市中药材的主要市场，但由于对东盟国家药材市场不了解，对相关的法律法规的认识也很缺乏，有些药品还无法进入东盟市场。2007年10月30日，来自中国及东盟10国司法、立法、仲裁、商界的官员、专家、学者等约120人聚首南宁，就中国-东盟自贸区内合作发展与法律服务问题进行探讨。专家指出，随着自贸区建设进程的不断加快，相关法律服务和争端解决机制的需求变得日益迫切。中国-东盟自由贸易区各成员国之间全面、经常、强有力的法律事务合作将成为促进区域经济发展的动力。越南法学家协会副会长陈大兴建议，应设立中国与东盟各国关于贸易法律系统的信息交流平台，建立各国法学家、律师团之间配合提供法律信息咨询服务的合作机制。随着中国与东盟10国交流合作的日益深入，以及中国-东盟自由贸易区建设进程的不断提速，几乎每天都会遇到中国与东盟各国的企业提出的法律问题。越来越多的企业需要法律帮助和服务，以获知自贸区法律、政策、关税减让等投资及与经贸相关的信息。

资料来源：佚名. 中国与东盟各国企业法律服务需求升温［EB/OL］.（2007-10-30）［2017-02-02］. http://business.sohu.com/20071030/n252958120.

七、老挝法律环境

（一）老挝法律环境概述

总体来说，老挝的法律体系还不健全，透明度不高，执法者滥用法律、有法不依、执法不严的情况依然存在。近几年来，老挝为了吸引外资，逐步改善了投资的法律环境，多次对《外国在老挝投资法》进行更改和修订，使外商在老挝的投资活动有了法律保障，维护了广大投资者的利益。老挝外国投资的来源国家和地区主要有泰国、美国、韩国、法国、澳大利亚、马来西亚、中国台湾等。

（二）老挝与企业活动有关的法律

1.投资法令与政策

老挝鼓励外国组织、个人及侨民向老挝投资、引进技术和工艺，其投资法的制定目的是吸引包括政府和私人的外商来老挝投资。1994年4月21日，老挝国会颁布的新修订的外资法主要有以下内容：政府不干涉外资企业的事务，允许外资企业汇出所获利润；允许外商在老挝建独资企业、合资企业，前5年不征税等。2001年至2005年期间，老挝相继颁布了《促进和管理外国投资法实施细则》、《关于外国投资项目审批程序的规定》、补充和完善外商投资法的规定，期间还两次修订外商投资法，并对投资活动进行规范。2016年11月，老挝颁布了新修订的《投资促进法》，旨在为投资者扩大特许权范围，最大限度刺激老挝的投资效益。

2.外汇管理相关规定

老挝与外汇管理相关的法律法规主要有：老挝银行《第53号关于外汇管理的规定》《中央银行法》《老挝关于外汇和贵金属流通管理的法令》《老挝银行关于在境内使用外汇的公告》等。除了获得老挝中央银行的批准外，任何自然人、法人禁止在老挝境内的经济流通领域直接使用外币进行买卖或结算。当持有外币者需要在老挝境内支付或结算时，须到获准经营兑换外币的银行或机构把外币兑换成老挝基普，需要支付外币者可向获准经营兑换外币的银行和机构购买外币。

3.海关与税率相关规定

2012年10月26日，世界贸易组织总理事会会议正式批准老挝加入世贸组织。根据协议，在货物贸易方面，老挝承诺约束现行关税税率；在服务贸易方面，老挝承诺开放10个行业领域，共涵盖79个分行业。加入世贸组织有利于老挝更加广泛、深入地参与经济全球化进程，有助于推进其改革开放事业，加快经济发展。

4.保护知识产权的法律法规

老挝与知识产权相关的法律法规主要有1995年颁布实施的《商标令》，以及2008年1月颁布实施的《知识产权法》。《商标令》规定：在老挝的个人或法人可向国家科技署提出商标注册申请，商标保护期为10年，每次申请可延长10年，连续5年不用或商标注册批准书过期则失去效力。《知识产权法》规定：知识产权包括工业产权、物种和专利三大类，工业产权保护期限一般为10至20年，物种保护期乔木类为25年，灌木类为15年，专利保护期为创作者终生及死后50年。

❖ 小资料5-6

跨国投资中的商标权冲突——以云南999电池公司为例

云南999电池公司曾是我国重要的机电产品生产和出口基地，该公司在我国海关总署进行了自主知识产权的相关备案，并且依据《马德里协定书》《马德里议定书》进行了商标的国际注册。其产品以较高的品质和优惠的价格占据了越南、老挝、泰国等东南亚国家的主要市场，成为这些国家最常见和最主要的电池产品。然而在2000年，该公司在老挝的投资经营却发生了问题。老挝在其南塔省、波乔省等多地的海关、贸易厅等均发令禁止了云南999电池的经营与销售，理由是涉及侵害商标权。与此同时，该公司发现在老挝的勐赛省有公司建设了一个新的电池厂，产品名称也是999电池，而且其在老挝多地展开了广告宣传。云南999电池对此展开维权，要求保护自己的商标权，但最终发现，老挝999电池已经抢先在老挝进行了商标注册，而且进行了知识产权备案。老挝也并没有加入《马德里协定》及《马德里议定书》，所以云南999电池的商标注册并不能在老挝产生效力。此外，由于老挝没有建立防止恶意抢注商标制度，这种法律上的冲突与差异导致云南999公司不能得到相关法律保护。因此，该公司在老挝的跨国投资与贸易遭受重大挫折，很快就走向了破产。

这一实际案例是我国企业在"走出去"过程中经受的投资贸易失败的代表和缩影，折射出我国在跨国投资中存在的经验不足、法律意识不强、经营管理不善等问题。其中，该案例的关键就在于没有高度重视对象国与我国存在的法律冲突与差异，忽视了对老挝法律的了解。我国与老挝在知识产权方面的法律存在较大的差异，而这种差异和冲突是客观存在的，其所引发的风险具有可防范性，但是该企业仍然对此未予重视，造成商业利益上的重大损失和经营上的毁灭性打击。

资料来源：何佳. 跨国投资中的法律冲突与投资战略——以对老挝跨国投资为例 [D]. 重庆：四川外国语大学，2014.

八、缅甸法律环境

（一）缅甸法律环境概述

1974年缅甸制定了《缅甸社会主义联邦宪法》，1988年军政府接管缅甸政权后，宣布废除该宪法，并于1993年起召开国民大会制定新宪法。缅甸现仍沿用1974年宪法中的部分条款。缅甸法院和检察院共分4级，设最高法院和最高检察院，下设省邦、县及镇区3级法院和检察院。缅甸最高法院为国家最高司法机关；最高检察院为国家最高检察机关。

（二）缅甸与企业活动相关的法律

1.投资法令与政策

缅甸政府为了民族经济的发展制定了四项经济发展目标：以农业为基础促进其他经济全面发展；完善市场经济体制；引进外国资金和技术发展经济；把主宰全民族经济的能力掌握在国家和人民手中。为了充分发掘蕴藏在民众中的经济潜力，鼓励公民积极向经济领域投资，同时使公民在投资过程中有法可依，缅甸政府于1994年3月3日颁布了《缅甸公民投资法》。该法为缅甸的投资活动提供了法律基础，推动国家经济、产业和服务业向前发展。2012年12月22日，《缅甸公民投资法（修正案）》正式生效，该法对缅甸境内投资者的投资范围、投资方式、投资者的权利与义务、免税与减税条件、土地使用权等有关事项做出了新的具体规定。

2.投资法令与政策

缅甸自实行市场经济体制以来，采取了多项措施以吸引外国直接投资和技术引进，并积极开发利用国家自然资源。缅甸政府把资源型重大投资项目、资源出口增值型项目和劳动密集出口型项目确立为外国投资优先项目，并将这些领域的外国投资放在优先地位。目前，外国在缅甸的主要投资领域为制造业、采矿业、饭店和旅游业。缅甸《外国投资法》在缴税方面提供了很多激励和担保措施，如：符合条件的企业将享受5年免税期，如果企业申请且投资委认为项目符合国家利益，还可将免税期延长等。

3.海关估价制度及通关程序

缅甸现代估价制度的基本原则是货物以其进口时间、地点的价格作为正常价或进口价，前提是货物销售在公开市场的具有独立资格的买卖人之间进行。根据《海洋海关法案》，缅甸基本上进口采用CIF估价制，出口采用FOB估价制。

根据现行法规，在缅甸的海关通关程序中，所有进口、出口、转口贸易货物必须向海关局报关以便通关。报关时，填写相应申报表格（CUSDEC-1）进行报关，并随附相关文件。

4.检验检疫相关规定

缅甸进出口检验检疫工作由农业部主管。《缅甸植物检疫法》（1993年）规定禁止有害生物通过各种方法进入缅甸。《缅甸植物细菌防疫法》（1993年）规定任何人未取得进口许可证，不准从国外进口植物、植物产品、细菌、有益生物和土壤。《缅甸联邦对从事进出口贸易的最新规定》对进出口需要申报进行植物检疫的商品做了详细规定。

九、泰国法律环境

（一）泰国法律环境概述

泰国于1982年"入关"，从此根本改善了泰国的投资环境，健全了泰国的法律体系，法规透明度增强、可享受国民待遇等进步措施为外商赴泰投资打开了空前广阔的通道。"入关"前后，根据关贸总协定的要求，泰国在减免关税的同时还不断健全本国法律体系，使之适应国际贸易和投资交往的要求。据统计，"入关"后泰国政府制定出台的引资法规和政策远远多于"入关"前30多年中的同类条文的总和。在获得泰国投资促进委员会奖励和扶持的企业中，泰外合资和外商独资企业约占一半，跨国经营程度不断加深。

（二）泰国与企业活动相关的法律

1.投资优惠政策

泰国主管投资促进的部门是投资促进委员会（Board of Investment，简称BOI），成立于1977年。BOI向投资者提供两种形式的优惠政策：一是税务优惠，主要包括免缴或减免法人所得税及红利税，免缴或减免机器进口税、出口产品所需的原材料进口税等；二是非税务上的优惠，主要包括允许引进专家技术人员、获得土地所有权、汇出外汇等，以及其他保障和保护措施。2015年1月，BOI提出了"2015—2021年投资促进战略"，新的投资促进战略理念以推动"引进来"和"走出去"为核心，鼓励有价值项目的投资，遵循适足经济原理迈向可持续发展的未来。

2.对外贸易相关规定

进口方面，泰国对多数商品实行自由进口政策，任何开具信用证的进口商均可从事进口业务。泰国仅对部分产品实施禁止进口、关税配额和进口许可证等管理措施。禁止进口产品主要涉及公共安全和健康、国家安全等领域。

出口方面，泰国除通过出口登记、许可证、配额、出口税、出口禁令或其他限制措施加以控制的产品外，大部分产品可以自由出口，受出口管制的产品目前有45种，其中征收出口税的有大米、皮毛皮革、柚木与其他木材、橡胶、钢渣或铁渣、动物皮革等。

3.关税政策

泰国对WTO成员方实施的平均关税是11.2%。泰国现对大量的进口产品征收超过30%的关税，包括农产品、汽车和汽车零部件、酒精饮料、纤维和一些电子产品。对绝大多数工业原材料和必需品，如医疗设备征收零关税；对有选择的一些原材料、电子零配件以及用于国际运输的交通工具征收1%的关税；一些进口化工原料，如氯化铵、氯化钙、氯化镁等氯化物的关税也仅为1%。

4.商标法

泰国商标法于1991年1月28日颁布，1992年2月13日正式生效。该法于2000年经过修改，并于2000年6月30日生效。该法主要内容有：（1）泰国属于英美法系，商标权的获得基于使用与注册相结合的原则；（2）泰国接受商品商标、服务商标、证明商标、集体商标、联合商标和彩色商标的注册申请；（3）泰国采用国际尼斯分类，但不接受范围过细的商品项目；（4）泰国是世界知识产权组织成员国；（5）泰国是马德里议定书成员国，但不是马德里协定成员国，国际申请可指定泰国；（6）泰国官方语言为泰语，国家英文缩写为：TH。

十、越南法律环境

（一）越南法律环境概述

2001年，越南确定发展社会主义方向的市场经济。近年来，越南根据全球经济形势发展着手建立起新的法律秩序，相继颁布了经营法、民间合同法、劳动法、保险法、公司法、私人企业法、银行法、投资法等重要法律法规，力求通过完善法律体系来调整社会经济关系。此外，为了适应外国投资的需要，越南设立了商业法庭和国际商业仲裁中心，积极培训熟练掌握法律和市场经济知识的律师及司法工作人员。

（二）越南与企业活动相关的法律

1.投资法令与政策

越南吸引外商投资的法律法规主要为1987年颁布的《外国投资法》及其实施细则。2015年7月1日，越南实施新的《投资法》，为落实新的投资法，越政府出台了一系列相关配套优惠措施，如除了新投项目和增资项目可适用投资优惠政策外，下列项目亦可享受投资优惠：①注册资金为6万亿越南盾以上，且自获得投资登记证书或关于无须申领投资登记证书的投资政策决定做出之日起3年内实际到位资金至少为6万亿越南盾的投资项目，如在经济和社会困难地区开展，将获得法律规定的相应投资优惠；②位于农村地区且雇佣500名（含）以上劳动力的投资项目，如在经济和社会困难地区开展，将有权获得法律规定的相应投资优惠；③法律法规规定的高技术企业、科学技术企业、科学技术组织等。

2. 税收政策

越南鼓励外商投资本国的农业生产开发项目、填补本国空白的生产项目、使用本国资源的加工生产项目、出口生产项目、使用先进设备的生产项目、在较困难地区从事基础设施建设的项目、在山区与偏远地区的投资项目。越南政府对外商投资以上项目给予比邻国更为优惠的税收政策。2016年9月1日，越南实行新的进出口关税法，进口税免征范围从"委托生产加工合同项下复出口的进口产品"扩大到"在一般购销合同项下复出口的进口产品"。另外，越南政府收回了投资许可部门决定是否授予税收优惠的权力，为越南创造了一个更稳定、可预期的投资环境。

3. 外汇管理相关规定

越南外汇管理条例规定：外商可按《外国投资法》规定从境外向越南汇入外币投资资金；外国投资现金必须汇入越南银行的账户，并按越南职能部门发放的投资许可证所规定的目的使用；拥有外国投资资金的经济组织，必须向国家银行报告投资资金和汇出利润情况；外商可按《外国投资法》的规定，向境外汇出外币以支付外债本息及费用，汇出外币投资资金、再投资资金、利润和其他合法收入。除此之外，越南《外国投资法实施细则》也对外汇管理做了具体规定。

4. 广告管理相关规定

越南《广告管理条例》于2001年11月30日颁布实行，其中对外国组织和个人广告的规定有：（1）在越南进行经营活动的外国组织和个人可直接对自己的经营活动、商品和相关业务做广告或委托越南的广告业务经营者和广告发行人代做广告；（2）不在越南经营活动的外国组织和个人需在越南对自己的经营活动、商品和相关业务做广告的，须委托越南广告业务经营者和广告发行人代做广告；（3）外国广告公司驻越南办事处（经越南批准并颁发许可证的）只允许从事广告促进活动，不能直接进行广告业务经营活动；（4）外国广告经营组织和个人可在越南设立广告分公司并开展广告业务经营活动；（5）外国组织和个人可根据越南法律规定与越南广告业务经营者进行合作和投资经营广告业务。

@ **本章小结**

了解东南亚各国的法律环境是在东南亚国家开展营销活动的重要准备工作。东南亚各国的经贸政策及法律规定会直接影响营销组合的各个环节，各国保护知识产权的法律、反倾销的法律以及促进竞争的法律对开展跨国营销的影响尤其重大。在中国-东盟自由贸易区全面建成的基础上开展营销活动，除了要对《中国与东盟全面经济合作框架协议》及《争端解决协定》有详细了解外，还应关注升级谈判后签订的《议定书》的新变化。同时，还应了解所投资国家的基本法、特殊法等，避免出现因为不了解当地法律或产生法律冲突的情况而使营销活动受阻。除此之外，东南亚市场营销者还应重点了解如何通过适当途径合理地解决争端，积极用法律手段来维护自己的合法权益。

第六章 东南亚市场营销文化环境

第一节 文化及亚文化

文化是影响营销的重要环境因素。它通过影响大众的消费心理、消费行为以及产品需求，进而影响到企业市场营销全过程。在进入东南亚市场时，企业必须注意文化对营销的影响。本章将向读者扼要地介绍文化的概念、文化内容、东南亚各国文化特点以及对营销的影响，以使文化对营销理论和立意方面有所帮助。

一、文化及亚文化的群体

文化是人类在社会历史发展过程中所创造的物质财富和精神财富的总称，包括价值观、教育、伦理道德、宗教、美术、艺术、风俗习惯等。

每个社会的文化由核心文化和亚文化两个部分组成。每个群体都有其社会传统，其知识、信仰、习惯与生存方法均不相同，因此每个群体、每个社会都有其独特的文化存在，东南亚国家也不例外。因此，同一社会文化环境下的群体，往往会由于文化的某一方面（主要是非核心文化-次级）存在着差异，构成不同的"亚文化群"。亚文化通常按民族、宗教、地理、语言文字标准进行划分，如民族亚文化、宗教亚文化、地理亚文化、语言文字亚文化等。亚文化对于东南亚市场营销有着深刻的影响。即使收入水平相近者，也因存在文化与亚文化差异，从而表现出一定差异。对于亚文化环境因素，企业往往不能改变它们，而只能适应它们、利用它们，以求得企业的生存和发展。

二、文化的构成

（一）物质文化

物质文化质量的高低和完善程度直接影响了东南亚市场营销的方式、规模，如运输、能源、沟通媒体（包括广告促销策略）、商业设施（包括分销渠道选择）等。营销者在把握东南亚的物质文化时，要注意到各国不同的物质文化水平直接影响购买者对其所需产品的质量、品种、使用特点及其生产、销售方式的要求。

对东南亚市场营销而言，物质文化的影响力也是显而易见的。它将影响一国或一地区的需求水平，影响产品的质量、种类和功能，还会影响到产品的生产手段和分配方式。例如，在新加坡，私人轿车几乎司空见惯，而在缅甸，轿车对多数人来说还是一种奢侈品，因为大多数家庭还在为基本的生存条件和生活必需品而奋斗。中国的农具在东南亚还是比较受欢迎的，因为多数东南亚农民还是靠天吃饭，而西方大多数国家早已实现了农业机械化，自然用不上半自动化的中国农具。

（二）语言

语言是文化的镜子，是文化的核心组成部分，折射出民族的价值观和世界观，反映某一文化的本质特性，也是经济活动沟通的桥梁和表达思想、传递感情的工具，需要适时、适地而用。语言在东南亚营销中的另一个重要影响在于品牌或广告口号的互译。大概没有任何语言能够轻而易举地被译成另一种语言，而且不同的语言词义概念又相差甚远。

据统计，世界上大约有 3 000 种语言，全世界比较普遍使用的语言文字有 200 多种，95% 以上的人口经常使用的语言不到 100 种。语言的多样性与复杂性往往使语言成为全球市场营销活动双方沟通的障碍。商品进入东南亚不同的市场时，品牌的制定、商标的设计、厂牌与说明书的翻译，乃至广告促销中的信息传递，都要求语言表达严谨、准确，一旦发生语言歧义，不仅会造成令人啼笑皆非的误解，还会造成经济上的严重损失。

语言的区分通常表示不同群体中社会、文化、政治的差异。如果在同一个市场内使用不同的语言，文化也往往呈现出不同的特征。例如，在东南亚，由于国与国邻近，又互相通婚往来，使得一些国家在境内形成了几种使用不同语言的不同社会文化群体。东南亚在历史上还是西方国家的殖民地，法语、英语和民族语言同时使用。

了解、尊重东道国的语言有利于在不同文化背景的国度拓展营销。在有些地方，本国语言的纯洁化是带有政治色彩的问题，你必须能说一口标准的当地话或借助翻译来进行商务活动，以此来表示对该语言的尊重。需要注意的是，不同国家的商务礼仪用语差别很大。

（三）艺术与审美

艺术作为文化的一种类型，可谓普遍而悠久，艺术的作用在于能够满足人类共同固有的心理需要。艺术形式多种多样，它包括造型艺术（如绘画和雕刻）、文学艺术（包括无文字民族的歌曲和故事）、戏剧艺术和装饰艺术等。艺术除了实用或功利价值外，还给艺术家和参与者（如观众和听众）或协作者带来享乐。而且，艺术还是感情、思想、态度和价值观的交流手段，能够起到保存和巩固信仰、习惯、态度和价值观的作用，这种作用在绘画艺术上表现得更为明显。

美是一种高层次的人类心理需求，是关于美、审美认识的观念，是文化的重要组成部分，在不同的文化环境中，美有不同的评价标准，人的审美活动包括对数字、色彩、图案、形体、运动、音乐旋律与节奏、建筑式样等艺术表现形式的喜好和忌讳。艺术被认为是包含美学成分的活动。正是这种美学成分把艺术与文化的其他方面区别开来，也因此形成一定文化背景下较为一致的审美观。这种审美观无疑会影响营销活动从产品设计到促销的各个环节。以服装为例，女性穿露背的衣服在西方被认为是一种美；东方人则可能认为不雅，有伤风化；而穆斯林则认为这是亵渎神灵。

（四）教育

教育是技能、思想、态度的传授和专门知识的学习和培训，与经济发展水平密切相关，越是经济发达的地区和国家教育越受重视、教育水平也越高。一国教育的水平、普及的程度会直接影响到打入该国的产品品种。在教育水平较高、普及程度较广的国家，显然比较容易接受新鲜的、高科技的理念和产品，而且营销宣传的效果也会比较好。相反，教育水平较低的国家可能对新产品和高端产品的需求不是很旺盛，易用易修的简单产品或许更适合这些国家。同时，一国教育的水平、普及的程度也会影响到营销的手段。在教育水平较低的国家，营销广告可以选择电视、广播等作为载体，在教育水平较高的国家则更多地选择报刊与网络。

（五）宗教

宗教是一种普遍存在的文化现象，它是世界文明的一个组成部分。宗教是社会共同持有的一套信仰和惯例，它引导人们相信存在着某种神圣的超自然的王国。人类几乎每个民族在不同的历史时期都不同程度地信仰各种不同的宗教，不同的宗教既是文化的一种表现形式，又在人们的日常生活中起着伦理道德的规范作用。同时，人们信仰不同的宗教而使其价值取向和政治态度受到影响。因此，宗教在当今国际社会中既是一个普遍的社会现象，也是一股重要的精神力量和社会力量。

东南亚文化宗教性很强，佛教、基督教、伊斯兰教在这里各有众多信徒，但大多数国家拥有一种占主导地位的宗教，对社会生活正式地或默许地发挥着很大的作用。具体说来，越南文化以大乘佛教与儒教文化为主；柬埔寨、老挝、泰国、缅甸文化以小乘佛教文化为主；印度尼西亚、马来西亚、文莱文化以伊斯兰教文化为主；而菲律宾文化中占主导地位的则是天主教文化。尽管存在主导性宗教，但主导性宗教并不排斥其他宗教的存在，每个国家基本上都是多种宗教并存。

宗教作为一种社会化的客观存在，具有两类因素：一类是宗教的内在因素；另一类是宗教的外在因素。宗教的内在因素包括宗教的观念或思想和宗教的感情或体验；宗教的外在因素包括宗教的行为或活动以及宗教的组织和制度。

对东南亚营销者而言，宗教禁忌是需要特别关注的方面。例如，伊斯兰教所规定的饮食禁戒很多取自犹太教的摩西律法，特别禁止穆斯林吃死动物的肉、血，猪肉。

（六）商业习惯

一个国家的商业习惯与该国的文化是密切相关的，犹如语言一样，商业习惯也是文化环境的组成部分。由于东道国的商业习惯在商业活动中肯定会占据支配地位，在这种情况下，东南亚营销人员更需要学会调整自己，以符合东道国的商业行为规则。例如，为了使人人都讲礼貌，新加坡政府对礼貌还做了一些规定：店员礼貌：顾客临门，笑脸相迎；顾客选购，主动介绍，百挑不厌；顾客提问，留神听取，认真解答；顾客离去，热情欢送，礼貌道别。邻里之间的礼貌：邻居见面要互相问候；逢年过节要邀邻作客；帮助邻居照看房屋；利用公共场所，要时时为别人着想。新加坡人待人接物总是笑脸相迎，如用完公用电话，就会笑着对等候的人说："对不起，让您久等了。"泰国人经商一般不喜欢冒险，小心谨慎，宁可依靠自己的力量，积少成多地发展，也不愿大刀阔斧，大数额地贷款，大范围地投资。由于泰国人过分谨慎，不轻易相信别人，故很多企业带有浓重的家族色彩。泰国商人十分注重人际关系，在他们看来，与其你争我斗、费尽心思才获得一些利益，倒不如把这些利益让给那些诚实且富于人性的对手。所以营销人员唯一的办法就是熟悉东道国的企业道德与惯例，才能使自己在东南亚营销活动中游刃有余。

❖ 小资料6-1

东南亚女性化妆品消费趋势

每个人都愿意得到尊重，这是很自然的事情。每个民族和国家都有自己的文化和信仰，但对美的追求是一致的，人们都想努力让自己变得更加年轻。使用化妆品能给别人留下美好的印象。在菲律宾，女性往往在需要的场合，即使是宗教场合，也可能化浓妆，但如果仅仅是走在街上，就不一定要化浓妆了。在曼谷，女性热衷于在凉爽舒适的水疗中放松自己。泰国和中国的女性不仅追求好的身材和面容，而且还想得到精心的身体护理和精神上的放松。

西方观察家认为，亚洲人很担心肤色黑，皮肤白皙的人会被认为很年轻和健康。只要有足够的消费能力，亚洲女性便会购买自己信赖的美白化妆品。亚洲人对本土生产的含有害化学物质的美白化妆品仍心有余悸，因为很多女性由于使用了不合格的美白产品而导致脸颊出现色斑。马来西亚的一些白领阶层的女性倾向于购买大品牌的化妆品，价钱对于她们来说并不重要，她们只是追求购买优质的化妆品。泰国的消费者却以产品中是否含有"非绿色"成分来决定自己是否购买。泰国的消费者把广告当作信息源。因此，消费者对品牌的忠诚度非常重要。市场营销人员发现，免费的试用品可以吸引潜在的消费群体。越来越多的东南亚消费者热衷于购买不同品牌的化妆品。在吉隆坡，人们到处可以看到穿着长袍的穆斯林妇女购买西方的护肤品，或是穿着超短裙的女孩在试用香水。大多数印度尼西亚的女性仍忠诚于购买本国产品，但这仅仅是因为她们负担不起进口产品。菲律宾女性则因为炎热的天气而倾向于使用有淡淡香味的香水，打点粉底，涂上唇彩，这样会使自己看起来更自然一些。

资料来源：谷晓庆，张静. 东南亚女性化妆品消费趋势［J］. 日用化学品科学，2010，33（8）：9-13.

第二节　东南亚各国文化特点

文化是历史的沉淀，虽然历史的进程中不同文明也相互影响和渗透，但是不同国家和民族的文化却依然保持了各自独特的一面。从历史上看，古代的东南亚受不同文化的影响，形成了不同的文化传统，如越南受中国儒家文化的影响，泰国、缅甸、柬埔寨、老挝受佛教文化的影响，印度尼西亚、马来西亚、文莱、菲律宾受到伊斯兰文化的影响，菲律宾后又受天主教影响。这些不同的文化虽有局部的冲突和摩擦，但总体上是和平共处的，形成了多元并存的格局。2003年底中国正式加入《东南亚友好合作条约》是多元文化并存、和平共处的最新表现。

东南亚地区民族众多，东南亚各国都属多民族国家。印度尼西亚、马来西亚、菲律宾、文莱四国的主要民族是马来族。在中南半岛上，人数最多的是泰语系民族。缅甸、泰国、老挝、越南、柬埔寨的主体民族分别是缅族、泰族、老族、越族、高棉族。各国除主体民族外，还有其他民族。印尼的民族多达100多个。在中南半岛山区和印尼群岛、菲律宾群岛上还居住着一些原始部落。新加坡的华人约占全国总人口的76%，是世界上除中国外，华人比例最高的国家。

东南亚地处印度与中国之间，深受印度、中国文化的影响，之后阿拉伯文化、西方文化也对该地区产生了影响，不同的宗教应运而生。缅甸、泰国、老挝、柬埔寨的绝大多数居民信仰小乘佛教。印尼90%左右的居民和马来西亚54%左右的居民信仰伊斯兰教。菲律宾民众则大多信奉天主教，天主教徒约占全国人口的87%，而菲律宾南部居民大都信奉伊斯兰教。越南和新加坡信奉大乘佛教的人较多。除此之外，印度教和原始宗教在东南亚也有影响。

从文化的微观层面看，中国与东南亚各国的民族文化结构复杂。例如，中国有56个民族，越南除主体民族京族外，也有50多个少数民族，在这些复杂的文化构成中，中国与东南亚各国的文化又因为民族的流动与杂居，有许多沟通。居住在东南亚各国的华人及许多跨境民族如苗族、瑶族、哈尼族、景颇族、佤族、傈僳族、拉祜族等都是文化交流的天然纽带，文化上也表现出相近和相似的特点。

面对经济全球化及商业文化、西方文化的强力冲击，中国和东盟的民族传统文化都面临着巨大的传承危机，与经济全球化所同步的是文化的同质化，现存的文化逐渐向商品文化、广告文化靠拢。多样性的文化生态环境遭遇前所未有的危机。

有关专家认为，没有不同文化的交流，单一文化往往缺乏向前发展的推力。促进中国-东盟各国之间文化交流与合作，推动各国文化和创意产业发展，加强民族文化遗产保护，使民族文化成为发展的因素，是中国-东盟各国的共同选择。

多年来，中国不仅与东南亚各国保持着良好的外交关系，而且在经贸、科技、文化诸方面都有着非常密切的交流与合作。

❖ 小资料6-2

东南亚的城市极现象

300多年的殖民历史对东南亚各国发展有着深远的影响。独立后的东南亚各国城市变迁，是对历史遗留问题和当前城市化进程面临的机遇与挑战的回应。第二次世界大战后独立的东南亚，城市的一极化现象和城市问题是其可持续发展的瓶颈。东南亚城市化水平与发达国家相比是很低的，"首都一极化现象比较突出，城市的首位度较高"。如马尼拉人口占全国城市总人口的百分比在1999年、2000年、2005年分别是25.3%、24.6%、27.5%，高等院校、新闻单位、工业产值、制造业、大型企业、耗电量占全国比例也是首屈一指。雅加达人口在1995年、2000年、2005年占全国城市总人口的百分比分别是16.4%、16.4%、15.6%，2015年人口将达到2 100万，地区生产总值、劳动就业、贸易、金融服务所占的比重也很惊人。曼谷城市的首位度更高，在东南亚乃至全世界都是绝无仅有的，总人口占全国城市人口的比例在2000年高达54.0%。仰光人口比居全国第二至第八位的7个城市的总和还多0.8倍。由此可见东南亚城市一极化现象相当突出。当然，根据生产力、历史传统的影响、经济规律对城市模式的决定作用以及地缘条件等因素，城市一极化现象的突出有它的必然性。

资料来源：李静，胡显斌. 西方文化的冲击与东南亚的回应——以东南亚城市生活经济为例 [J]. 民族论坛，2010（04）：54-55.

一、越南

越南文化传承了华夏文化，同时也吸收了一些来自印度和西方的文化元素，但是越南强调自己的民族文化特色。

越南人尊卑礼仪很重，交际风格表现为较为含蓄、拘谨，重和睦，重细节，从俗语中可窥见一斑："碗满贪吃""递筷子厌一年，递牙签厌一世"。越南人微妙的民族心理还使他们十分注重面子。

越南人注重社交，经常互相拜访。在交际过程中，他们常常以降低自己的身份和辈分的方式贯彻"称谦呼尊"的原则，如有客来访，称作"龙到虾家"，应称作"哥、姐"的却称作"伯"，应称作"弟、妹"的却称作"叔、姑"（以自己小孩的身份来称呼）等。

越南人非常好客，待客周到、热情，把最好吃的留给客人，把方便留给客人，彬彬有礼。

越南人好奇心也非常强。陌生人即使初次见面也会问姓名、年龄、籍贯、受教育程度、社会地位、家庭情况、结婚与否、有几个小孩等。

越南各民族都有自己的禁忌。越族忌讳当众挖鼻子、掏耳朵，不愿别人拍自己的肩膀或用手指着人大声呼喊。不能用脚指物，席地而坐时不能用脚对着人，更不能从坐卧的人身上跨过去，不能睡在妇女的房门口和经常来往的过道上，不准进入主人的内室。大多数少数民族也有自己的禁忌，比较普遍的禁忌有：不准进入坟山、鬼林，更不能在鬼林打柴，若打了柴，也不能带进村里；家里有人生病、生小孩或在祭鬼时，门口挂有绿树枝，外人不能进入；不能把青叶子带进家；不能摸别人的头；不能在中柱或门上钉钉子；不能到姑娘住的房间里；席地坐卧的人家进屋要脱鞋等。

❖ 小资料6-3

越南饮食特征

越南饮食文化作为越南文化的重要组成部分，在长期的发展、演化和沉淀过程中已经形成了自己的特点。

①越南人习惯多吃蔬菜，少吃肉，吃完饭菜之后，再吃水果。

②越南人喜欢烹调菜肴，主要用葱油、鱼露、炸干葱等进行调香，烹调方式主要是烧、炸、蒸、卤，而且非常重视菜肴的色、香、味。

③米饭是越南人的主食，越南人喜欢用大米、糯米来制作各种各样的食物，也吃包子、馄饨类食品。

④越南人的副食主要有鲍鱼、鱼翅、鱼、虾、蟹、海参、狗肉、广肚、鸡、瘦猪肉等；喜欢黄瓜、韭菜、香菜、西红柿、油菜、菠菜、南瓜等蔬菜；喜欢用鱼露、辣椒粉、咖喱粉、豆酱、番石榴叶、盐等进行调味。

⑤越南的菜肴，口味一般比较清淡、偏酸辣。

⑥越南的特色小吃很丰富，尤其是河内的鸡粉、虾饼、螺蛳粉、牛肉粉、肉粽等，而且好吃不贵。青菜生吃也是越南饮食的一大特色。生吃青菜不但有降火的作用，而且对消化和营养吸收也有助益。

⑦越南是临海国家，而且海岸线很长，河流、湖泊、小溪、水库等很多，所以鱼在越南人的饮食生活中扮演着重要的角色。

⑧越南人一般不太喜欢喝烈性的酒，而茶和咖啡却很受青睐。越南咖啡在咖啡领域里很有名气。咖啡之于越南，就好像茶对中国人一样重要，那是一种深入骨髓的渗透。越南咖啡的风情还在于其特殊的冲泡过程，不是用咖啡壶煮，而是用一种特殊的滴滤咖啡杯，紧密地压上厚厚一层咖啡粉，冲进热水，耐心地等着咖啡一滴一滴地落进杯子里。

⑨越南人也同中国人一样使用筷子。

资料来源：阮氏茶鹏. 越南饮食文化传播探析［D］. 重庆：西南大学，2015.

二、菲律宾

菲律宾人社交习俗总的特点可以用这样几句话来概括：菲律宾人很坦诚，性格直率、开朗；多信罗马天主教，"十三"为丧兆不幸；喜模仿美国方式，女士优先颇盛行；普遍喜欢茉莉花，喻为国花表吉庆；善交朋友讲礼貌，重视礼仪与文明。

菲律宾人在社交场合与客人相见时，无论男女都习惯以握手为礼。在与熟人或亲朋好友相见时，一般都很随便，有的男女之间相逢时，常以拍肩膀示礼。年轻人与长辈相见时，则要吻长辈的手背，以示对老人的敬重；年轻姑娘见长辈时，则要吻长辈的两颊为礼；晚辈遇见长辈时，说话前要把头巾摘下放在肩上，深深鞠躬，并称呼长辈为"博"（意为大爷）。伊斯兰教徒见面时，要施双手握手礼，在户外相见若没戴帽子，则必须用左手捂头。菲律宾的一些原始部落的人与客人相见时，行握手礼的方式很独特。他们一握过手就转身向后走几步，意思是向对方表明身后没有藏刀。他们认为这才是真诚的、真正的握手。在商务洽谈中，对于对方所提出的无理要求，要明确地予以回答，不能暧昧不明。菲律宾人大多数信奉罗马天主教；还有一小部分人信奉伊斯兰教；少数民族多信原始宗教。信仰原始宗教的人相信万物有灵，崇拜自然神，尤其崇拜鳄鱼和鸟类。

菲律宾人很忌讳"13"，认为"13"是"凶神"，是厄运和灾难的象征，是令人极为厌恶的数字。他们忌讳左手传递东西或食物，认为左手是肮脏、下贱之手，用左手是对人的极大不敬。他们一般都不愿谈论政治、宗教及本国状况和腐化问题。伊斯兰教徒忌讳猪。他们禁食猪肉和使用猪制品，也不喝牛奶和烈性酒。菲律宾人不爱吃生姜，也不喜欢吃兽类内脏和腥味大的东西，对整条鱼也不感兴趣。

菲律宾人既传承了亚洲人的勤劳与朴实，又吸收了西班牙人和美国人的轻松与活泼，东西合壁，形成了独特气质。他们性格随和爽朗、生活悠闲、能歌善舞、热情奔放。菲律宾人的服饰颇具特色。男子国服名为"巴龙装"，是一种丝质衬衣，绣有抽丝镂空图案。女子国服叫"蝴蝶服"。菲律宾人对宗教有极虔诚的一面。菲律宾是目前世界上唯一保留着对教徒进行鞭打与钉掌活动的地方。在每年的耶稣受难日，几十个年轻男子头缠黑布，脊背裸露，在烈日下游行，边走边用竹鞭抽打自己的脊背，打得鲜血迸溅。另有一些男女自愿躺在十字架上接受钉掌，执行者拿8厘米长的钉子，用锤子敲进手掌和脚掌。受钉者出于不同动机，有人为自己赎罪，有人为家人祈福。

三、柬埔寨

柬埔寨是一个文明古国，又是佛教国家，讲究温、良、恭、谦、让，尊老爱幼，长幼有序。"合十礼"是柬埔寨传统的见面礼。柬埔寨人见面和分别时有礼貌地以双手合在一起，指尖朝上，口说"三拜"。"合十礼"还有许多规格，平辈朋友相见，左右合掌，十指并拢，置于胸前，表示相互亲切友好的问候；晚辈见到长辈，双手合十举至下颌，表示尊敬；百姓见到高僧，合十后举至眉宇，表示敬意；身份低的人见到地位显赫的官员，先伏身跪地，再双手合十高举过头，表示崇高的敬意；见到客人，弯腰鞠躬，双手合十，举在胸前，热情问候。

拜访柬埔寨的朋友，要事先约定时间，并按时赴约，届时主人会在家中恭候。宗教在柬埔寨占有重要地位，称谓很有讲究，拥有高学位的贤士被人们称为"班洁"（柬埔寨语博士的译音），客人可称之为"班洁先生"。在柬埔寨朋友家做客，要注意宗教方面的风俗习惯和民族礼仪，给予尊重。例如，许多佛教徒不吃荤，穆斯林忌提到猪，天主教忌讳"13"，尤其是"十三日星期五"这个日子，忌讳跷着二郎腿说话等。举止要稳重大方，表情要自然诚恳，态度要和蔼可亲，主人讲话时要全神贯注地听，自己讲话时不要放声大笑，最好不要做手势。吸烟的客人，可询问主人，征得主人许可后可以吸烟，如果主人吸烟，可先向主人敬烟，然后再自己吸。客人可以观察一下，如果客厅里没有摆放烟灰缸，主人未请吸烟，这表明主人不吸烟，也希望客人不要吸烟，因而最好不要提出吸烟的要求。同主人讲话时，要避免涉及疾病、死亡等不愉快的内容，不要打听对方的工资收入、家庭财产等私人生活方面的事情，不对主人国家的内政作评论，不论述宗教方面的问题，不询问女主人的年龄，不夸奖女主人的长相、身材等。

柬埔寨人认为右手干净，左手污秽，进食用右手，递给他人物品要用右手或者双手，尤其是吃的东西，弄不好对方会拒绝接受；不能用手随便摸小孩的头顶，信佛教的柬埔寨人认为这样会给小孩带来灾难；女孩子不能用脚踢赶猫，否则人们会认为这个女孩找不到婆家；几个人同住一间卧室，年轻者睡觉的地方不得高于年长者的床铺，脱下的鞋子不能悬挂于他人的头上方；拜访僧侣，要将鞋脱在室外，然后进入屋里；柬埔寨天气炎热，当地人有冲凉的习惯，接待客人，或者去拜访他人，要先冲凉，换上干净衣服；在依水傍河的地方，男女不得同时在一个池塘或湖泊里洗澡，长辈和晚辈也必须分开；在河里洗澡，男性在上游，女性在下游，而且必须相隔一定的距离。

四、老挝

老挝人非常温和、善良，注意礼貌。认识的人，见面和分别时要打招呼，双手放在胸前，行合十礼，也有行握手礼的，男性一般不主动同女性握手。为表示亲密，熟悉或不熟悉的人都可称长辈为大爷、大娘，称年纪比自己大的为大哥、大姐，称年纪比自己小的为弟弟、妹妹，在国家机关或军队中一般称同志。

到老挝人家做客，应备礼品，礼品要包装美观，常用礼品有花篮、工艺品、烟酒等，在参加婚宴或喜庆日子时，习惯送现金。客人进门应走前门，进屋要脱鞋，一般都席地而坐，注意不能用脚替代手指向人或物，男的盘膝，女的并膝把脚侧放一边。当有人对坐谈话时，不要从谈话两人间穿过，如无地方绕行，需从中间穿过，低头穿过并说对不起。客人禁止进入主人内房参观。

老、泰民族还有其他许多生活中的禁忌。例如老族，头顶是最尊贵之处，不能摸他人尤其是小孩的头顶，这一点和中国有些民族的习惯差别很大。每逢祭寨时，外人不能入寨。每年祭寨神5天，在此期间禁止挑水、舂米等，象征着寨神的东西或祭祀物品不能触动。每月的15日和30日两天忌讳织布，每年从3月3日起的7天内不种树，不拿东西出家门。进入佛殿要脱鞋，不要随便触摸佛像，更不要在佛寺或其附近杀生，或砍伐菩提树、椿树之类。不得把佛寺中的东西带出寺外，更不得把和尚禁吃的东西如狗肉、马肉、蛇肉及酒等带入佛寺。外人不能同和尚一起进餐，佛寺中的池塘、水缸或锅中的水，外人可以饮用，但不能喝和尚水壶里的水，除非是和尚给你喝才行。靠近村寨的茅草、竹子等是建筑必需的材料，大多已有主人，不能随便砍伐。

再如泰族，其住房为高脚屋，由"宏享"、"栅"和"谐"三部分组成。"宏享"即住房，"栅"是住房尾端阳台状的延伸部分，"谐"也是住房的延伸部分，多在房屋的首端。按照泰族的习俗，外来女性或本家的孕、产妇，或一切忌讳物如生鱼、生肉等，都必须通过"栅"进入住房。房屋首端"谐"的第一根屋柱，是挂一家祖先神位的地方。另外，上面还往往挂着一根长40厘米的木制阳具模型，为泰族的崇拜物，任何外人或晚辈都不得靠近它。在入正门处放置有楼梯，只是供男性或长辈的女性上下楼使用。在黑泰、红泰和普泰等泰族支系的家中，禁止挂白色的蚊帐和使用白色的床上用品。在泰族地区，还要注意不能伤害他们当作图腾崇拜的动物，如老虎、杜鹃。另外，泰族人还忌讳在屋内横躺着睡觉、骑马穿过村寨砍伐神山的树木等。

五、马来西亚

马来西亚人大多信奉伊斯兰教，少部分人信奉佛教、基督教和印度教。马来西亚人恪守宗教的教规，会宾宴客从不备酒水，而是以茶或其他饮料来代酒干杯。他们的头部、背部被视为神圣不可侵犯的，若有他人触摸他们的头部或拍打后背等，是不会得到好言相待的，甚至会闹出乱子。他们忌讳双腿分开坐和跷着二郎腿，认为这是极不文明的举止。马来西亚的马来人认为，宾客若在主人家不吃不喝，是对主人的不尊敬，并会引起主人的反感，有的甚至会被视为不受欢迎的人。马来西亚人忌讳乌龟，认为这是一种不吉祥的动物，给人以"色情"、"春药"和"污辱"的印象。他们认为狗是一种肮脏的动物，会给人带来厄运的瘟疫。马来人不但禁吃猪肉和狗肉，也不吃自死的动物肉和血，他们还忌讳使用猪制品。

马来人的见面礼十分独特。他们互相摩擦一下对方的手心，然后双掌合十，摸一下心窝互致问候。在马来西亚，通常男士不主动与女士握手，不可随便用食指指人，这被认为是不礼貌的行为。马来人忌讳摸头，认为摸头是对人的一种侵犯和侮辱。除了教师和宗教人士之外，任何人不可随意触摸马来人的背部。如果背部被人触摸过，那将意味着厄运来临。

同马来人握手、打招呼或馈赠礼品，千万不可用左手，因为马来人认为左手最脏，用左手和他们接触，是对他们不敬，犹如某种侮辱。

马来人待客人热情，通常用糕点、茶、咖啡和冰水款待。客人必须吃一点，以示领受主人的热情和善意。如果客人不吃也不喝，主人则认为是对他或她的不尊敬。

马来人禁烟，平时喜欢喝咖啡、红茶等饮料，也爱嚼槟榔。马来人用餐十分讲究卫生和礼节，进餐前必须把手洗干净。在摆放的各种食品和菜肴之间，放着几碗清水专供洗手用。即使事先把手洗干净了，在用手取食物前，仍要出于礼貌，把手放在水碗中蘸湿。

在黄昏时登门拜访是不受欢迎的，因为这时穆斯林都要做祷告，晚上拜访通常应在20：30以后。

六、缅甸

总体来看缅甸文化具有包容并蓄性、民族性、鲜明的佛教特征、浓厚的农耕文化特点和热带地域文化特色。

缅甸人性情温和，热情好客，温文尔雅，缅甸素有"礼仪之邦"之美称，常见的礼节有合十礼、行止站卧礼、坐拜礼、跪拜礼、送物礼、拜访礼、赤脚见僧拜佛礼等。

合十礼是最常见的一种礼节。平时，缅甸人见到僧侣，小辈见到长辈，下级见到上级都要行合十礼。行合十礼时，两脚立正，双手合掌于胸前，头稍向前倾，并说："您好！""您吉祥如意！"如果手里拿有雨伞或其他物品，可用另一只手象征性地行合十礼。

当小辈欲从长辈面前通过时，必须躬身俯首轻轻地走过，不能大摇大摆，更不能撩起筒裙。聆听长辈讲话时，要目视长辈，双脚成立正姿态。与长辈交谈，要回答"是"或"不是"，不能以点头或摇头表示同意或反对。与朋友谈话，不能把脚抬到椅子上，更不能露出膝盖或大腿，否则是对朋友的极大不尊重。无论何时何地与长辈坐在一起，小辈坐的高度不能超过长辈，不然会被视为对长辈的不尊。

七、泰国

人们说泰国是"微笑之国"，泰国以佛教为国教，白色代表宗教，象征宗教的纯洁。佛教的宽容和祥和，打造了泰国人的性格，他们对外国人特别和蔼可亲。朋友见面，双手合掌致意，合掌级别分四种：老百姓见国王，双手举过头顶；小辈见长辈，双手举到前额；平辈相见，双手举到鼻子以下；长辈见小辈，双手举到胸前即可。这种特异的风俗会给您一种亲切感。在传统礼仪方面，如婚嫁丧葬、饮食起居等，泰国人受中国影响较大。陌生人之间微笑问候是一种习惯；泰国的安全系数在国际上名列前茅，上街时大可不必因小偷而提心吊胆；卖水果的商贩会因为他的榴莲未熟而劝你别买。

在泰国有许多禁忌，如泰国人认为头顶是全身最重要的部分，因此避免碰触他人的头顶，尤其是小孩子的头，泰国人认为头部被他人触摸是奇耻大辱；对僧侣不可有不礼貌的行为，同时女子千万不可触碰泰国的和尚；接受物件时，必须用右手等。

泰国是一个佛教国家，多数泰国人的信仰是上座部佛教。佛教在泰国有悠久的历史，对泰国的政治、经济、文化、艺术和社会生活有重大影响。泰国人特别崇敬佛和国王，佛祖和国王对于泰国人民是至高无上的。对僧侣、国王、王室成员及其肖像妄加评论，或者做出轻率行为则会造成很多误解。泰国人很有礼貌，性格含蓄，不喜欢太直接或太强硬的态度。同时泰国人强调等级观念，对于社会地位高的人必须表现得谦逊，而且泰国人对自己的时间和计划持宽松的态度，与泰国人交往必须更有耐心。

八、新加坡

新加坡有四种官方语言：马来语、华语、淡米尔语和英语。英语是商务和官方语言，使用最为广泛。大多数新加坡人都会讲母语和英语两种语言。新加坡是一个多元种族和多种宗教信仰的国家，因此，要注意尊重不同种族和不同宗教信仰人士的风俗习惯。例如，参观清真寺必须脱帽脱鞋进入，女士不能穿短裤或暴露的裙子，也不可进入祷告大厅。

由于长期受英国的影响，新加坡已经西方化，人们见面和分手时都要握手；不要贸然登门拜访主人，应预先约好时间；在介绍时，通常应称呼人家"某先生"（Mr.）、"某太太"（Mrs.）、"某小姐"（Miss），这适用于新加坡所有的民族。在他人自己提出要求的情况下可以直呼其名，否则最好按照规矩以姓相称。如果要求使用其头衔，则宜照办。如果你参加社交聚会，人们将把你介绍给每个人，但介绍得很快，当从他们面前走过时，不用和他们握手。在新加坡，人们是很不赞成吸烟的。在电梯里、公共交通工具上、影院内，特别是政府办公大楼内，法律规定严禁吸烟，违者罚款500新元。要吸烟最好征得对方同意。

新加坡的气候受海洋和纬度的影响，气温高、湿度大，每天气温在25°C～34°C，因此夏季穿轻质料子的服装最为适宜。工作时人们普遍穿便服，下班后可穿T恤衫和细斜纹布裤，仅在正式的宴会上才必须穿西装、系领带，女士们则要穿晚礼服，也令主人家觉得受到尊重。当地人一般不会邀请初次见面的客人吃饭，然而主人对来访者有所了解后，便可举行正式宴会，并在席间洽谈业务。同样，来访者也不应急于请客，经常不断的会见将使双方更为接近，到那时互相宴请也为时不晚。只要不是公事宴会，客人可偕同妻子出席。新加坡人喜欢清淡，爱微甜味道，主食以米饭为主，喜欢熘鱼片、炸板虾、香酥鸡、番茄白菜卷、鸡丝豌豆、手抓羊肉等风味菜肴。他们爱喝啤酒、东北葡萄酒等饮料，对中国粤菜也十分喜爱。朋友和同事之间经常不事先约定就互相走访，但是如果你和主人家不太熟悉，应先打电话。无论如何，不要在进餐时间之前拜访，这样会使别人感到他们不得不请你留下来吃饭。在新加坡商人之间没有赠送礼物的习惯，但人们很珍惜公司的纪念品。有时新加坡主人会邀请外国人到自己家里吃饭，客人如能带一份礼物（一盒巧克力或一束鲜花），女主人会很开心。新加坡人认为当着送礼人的面打开礼品的做法是不礼貌的，因此，当你告辞时见到礼物仍原封不动地搁在一边，千万别见怪。新加坡华人在饭馆里吃饭时，常用筷子和瓷匙，如果外国人需要，饭店会提供餐叉和汤匙，但一个外国旅客如能使用或试着使用筷子，将会被认为是恭敬的表现。用餐时不要把筷子放在碗或装菜的盘子上，不用时，也不要交叉摆放，应放在托架、酱油碟或放骨片的盘子上。如有海员、渔夫或其他爱好划船者同席，不要把盘子里吃了一半的鱼翻转过来，因为那将预示翻船，要把鱼骨移开，从上面吃到下面。

在社交性的谈话中，切忌议论政治得失、种族摩擦、宗教是非和配偶情况等，但可交流旅行方面的经验，也可谈论所到过的国家的各种见闻。好的交谈话题是当地的风味食品、餐馆、受欢迎的旅游地区和主人一方的商业成就。在新加坡，公开表露幽默感的人是很少的，而且不是所有的笑料都能为人们所欣赏，因此在不太了解别人之前，最好少开玩笑。

新加坡严忌说"恭喜发财"，他们将"财"理解为"不义之财"或"为富不仁"，说"恭喜发财"被认为是对别人的侮辱和嘲骂。禁用食指指人，用紧握的拳头打在另一只张开的掌心上，或紧握拳头，把拇指插入食指和中指之间，均被认为是极端无礼的动作。双手不要随便叉腰，因为那是生气的表示。新年期间不扫地、不洗头，否则好运会被扫掉、洗掉；不要打破屋里的东西，尤其是不要打破镜子，因为那将预示着家庭的分裂或发生其他不幸的事；不穿旧衣，不用针和剪刀，它们会带来坏运气。

新加坡人认为"4"、"6"、"7"、"13"、"37"和"69"是消极的数字，他们最讨厌"7"，平时尽量避免这个数字。新加坡人视黑色为倒霉、厄运之色，紫色也不受欢迎。他们偏爱红色，视红色为庄严、热烈、刺激、兴奋、勇敢和宽宏之象征。他们也欢迎蓝色和绿色。新加坡禁止在商品包装上使用如来佛的图像，也不准使用宗教用语，忌讳猪、乌龟的图案。

九、印度尼西亚

印度尼西亚人忌讳别人摸他的头部，认为头部是神圣不可侵犯的部位；忌讳别人左手递给他东西，如你实在腾不开右手不得不用左手递东西，一定要说声"对不起"，以示歉意；招呼人或指人忌讳随便用手，尤其不要用食指，被认为是大不敬，指东西要用大拇指；出入寺庙不能穿短裤或者短裙，乌布的有些寺庙要求不论男女均需穿纱笼进入，可在外面免费租纱笼和腰带。

印度尼西亚人一个显著的特点就是重深交，讲旧情，老朋友在一起可以推心置腹，若是一般交情的商人客户或朋友，虽然也客客气气，甚至谈得相当投机，那也只是形式上的，真正的心里话是不轻易掏出来的。因此，与印度尼西亚人交往，见一两次面作用很小，要着眼于将来，应把印度尼西亚商人当作你的朋友，充分展现你的真诚，才能获得他的信赖。加深与印度尼西亚人的交情，还必须记住的一点是：印度尼西亚人喜欢客人到他们家中做客访问，而且在一天中任何时间去拜访他们，都是受欢迎的。在印度尼西亚人家中做客，你可以看到家家户户，即使不是十分富裕的家庭，其客厅的摆设布置也是很讲究的。到印度尼西亚人家中做客，可增加感情的交流。商业谈判，如果能选择在印尼人的家中进行，那是最好不过的事，这可以消除主客之间的隔阂，交易洽谈的效果更佳。如果你去的印度尼西亚人家里铺着地毯，那你在进屋前要把鞋脱掉。进入圣地特别是进入清真寺，一定要脱鞋。

印度尼西亚人惯于遵守时间，有准时赴约的良好习惯。他们有崇拜蛇和敬蛇的习俗，视蛇为"德性"、"善长"、"智慧"与"本领"的象征，有的地方还设蛇舍，内设香案，供人祭祀。印度尼西亚西伊里安岛上的达尼人（非伊斯兰教徒），有以涂抹猪油表示亲昵的习惯。他们在吃猪肉时，常将手上的油脂涂抹在自己和他人的身上，以此表示友善。印尼人偏爱茉莉花，并把茉莉花视为纯洁和友谊的象征。

由于印度尼西亚盛产咖啡，所以喝咖啡很普遍，如同中国人喜欢茶一样。由于印度尼西亚人绝大部分信仰伊斯兰教，所以绝大部分居民不吃猪肉，而是吃牛羊肉和鱼虾之类。伊斯兰教徒不能喝烈性酒，所以印度尼西亚人大多只喝啤酒。印尼人视黄色为吉祥的象征，故黄米饭成为礼饭，在婚礼和祭祀中必不可少。

十、文莱

在文莱，马来语为国语，通用英语和华语。伊斯兰教为国教，其他还有佛教、基督教、拜物教等。文莱以"东方石油小王国"著称，每天输出的 21 500 桶石油和大量的天然气使其成为令人称羡的世界最富有的国家之一。马来语中"文莱"为"植物"，在国名中专指芒果。

文莱是政教合一的国家，伊斯兰化程度很高，尤其在社会生活方面，伊斯兰教规几乎成了生活的准则。不浪费、不偷懒，遵守社会公德，每天礼拜 5 次。开斋节是文莱马来族最隆重的宗教节目。在斋月的最后一天到月亮升起时，家家户户连夜煎制糕点。第二天，他们互相拜贺，并向贫穷的穆斯林送礼。到麦加朝圣是每个虔诚的伊斯兰教徒的最大心愿，文莱虔城的伊斯兰教徒众多，按信教人口比例，到麦加朝圣的人数，比东南亚其他国家都多。

文莱的房屋住宅与马来西亚的基本相同，但闻名于世的阿耶水乡别具一格，有"东方威尼斯"之称。水乡的房屋多是用混凝土木桩固定在水中的高脚木屋。木板铺的人行道把各家木屋串连在一起，外出时可乘坐木舟、舢板或汽艇，水陆往来十分方便。水乡安装了电灯、电话、自来水，还建有学校、诊疗所、警察署和消防站。文莱人与马来西亚人的饮食和服饰大致相同。

文莱人家里来了人，不管认识不认识，只要对方向自己请安问好，就要给以接待，笑脸相迎。在他们看来，给对方以好脸色就是对客人的施舍，向对方问候就是祈祷。如果自己的身份高于对方，他们很注意表现出谦逊的样子，说话总是心平气和，注意不说对方不爱听的话。来了客人，尽量不让对方看到自己正忙着，在他们看来，让对方看到忙就是想赶对方走。客人来了，有吃的尽管拿出来就是，对方不吃则不勉强，吃了也不问好吃不好吃之类的话，这样问人被视为不懂礼貌。客人告辞，要向客人表示感谢，并邀客人下次再来。

参观清真寺或到马来族家中做客时，进门前要脱鞋以示尊重和清洁，不要从正在做祷告的教徒前走过，非穆斯林不能踩清真寺内做祷告用的地毯。在指人或物时，不能用食指，而要把四指并拢轻握成拳，大拇指紧贴在食指上。在正式场合中，不要翘二郎腿或两脚交叉。左手被认为是不洁的，在接送物品时要用右手，招呼人或出租车时也不能用食指，要挥动整个手掌。不少马来族不愿与异性握手，所以除非他（她）们先伸出手来，不要主动与异性握手。不要用手去摸他人的头部，此举被认为将带来灾祸。

第三节　各国文化对东南亚市场营销的影响

文化差异形成的障碍是多方面的，表现为物质文化、语言文字、审美观、传统习惯、宗教信仰、态度价值观、社会组织结构的差异等，这使得东南亚市场营销环境变得异常复杂。文化是社会大众所共同具有的行为特征，由于文化具有互感性、继承性和学习性，它自然会渗透到每一个人、每一个企业，乃至社会的每一个角落。由于现代社会的文化地域分界仍较为明显，因此文化的差异也就反映在国与国之间的差异上，反映在不同地区之间的差异上，甚至同一地区内也会显现多种截然不同的传统文化。在东南亚进行商业活动的过程中，最困难同时也是最重要的因素之一就是要理解文化的观念和价值观以及社会需求的差异。在这样的文化情景中，某个公司的产品和服务可以看作是为个人和社会需求提供恰当的或可接受的解决方案。文化和跨文化的差异在各种人类关系中都是存在的，它不只限于语言，还包括非语言沟通、宗教、时间、空间、颜色、数字、食物偏好等。所有这些关系对于不谨慎的公司来说都是潜在的陷阱。例如，绿色在中国代表生机盎然，在马来西亚却代表疾病和危险。一般地说，市场营销面越广，产品越独特，就越需要对各种文化成分做深入研究，须对各种文化成分进行分析，并注意它对营销活动的影响。文化是相关联的整体，要考虑其构成因素之间相互作用和综合作用的结果。文化环境是影响东南亚市场营销的核心因素，体现在：

（1）文化渗透于营销活动的各个方面。例如，产品要根据东南亚国家文化特点与要求设计，价格要根据东南亚各国消费者不同的价值观念及支付能力定价，分销要根据各国不同的文化与习惯选择分销渠道，促销则要根据各国文化特点设计广告。

（2）文化的排异性加重了东南亚市场营销的难度。由于民族中心主义倾向，人们对本民族的文化有着一种强烈的认同感，并自觉不自觉地贬低其他文化中陌生和未知的部分，这使文化吸收过程更为复杂。原因在于有时是实际生活不需要，或者是因为理解上、习惯上或信仰上不需要，或者是由于物质环境条件不具备而现在暂时不需要。

（3）东南亚市场营销活动的实质，就是物质文化、行为文化、制度文化和观念文化的交往过程。东南亚营销者的活动又构成文化的一个组成部分，其活动推动着文化的发展，其活动既适应文化又创造新文化，诸如创造新需求、新的生活方式等。因此，东南亚市场营销活动要合乎人类文化交流的规则。

（4）市场营销成果的好坏受文化的裁判。消费者对产品接受与否均是其文化意识的反映。每一种文化都是独一无二的，如果由于自我参照准则的存在，而断定本民族文化要优于外国文化，那纯属无稽之谈。在东南亚市场营销中，我们应该记住："文化没有对与错、好与坏之分，只有差异。"

❖ 小资料 6-4

马来西亚和泰国等国的电商营销日历

在马来西亚，马来族人口最多，他们大多信仰伊斯兰教。印尼人口最多的几大民族也都普遍信仰伊斯兰教。所以，在这两个国家，斋月和开斋节是最重要的节日。

斋月通常在公历的6月份（伊历9月）。在斋月期间，穆斯林会购置新衣、食品，装扮居室，他们在互联网上的活跃度也会显著提升。斋月结束之后就会迎来开斋节（伊历10月1日）。开斋节在穆斯林心中的地位，就好比春节在华人心目中的地位。在这个时间段，Shopee电商平台马来和印尼站点会进行长达45天的斋月大促，Shopee的卖家们也热火朝天地进行促销活动。

泰国人口约95%为佛教徒，所以泰国文化中的佛教色彩十分浓厚。每年4月的泼水节和11月的水灯节是泰国极其盛大的节日。除了佛教，泰国国王与王室也是泰国重要的文化符号，绝大多数泰国人对其绝对地拥戴与尊敬。有关泰国皇室的重大事件都会带来巨大的营销契机。泰国人热衷于在节日里向亲朋好友赠送礼物，除了以上两个节日，元旦和圣诞节通常也都是泰国电商及线下零售业的重要营销时机。

资料来源：佚名. 了解台湾和东南亚民族文化的节日营销［EB/OL］.（2017-06-05）［2017-07-07］. http://news.bqnews.cn/dianshang_20170605/1900.html.

@ 本章小结

营销活动离不开当地的文化背景，本章介绍文化的概念，影响营销的物质文化、语言、非语言沟通、社会结构、宗教信仰、艺术与审美观等内容；介绍东南亚10国不同的文化特点，特别是喜好和忌讳；对各国文化对东南亚市场营销的影响展开论述：文化渗透于营销活动的各个方面，文化的排异性加重了东南亚市场营销的难度，东南亚市场营销活动的实质就是物质文化、行为文化、制度文化和观念文化的交往过程，市场营销成果的好坏受文化的裁判，消费者对产品接受与否均是其文化意识的反映。

第七章　东南亚市场调查分析和预测

企业要想顺利地进入东南亚市场，并且制定出针对性强的营销策略，必须运用市场调研这一有效工具，了解东南亚地区不同国家市场的特点，为而后开展的营销方案的制订搜集足够的市场信息。因此，本章介绍东南亚市场信息系统、东南亚市场调研和东南亚市场预测。

第一节　东南亚市场营销信息系统

任何一个想在东南亚市场上有所作为的企业，都必须建立专门针对东南亚市场的营销信息系统，以适应复杂多变的东南亚市场形势，保证东南亚市场营销决策的正确制定和实施。市场营销信息系统（Marketing Information System，MIS），是一个由人员、计算机和程序组成的系统，其任务是及时、准确地对有关信息进行收集、分类、分析、储存和评估，为市场营销管理人员改进市场营销计划、执行和控制工作提供依据。

一、东南亚市场营销系统的构成

营销信息系统包括对所需信息的确定、信息开发及信息传送。首先，由营销主管或决策者确定所需信息的范围；其次，根据需要建立企业营销信息系统内的各子系统，由有关系统去收集环境提供的信息，再对所得信息进行处理；然后，由营销信息系统在适当时间，按一定形式，将整理好的信息送至有关决策者手中；最后，营销决策者据此做出企业的营销决策，制订具体营销计划和方案，最终使企业的营销目标得以实现。不同企业，其信息系统的具体构成会有所不同，但基本框架大体相同，一般由内部报告系统、营销情报系统、营销调研系统、营销决策系统四个子系统构成。

（一）内部报告系统

企业内部报告系统是东南亚市场营销者最基本的信息来源，由企业内部的财务、生产、销售等部门定期提供企业全部营销活动所需的信息。通过比较企业内部环境信息所体现的实际情况与企业营销目标，营销者可以发现在东南亚诸国市场中的商机、企业的薄弱环节等资料，以便企业管理者商讨对策。为了加快对企业内部信息的资料收集，全球各大企业均开发了以计算机为基础的内部会计系统。例如，美国通用面粉公司的食品杂货事业部经理每天都能收到销售的信息。内部报告系统提供的数据包括订单、销量、存货水平、费用、应收应付款、生产进度、现金流量等，从这类信息的分析结果中可以发现营销过程中存在的问题和新的市场机会。

（二）营销情报系统

营销情报系统广泛收集来自消费者、外部环境的各种情况，加以处理后及时提供给营销者进行日常决策，促进其对东南亚市场动态发展状况的了解，以进一步增加对东南亚市场的把握。查阅各种有关书籍、商业报刊和行业协会的出版物，直接与顾客、供应者、经销商、企业内部有关人员交换信息（与各企业的订单、东南亚各国企业的工会和各国政府发表的统计资料、企业的研究与调查），参加各种贸易展会等，都是这个情报系统的情报来源渠道。受过正规训练的情报员通过企业内部的情报中心实验室或直接向市场信息机构购买国外信息，制成简报送给销售经理参阅。情报中心提供的信息由专业人士负责分析及评论，能为营销者了解市场提供有价值的参考。

（三）营销调研系统

营销调研系统的任务是针对企业面临的明确具体的问题，对有关信息进行系统的收集、分析和评价，并对研究结果提出正式报告，供决策部门用于解决这一特定问题。面对一项特定的东南亚市场营销情况，为了把握其发展趋势，就需要对有关资料及其事实进行系统化的设计、搜集、分析和报告。多达73%的美国大型企业设有正式的营销调研部门负责这类专项工作。调研活动的范围包括市场特性的确认、市场需求潜量的测量、市场占有率分析、销售分析、企业趋势研究、竞争产品研究、短期预测、新产品接受和潜力、长期预测和价格研究等。

（四）营销决策系统

营销决策系统的主要职能是运用各种先进技术和方法，对东南亚市场营销质量和问题进行分析并得出结论。经过这样的分析得出的结论比用其他常识性信息处理方法所得出的结果往往更准确。营销决策支持系统由统计分析模型和市场营销模型组成，其中统计分析模型是借助各种统计方法对所输入的市场信息进行分析的统计库；而市场营销模型则是专门用于协助企业决策者选择最佳的市场营销策略的模型库。常用的分析和模型有回归分析、相关分析、因素分析、网络计划、最佳产品功能模型、广告模型、价格模型、消费者行为模型、营销决策模型等。图7-1是营销信息系统构成图。

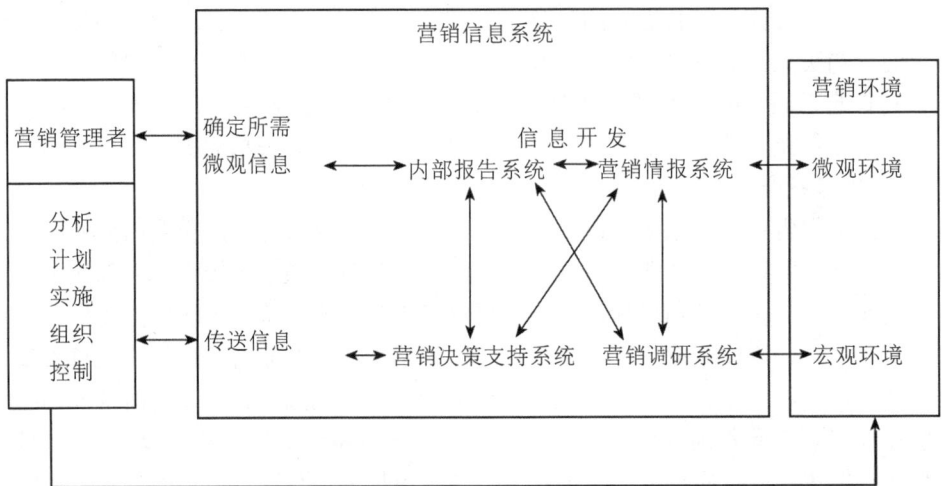

图7-1　营销信息系统构成

二、东南亚市场营销信息系统的作用

企业建立营销信息系统，一方面可以帮助企业收集东南亚市场信息，整理分析、评价市场情况，帮助企业进行市场细分和定位，以便为企业在东南亚市场上寻求商机；另一方面，关注企业内部各种资源的有效运用，根据企业的东南亚销售状况，结合营销环境，综合衡量企业在东南亚市场上的营销效果，整合企业资源，调整经营策略。

1.利于企业寻求更多东南亚市场机会

东南亚市场信息系统由经济理想程度指标体系和风险指标体系两大指标体系组成，这两大体系对于全面评估潜在目标市场、优选目标市场是有裨益的。前者涉及基础设施质量、资金来源、劳动力状况、市场增长率、货币可兑换性、人均收入、市场规模、通货膨胀、物质生活现状、政府机构结构、合同履约率、国际收支、企业税率等项目；后者涉及政局稳定性、政治自由度、国有化可能性、劳动力状况、国际收支项目。根据两大指标体系判断东南亚市场中各国的投资环境，能大致估计出处于同一经济发展水平的国家或地区的投资，哪些最具吸引力或哪些需要提前预防风险。

2.了解企业在东南亚市场的销售状况

企业进入东南亚各国市场后，还需要持续监督在东南亚各国市场和某国市场中各子市场的销售状况，以利于比较在不同营销环境中和不同市场情况下的销售效果。企业在评估各产品细分市场的销售情况时，营销信息系统不仅能提供投资报酬率方面的数据，也能提供包括市场销售增长速度、广告费与销售额之比率、推销员人均销售额等市场潜量方面的数据，从而帮助营销者既可以依据财务标准，也能依据其他标准，全面评估企业在东南亚各国市场上的营销状况，从而及时做出正确的决策。

3.监控东南亚市场营销环境

东南亚市场营销环境变化多端，直接影响企业市场营销活动及其目标实现，企业欲做"常胜将军"，必须掌握东南亚市场营销环境的变化趋势。通过建立东南亚市场信息系统，企业可以把握市场信息的变化，以获取最优的营销资源满足企业经营的需要，发挥主观能动性，制定有效的营销策略以加强企业的竞争能力，保持或增加市场份额。

❖ 小资料 7-1

中国互联网公司大举进军东南亚市场

近年来东南亚居民的收入和智能手机持有率不断上升，预计到2020年东南亚的印尼、泰国、新加坡、马来西亚、菲律宾和越南6国智能手机用户总计将超过美国，达2.57亿，这吸引了大量中国公司来此淘金。数据显示，东南亚已经成为中国2016年海外科技并购交易的第三大地区，交易规模达19亿美元。阿里巴巴集团、腾讯控股有限公司、滴滴出行科技有限公司、京东等中国互联网公司正将目光瞄准东南亚，大举投资，扩张公司在这块新兴市场上的业务范围。

腾讯通过投资新加坡初创公司（Garena Interactive Holding Ltd）进入东南亚市场，并于2015年推出Shopee P2P平台，进入电商市场，涵盖支付、聊天、快递等服务，期望扩大马来西亚和印尼的微信支付网络。阿里则于2016年4月以10亿美元的价格收购 Lazada Group，一举进入东南亚6大主要市场，并为旗下中国电商平台提供了一个完备的物流网；而 Lazada Group 也在阿里的帮助下吸引来了联合利华、美泰等国际品牌进驻其线上零售平台。中国第二大电商平台京东则在2015年进入印尼在线销售市场，希望以此为基点辐射周边其他国家市场。而滴滴出行则通过投资新加坡叫车应用 Grab，间接加入移动支付领域的战场。

资料来源：吴馨远. 挡不住 中国互联网公司大举进军东南亚市场［EB/OL］.（2016-12-29）［2017-02-23］. http://tech.huanqiu.com/internet/2016-12/9878239.html.

4.衡量企业在东南亚市场上的营销效果

在东南亚市场上经营的国际企业，可以应用营销信息系统，把各项宏观经济数据、市场数据同公司的营销数据结合起来进行综合分析，衡量企业在不同国家、不同地区、不同目标市场上的战略实施情况和效果，从而进行合理的资源配置。这其中包括投资，也包括撤资，即将企业资源从投资效益低的国家和市场撤出，投放到收益较高的国家和市场中去。跨国经营的企业可以充分利用市场信息系统数量庞大、种类齐全、分类清晰的数据，为企业资源找到最有价值的东南亚国家市场。

三、建立东南亚市场信息系统应注意的问题

东南亚市场信息系统在建立和使用过程中会遇到一些特殊问题，必须予以注意：

1.使用者的立场

企业的营销者和管理者、政府、股东、债权人、内部员工和社会公众都有市场信息需求。企业在进行东南亚市场经营活动时，更会遇到大量的信息需求。例如，一个中国企业在新加坡和越南两个国家同时开展营销活动，就至少需要有两套政府、两套企业营销者和经营管理者、两地职工、两个社会公众的信息。而且，两个东南亚国家的要求往往有差异，最直观的差异便是文字差异，除此之外，还有财务报表的编制方式、指标的统计口径、货币币种等方面的差异。这要求在建立东南亚市场信息系统时，要充分考虑需求信息者的立场和对同一信息可能呈现的态度，以及对本企业造成的后果。

2.多种方式搜集信息

东南亚市场信息系统内包含了数量庞大的信息，信息处理人员工作量巨大，要做到平时随时随地搜集、定期搜集和专门搜集相结合，以保证完成工作任务。东南亚市场颇具发展潜力，各国企业竞相登陆，市场的竞争激烈多变，企业要尽量做到及时搜集、迅速传递、把握商机。

3.客观条件的限制导致信息沟通受阻

东南亚国家经济发展程度不一，调研者若在信息调研环境恶劣的一些国家，可能因为客观条件的限制，难以搜集和无法及时传递相关信息给企业。所以，建立东南亚市场信息系统的企业事前要做好充分准备，有耐心、有信心地完成难度不一的市场信息系统的建设任务。

第二节　东南亚市场调研

东南亚市场复杂多变，从事东南亚市场营销的企业对信息的需求无论在数量、质量、范围上，都比只在一国市场内调研的难度更大。参与东南亚营销的企业只有充分重视东南亚市场上的营销调研，才能及时掌握足够的、必要的信息，从而保证营销决策制定的准确性和及时性。

无论是在东南亚市场上还是在世界上任何其他国家进行市场调查，其过程与方法基本相同，但是东南亚市场调研有个两个比较突出的困难。第一，信息的传递必须跨越文化疆界，即调研人员必须能够将他们的调研问题翻译成被调研国家的消费者能够理解的表达方式，然后再将该国消费者的答案翻译成母国企业的营销者们能够理解的形式。这时候，调研者必须依靠在跨文化交流方面有处理经验的企业内部职员以及一些调研机构来充当两者的桥梁。第二，在东南亚市场进行调研的环境与母国不同。东南亚市场的营销环境比较复杂，各具特点，营销者在进行东南亚市场调研时碰到的困难因国而异。因为营销环境不同，营销者在东南亚每个国家开展营销活动重点所需了解的信息类型不同，可利用的合适的工具与技术的种类常常有限。

一、东南亚市场调研的含义

市场营销调研就是运用科学的方法，有目的地、系统地搜集市场信息资料，分析研究市场的客观实际情况，为企业决策者制定和实施有效的市场营销决策提供依据。对市场营销调研的含义的理解包括以下几个方面的内容：

1.市场营销调研是一种管理工具

如今东南亚市场上，市场信息是企业进行营销活动必不可少的先决条件，同时也是营销决策的重要基础。市场调研则是获取市场信息的重要手段。

2.市场营销调研讲究科学原则

调查的科学原则体现在调查的实施过程中，调查方法要有理论指导，调查机构必须有人按照比较科学的方法来进行调查。对调查结果要进行评估和分析。

3.市场营销调研是调查与研究的紧密结合

从事东南亚市场营销的企业所面对的是一个复杂多变的区域市场，不同的国家、地区在政治、法律、经济和文化上存在着许多差异，各个市场又是变幻莫测，风险和机遇是并存的，企业要想在该市场上获得成功，就必须对东南亚市场进行认真的调查研究，真正掌握相关市场的详细情况，并认真研究，才能准确地选择目标市场，有效地进入市场，并相应制定有针对性的营销策略。

二、东南亚市场调研的内容

东南亚市场营销调研不仅比母国市场营销调研难度大，而且其内容范围也比母国市场营销调研广。东南亚市场营销调研的内容涉及企业市场营销活动的各个领域，包括营销环境、用户和消费者、市场需求、产品、价格、分销渠道、促销和竞争等若干方面。

（一）东南亚市场营销环境调研

任何一个企业进入东南亚市场时，都不可避免地会碰到错综复杂、变化多端的东南亚市场营销环境。东南亚市场营销环境能对企业产生很大影响，它既可以给企业提供无限商机，也可以给企业带来致命威胁，它可以决定企业的生死。对于企业来说，东南亚市场营销环境是不可控制的变数，因此，企业营销者必须时刻关注东南亚市场营销环境的变化。市场营销环境调研内容主要有：

（1）东南亚市场的经济环境，如该国的经济政策、经济结构、经济形式和发展水平，经济发展前景，经济总量，消费结构变化、人均收入、储蓄和消费信贷的变化等；

（2）东南亚国家的政治法律环境，包括政府的重要经济政策，贸易措施，各项外贸法律法规，特别是与企业产品有关的税收政策、贸易配额、卫生检疫、安全条例等；

（3）东南亚国家的文化环境，包括主要使用的语言类别、宗教信仰、风俗习惯、教育水平、价值观念等；

（4）东南亚国家的自然环境，包括自然资源、气候条件、地理位置、交通状况因素等；

（5）东南亚国家的科技环境，如新技术、新工艺、新材料带来的产品品种的变化、生产能力的提高；

（6）东南亚国家的竞争环境，如竞争者的生产能力和管理能力、竞争者的市场定位和营销组合等。

❖ 小资料 7-2

东南亚经济显现向好势头

亚洲开发银行（亚行）最新报告预测，在全球经济增长乏力背景下，东南亚地区经济增速有望从2015年的4.4%回升至2016年的4.5%，并在2017年达到4.8%。这得益于东南亚国家总体稳定的发展环境、大规模的基础设施投资以及产业结构调整，这些积极因素为本区域吸引投资、发展制造业、提振贸易和内需等提供了难得机遇。

结合自身优势，向全球价值链上游攀升

作为世界经济发展最具活力的地区之一，东南亚许多国家近年来不断增加基础设施建设投入，调整产业结构，结合自身优势向全球价值链上游攀升。

新加坡着眼于发展创新驱动型经济，马来西亚力图打造区域经济中心，菲律宾服务外包产业如火如荼，柬埔寨努力提升制造业技术含量，泰国将目光聚焦在涵盖医疗和数码产业的"十大未来产业"上，作为东南亚最大经济体的印度尼西亚2016年修正了政策，鼓励私人投资。亚行认为，这一切正展现东南亚经济势头向好的图景。

2015年12月31日宣布建成的东盟经济共同体，为这一总人口超过6.2亿、国内生产总值（GDP）规模达2.6万亿美元的区域带来巨大机遇。

通过削减贸易关税，降低劳动力、服务、资本流动成本等，东盟经济共同体建设将显著增强该区域的互联互通、改善商业环境，并吸引更多投资，从而让东盟经济总值在2030年之前翻一番。

经济持续增长，一体化进程仍需加快

有分析认为，东南亚经济发展呈现良好势头，主要是出于对东南亚国家政府支出增加、大宗商品价格回弹的预期。从整体来看，大宗商品价格下滑、中国经济增速放缓、全球金融市场波动、家庭债务抑制消费者支出等，仍然是东南亚经济增长面临的下行风险。

亚行数据显示，今年一季度东南亚五个核心经济体（印尼、泰国、马来西亚、新加坡和菲律宾）的年增长率与去年第四季度相比总体持平，印尼、泰国、马来西亚、新加坡和菲律宾的实际GDP年增长率加权平均值为4.4%。其中菲律宾的增长势头最猛，而主要依赖大宗商品出口的印尼则受资源价格下滑和疲软的消费者支出影响，增长率下降至4.9%，马来西亚同样受大宗商品价格影响，经济增长率滑落至6年半来最低值。

金融市场的依赖性和脆弱性是东南亚新兴经济体的发展忧患，而老挝、柬埔寨、缅甸等国与世界金融市场的联系还不紧密，受全球金融波动影响较小，未来有望继续保持7%~8%的高增长率。而对于这样的东南亚国家来说，最大的挑战是如何持续吸引外国直接投资，"它们必须发展基础设施、改善制度性因素，如改善宏观经济环境等，这些对它们来说并不容易"。

另外，东盟经济共同体进程也面临一些现实的障碍。开泰研究中心的研究结果显示，在过去东盟自由贸易协议的框架下，至2015年，东盟贸易商品总目录中96%的商品取消了进口关税。然而，各成员国却又采取更多的非关税壁垒措施，在一定程度上削弱了区域内贸易投资总额的增长潜力，使之低于应有水准。

资料来源：俞懿春. 东南亚经济显现向好势头［EB/OL］. (2016-07-08) ［2017-03-05］. http://finance.people.com.cn/n1/2016/0708/c1004-28535203.html.

（二）东南亚市场用户和消费者调研

从东南亚市场营销观念来讲，满足用户和消费者的需求，是企业一切活动的中心。因此，选择合适的销售（进货）渠道与客户，是企业进行东南亚市场调研的一项重要内容，主要包括：

（1）东南亚市场上的用户和消费者的需求结构、需求特征、需求变动及发展趋势；

（2）东南亚用户和消费者的构成情况，其数量和地区分布情况；

（3）东南亚用户和消费者的经济现状及其变动情况；

（4）东南亚用户和消费者的购买动机、购买行为、购买时间、购买地点、购买习惯、购买方式、购买数量和购买频率，以及产生原因；

（5）东南亚用户和消费者对特定的产品品牌或特定商店产生偏好的因素、条件和原因。

❖ 小资料 7-3

传承中华文明,"世界名酒"五粮液蜚声海外

自从稻谷被古代中国人发现并栽种植以来,就孕育了多种文化成果,从物质上的生产工具,到精神上的神话传说、宗教、生产习俗、生活方式、生产技术乃至饮食文化等,无所不包。现在,稻米已成为全球 30 多个国家的主食,世界上有一半以上的人口以稻米为主食,仅在亚洲,就有 20 亿人口食用大米及大米产品。日本学术界把稻米文化看作其文化发展的基础。除了日本,深受中国稻谷文化影响的还包括亚洲许多地方,这形成了"稻米文化"。"中国酒业大王"五粮液及系列产品遍布世界五大洲,尤其是在韩国、日本以及东南亚等"稻米文化圈"内的消费者对口味接近的中国五粮液颇有好感,目前该产品已被当地消费者广泛接受。而五粮液的营销者进行调研后,也掌握到东南亚和其他国家消费者对中国饮食文化的好奇心理,开展了一系列伴随着宣传中国文化的推广策略。早在 2008 年,五粮液就在海外打出"Five is China"(五即是中国)的品牌传播口号。古老而神秘的华夏文明,有着"五行""五谷""五养""五岳""九五至尊"等众多关于"五"的概念与传说,这些使得海外消费者对五粮液产生了浓厚的兴趣。2010 年年底,五粮液在中国香港开设了白酒行业首家旗舰店,上百平方米的精装店堂让到场嘉宾和客商都充分感受到了中国酒类第一品牌的风采和魅力。2011 年 5 月 18 日,在韩国举行的"世界名酒五粮液·相约首尔"品鉴会再次让到场嘉宾为五粮液的完美品质和东方魅力所折服。与此同时,五粮液还利用中国北京奥运会、中国上海世博会、"中俄文化中国年"等各种契机传播中国白酒文化以及五粮液所崇尚的传统文化精髓——"和谐",以此提升海外消费者对五粮液的认知。近年来,五粮液在保持原有的东南亚等传统市场份额的基础上,不断加大东欧、北美等市场的开拓力度,使新兴的海外市场与传统市场齐头并进。

资料来源:佚名. 传承中华文明,"世界名酒"五粮液蜚声海外 [EB/OL]. (2011-07-11) [2017-07-28]. http://news.cntv.cn/20110711/112610.shtml.

(三)东南亚市场需求调研

顾客的需求和欲望是企业一切营销活动的核心,这是一项重要的调研内容,包括:

(1)整个东南亚市场对某种产品的现在需求总量和潜在需求总量,产品的主要需求量分布在哪些国家或地区;

(2)东南亚中的某一个国家对产品的现在需求总量和潜在需求总量,产品主要需求量的地区分布情况;

(3)本企业产品的东南亚市场占有率,本企业在哪些细分市场上占有优势;

(4)在东南亚某一国家,不同的细分市场对产品的需求情况和每一个细分市场的饱和点及潜在能力。

(四)产品调研

产品调研在东南亚市场营销调研中占有十分重要的地位。产品是否适销对路、是否

能满足东南亚用户和消费者的需要，将直接关系企业在东南亚市场中的生存和发展。例如，2003年之前，老挝是不能生产水泥的。经过营销调研，中国云南国际公司发现了这一商机。由中老合资、中国云南国际公司承包建设的老挝第一个水泥厂——老挝万荣水泥厂于2003年1月全面建成投产，结束了老挝不能生产水泥的历史，并成为老挝建材行业中纳税金额最多的纳税大户。

产品调研的主要内容有：

（1）产品质量是否符合东南亚用户和消费者的要求；

（2）产品设计、产品功能、产品用途、产品使用及产品维修的调研；

（3）产品品牌的设计与使用的调研；

（4）产品外观及产品包装的调研；

（5）产品系列、产品组合、产品生命周期的调研；

（6）东南亚目标市场上的消费者对产品的色泽、图案、款式、风味等方面的爱好与忌讳，不同国家、不同地区或不同细分市场上的消费者对产品的爱好与忌讳方面存在着哪些差异，本企业产品的情况如何。

❖ 小资料7-4

中国新闻出版企业进入东南亚华文出版市场

目前，新加坡和马来西亚华人阅读人群中语言使用情况主要分成三类：一类是具有一定汉语阅读水平的读者。这一类中多数早年就移民到新、马地区，主要依赖华文和华语进行信息的获取和沟通。在马来西亚的华裔人口中，尤其是在乡村和低收入的群体中，华语仍旧是主要使用的语言。这类读者群体占新、马人口的30%左右。第二类是具有双语阅读能力的华人读者。这部分人是近十几年来到新、马学习或工作的中国人，总数为40万～50万人。这部分人具有双语的优势，同时熟悉中西方文化。第三类是以英文阅读为主的华人。新加坡人口中虽有近八成的华裔，但是主流社会、上层社会、科技或其他专业圈子，都使用英语。而在马来西亚，由于华裔人口不足三成，主要官方语言为马来文，加上科技国际贸易和专业圈子内使用的主要也是英文，因此年轻的一代和受过高等教育的马来西亚华人，也纷纷转向使用英语。新、马地区的年轻人甚至以中国国内都在大力推广学习英文为理由，证明学习华文是不需要的，因而轻视华语的学习，这一态势仍有继续发展之势。东南亚华人不少，但有一定华语水平的人不多，大环境促成华语弱势境遇。据了解，全世界海外华人约有3 000多万，其中新加坡和马来西亚就有华人近1 000万，应当说是海外华人最为集中的地区，但汉语明显居于弱势。

中国新闻出版机构根据对新加坡大众公司、中图（新加坡）上海书局、商务印书馆（新）有限公司等海外华文出版机构的调研，分析了出现这种现象的原因主要有以下几点：一是国家政治变迁。20世纪60年代，新加坡、马来西亚两国各自走上独立的道路，政治上的变化，也给社会生活的各个方面带来了巨大冲击和变化，汉语教育受到的冲击最大。新加坡的华语学校在政府改制的安排下，逐步转为以英语作为主要教学语言，汉语则沦为单科传授的"第二语文"，英语才是官方语言。马来西亚政府限于宪法的规定，只保留了汉语小学，中学以上则一律改为马来文作为教学语言的国民型学校。幸运的是，马来西亚的一些华人团体出钱出力，保留了60所以汉语作为主要教学语言的独立中学和3所大学。二是进入20世纪70年代，中国国内与东南亚各国联系减少，当地的华文出版机构的出版业务也受到很大的影响。三是美英文化在东南亚地区的范围内占主导地位。文化与经济、政治在当今社会相互交融，在综合国力竞争中的地位和作用越来越明显。东南亚地区地处马六甲海峡，受地缘政治的影响，西方发达国家长期在经济和政治上加以控制。在文化方面，中华文化在西方文化强有力的竞争下成为弱势文化，被挤到民俗旅游区和民族居住区内。在新加坡和马来西亚华人社群里，许多第二代、第三代的海外华人，除在饮食生活和几个主要节庆等方面还保留少许华人习俗之外，在思维方式、价值观念等方面，尤其是在文化层面都彻底西化了。

在调研中我们还得到了这样的信息，随着中国的崛起，全世界的有识之士，包括新、马不谙华文的各族人士，都有想了解中国的愿望，也都有必须了解中国的实际需要。但由于语言文字的障碍，造成他们认识中国的追求遇到了许多困难。因此，中国新闻出版行业内的文化企业清醒地认识到指望东南亚各国的华人青少年自发地热爱和学习中华传统文化不太现实，而是应当为他们创造热爱和学习中华文化的条件和环境，也为中国新闻出版行业内的文化企业营造良好的营销环境。

中国新闻出版行业内的文化企业也看到，进入21世纪，中国政府更加重视文化建设，提出了大力发展文化产业的宏伟目标，制定了一系列促进中国文化走向海外的政策措施。受中国崛起影响，一些西方国家也在民众中掀起了学习中文的热潮，东南亚地区学习华文开始逐步升温。新加坡政府也日益重视华文教育，开始积极主动地推广华语及双语教育。并将2006年定为"学习中文年"，鼓励国民从小学开始，提高中文阅读水平，还计划从2007年起在大专院校开设中文学习课程。

中国新闻出版行业内的文化企业打算针对新、马地区华人青少年实际中文水平和正在升温的中文学习氛围，适时推出一些提高中文语言和文字能力的图书，以适应华文普及学习的需要。经过进一步的产品调研，中国新闻出版行业内的文化企业了解到目前绝大多数汉语图书太深奥，不适合新加坡青少年阅读。汉语图书主要是中老年华人购买，青少年很少问津。因为在新加坡，30岁以下的年轻人，普遍不会读写华文。中国新闻出版行业内的文化企业还有另一个营销目标，就是除面向新、马华文读者外，应加强向非华文读者介绍中华文化的出版工作。可以用他们熟悉的英语、马来语介绍博大精深、多姿多彩的中华文化。中国新闻出版行业内的文化企业还应当与新加坡和马来西亚的华文出版机构加强沟通，深入了解海外文化市场需求，出版和制作适销对路的文化产品。

中华文化"走出去"应把东南亚地区作为一个工作重点。全球各地的华裔如果以华人占当地人口的比重来衡量，东南亚各国可以说比例最高，而其中又以新、马两地居首。中华文化"走出去"，要在华人比重甚微的欧美和大洋洲等地区产生影响，需要花大力气，要做长期投入才能见效。而在新、马等东南亚一带，以同样或更少的投入，短期内就可以见到较好的效果。因此对于以华语作为媒介的文化产品，东南亚及新、马地区应该是首选市场。另外，东南亚地区是华裔和外裔混居的场所，也是各种文化相互交融、碰撞的场所，中华文化在这样一个多元化文化的环境中可以发挥更大的影响。

　　资料来源：艾立民. 有感于东南亚华文出版市场［N］. 中国新闻出版报，2006-05-22.

（五）价格调研

　　对于从事东南亚市场营销的企业来说，其产品价格的高低，直接关系到企业产品销售量及利润的多少。在东南亚市场上，产品的定价比在国内复杂得多，这就需要通过价格调研为企业定价决策提供科学的依据。价格调研主要包括：

　　（1）东南亚市场上影响价格变化的主要因素；

　　（2）东南亚市场或东南亚某一国市场，某种商品的市场需求、变化趋势，及商品供求弹性的大小；

　　（3）影响价格变化的因素调研，如东南亚分销渠道中，各级渠道成员的价格加成情况；

　　（4）竞争产品的现行价格，提价或降价的方法，以及由此引起的反应；

　　（5）本企业产品的定价策略，定价策略运用的效果如何，如提价或降价对本企业市场占有率和销量的影响。

❖ 小资料 7-5

旱情严重，东南亚多国受"烤验"

　　2016年4月以来，泰国、柬埔寨和越南等东南亚国家持续出现酷热少雨天气，气温高、降雨量小、持续时间长，严重的旱情导致这些国家粮食、水果以及天然橡胶、棕榈油、甘蔗等经济作物减产，直接影响到产品价格的变化。泰国受灾面广，由此引发泰国稻米、甘蔗等农作物产量下降，干旱有可能将泰国当年的经济增长率拉低0.6到0.8个百分点。柬埔寨全国大部分省份也因高温缺水面临50年一遇的干旱威胁。老挝的旱情也不断加剧，包括首都万象在内，约20万人的粮食安全受到旱灾影响。越南旱情同样严重，湄公河三角洲河道里的水量与以往相比至少减少50%，水位降至90年以来最低，该地区60万人的饮用水受到影响，14万亩的水稻遭灾，这个区域的水产预计将减产60万吨/年，农作物也将减产22.4万吨/年，旱灾同时引发海水倒灌，湄公河三角洲约220万公顷的可耕地中，有40%~50%的面积出现盐碱化，约有23万公顷水稻绝收，并带来更多生态问题。

　　旱灾使全球主要稻米生产国——泰国、越南面临减产，并且已经威胁到全球稻米市场。在泰国和越南，大约一半的出口稻米不同程度受灾。受干旱影响，国际稻米总产量或将减产，大米价格有望继续保持上涨态势。如此种种信息，都成为营销者必须了解的调研内容。

　　资料来源：张志文. 旱情严重，东南亚多国受"烤验"［N］. 人民日报，2016-05-04.

（六）东南亚分销渠道调研

企业分销渠道的选择，关系到企业产品能否尽快地送到东南亚用户和消费者手中。好的分销渠道能提高销售效率、缩短交货时间、降低销售费用，因此，分销渠道的调研也是一项重要的内容。东南亚市场分销渠道调研主要包括：

（1）企业的产品进入东南亚市场，有哪些可供选择的东南亚分销渠道类型；

（2）主要经销商的职能、规模、经营范围、推销能力、服务、储运条件、资信情况；

（3）如果存在一条或几条适合企业的东南亚分销渠道，是否已经挤满了同类产品，能否接纳本企业的产品；

（4）各种类型的中间商一般的存货量及其对交货期的要求；

（5）各种类型的中间商的经营业绩如何，与本企业的配合是否得力；

（6）配送中心位置的选择，各种交通工具的安排。

（七）东南亚促销调研

在东南亚营销活动中，必须运用促销这一有效手段，重视它对东南亚营销的影响和作用。东南亚促销调研主要包括：

（1）针对东南亚目标市场需要，有哪几种促销方案可供企业选择；

（2）在促销策略上，推的策略还是拉的策略对企业更为有利；

（3）东南亚某一国家的广告代理商情况；

（4）企业东南亚目标市场所在地的广告媒介情况；

（5）东南亚用户和消费者对企业广告活动的反应和评价效果如何；

（6）企业与东南亚公众之间的关系是否协调，东南亚公众对企业的形象有何看法和评价。

（八）竞争调研

面对蒸蒸日上的东南亚市场，企业的产品都会遇到竞争，而且竞争比较激烈。在激烈的市场竞争中，营销者能否率领企业掌握主动权，能否击败竞争对手、保持和扩大自己的产品在东南亚市场上的占有率，是每个企业都必须重视的问题。竞争调研主要包括：

（1）在东南亚目标市场上，是否还存在着直接竞争，主要对手是谁，是哪个国家的；

（2）在东南亚目标市场上，是否还存在着间接竞争；

（3）主要竞争对手的产品在当地市场上占有多少份额，这些比率可能会发生什么变化；

（4）主要竞争对手在产品成本上各有哪些优势或劣势；

（5）主要竞争对手的产品种类、生产能力、技术力量、管理水平情况、计划发展，以及有哪些策略，效果如何；

（6）主要竞争对手在其产品、价格、分销渠道和东南亚市场促销方面的主要做法，采用了哪些策略，效果如何；

（7）主要竞争对手成功的诀窍是什么，对本企业有什么借鉴作用；

（8）企业与主要对手竞争，成败机会各如何。

三、东南亚市场调研的程序

一般来说，一个完整的营销调研过程必须有四个步骤，如图7-2所示。在目标确立之后，调研工作应该按照一定的程序进行，从明确调研问题到调研方案的制订和实施，直至最后的数据处理与报告撰写。每一阶段都有其特定的工作内容，参照此程序进行，能保证调查工作有条不紊地开展。

```
确定调研目标 → 制订调研方案 → 实施调研方案及处理数据 → 完成调研报告
```

图7-2　东南亚市场调研的步骤

（一）确定调研目标

营销者要有针对性地选择具有实际意义的问题进行调研，问题必须明确具体、主次分明，目的就是把企业在实际运作前要决定的营销问题和了解的资料转换为需要企业调研的各种因素，写成书面文字，这是营销调研的起点。由于东南亚营销调研所面临的是地区与地区之间、国与国之间、国家与地区之间的政治、经济、文化的多种差异，其调研环境相当复杂多变，企业营销者更加需要确定一个不容易被误解的调研目的。例如，东南亚许多地方的人们对药及病因的看法存在显著差异，认为像头痛这样的病是阴阳失调的结果。阴属阴性，是以黑暗、寒冷或潮湿为特点的消极要素，而阳则属阳性，是与光、热或干等联系在一起的积极要素，世上万物产生于阴阳的结合，像头痛这样的不适则是因为阴过盛或阳过盛。针灸或艾灼（将碾碎的苦艾或其他药草加热后敷在皮肤上）是阴盛阳衰或阳盛阴衰的通常疗法。在东南亚的老挝，更是有许多当地人相信疼痛是由于人失掉了身体上32个灵魂之一引起的，或者由巫师的咒语所致，确切的病因则要通过检查刚弄碎的鸡蛋的蛋黄得出。Bayer公司生产出阿司匹林药片，在市场调研中应向调研对象提出的关键问题是阿司匹林怎样才能或者多大程度上能够作为东南亚居民所信赖的传统疗法的补充，这样才能销售出去。

（二）制订调研方案

调研方案一般包括进行调研的组织方式（即调研由谁承担，人员来自何处，是本企业相关部门人员负责还是委托专门的市场调研机构来完成等），使用的调研方法，调研所需的经费（主要包括计划方案、调查准备、实际调查、统计分析、撰写调研报告等方面的费用），以及完成整个调研活动所需的时间。

（三）实施调研方案及处理数据

市场信息的搜集由测试和实际调研两个阶段组成。测试阶段是利用一个很小的样本检测实际调研中资料搜集计划的程序是否合理，通过小范围的测试，为调研者检验搜集的方式、问卷的内容、人员的选择是否恰当提供一个先行的机会，以减少错误和偏差。

通过整理杂乱无章的信息资料，去伪存真，将错误的、不准确的、不全面的资料剔除，将有价值的信息输入计算机，并进行分析，找出问题及其产生的原因，发现现象之间的因果关系和内在规律性，作为制定营销决策的必要材料。

（四）完成调研报告

调研报告是由文字、图表形式反映整个调研内容和结论的书面材料，是一系列市场调研工作的结晶，是制定营销决策的重要依据。报告一般包括以下内容：调研的主要目的、调研方法、调研结果、提出决策性建议、必要的附件等。

四、东南亚市场调研的方法

收集的信息资料可以分为原始资料和二手资料。原始资料指专为某项计划而收集或实验而得的资料；二手资料指将原始资料整理后所形成的可为他人利用的资料。适当地使用二手资料可以节省大量人力、物力和财力。

（一）获取二手资料

1.二手资料的来源和利用

在东南亚市场调研中，调研的范围很广，而营销者对外国基本的社会经济与文化模式又缺乏了解，所以营销者对东南亚市场的各国的二手资料有很大的需求。二手资料调查需要的周期短、花费小，可通过企业内部、互联网、行业协会、研究机构和调查公司、综合性或专业性图书馆、各类会议等获取，通过二手资料可以初步了解调查者的性质、范围、内容、重点，是市场调研必不可少的基础工序。例如，营销者可以了解到新加坡政府提供的综合性统计资料，政府对本国的人口、住房、工商业及农业会进行定期调查，当然也包括营销者同样关注的商业性信息机构、行业协会、管理团体、省政府和地方政府。新加坡在资料的获得方面优于美国，马来西亚、印度尼西亚和泰国等国家在资料的收集与公布方面也做得不错。但在部分欠发达的东南亚国家可获得的有关营销的资料，还是不能满足外国营销者的需求，在越南、柬埔寨、老挝和缅甸等国家，政府的收集资料工作近年才刚刚开始。

2.二手资料的可比性

营销者在东南亚市场面临的另一个问题是获得的资料缺乏可比性。某些不发达国家正在发生的社会经济的迅速变化使得资料的及时性成为一个极其重要的问题。而且，即使现在许多国家正在收集可信的资料，但是通常没有可比较的历史资料。另一相关问题是数据资料的收集及公布方式。资料往往按不同类别公布或者由于所分类别太宽泛而没有具体价值。而且，来自不同国家的资料常常无法进行比较。营销者收集到类似的资料后，必须花费相当多的精力去处理不同统计口径的信息。

3.验证二手资料

营销者为了能有效地判断二手资料来源的可靠性，必须提出以下问题：

（1）资料是由谁收集的？是否有故意歪曲事实的理由？

（2）收集资料的目的是什么？

（3）资料是怎样收集来的？

（4）根据已知的资料来源或市场因素，这些资料内部是否一致，是否合乎逻辑？

总的来说，二手资料的可获得性与正确性随着经济发展水平的提高而提高。当然也有例外，印度的发展水平比许多国家都低，但其政府所收集的资料却精确且较全面。幸运的是，随着各国越来越认识到广泛精确的国家统计资料对经济有序增长的价值，人们对收集高质量统计资料的兴趣也在增加。人们对提高国家统计资料质量的这一兴趣使得资料的可获得性在最近几十年里有了显著的提高。但是，如果得不到资料或没有充足的二手资料来源，就有必要着手收集原始资料。

另外，有关东南亚市场的二手资料也可以考虑从互联网上获得。譬如有关国际金融、人口统计、消费及进出口的综合性的统计资料，也可以通过互联网搜索获得。

（二）收集原始资料

如果查找所有的合理的二手资料后，仍然不能恰当地回答调研问题，那么营销者必须组织调研团队着手收集原始资料，即专门为手头某一特定调研项目收集资料。

1.收集原始资料过程中的问题

在进行东南亚市场调研时，收集原始资料所遇到的困难大部分是源于国与国之间的文化差异，表现突出的是调查对象不能传达他们的观点、调查问卷翻译不恰当、调研双方沟通不畅等。

（1）传达观点的能力

能否表达对一产品或概念的态度与观点取决于调查对象能否发现该产品或概念的益处与价值。如果人们不懂得商品的用途，或者这些商品在某一社会使用不普遍，或者没有卖过，那么就很难形成对这些商品的需求、态度和看法。譬如，一个人若从来没有体会过智能手机的好处，他就不可能就有关智能手机的购买意向、喜欢或不喜欢，精确地表达自己的感受或提供任何合理的信息。产品概念越复杂，就越难设计出能帮助调查对象传达有意义的看法与反应的调研内容。

（2）回答的愿意程度

为什么许多人不愿意或不能够回答调查问题？文化差异为之提供了最好的解释。例如，在一些伊斯兰教地区，丈夫不仅挣钱而且完全支配钱的花法，因为开支由丈夫决定，所以要判断对许多消费品的偏好与需求就应该去问丈夫而不是妻子。在一些国家，妇女永远不会同意接受一个男子或陌生人的采访。尽管诸如此类的文化差异会使调研难于开展，但调研并非完全不可能。营销者可以通过谨慎地选择调查对象完成调研。在有些社会，地方著名人士可以充当采访者（其他人采访会被拒访）。在其他情况下，可以由职业人员及当地学生充当采访者，因为他们了解市场。

（3）实地调查中的取样

在东南亚市场中的调研，营销者可能会获得没有官方认可的人口普查资料、不完整或过时的电话号码簿、没有人口集中地区的地图，因此不能抽取群体（地区）样本。例如，在一些东南亚国家的城市，没有城市街道地图，或者是街道不标名，房屋不标号，这使调研者更加摸不着头脑。调查中各种交流手段（邮寄、电话与私人访谈）的作用受到限制。在许多国家，电话的拥有率极低，如缅甸，除非调查仅针对富人，否则电话调查几乎没有什么价值。即使调查对象家装有电话，调研者也许仍然打不通电话。这些实际困难，都需要营销者想办法创造性地解决，以达到调研目的。

（4）语言与理解

在东南亚市场进行调研时碰到的最普遍的问题还有语言障碍。语言的差异以及精确翻译的困难使得调研人员难以得到所期望的具体信息并影响对被调查对象的回答的理解。新加坡有四种官方语言：马来语、华语、淡米尔语和英语。英语是商务和官方语言，使用最为广泛。大多数新加坡人都会讲母语和英语两种语言。在新加坡进行调研时，就需要营销者花费大量的精力将问卷翻译成调查地区所用语言，再让以当地语言为母语的人检查问卷中的内容，确保调研双方没有理解障碍。

2.多文化研究

企业在东南亚市场上进行经营，努力使跨越数国的营销组合的各个要素标准化，使得多文化研究变得愈来愈重要。企业在对营销策略的任何方面实行标准化之前，必须比较东南亚地区内各个国家以及企业本国和目标国不同文化中的市场特征，找出其相似及相异之处，为营销者策划方案提供思路。

多文化研究涉及东南亚诸国具有不同语言、经济状况、社会结构的人们面对同一企业行为或是产品可能具有的迥异的消费行为及态度模式。在进行多文化的调研活动时，营销者必须对诸多方面的差异考虑齐全。在设计跨文化研究的问卷时还要确保费尽力气所做的调研所获得的结果具有可比性，以便于营销者分析数据，得出科学的结论。

第三节　东南亚市场预测

东南亚市场预测就是以东南亚市场调研为基础，运用科学的方法，对影响市场营销变化的诸因素进行分析，预测它在未来一定时期内的发展趋势，为企业未来的发展方向和营销决策提供可靠的依据。

一、东南亚市场预测的内容

市场需求预测、企业产品销售预测、企业投资效果预测、新产品开发预测、产品生命周期预测是东南亚市场预测的主要内容。市场需求预测是对某种产品未来市场需求前景的推测和估算。企业产品销售预测除了包括市场需求量的预测，还包括市场占有率大小的预测。如果企业要在东南亚市场上进行新的投资，就需要对投资效果作分析预测。首先要对未来市场进行周密的调研，在此基础上预测总的需求动态和变化趋势；其次，对投资项目建成后的能源、原材料的保证程度等因素进行预测；最后，对投资项目前所需的资金、投产后的产品成本、利润率、投资回收年限等做进一步的分析预测，从而为确定投资项目提供准确的依据。新产品开发预测是预测新产品的开发方向，消费者对新产品质量、式样、价格、包装等方面的要求，以及新产品在目标市场上的销售量和潜在销售量。产品生命周期预测就是预测产品的市场生命周期的发展变化趋势，使营销者得以根据生命周期的不同阶段的特点，采取不同的营销对策。

二、东南亚市场预测的基本原理与要求

（一）东南亚市场预测的基本原理

东南亚市场之所以可以被预测，是因为人们通过长期的认识，积累起丰富的经验和知识，逐步了解了东南亚市场变化规律；然后，凭借各种先进的科学手段，根据东南亚市场发展历史和现状，对影响市场供求变化的诸多因素进行调查研究，推演东南亚市场发展的趋势，做出相应的估计和推测，为经营决策提供可靠的依据。具体而言，东南亚

市场预测需要以下几条原理作为指导：

1.惯性原理

任何事物的发展在时间上都具有连续性，即在一定时间、一定条件下保持原来的趋势和状态，即过去影响到现在，还会影响到未来。因此，可以从事物的历史和现状推演出事物的未来。东南亚市场调研的发展也有一个过程，在时间上也表现为一定的连续性。惯性原理是时间序列分析法的主要依据。

2.因果原理

任何事物都不可能孤立存在，都与周围的各种事物相互制约、相互促进。一个事物的发展变化，必然影响到其他有关事物的发展变化。从已知某一事物的变化规律，推演与之相关的其他事物的发展变化趋势，是合理的，也是可能的。例如，某地禁用摩托车，该地一家"电动自行车"企业便敏锐地抓住商机；资源政策、环保政策出台必然导致"一次性资源"的替代品出现。

3.类推原理

许多事物相互之间在结构、模式、性质、发展趋势等方面客观存在着相似之处。根据这种相似性，人们可以在已知某一事物的发展变化情况的基础上，通过类推的方法推演出相似事物未来可能的发展趋势。类推原理的应用有：由小见大，从某个现象推知事物发展的大趋势；由表及里，从表面现象推知实质；由此及彼，如发达地区被淘汰的商品在落后地区可能有市场；由过去、现在推知以后，如电动汽车的发展与燃油汽车的发展就有某些类似之处，我们可以利用燃油汽车的发展规律类推电动汽车的发展规律。

4.概率原理

任何事物的发展都有一个被认识的过程，虽然不能完全把握，但可以根据经验和历史，大致预估某事务发生的概率，再根据该可能性来采取对应措施。人们在充分认识事物之前，只知道其中有些因素是确定的，有些因素是不确定的，即存在着偶然性因素。东南亚市场的发展过程中也存在必然性和偶然性，而且在偶然性中隐藏着必然性。通过对东南亚市场发展偶然性的分析，揭示其内部隐藏着的必然性，可以藉此推测东南亚市场未来的发展。从偶然性中发现必然性是通过概率论和数理统计方法，求出随机事件出现各种状态的概率，然后根据概率去推测预测对象的未来状态。扑克、象棋游戏和企业博弈型决策都在使用概率原理来确定某种情况发生的可能性。

（二）东南亚市场预测的基本要求

东南亚市场预测的准确度愈高，预测效果就愈好。然而，由于各种主客观原因，不可能没有误差。为了提高预测的准确程度，预测工作应该具有客观性、全面性、及时性、科学性、持续性和经济性等基本要求。

1.客观性

东南亚市场预测是一种客观的东南亚市场调研活动。但这种研究是通过人的主观活动完成的。因此，预测工作不能主观随意地"想当然"，更不能弄虚作假。

2.全面性

影响东南亚市场调研活动的因素，除经济活动本身外，还有政治的、社会的、科学技术的因素。这些因素的作用使东南亚市场调研呈现纷繁复杂的局面。预测人员应具有广博的经验和知识，能从各个角度归纳和概括东南亚市场调研的变化，避免出现以偏概全的现象。当然，全面性也是相对的，无边无际的东南亚市场调研预测，既不可能也无必要。

3.及时性

信息无处不在，无时不有，任何信息对经营者来说，既是机会又是风险。为了帮助企业经营者不失时机地做出决策，东南亚市场调研预测应快速提供必要的信息。过时的信息是毫无价值的。信息越及时，不能预料的因素就越少，就越能减少预测的误差。

4.科学性

预测所采用的资料，需经过去粗取精、去伪存真的筛选过程，才能反映预测对象的客观规律。运用资料时，应遵循近期资料影响大、远期资料影响小的规则。预测模型也应精心挑选，必要时还须先进行试验，找出最能代表事物本质的模型，以减少预测误差。

5.持续性

东南亚市场调研的变化是连续不断的，不可能停留在某一个时点上。相应地，东南亚市场预测需不间断地持续进行。实际工作中，一旦东南亚市场调研预测有了初步结果，就应当将预测结果与实际情况相比较，及时纠正预测误差，使东南亚市场调研预测保持较高的动态准确性。

三、东南亚市场预测的程序

东南亚市场预测的程序，根据预测和采用的方法不同而有所不同，一般程序如图7-3所示。

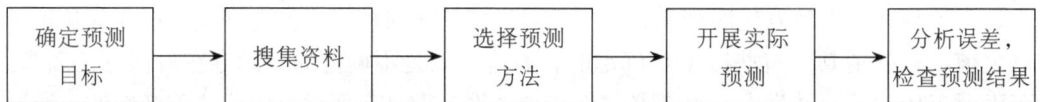

| 确定预测目标 | → | 搜集资料 | → | 选择预测方法 | → | 开展实际预测 | → | 分析误差，检查预测结果 |

图7-3 东南亚市场预测的程序

（1）确定预测目标，即根据决策的要求，确定预测的项目和指标。明确预测目标，就是根据经营活动存在的问题，拟定需要预测的项目，制订预测工作计划，配置力量组织实施。

（2）搜集和整理信息，即根据营销目标的要求，组织市场调研，搜集整理信息资料。市场预测需要以充分、可靠的资料为基础进行分析、判断，调查和整理有关资料是市场预测重要环节。

（3）选择预测方法，即根据营销目标和搜集到的资料的性质，选择恰当的预测方法。预测方法的核心是建立描述、概括研究对象特征和变化规律的模型，再根据模型进行运算处理，得出精确可靠的结果。

（4）实际进行预测，得出结论，即按照预测方案和选好的方法，分析资料信息，进行计算和分析，求出预测结果，写出书面报告。

（5）分析预测误差，检查结果，即每次预测方案实施后，要对照实际，计算误差，分析原因，为进一步修正预测方案和下一轮的预测做充足的准备。

四、东南亚市场预测的方法

东南亚市场营销预测的方法有很多，常见的主要有定性预测法、专家意见法、时间序列法、回归分析法等。

（一）定性预测法

定性预测法，即经验判断法，或是直观预测法，是根据营销调研的资料及营销者的经验和综合判断能力来预测市场未来的状况和发展趋势的一种方法。这种方法以定性分析为主，主要依靠营销者个人的主观判断来预测，操作简单，使用方便，容易掌握，一般不需要全面系统的数据资料，在历史资料不全的情况下，也可采用这种方法，尤其是在东南亚欠发达地区，历史资料不全又难以获取全面的资料进行统计分析，可依靠有经验的营销者运用定性预测法进行预测。但是，由于这种方法仅仅是一种主观判断，而不是建立了科学的数量模型从而进行预测，因此会受到预测者的素质、心理、情绪的影响，从而降低预测的精确性。

（二）专家意见法

专家意见法，是由企业聘请具有丰富专业知识和销售经验、掌握着有价值的资讯的业界专家，包括经销商、供应商、营销顾问、同行业协会等，征求他们对市场行情的看法，由预测者综合其意见后得出预测结果。

（三）时间序列法

时间序列法也称历史延伸法或外推法，是指以过去的统计资料为基础，按时间顺序排列，运用数学模型预测市场未来的发展变化趋势。例如，企业某产品将年（季）的销售量、消费者历年收入、购买力增长统计值等数据按时间先后顺序排列成时间序列，再依时间序列进行预测。由于此种方法必须有历史资料，而在某些不发达的东南亚国家缺少类似的数据，营销者使用时间序列法预测市场未来的发展变化趋势有实施难度。

（四）回归分析法

回归分析法是通过分析两个以上的变量之间的因果关系进行预测的方法。用时间序列法预测销售量，销售量只受一个时间因素的影响，而在当今东南亚市场上，销量往往受到多种因素的制约。回归分析法以一个或一个以上的相关变量作为自变量，不以时间作为唯一的自变量，其选择变量的数量和范围都比时间序列法广泛得多。例如，粮食亩产量不仅与施肥量有关，还与降雨量、气温、土壤等多种因素有关。

@ **本章小结**

企业要想顺利地进入东南亚市场，成功占领和扩展东南亚市场，必须应用东南亚市场研究这个武器，了解东南亚地区不同国家市场的特点。东南亚市场营销信息系统可以被视为企业的"神经中枢"，由内部报告系统、营销情报系统、营销调研系统和营销决策支持系统四个部分组成，目的是寻求东南亚市场机会、监督企业的东南亚销售状况、监控东南亚市场环境、综合衡量企业在东南亚市场上的营销效果。东南亚市场营销调研强调企业在整个生产、销售等经营过程中要时刻注意了解东南亚市场动向，把握市场机会，发现营销中的失误，随时改进企业的市场营销活动，使企业的经营活动更好地满足东南亚市场中消费者的需求。东南亚市场营销调研包括的内容有：东南亚市场营销环境的调研、东南亚消费者调研、东南亚市场需求调研、产品调研、价格调研、东南亚分销渠道调研、促销调研、竞争调研等。东南亚市场营销环境的复杂多变，常让营销者头疼不已，因此，加强对影响东南亚市场营销变化的诸因素的监控预测，可以为企业制定未来的营销决策提供依据。

第八章 东南亚目标市场营销

目标市场营销是指企业在一定的市场细分的基础上，确定自己的目标市场，最后把产品或服务定位在目标市场中的确定位置上。目标市场营销是现代市场营销的核心，它包括三要素：市场细分（Segmentation）、目标市场选择（Targeting）和市场定位（Positioning），即STP战略。在东南亚市场的目标营销中，也应从这三要素进行分析。

第一节 东南亚市场细分

世界上有200多个国家和地区，我们所研究的东南亚10国，每个国家和地区的政治、经济、文化和地理等状况差别很大，导致消费者的需求也存在着很大的差别。按照市场营销学的理论，一个企业，就算实力再雄厚，也无法满足所有消费者的需求。因此，企业进行市场细分，选择目标市场，有针对性地满足某一消费层次的特定需要，对于其成功地开展经营是非常重要的。

一、市场细分的含义

市场细分是1956年由美国市场营销学家温德尔·史密斯（Wendell R.Smith）在其论文《产品差异和市场细分——可供选择的两种市场营销战略》中首先提出来的一个概念。它是现代企业营销观念的一大进步，是顺应新的市场态势应时而生的，是旧的营销观念向现代营销观念转变的产物。

所谓市场细分，就是指企业根据市场的某些特征或变量，将某一市场划分为不同的细类市场，以便企业能更好地根据消费者的不同需求而参与市场竞争的经营管理活动与过程。也就是说，把某一产品的市场，根据影响消费者需求特点的明显标志，细分为一个或者若干个细分市场，然后针对这些不同的细分市场，需要一家或若干家企业从产品设计、分销渠道、价格政策直至促销宣传，采取相应的整合营销策略，使企业营销的产品或服务就是针对一个或者若干个细分市场，亦称"子市场"或"市场片"。每一个细分市场都是由具有类似需求倾向的消费者构成的群体，不同细分市场之间的需求差异较大。

市场细分这一概念的形成和出现，经历了三个阶段：

（一）大批量营销阶段

西方国家在工业化初期，由于商品短缺，市场供不应求，因此生产观念在企业中极为流行。在生产观念的指导下，许多企业实行大批量营销：卖主面对所有的买主，不加区别、大批量生产、分销和促销单一产品，试图以一种产品吸引市场上的所有顾客。

（二）产品差异营销阶段

美国及其他西方国家从20世纪20年代开始，由于科学技术的进步、科学管理和大规模生产条件的应用，企业产量迅速提高，逐步出现"生产过剩"的现象，卖主之间竞争日趋激烈。供过于求使产品价格大跌，企业利润下降。由于同一行业中各个企业产品大体相似，差别较少，所以卖主难以控制其产品价格。一些企业开始实行产品差异营销，向市场提供两种或两种以上在外观、质量、式样、规格等方面有所不同的产品。

（三）目标市场营销阶段

20世纪50年代，买方市场的严峻形势，使许多企业认识和接受了市场营销观念。这些企业在市场营销观念指导下开始实行目标市场营销，即企业辨别各个不同的市场部分或购买者群，选择其中一个或几个市场部分为其目标市场，集中力量很好地为其目标市场服务，开发适销对路的产品和设计适当的营销组合，以适应和满足其目标市场的需要。

二、市场细分的作用

经济活动中往往存在这种矛盾的现象：一方面产品滞销积压，另一方面消费需求并未得到充分的满足；一方面企业感到竞争激烈，另一方面很多消费者又买不到满意的商品。造成这种现象的原因有很多，企业在生产经营上忽视市场细分，不善于正确选择目标市场也是重要的原因之一。实行市场细分，可以为企业认识市场、研究市场、选定目标市场提供依据。

市场细分是制定市场营销策略的关键环节。市场营销策略包括两个基本观念，即选择目标市场与决定适当的营销组合。在实际应用上，首先需要解决的问题是，如何将一个异质市场细分为适当的分市场，然后才能从若干分市场中选定目标市场，采用与企业内部条件和外部环境相适应的目标市场策略，并针对目标市场设计有效的市场营销组合。

（一）有利于企业发现新的市场机会

企业运用市场细分理论来分析研究市场，不仅可以了解市场的总体情况，还可能发现整体市场中未被满足的需求或潜在的需求。对于某一企业来说，无论是别的企业舍弃掉的市场，还是其他企业尚未发现的市场，都形成了市场机会。市场机会对企业的营销活动至关重要：一是进入市场的成功率较高；二是有较大的销售潜力。通过市场细分，可以发现哪里的市场需求尚未被满足，消费者群体潜在的需求是什么。

❖ 小资料 8-1

服务业成为东盟经济主要贡献者

2013年10月21日，总部位于印度尼西亚的东盟秘书处发布最新的统计数据显示，东盟经济体的经济增长持续坚挺，其中服务业成为东盟经济增长的主要贡献者。2013年上半年，受菲律宾和泰国的经济发展驱动，东盟五国（印度尼西亚、马来西亚、菲律宾、新加坡和泰国）的平均收入增加了5.1%。2012年，东盟五国的经济增长率为5.8%，也超过了东盟四个新成员国（柬埔寨、老挝、缅甸和越南）的经济增长率5.3%。

　　统计数据显示：2008—2012年间，东盟以交通设施、通信、旅游、金融和保险等行业为主的服务业已经成为经济增长的催化剂，而农业（对GDP的贡献率）正在逐渐下降。2012年，在东盟十国中，服务业对GDP的贡献率最高，已经从此前的35%猛增至60%以上。在东盟经济重点逐渐转移到第三产业后，文莱、柬埔寨、老挝、缅甸和越南也正发展其第二产业和第三产业。

　　资料来源：暨佩娟. 服务业成为东盟经济增长的主要贡献者［EB/OL］.（2013-10-21）［2017-05-05］. http://www.people.com.cn.

（二）有利于合理地运用企业资源，提高企业的竞争实力

　　在一个细分市场上，竞争者的优劣势能明显地暴露出来，企业只要看准时机，针对竞争对手的弱点，有效地利用本企业的资源能力，推出更适合消费者需求的产品，就能用较少的资源把竞争对手的原有顾客和潜在顾客变为本企业产品的购买者。例如，近年来，随着中国生活水平的提高和旅游行业高歌猛进式的发展，出境旅游购物的热潮正逐渐席卷整个中国。国家虽鼓励公民带薪休假，可全家集体外出旅游的最佳时间基本还是定格在"十一"长假或春节七天假，再加上气候、语言、饮食、安全等环境因素，使得六七天行程内的东南亚旅游项目备受中国游客的青睐。针对中国庞大的游客资源，以及80后、90后这些旅游大军的中坚力量，以东南亚出境游为主业的传统旅行社对市场营销策略迅速做出调整。除传统的七天内"跟团游"线路外，也推出更受年轻人追捧的七天内自由行线路，如自驾游、亲子游、邮轮游等。

（三）有利于掌握市场变化，更好地满足社会不同层次的需求

　　企业要扩大产品销路、提高市场占有率，就必须随时掌握处于变化中的市场需求。企业通过市场细分，可增强市场调查的针对性，预测各类消费者需求的变化情况，控制潜在的市场需求。这样，企业不仅可以针对消费者现实的需要，以需定产，而且还可以根据潜在需求开发新产品，拓延市场的广度和长度，满足消费者不断变化的新需求。

❖ 小资料8-2

中国南航对新加坡客运市场的细分之一

　　航空客运产品具有快速、机动、广泛和跨地域的特性，这些特性决定了航空公司在市场细分时需要综合考虑多个细分变量：地理变量、心理变量、人口统计变量、行为变量等。我们仅以其中的人口统计变量为例，来分析中国南方航空公司对新加坡客运市场的细分情况，见表8-1。

表8-1　　　　　　　　　　　　按人口统计变量细分市场

年龄	≤14岁	15~24岁	25~44岁	45~64岁	≥65岁	性别	男	女
数量（万人）	5.33	6.45	37.71	45.03	8.25	数量	65.16	37.62
占比	5.19%	6.28%	36.69%	43.82%	8.03%	占比	64%	37.62%

　　数据来源：新加坡旅游局2012年统计数据.

从表8-1中可看出，新加坡飞中国的重点旅客市场是45~64岁的中老年群体（43.83%）以及25~44岁的中青年群体（36.69%）。这是由于新加坡中老年群体多为华族后裔，受中华文化影响较深，且中文较好，加之对中国有较高的情感和文化认同，经济能力与时间灵活性较高，故较多选择中国为旅行目的地；而中青年群体大多数由于公务或学习的目的，也有一定访问中国的需求。数据同时显示，其中男性旅客显著多于女性旅客。

此外，从以上人口群体的航程时间上分析，发现中老年群体大多具有保留传统、节约、自己动手的典型心理特征，故有喜欢用过去的标准来衡量现在、多比较、花钱希望能看到一个实在结果的消费行为习惯，他们更倾向于购买时间弹性大、价格适宜的航空机票或旅游配套；而中青年群体大多具有感性消费、喜欢旅游、追求体验的消费习惯，更倾向于选择尝试航空公司的创新服务，但兴趣转移也快，对时间要求较高。因此，中国南航根据以上数据及分析结果，将重点旅客放在45~64岁的中老年群体以及25~44岁的中青年群体上，最大限度为他们提供合适的航程、航次及票价等。

资料来源：罗增泉. 中国南方航空公司在新加坡市场的营销策略优化研究［D］. 上海：上海交通大学硕士论文，2013.

三、东南亚市场细分的标准

东南亚市场营销决策面临的市场细分有两个层面的工作。第一个层面是国别市场的细分，面对东南亚地区众多的国家，企业进入哪个（或哪些）市场国最有利呢？在这一层面的市场细分，常用的标准有地理位置、经济状况、文化、宗教等，把整个东南亚划分为若干个子市场，每一个子市场具有相同的营销环境和条件，企业选择某一个或某几个市场作为目标市场。第二个层面的市场细分就是东南亚某国国内市场的细分。企业进入东南亚某国的市场后，会发现该国市场的顾客分为若干个更小的子市场，应选择其中的一个或几个作为目标市场。这一层面的市场细分常用的细分标准有人口、地理、心理、行为等。

（一）国别市场的细分

东南亚市场中用于细分国别市场的标准有地理位置、经济状况、文化、宗教等，而如何选择适当的标准取决于产品的具体情况。例如，百货公司的经营者会根据经济标准进行市场细分，中药材的供应商则是根据文化状况进行市场细分。

1.地理位置

东南亚是亚洲的一个亚区，由中国以南、印度以东、新几内亚以西与澳洲以北的国家组成。东南亚分为中南半岛、南洋群岛、南海诸岛。其中，中南半岛包括柬埔寨、老挝、缅甸、泰国、越南，南洋群岛包括菲律宾、马来西亚、文莱、新加坡、印度尼西亚、东帝汶等。运用地理区域来划分市场是常用的细分方法，许多跨国企业按地理区域将东南亚市场分为中南半岛、南洋群岛、南海诸岛几个区域市场，也有另一种分法是分为中南半岛、马来半岛、南洋群岛、马来群岛几个区域市场。

按照地理位置进行市场细分的优点是：（1）位置相近，方便企业管理市场。临近的地理位置使人们容易对相邻的国家进行管理。同时，交通运输和通信的便利也能节省企业的成本。（2）方便享用同属东盟自由贸易区带来的优惠条件。这意味着，国家之间的市场是相通的，敲开了一个国家市场的大门，也能较容易地进入同一经济实体内的另一个国家市场，甚至进入自贸区内的所有国家市场。

按照地理位置进行市场细分的缺点是：地理位置的接近并不保证各国市场在文化、经济发展等方面一定相似，有的时候甚至相差甚远，制定并实行无差异营销策略不易见效甚至是不合适的。

2.经济状况

以国家经济发展水平和发展阶段作为细分标准是市场细分中常用的方法之一。众所周知，东南亚市场经济差异很大。新加坡繁荣进步，经济和社会生活水平达发达国家之标准，经济发展以服务业、金融业、航运业、物流业、旅游业为主，近年积极发展高科技产业和教育。马来西亚、菲律宾、印度尼西亚和泰国的经济发展有一定基础，经济发展以工业、制造业、旅游业和农业为主，近年积极发展航运业和物流业。越南经济略为落后，经济发展偏重旅游业、基础制造业、农业和渔业。缅甸、柬埔寨、老挝和东帝汶经济落后，缅甸、柬埔寨和老挝的经济基本上完全依靠旅游业和农业，而东帝汶极其贫穷。文莱虽然人均GDP和发达国家相仿，但经济类型单一，主要以石油、天然气出口为主，财富和中东产油国一样只集中在少数富裕阶层。在对国家进行分类时，如果重点仅仅放在经济状况上，就会忽略一些重要因素的影响，如国家之间的文化差异以及宗教信仰的差异，企业营销者对每个子市场的消费者的行为分析也会出现偏差。

❖ 小资料8-3

苏宁打造中国-东盟跨境电商平台

2016年12月9日，"中国-东盟跨境电商平台"正式上线并在北京举办启动仪式。这个平台是中国和东盟国家商户及消费者交易的招商信息推广门户网站，该平台是苏宁拓展东南亚市场的第一站，将以苏宁海外购东盟馆和苏宁海外售东南亚站为依托，分中国进口和中国出口两个平台，各自独立运行，前期产品以中国进口为主，主要包括东盟国家出产的特色水果、食品饮料、个人护理用品和当地特产，像乳胶枕、泰丝等等。

2016年，中国互联网用户超过7亿人，网购用户超过4亿人，拥有规模近3万亿美元而且高速增长的电子商务市场。东盟互联网用户超过2.6亿人，是全球互联网用户增速最快的地区。新加坡和马来西亚是东盟电子商务发展最为迅速的两个国家，近年来两国网上销售额逼近整个东盟十国总销售额的一半。印尼当地智能手机用户已超过8 600万，互联网用户超过8 800万，电子商务用户超过3 900万，脸书用户排世界第二，电子商务交易额在2016年已达到51亿美元。中国商务部统计数据显示，2015年中国和东盟的双边贸易额已经超过5 700亿美元。其中，中国通过跨境电子商务对东盟出口800多亿美元，东盟国家出产的特色日用消费品、食品饮料、蔬菜水果等也在跨境电子商务平台上深受中国消费者的喜爱。显然，规模巨大的网络购物消费者为中国和东盟提供了越来越多的商机，跨境电子商务已经成为双边贸易的新引擎。

苏宁希望借中国贸促会在国内外的号召力引进特色商品和企业，由集团推动线上线下联动运营，帮助这些企业和商品在国内落地。为吸引更多的国内外商户，苏宁制定出一系列优惠政策：第一，免除一万美元的质保金；第二，免除一万美元的平台使用费；第三，各类目交易佣金按照50%的折扣收取；第四，全程由苏宁的支付系统易付宝实行外币结算。

经统计，这一平台在前两个多月的试运期，已累计成交10万多单。目前的供应商主要有马来西亚海外旗舰店以及来自越南、新加坡、泰国、印度尼西亚等七个国家的商户。商品主要包括东盟国家特产的水果、食品、保健品、日用品、百货和美妆等1 000多个商品。借助此平台，苏宁2017年的目标是引入中外商会200家，引入SKU（库存量单位）超过1万个，销售订单超过1 000万单。

尽管市场潜力巨大，但中国-东盟跨境电商仍面临挑战。其一，苏宁认为最大的难点在于海外段的物流配送上，因为东盟大部分国家的物流基础设施尚不完备。其二，现在进入中国市场的东南亚产品以农产品居多，主要是大米和水果，该地区的特色文化产品能否引起中国消费者的兴趣，将是未来双边贸易额能否大幅提升的关键。最后，在激烈的电商厮杀战中比拼价格也是难点。对此，苏宁除了进行战略投入，在自营模式上始终强调跟供应链的深度合作，通过差异化产品、包销买断、大单采购来降低产品成本；也需要不断优化系统和服务来降低内部成本。

资料来源：郑青亭. 贸促会联手苏宁　中国-东盟跨境电商平台上线［N］. 21世纪经济报道，2016-12-17.

3. 文化

东南亚国家的民族众多，除了受到古印度文化和中国文化的滋养，还受到西方宗教文化、阿拉伯文化的强劲影响，独特的地理和自然条件也促使多民族间文化交流甚密，因此形成了东南亚多姿多彩的文化特性。例如，东南亚建筑文化属于东方建筑文化体系，其最具特色之处在于它受到中印两大古老文化的夹击，同时其固有文化的强大生命力又赋予它鲜明的个性。又如，东南亚的食材原料多取自天然可食植物，新马泰美食、印尼菜多配以当地盛产的椰子、肉桂、丁香等植物香料，风味独特。在世界餐饮市场上，东南亚饮食最有代表性的就是"咖喱"菜系，这种以不同原料调制出来的香料，配以不同的食材，成为东南亚饮食的招牌风味。除此之外，东南亚诸国的民俗也各异，使用的语言也深受影响，形成多民族语言混杂的特点。

4. 宗教

在大多数的东南亚国家和地区中，宗教是社会的一个重要组成要素，对生活方式有着重大的影响，而生活方式反过来又影响着市场营销。东南亚大陆北部有4个国家，分别是泰国、老挝、柬埔寨、缅甸，信仰的主要宗教是佛教，教徒分布全国，地理上连成一体，尤其是在泰国，僧人的社会地位非常高。在13—15世纪，这些国家完成了小乘佛教的教化过程。越南既有小乘佛教、大乘佛教，也有基督教、伊斯兰教、印度教，由于特殊的地理和历史原因，越南各宗教之间的分野不清，宗教的相互演变、融合现象比较普遍。新加坡的宗教以佛教为主，但也有印度教、基督教、伊斯兰教和道教。居住于马来半岛和印度尼西亚群岛上的印度尼西亚、马来西亚和文莱的居民主要信奉伊斯兰教，其中，印度尼西亚是世界上伊斯兰教人口最多的国家。在这些国家里也有佛教及其他宗教的流传，教徒分布情况在很大程度上以民族聚居情况而定，如华人多的地方主要流传佛教，印度人多的地方主要流传印度教，马来人多的地方就自然流传伊斯兰教了。菲律宾和东帝汶的主要宗教是天主教，具有很大的影响力。菲律宾的南部棉兰老岛大部分居民信仰伊斯兰教。新加坡有70%以上是华人，而越南和中国山水相连，历史上曾与中国长期来往，因此这两个国家也受到中国儒家文化的影响。

（二）某国市场的细分

某国市场的细分就是在企业选择了东南亚的某一个或某些国家的基础上，再对某一个国家市场进行细分。

1.人口细分

人口细分就是按照消费者的年龄、性别、职业、收入、教育背景、家庭生命周期、社会阶层等人口变量进行市场细分。由于这些因素与消费者个人需求密切相关，企业营销工作操作起来比较容易量化，因此，企业常使用人口变量作为细分标准。

2.地理细分

地理细分是根据消费者生活的地理区域、气候条件、人口密度、生产力布局、交通运输和通信条件等变量来细分市场。即使是选择了新加坡或是泰国市场，企业仍然需要在这些国家内继续进行地理细分，才能锁定企业能够为之服务的目标消费者群体。

3.心理细分

心理细分是根据消费者态度、生活方式、个性、购买动机和消费习惯把消费者划分为不同的群体。新加坡国立大学的学者 Tan Soo Jiuan 曾在 2001 年 9 月在新加坡做过一次市场调查，以新加坡人的生活方式作为细分标准，结果细分出传统家庭导向、新时代家庭导向、现代实用主义者、物质主义的创业者、有创业精神的奋斗者、梦想家、渴望者和独立者 8 类不同的子市场。不同子市场中的人群拥有各自不同的价值观念，同时也展示出截然不同的生活方式。

4.行为细分

行为细分是根据消费者的购买动机、使用利益、使用者地位、使用率、忠诚度等变量将其细分为不同的子市场。

在实际操作中，很少只用一个细分标准来进行市场细分，往往是几个因素交叉使用，以便企业准确掌握目标国市场的情况。

第二节 目标市场选择

对应于东南亚市场细分，东南亚目标市场选择也有两个层面。第一个层面是在众多的东南亚国家中选择某个或某些国家作为目标国市场，第二个层面是在一国内众多的子市场中选择某个或某些子市场作为目标市场。所谓目标市场，是指企业为满足现实或潜在的消费者需求而开拓的特定市场，即企业作为目标，准备为之服务的那个顾客群。因此，企业必须细分市场，并且根据自己的任务目标、资源、实力、特长、关系等，衡量利弊，决定本企业市场定位在哪个或哪些市场部分，为怎样的顾客群服务。这样企业才能在竞争中与对手体现出目标的差异，从而战胜对手。

一、目标市场的概念

所谓目标市场，是企业决定要进入的那个市场部分，即企业在市场细分的基础上，根据自身能力和特长意欲为之服务的那部分顾客群体。市场细分的目的在于正确地选择目标市场，如果市场细分显示了企业所面临的机会，目标市场选择则是企业通过评价各种市场机会，决定为多少个细分市场服务的重要营销策略。

目标市场与市场细分是两个既有联系又有区别的概念，市场细分是以一定的划分标准分析消费者的需求，发掘市场上未被满足需求的消费群体的过程，而确定目标市场则是企业根据自身条件和特点选择某一个或几个细分市场作为营销对象的过程。因此，市场细分是选择目标市场的前提和条件，目标市场的选择则是市场细分的目的和归宿。

二、选择目标市场的条件

企业究竟如何选择目标市场，应全面考虑一些主客观条件和其他因素，权衡利弊。

（一）有足够的市场需求

目标市场一定要有尚未满足的需求。理想的目标市场应该是有利可图的市场，没有需求而不能获利的市场谁也不会去选择。例如，在东南亚国家中，新加坡是人均收入最高的国家，可也是自然资源最贫乏的国家，除了空气之外，几乎什么都要从国外进口，各种产品的市场需求都很大。因此，新加坡成为世界各国的跨国企业争相进入的市场。又如，文莱是东南亚第三大石油生产国、世界第四大天然气生产国，是典型的石油经济国家。但文莱经济结构过于单一，缺少其他物质资源，众多生活用品需要依靠进口，建筑业、农业都有足够大的市场需求。

（二）市场上有一定的购买力

市场仅存在未满足的需求，不等于有购买力和销售额。如果没有购买力或购买力很低，就不可能构成现实市场。因此，选择目标市场必须对目标市场的人口、购买力、购买欲望进行分析和评判。东南亚国家总人口众多，已突破6亿人。东南亚国家经济发展不平衡，发达国家新加坡和石油富国文莱为第一阶梯的国家市场，向新兴工业化国家迈进的马来西亚、泰国、菲律宾、印度尼西亚为第二阶梯的国家市场，改革发展中的越南为第三阶梯的国家市场，相对落后的柬埔寨、老挝和缅甸为第四阶梯的国家市场。因此，各国企业面对经济发展潜力巨大而层次分明的国家，必须分析清楚所在国市场的购买力及人口情况。

（三）企业必须有能力满足目标市场的需求

在市场细分的子市场中，可以发现有利可图的市场有许多，但是不一定都能成为企业的目标市场，企业必须选择其有能力去占领的市场作为自己的目标市场。开发任何市场都必须花费一定的费用，只有给企业带来的利润大于企业花去的费用的目标市场，才是有效的目标市场。例如，在中国诸多企业中，作为广西龙头企业的广西农垦集团凭借其强大的实力，与东盟10个国家均有合作项目，经济效益可观。广西农垦集团六大支柱产业是已具规模的机制糖、剑麻制品、木薯淀粉、畜牧水产、亚热带水果、茶叶等。广西农垦集团经过市场细分，发现了东盟10国的需要项目，选择本企业的优势品种，把剑麻制品、淀粉、茶叶、生猪及畜牧产品、水产品、水果、矿泉饮料等产品源源不断地推进东盟各国，抢占市场，扩大份额。

（四）在被选择的目标市场上企业具有竞争优势

竞争优势主要表现为：该市场上没有或者很少有竞争；如有竞争也不激烈，并有足够的能力击败对手；未来该企业有望取得较大的竞争优势。

（五）企业的资源是否雄厚

如果企业的资源雄厚，可以考虑定位于全部市场的目标市场；反之，只能定位于市场集中性目标市场。

（六）产品或市场是否同质

企业的产品，如果是同质的或相似的，如食盐、大米等，可以定位于专业化目标市场；反之，如果产品设计及功能可以变化，则适宜定位于全部市场或市场集中性目标市场。如果市场上所有购买者都具有相同的爱好，在每一时期购买数量相同，对市场营销刺激的反应也一样，企业可以定位于全部市场。

（七）产品在其生命周期中所处的阶段

当企业推出一种新产品进入市场时，通常只推出一种或少数几种款式，因此适宜定位于专业化目标市场，或集中所有力量为某一个市场部分服务；随着产品进入成熟阶段，企业通常定位于市场集中性目标市场。

（八）竞争对手所选择的目标市场

若竞争对手定位于全部市场，企业一般应对着干，选择专业化目标市场。

三、东南亚目标市场的选择方法

（一）完全覆盖市场战略

完全覆盖市场战略即企业想用各种产品满足各个子市场的需要，如计算机操作系统市场中的微软公司，以及汽车市场中的通用汽车公司。实力雄厚的企业可用两种方法达到覆盖所有子市场的目的，即无差异市场营销和差异市场营销。

（二）有选择的专门化战略

有选择的专门化战略即企业具有一定的实力，可以同时选择几个子市场作为目标市场，对于不同的子市场提供不同的产品和服务，各个子市场之间是独立而缺乏联系的，在每个子市场都可以盈利。选择多个子市场可以分散企业的风险。"东边不亮西边亮"，即使在某个子市场失败，或是发生了危机事件，企业在其他子市场所受的影响较小，照样可以获利。

有选择的专门化战略可以分为两类：其一是产品专门化战略。产品专门化是指企业集中生产一种产品或提供一种服务，向几个子市场均提供这种产品或服务。企业把精力集中在产品或者服务本身，成为专家型企业。缺点是一旦替代品出现，企业经营将会面临很大的风险。其二是市场专门化战略。市场专门化就是选择一个子市场，提供这个子市场的消费者群体所需要的各种产品和服务。企业只为某一个消费者群体服务，树立良好声誉。但是，这一子市场若由于某种原因萎缩，企业经营风险随之而来。

❖ **小资料8-4**

中国智能手机掌控印尼中低端手机市场

根据追踪手机产业数据的International Data Corporation公司最新公布的数据，中国的智能手机制造商占据了印尼智能手机超过50%的市场份额，并掌控了中低端手机市场。

印尼拥有2.5亿人口，是仅次于中国、印度、美国的第四大人口国家。万岛之国的印尼因独特的地理条件，宽带市场发展相当缓慢，这也加速了用户向智能手机迁移，使印尼成为仅次于中国、印度以及美国的全球第四大智能手机市场。

中国公司将这一巨大的市场视为重要机遇，并且进行积极的推广和采取具有竞争力的定价策略，各大手机厂商纷纷宣布在印尼建厂。2015年6月，Vivo正式进军印尼市场，并在印尼投资建设Vivo的本土化工厂。此外，中国手机品牌小米、OP-PO、魅族、联想等均在印尼设有工厂或者合作工厂。中国手机保持了出色的产品质量、大力度的推广营销，以及轻度的公司资本债务等，促使中国智能手机品牌在印度手机市场占据主导地位。数据显示，2016年，印尼手机市场的"领头羊"依然是韩国电子巨头三星，其市场份额为28%；相比之下，印尼厂商的市场份额从2015年的40%下降到今年的14%。中国联想继续保持第二的位置，这主要得益于其已有品牌形象，以及产品遍布诸多价格细分市场。OPPO与Vivo India公司2016年的销量分别增长7~9倍，和中国小米一起进入了印尼智能手机市场份额排名的前五名。

资料来源：佚名. 中国智能手机已占印尼半壁江山 本土厂商受冲击 [EB/OL]. (2017-06-26) [2017-06-28]. www.huanqiu.com.

（三）选择单一的子市场战略

在资源有限的条件下，企业选择一个子市场，提供一种非常有特色的产品和服务，是很多中小型企业的市场战略。例如，美国莱凯公司专为女性设计、开发、销售运动鞋。

四、选择目标市场的策略

在目标市场选择好之后，企业必须决定如何为已确定的目标市场设计营销组合策略，即采取怎样的方式，使自己的营销力量到达并影响目标市场。这时，可以有以下不同的考虑：通过无差异市场营销策略和差异市场营销策略，达到覆盖整个市场；借助集中市场营销策略，占领部分细分市场。

（一）无差异市场营销策略

所谓无差异市场营销策略，就是将整个市场视作一个整体，不考虑消费者对某种产品需求的差别，它致力于顾客需求的相同之处而忽略不同之处。为此，企业设计一种产品，实行一种营销组合计划来迎合最大多数的购买者。它凭借单一的产品，统一的包装、价格、品牌，广泛的分销渠道和大规模的广告宣传，树立该产品长期稳定的市场形象。可口可乐公司的营销活动就是无差异市场营销的典型例子。面对东南亚各地的消费者，可口可乐都保持统一的口味、包装，甚至连广告语也统一为"请喝可口可乐"。

无差异市场营销策略曾被当作"制造业中的标准化生产和大批量生产在营销方面的化身"。其最大的优点在于成本的经济性，单一的产品降低了生产、存货和运输的成本，统一的广告促销节约了市场开发费用。这种目标市场覆盖策略的缺点也十分明显。它只停留在大众市场的表层，无法满足消费者的不同需要，面对市场的频繁变化显得缺乏弹性（如图8-1所示）。

```
┌──────────────┐        ┌──────────┐
│  市场营销组合   │  ⟹    │   市场    │
└──────────────┘        └──────────┘
```

图8-1　无差异市场营销策略

（二）差异性市场营销策略

差异性市场营销策略与无差异市场营销策略截然相反，它充分肯定消费者需求的不同，并针对不同的细分市场分别从事营销活动。企业根据不同的消费者推出多种产品并配合多种促销手段，力图满足各种消费者不同的偏好和需要。

差异性市场营销策略的优点很明显，企业同时为多个细分市场服务，有较高的适应能力，经营风险也得到分散和减少；由于针对消费者的特色开展营销，能够更好地满足市场深层次的需求，从而有利于发掘市场、提高销售总量。这种策略的不足在于，目标市场多、经营品种多、管理复杂、成本高，还可能引起企业经营资源和注意力的分散以及顾此失彼的情形发生（如图8-2所示）。

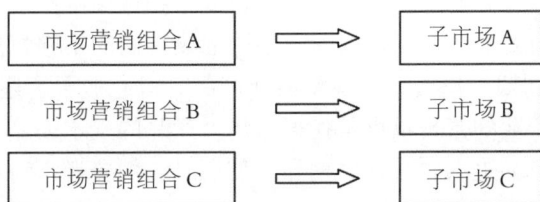

```
┌──────────────┐        ┌──────────┐
│  市场营销组合A  │  ⟹    │  子市场A  │
└──────────────┘        └──────────┘
┌──────────────┐        ┌──────────┐
│  市场营销组合B  │  ⟹    │  子市场B  │
└──────────────┘        └──────────┘
┌──────────────┐        ┌──────────┐
│  市场营销组合C  │  ⟹    │  子市场C  │
└──────────────┘        └──────────┘
```

图8-2　差异性市场营销策略

（三）集中性市场营销策略

集中性市场营销策略是指企业集中所有力量，在某一细分市场上实行专业生产和销售，力图在该细分市场上拥有较大的市场占有率。企业运用此策略是遵循"与其四面出击，不如一点突破"的原则。例如，大众汽车公司集中于小型汽车市场的开拓和经营。集中性市场营销策略的优点是，因为服务对象比较专一，企业对其特定的目标市场有较深刻的了解，可以深入地发掘消费者的潜在需要；企业将其资源集中于较小的范围，进行"精耕细作"，有利于集聚力量，建立竞争优势，可获得较高的投资收益率。但这种策略风险较大，一旦企业选择的细分市场发生突然变化，如消费者偏好转移或竞争者策略改变等，企业将缺少回旋余地（如图8-3所示）。

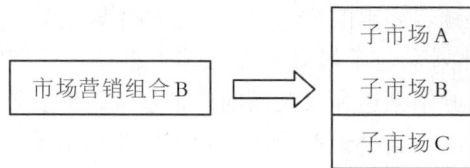

图8-3　集中性市场营销策略

上述三种策略各有利弊，企业在进行决策时要具体分析产品和市场状况等因素，结合企业本身的特点来选择目标市场策略。

五、影响目标市场策略的因素

影响企业目标市场策略的因素主要有企业的资源特点、产品特点、市场特点和竞争对手的策略等。

（一）资源特点

如果企业资源丰富、实力雄厚，拥有大规模的生产能力、广泛的分销渠道、标准化程度高的产品、好的内在质量和品牌信誉等，可以考虑实行无差异市场营销策略；如果企业拥有一流的设计能力和优秀的管理素质，则可以考虑实行差异性市场营销策略；而对实力较弱的中小企业来说，适于集中力量进行集中性市场营销策略。

企业初次进入市场时，往往采用集中性市场营销策略，在积累了一定的成功经验后再采用差异性市场营销策略或无差异市场营销策略，以扩大市场份额。

（二）产品特点

产品的同质性表明了产品在性能、特点等方面的差异性的大小，是企业选择目标市场时主要考虑的因素之一。一般对于同质性高的产品，如食盐等，宜实行无差异市场营销策略；对于同质性低或异质性产品，差异性市场营销或集中性市场营销策略是恰当的选择。此外，产品因所处的生命周期的阶段不同而表现出的不同特点亦不容忽视。产品处于导入期和成长期初期，消费者刚刚接触新产品，对它的了解还停留在较浅的层次，竞争尚不激烈，这时企业的营销重点是挖掘市场对产品的基本需求，因此往往采用无差异市场营销策略。当产品进入成长期后期和成熟期时，消费者已经熟悉产品的特性，需求向深层次发展，表现出多样性，竞争空前激烈，此时企业应适时地将无差异市场营销策略转变为差异性市场营销策略或集中性市场营销策略。

（三）市场特点

供与求是市场中两大基本力量，它们的变化趋势往往是决定市场发展方向的根本原因。供不应求时，企业重在扩大供给，无暇考虑需求差异，所以采用无差异市场营销策略；供过于求时，企业营销的重点放在刺激需求、扩大市场份额上，因此多采用差异性市场营销策略或集中性市场营销策略。

从市场需求的角度来看，如果消费者对某产品的需求偏好、购买行为相似，则称之为同质市场，可采用无差异市场营销策略；反之为异质市场，则采用差异性市场营销策略或集中性市场营销策略更为合适。

（四）竞争对手的策略

企业可与竞争对手选择不同的目标市场覆盖策略，即错位的目标市场策略。例如，竞争者采用无差异市场营销策略时，选用差异性市场营销策略或集中性市场营销策略则更容易发挥优势。

企业的目标市场营销策略应慎重选择，一旦确定，应该有相对的稳定性，不能朝令夕改。但灵活性也不容忽视，没有永恒正确的策略，一定要密切注意市场需求的变化和竞争动态。

第三节　市场定位

经过对东南亚市场的细分，并将一个或多个子市场定为企业的目标市场后，接下来考虑的就是设计进入目标市场的方法，其中包括对产品进行准确的市场定位。1981年，艾尔·里斯和杰克·特劳特发表著作《定位》，让"定位"成为营销战略理论架构中的一个核心概念。所谓市场定位就是根据竞争者现有产品在东南亚目标市场上所处的位置，针对消费者对该产品某种特征或属性的重视程度，强有力地塑造出本企业产品与众不同的、给人印象鲜明的个性或形象，并把这种形象生动地传递给顾客，从而使本企业的产品在东南亚目标市场上确定适当的位置。也可以说，市场定位是确定一种企业产品、服务或企业本身在目标市场上的位置，这种位置取决于消费者的认识。市场定位一定要给自己的产品创立鲜明的特色或个性，塑造出独特的市场形象。例如，沃尔玛的市场定位是"天天平价"，麦当劳的市场定位是"卫生、方便的快餐"，戴尔电脑的市场定位是"个人定制计算机"。它们都拥有合理的市场定位，并大获成功。

一、市场定位的步骤

（一）明确企业潜在的竞争优势

企业通过集中若干个潜在的竞争优势将自己与其他竞争者区分开来。企业应明确目标市场对所关心的产品的各种属性的重视程度，以及竞争对手的产品具有的特色，知己知彼，以此作为决策的依据。企业可以从技术开发、经营管理、生产、市场营销、财务、产品等六个方面来比较自己与竞争者的强弱，找出自身潜在的竞争优势。

（二）选择相对的竞争优势作为市场定位

相对的竞争优势也就是一个企业能够胜过竞争者的能力。这种能力可以是企业本身具备的或是具备发展潜力的，也可以是通过努力创造的。总之，相对的竞争优势是本企业能够比竞争者做得更好的工作。当然，其中有些竞争优势过于微小或者开发成本太高，应该果断放弃。

（三）显示独特的竞争优势

显示竞争优势也就是准确向市场传播企业的定位观念。企业做出市场定位决策后，必须通过一系列宣传活动，将其独立的竞争优势准确地传播给目标市场，包括建立与市场定位相一致的形象，让目标顾客知道、了解并熟悉企业的市场定位。

二、市场定位方式

市场上原有产品通常已经在顾客心目中形成了一定形象，占有一定地位。例如，人们认为可口可乐是世界上最大的软饮料公司，奔驰、卡迪拉克是豪华型汽车等。这些品牌拥有自己的地位，竞争对手很难取代它们。在这些产品市场上，参与竞争的企业要想争得立足之地难度很大，因此，企业必须有适当的定位方式，并选准一个切入点。一般有以下几种定位方式：

（一）避强定位

当企业意识到自己无力与强大的竞争者抗衡时，则远离竞争者，根据自身条件及相对优势，突出宣传自己的特色，满足市场上尚未被竞争对手发掘的潜在需求。由于避开强手，这种方式风险小、成功率高，即使是实力较弱的小企业如能正确运用此方式准确定位，仍能取得成功。

（二）迎头定位

这是一种以强对强的市场定位方法，即将本企业形象或产品形象定在与竞争者相似的位置上，与竞争者争夺同一目标市场。实行这种定位的企业应具备的条件是：能比竞争者生产出质量更好或成本更低的产品；市场容量大，能够容纳两个或两个以上竞争者产品；比竞争者有更多的资源和更强的实力。这种定位存在一定风险，但能够激励企业以较高目标要求自己，奋发向上。

（三）创新定位

寻找新的尚未被占领但有潜在市场需求的位置，填补市场上的空缺，生产市场上没有的、具有某种特色的产品。比如比利时一家地毯厂为了其产品能打入穆斯林广阔的市场，厂商根据穆斯林教徒祈祷的特点，别出心裁地将扁平的指南针嵌入供教徒祈祷用的地毯上，并把指南针指针调到麦加城的方向，无论怎么移动地毯，指南针始终指向麦加城。不出所料，这种嵌入了指向麦加城指针的地毯在穆斯林市场果然畅销。采用这种方式时，企业应明确创新定位所需的产品在技术上、经济上是否可行，有无足够的市场容量。

（四）重新定位

企业在选定了市场定位目标后，如定位不准确或虽然开始定位得当，但市场情况发生了变化，如遇到竞争者定位与本企业接近，侵占了本企业部分市场，或由于某种原因消费者或用户的偏好发生变化，转移到竞争者市场，就应考虑重新定位。重新定位是以退为进的策略，目的是实施更有效的定位。例如，生产"康师傅"方便面的顶益集团，就是在经过几次重新定位后才确定了现在的最佳定位——生产一种合乎大众口味的、价格适中的方便食品，并获得了极大的成功。

综上所述，市场定位是设计企业产品和形象的行为，以便使目标市场客户明确企业相对于竞争对手的地位。市场定位正确，能给企业带来巨大的经济效益和广阔的发展前途，反之，市场定位不正确，则会使企业蒙受巨大的经济损失。因此，企业在进行市场定位时，应慎之又慎，通过反复比较和调查研究，找出最合理的突破口。一旦建立了理想的定位，企业必需通过一致的表现与沟通来维持此定位，并经常加以监测，以随时适应目标顾客和竞争者策略的改变。

❖ **小资料8-5**

长城汽车在柬埔寨市场首战失利

柬埔寨市场上充斥着中国产日用消费品、建材和机械设备，但有一样东西尚缺，那就是中国产汽车。首都金边是个流动的万国汽车博览会，美国车、日本车、德国车、韩国车，争奇斗艳，各领风骚，但几乎看不到中国汽车。这是为什么呢？

很多人认为主要原因是中国汽车商家不重视柬埔寨市场。可是长城汽车作为中国典型的汽车出口大户，早早就把目光投向柬埔寨市场。长城汽车通过在柬埔寨的代理 World Bridge 以整车进口方式进行销售，所售车型覆盖了旗下所有系列，从常见的哈佛 H6 皮卡、越野车到 C30、C60 等轿车系列，甚至连冷门的 Coolbear 酷熊多功能车也有投放。售价方面，长城汽车同排量的售价要低于市场上丰田、福特等 1.5 万美金，甚至比二手车售价也要低 15%，可以说这个售价对于消费者是相当有诱惑力的。4S 店的初期发展规模也是较为良好向上的，拥有黄金地段沿街的 500 平方米展示厅和预备可扩建用地。配合着产品齐全和当街旺铺，长城汽车进入柬埔寨市场本想打一次漂亮的"低价战"，可结果却差强人意。

柬埔寨本地经销商几乎没有在营销手法诸如广告、展会、促销上投入更多的资金，无法树立长城这个中国民族品牌的形象，作为一个新进的品牌又是为本地居民所排斥的中国品牌，发展的道路是很崎岖的。当然，低价策略还是吸引了不少买家，可本地经销商没有投入金钱和精力来维持售后服务，导致因为低价格而购买长城汽车的消费者在随后使用时发现的小问题得不到有效快速解决，最后经营不到 2 年就停业了。可见，没有完整的配套体系，低价战略就只是空谈。

汽车是一个同质化很严重的产品，在市面上竞品车型鳞次栉比，在柬埔寨这样一个贫富差距较大、崇尚高档汽车消费的市场不适宜开展低价竞争策略。对中国汽车生产商来说，柬埔寨是一块未开发的处女地。中国汽车商家只有拿出当年日本汽车经销商开拓海外市场的自信和勇气，价廉物美的中国汽车才有可能在包括柬埔寨在内的东南亚所向披靡。

资料来源：张吟. 柬埔寨汽车市场营销策略研究［D］. 南昌：南昌大学，2014.

三、东南亚市场定位时应注意的问题

（一）强化东南亚市场意识

外国企业应增进了解东南亚市场的特点、供求变化、发展趋势，这有利于企业开发市场、抓住商机或者创造商机；应增进了解东南亚国家的政策和政府导向信息，这是企业比较商机、有效合作的基础条件；应增进了解东南亚企业的运作机制，这是有效合作的前提条件。例如，过去在中国与东南亚企业合作中有不少失败的例子，原因之一就是合作双方对对方的企业运作机制了解不到位，结果运作时多处不合、决策时意见不一。所以说，"入乡问俗""入乡随俗"才能如鱼得水，外国企业进入东南亚，与其合作经营、生产，必须先了解合作企业的人事管理、财务管理、生产管理、市场营销等方面的特点，才能提高合作的有效性。当然，东南亚企业也在不断调整和改善经营管理。

（二）政府积极地指导和引导

在市场经济和企业自主经营中，政府的指导和引导作用十分重要，它可避免资源的浪费或闲置而有效促进企业开发资源、利用资源，它可减少企业决策失误所带来的经济损失而提高决策的成功率，它可为企业调整经营导向提供信息参考。

1.牵头成立专业机构

这些专业机构由技术人才、商业人才等专业人士组成工作团队，定期向政府、企业、公众等相关团体和消费者公布东南亚市场供求信息，发布商情分析报告。例如，虽然广西的经济与东盟各国具有较强的互补性，广西支柱产业的产品质量水平并不亚于东盟国家，但广西产品却很少能进入东盟市场，主要原因是长期以来广西进出口企业不熟悉国外技术法规和标准，商品常在品质、规格、数量、重量和包装等方面不符合国外要求而遭遇技术性壁垒。2007年，广西东盟技术研究中心挂牌成立，其职责是搜集和研究东盟国家的标准和技术法规，建立动态的东盟标准信息服务平台，向政府部门、企业及相关部门提供东盟技术标准和技术法规的信息咨询服务。其还将对中国特别是广西的优势产品、特色产品与东盟国家产品的标准水平对比分析，研究如何利用技术性贸易措施在零关税下最大限度避免中国农产品受东盟优势农产品冲击，帮助解决特色产品出口东盟国家的市场准入问题。

2.介绍商机，牵线搭桥

政府部门如果常与企业家们保持联系，听取意见，向企业家介绍东南亚的投资环境和可合作项目，可以促进双方合作。

3.组织市场调研

政府部门还可以组织企业家前往对方国家考察、招商、洽谈，增进相互间的企业接触和企业对考察国市场的接触。此种形式是大家所熟悉的，同时在一定程度上也是有效的。

（三）大力发挥非政府组织的作用

在促进中国与东南亚经贸合作中，政府应发挥和利用各方面力量和渠道所具有的作用和优势，同时，企业也应借助多种渠道来取长补短。在中国和东南亚地区均有许多商会、行业协会等非政府组织，绝大多数企业加入了有关商会。这些组织具有工作的灵活性和桥梁性、组织成员的代表性和广泛性。政府利用这些组织，可了解企业所思所想，引导企业的经营行为，所以应有效地发挥这些组织的作用。同时，企业也应积极参与所加入商会的活动，反映问题，交流在经贸合作中的经验教训，集思广益，协作开发市场。

中国和东南亚各国商会之间应建立广泛、密切、长期的合作关系，可共同举办促进经贸合作的研讨会、展销会、洽谈会、招商会、论坛，为企业广开通商之路。同时，应经常、及时地为其会员企业提供商务信息，提供中介服务，向政府部门反映经贸合作中的问题和提出建议，为政府当好助手和参谋。

@ **本章小结**

面对政治、经济、文化和地理等状况千差万别的东南亚各国市场，各类企业都要进行市场细分，准确地选择目标市场，有针对性地满足某一消费层次的特定需要，才有可能比同类竞争者更好地服务于东南亚市场。

东南亚的市场细分有两个层面的工作：第一个层面是国别市场的细分。常用的标准有地理位置、经济状况、文化、宗教等，把整个东南亚划分为若干个子市场，每一个子市场具有相同的营销环境和条件，企业选择某一个或某几个市场作为目标市场。第二个层面是某国国内市场的细分。常用的细分标准有人口、地理、心理、行为等。企业在选择东南亚的某个国家或某些国家的目标市场后，可以根据企业的资源、产品特点、市场特点、竞争者的策略等情况，选择无差异市场策略、差异性市场营销策略、集中性市场营销策略。企业在进行东南亚市场定位过程中，必须充分强化东南亚市场意识，发挥政府和非政府组织的作用，寻找出本企业区别于竞争对手的差别化优势，在消费者心目中确立优势地位。

第九章　东南亚市场营销产品策略

第一节　产品概念和产品分类

一、产品概念

东南亚市场营销中的产品概念与一般市场营销中的产品概念是一致的，它是一个广义的、整体性的概念，是指通过交换而满足某种欲望和需要的任何东西，既包括实体商品，也包括服务（如美容服务、咨询服务）、人员（如体育明星、影视明星）、地点（如桂林、维也纳）、组织（如保护消费者协会）、事件、信息、观念（如环保意识、公德意识）和创意等。

现代市场营销是从满足消费者利益的角度来认识和理解产品的，消费者的利益是多方面的，产品也应从多方面满足消费者的利益需求。

关于产品的整体概念，目前理论界主要有两种表达形式：一种是三层次产品整体概念（如图9-1所示）；另一种是五层次产品整体概念（如图9-2所示）。著名营销学者菲利普·科特勒认为，五层次产品整体概念能够更深刻和更准确地表达产品的整体概念。在这里，我们主要介绍一下五层次产品整体概念。

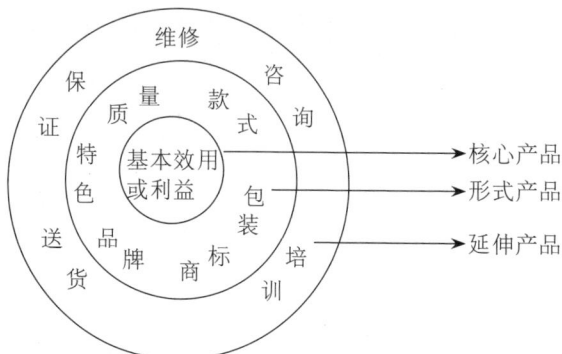

图9-1　三层次产品整体概念

核心产品，是指顾客真正所购买的基本服务或利益；形式产品是产品实现核心利益所必须的基础条件，即产品的基本形式；期望产品，即消费者在购买产品时，通常期望或默认的一组属性和条件；附加产品，包括提供超过顾客期望的服务和利益；潜在产品，即该产品在将来最终可能会实现的全部附加部分和转换部分（产品将来的发展方向）。

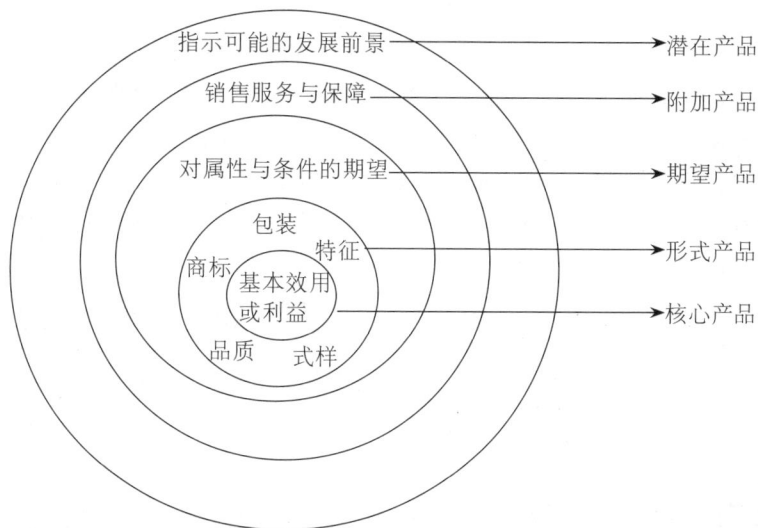

图9-2　五层次产品整体概念

下面，我们以"东南亚旅游服务"这一国际产品为例来具体说明上述五个产品层次：

在一次东南亚旅游服务中，消费者真正想购买的是一次愉快的对东南亚自然风光和人文风情的精神体验，这就是该项产品的核心利益。为了实现核心利益，服务提供者——旅行社需要将它转化为跨国交通工具、旅游景点、餐厅和宾馆等可见物的基本形式组合，这就是该项产品的形式产品。一般而言，根据营销宣传、以往经验和朋友介绍，消费者可以对交通设施、旅游景点和住宿地点的舒适、安全、愉悦程度做相应的预期，这属于产品的第三层——期望产品。如果在接受服务的过程中，服务提供者提供了超出消费者预期的、额外的服务，如高档的住宿标准、十分体贴的人性化服务、免费提供的精美纪念品、临时增加的节目和看点等，则属于附加产品的范畴。通过该次旅游，发展旅游成员之间的友谊，或者结识了新伙伴，则属于潜在产品。

所以进入东南亚市场，必须清楚消费者所追求的是整体产品的利益，企业所提供的也是满足其整体利益需求的产品。没有以满足消费者综合的、多层次的利益和需求为中心来设计和销售产品，就不是现代市场营销，为此，科学理解产品整体概念有着十分重要的现实意义。

❖ 小资料9-1

东盟特色产品受中国内地城市"90后"拥戴

泰国连续剧、马来西亚咖啡、印尼首饰……在中国-东盟自贸区的大背景下，东盟国家越来越多的特色产品逐步登陆中国市场，融入了中国民众的生活，尤其受到都市"90后"的拥戴。泰国作为第一个在西安设立领事馆的国家，从2006年起，各种各样的官方推介活动逐渐为此间民众所熟悉，无论是旅游还是美食，掀起了一股强劲的"泰国"旋风。超市里，货架上摆满了来自东盟国家的产品。无论是泰国、越南的水果还是马来西亚、新加坡的零食、饮料、日用品，都很受市民的欢迎。

印尼出产的各种风味的饼干，为一些漂亮美眉所钟爱。沁人心脾的泰国熏香、色彩艳丽的泰式按摩床榻，让人情不自禁想坐下来享受一下泰式按摩。继日韩剧在中国内地荧屏大行其道后，泰国电视剧目前又成新宠。打开电视机，充满异域风情的俊男靓女"空空""掰掰"的发音代替了韩国明星"欧巴"的娇嗲；论坛上，发布最新泰剧动态的帖子云集，大量的泰剧字幕组应运而生，许多新剧的更新时间也与泰国播出时间同步，完全不逊于美剧、韩剧、日剧这些传统的海外热播剧。据了解，琼瑶式的叙事方法、单一的偶像路线，导致泰剧的粉丝主要集中于中国"80后""90后"群体。

资料来源：佚名. 东盟特色产品受中国内地城市"90后"拥戴［EB/OL］.（2011-07-15）［2017-07-21］. http://www.chinanews.com/.

二、产品的分类

产品是丰富多彩、多种多样的，但是归纳起来，其主要有以下3种分类方式：

（一）非耐用品、耐用品和服务

产品可以根据其耐用性和是否有形而分为三类：

（1）非耐用品。非耐用品一般是有一种或多种消费用途的低值易耗品，属于有形产品。其特点是消费快，购买频率高，价格相对便宜，如啤酒、肥皂和盐等。

（2）耐用品。耐用品一般指使用年限较长、价值较高的有形产品。其特点是使用时间长，价格相对高，如汽车、房屋、机械等。

（3）服务。服务是为出售而提供的活动、利益或满足感等。它是无形的、不可分的、可变的和易消失的，如理发、修理等。它一般通过质量控制、提高供应者的信用能力和适用性来满足消费者的利益需要。

❖ **小资料9-2**

外媒称中国车企在东南亚难挑战日企　但电动车有机会

据《日本经济新闻》2016年12月6日报道，11月末起在泰国曼谷近郊举行的泰国国际车展上，中国最大的国有车企之一上海汽车集团与泰国正大集团合资设立的上汽正大有限公司设立了展台，在明快的音乐和录像中，推介着运动型多用途汽车"MG·GS"等两款车型。

上海汽车10月末在泰国东部春武里府开工建设年产量达20万辆的工厂，将其作为海外量产基地。虽然未公开总投资额，但据当地媒体估算，至少达到约300亿泰铢。上汽在印度尼西亚也与美国通用汽车共同建设"五菱"品牌的工厂。总投资额为7亿美元，年产量达15万辆。

上海汽车的优势是价格低廉。占已售车七成的小型车"MG3"比竞争对手丰田"VIOS"便宜约20%。半年前购买一辆该车型的女教师欣喜地表示其"设计好，价格低，令人惊喜"。上汽正大公司的一位副总裁说："知名度不高的我们，要想获得成功，价格战略很重要。"

首次参展的中国最大的商用车企北汽福田汽车将于12月在泰国投入运营一家年产1万辆的皮卡工厂。该公司已相继在俄罗斯和印度设立了海外生产基地。北汽福田的泰国总经理耿超表示："希望将此作为攻占东南亚市场的立脚点。"该工厂总投资额超过10亿泰铢，为了提高价格竞争力，有55%以上的零部件从当地采购。

北汽福田汽车的母公司北京汽车集团将于2017年在马来西亚运营一家电动汽车组装工厂。该公司还结合本国和泰国的交通状况，于11月展示了右舵电动汽车。

上汽两家工厂的生产能力相当于整个东南亚新车销量的10%的水平。如果新工厂满负荷运转，其在东南亚的生产规模将接近日本排名靠后的车企。

不过，中国车企在销售层面面临诸多课题。中国车企在东南亚主要6个国家的销售份额只占到0.2%。一位泰国汽车分析师指出，"很多中国汽车存在品质问题，影响消费者购买的主要因素包括二手车的降价以及维修中心少"。

日本车企多年来在东南亚建立了强大的销售网络，积累了品牌实力。浜银综合研究所主任研究员深尾三四郎认为："中国车企很难威胁到在销售方面领先一步的日本企业。但随着电动汽车的普及，比日本先行一步的中国车企可能会利用泰国等各国政府的电动车推广政策，找到翻盘的机会。"中国车能够以低价格和电动车为武器吸引到消费者吗？中国车企在东南亚的成败似乎将影响到其全球战略。

资料来源：张诚. 外媒称中国车企在东南亚难挑战日企 但电动车有机会［EB/OL］（2016-12-07）［2017-06-06］. http://www.cankaoxiaoxi.com/finance/20161207/1494947.shtml.

（二）消费品分类

根据消费者的购买习惯分类，产品可分为方便品、选购品、特殊品和非渴求品。

（1）方便品。方便品是指顾客经常购买或即刻购买，并几乎不做购买比较和购买努力的产品，如牙膏、肥皂和报纸等。

（2）选购品。选购品即消费者在选购过程中，对产品的适用性、质量、价格和式样等基本方面做到有针对性比较的产品，如家具、服装和家用电器等。

（3）特殊品。特殊品即具有独有特征和（或）品牌标记的产品，对这些有独特性的产品，有相当多的购买者愿意为此付出特别的购买努力，如特殊品牌和特殊式样的花色商品、古董等。

（4）非渴求品。非渴求品即消费者未曾听说过或即便是听说过一般也不想购买的产品，如保险、墓葬品等。非渴求品的性质决定了企业必须加强广告宣传和推销工作，使消费者对这些物品有所了解，产生兴趣。因此企业应千方百计吸引潜在顾客，实现销售。

中国多数消费品受到东南亚市场的欢迎，特别是纺织品、服装、义乌小商品、电子产品和玩具等。

（三）产业用品分类

各类产业组织需要购买各种各样的产品和服务。产业用品可以分为三类：

（1）材料和部件。中国的钢材、机械等产品也很受东南亚市场喜欢。

（2）资本品目。这是指部分进入产成品中的商品，包括装备和附属设备等。

（3）供应品和业务服务。这是指不构成最终产品的那类产品，如打字纸、铅笔、维修服务、企业咨询服务等。

❖ 小资料9-3

东南亚到底有什么魅力　让日本时尚品牌全都看好它？

2017年1月早些时候，日本贸易振兴团在印度尼西亚的首府雅加达组织了一场活动，宣布来自日本的21个时尚品牌都瞄准了印度尼西亚的年轻人市场。

时隔半个月，MUJI又表示，它三月将正式进军菲律宾，采用的是合资公司的方式，MUJI母公司占股49%，菲律宾公司SSI集团占股51%。据Business world on line表示，MUJI在菲律宾寻找到的合作伙伴SSI共投资建立了7家MUJI门店。

这种接二连三进军东南亚市场的场景近来频繁出现在日本公司身上。4个月前，日本服装品牌优衣库刚在新加坡拿下了2 700平方米的店面，而这将是其在东南亚地区最大的旗舰店。

虽然这三个品牌都选择了不同的国家驻扎，但进入东南亚市场的它们显然都被共同的特质吸引，那是一种来自于抢占新兴市场的兴奋感。东南亚中的11个国家拥有非常多样化的文化背景，但人口多且年轻，城市化程度也非常高，商业条件良好。此外，新加坡、印尼、泰国等国家的经济活动也都主要集中在以首都为中心的城市地带，这使得初次进入该国市场的外国公司更容易寻找到合适的定位和打动目标顾客的策略。

资料来源：佚名. 东南亚到底有什么魅力　让日本时尚品牌全都看好它？[EB/OL].（2017-02-06）[2017-08-05]. http：//www.jiemian.com/article/1086312.html.

第二节　东南亚市场营销中产品标准化和差异化策略

一、产品差异化策略和标准化策略的概念

与母国国内市场营销不同的是，东南亚市场营销面对的是各国不同的市场环境，因而摆在跨国公司面前的一个突出问题是采用产品标准化还是差异化策略，也就是东南亚市场营销中产品标准化和差异化策略的选择问题。

（一）产品标准化策略和产品差异化策略的概念

东南亚产品的标准化策略，指的是在世界上的不同国家和地区的所有市场上都提供同一种产品。企业所采取的是将整个东南亚市场与世界其他国家市场看成一个整体，在东南亚以同样的方式销售同样的产品。

东南亚产品的差异化策略，指的是产品因地制宜，对不同东南亚国家市场提供不同或调整过的产品，以适应当地市场的特殊需要。也称为定制化，就是要求跨国企业的营

销人员不断调查研究不同东南亚国家市场在经济、文化、地理等方面的差别，特别是那些与社会文化关联性强的产业领域，不少调查报告表明，许多企业在东南亚营销中的重大错误之一就是产品设计没有因地制宜地进行修改，没有采用差异化策略。

（二）不同类型产品在标准化与差异化问题上的"金字塔"模型

出于分析的简便，在此将东南亚市场中的产品划分为三大种类：初级产品、消费品、无形产品。初级产品包括工农业生产资料，如钢铁、棉花、大豆，一般是指那些大宗产品，也包括大部分农副产品，如水果、鲜活禽类等。消费品包括普通消费品和耐用消费品，如各种加工食品、生活用品、电气产品等是普通消费品，如汽车就是耐用消费品。无形产品指各种商业服务、技术服务，也包括金融、保险服务等。上述三大类产品体现出的标准化与差异化程度是不同的，如图9-3所示。

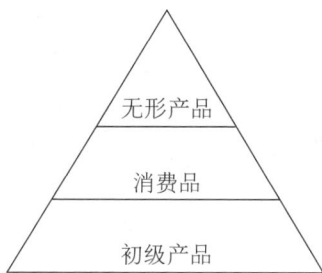

图9-3　初级产品、消费品、无形产品的标准化和差异化特征

（1）在东南亚产品营销中，出口的初级产品往往表现出较少的差异性，因为客户需要的初级产品，特别是大宗原材料，大部分的目的并不是直接消费，而是进一步加工，初级产品并不是产品的最终表现形态。为便于确定产品质量，这类产品一般采用标准化。

（2）对于消费品，利用营销学中的整体产品的五大层次的概念来进行分析。产品可以分解为核心产品、形式产品、期望产品、延伸产品和潜在产品。核心产品部分应该标准化，而其余四层可以根据目标市场客户的需求差异化。如汽车生产企业在满足客户诸如速度、安全性、经济性等核心价值方面要保持标准性，在外观设计、空间大小、内部装饰方面可因人而异。

（3）无形产品的差异化程度最强，拿银行服务来说，一家跨国银行在其本国和东南亚开展的业务，由于国家法律环境、金融监管要求、投资控制、人均可支配收入、储蓄习惯等差异很难提供一模一样的金融产品。对于高端客户甚至需要量体裁衣，为其提供一对一的产品。这些可以通过有形的载体体现，如通过企业LOGO、口号、公益活动等展示企业一贯秉承的理念及信仰。

二、差异化策略和标准化策略的优缺点

无论采用标准化策略还是差异化策略，都有无数的成功案例。瑞士表、微软的产品、可口可乐的产品，在每个国家都有一定的顾客群。如果微软实行产品差异化，会给我们带来巨大不便，势必丢失很多市场。到底是该采用标准化策略，还是差异化策略？什么样的企业适合标准化，什么样的企业适合标准化？是偏重标准化，还是偏重差异化？

成功地实行产品标准化的企业并不放弃由于产品偏好、消费模式、购买习惯以及体制或法律方面的不同而要求企业对市场进行差别对待的方法。但是企业将千方百计地努力去改变并试图重塑这些差异，只有在经过不懈地尝试得知无法改变这些差异之后，才接受并适应这些差异。

（一）产品标准化策略的优点和缺点

（1）产品标准化策略可使企业实现规模经济，大幅度降低产品研究、开发、生产、销售等各个环节的成本，进而提高利润。

（2）在全球范围内销售标准化产品有利于树立产品在国际上的统一形象，强化企业的声誉，有助于消费者对企业产品的识别，从而使企业产品在全球享有较高的知名度。

（3）产品标准化还可使企业对全球营销进行有效的控制。东南亚市场营销的地理范围较母国国内营销扩大了，如果产品种类较多，则每个产品所能获得的营销资源相对较少，难以进行有效的控制。产品标准化一方面降低了有效管理的难度；另一方面集中了营销资源，企业可以在较少的产品上投入相对充足的资源，对营销活动的控制力更强。

（4）标准化策略的缺点是使企业产品对具体东南亚市场的需求符合程度降低，并产生漠视、脱离当地市场需求的风险。产品标准化策略更多地依赖母公司的统一决策，而对子公司的具体情况关注较少，可能会降低当地子公司管理人员的积极性、主动性和创造性。

（二）产品差异化策略的优点和缺点

（1）有利于融入当地文化、更好地满足东道国消费者需求。消费行为取决于文化。文化的隔阂是全球化面临的主要问题，是外来产品进入东南亚国家市场的主要障碍。本土化避免了外来文化的特质差异，尤其是文化差异所形成的隔阂，以及这种文化的强制和侵略；同时从消费者实际出发制定营销战略，这不仅符合以消费者为中心的营销理念，而且更容易满足消费者不断改变的市场需求。

（2）有利于企业进行东南亚资源的有效配置，本土化意味着企业高度融入了当地，对东道国的资金、技术、人力资源的运用更加得心应手。

（3）产品差异化策略对企业提出了更高的要求，包括鉴别各目标国消费者的需求特征能力、产品研发和调整能力，同时生产成本和营销费用都将高于标准化产品，管理难度也将增大。

三、标准化策略和差异化战略的抉择

（一）规模大的产品适合采取标准化策略

从产品生产的角度来看，适宜于产品标准化的产品类别为在 R&D、采购、制造和分销等方面获得较大规模经济效益的产品。具体包括：技术标准化的产品，如手机、电脑、电视机、音响等产品；研究开发成本高的技术密集型产品，这类产品必须采取全球标准化以补偿产品研究与开发的巨额投资。

（二）根据竞争情况选择

如果在东南亚目标市场上没有竞争对手出现，或市场竞争不激烈，企业可以采用标准化策略，或者市场竞争虽很激烈，但本公司拥有独特的生产技能，且是其他公司无法效仿的，则可采用标准化产品策略。反之则用差异化产品策略为宜。

（三）法律法规限制和文化冲突

因为法律法规限制和文化冲突，要想进入一个地区，必须采取差异化策略，比如文莱是个伊斯兰教国家，就不能出现猪肉产品，如果想进入文莱，很多质量要求必须达到其标准。

（四）标准化与差异化聚合兼容的策略

这实际上就是要求公司在"全球思考，东南亚行动"的战略思想下实现"标准化"与"差异化"双轨运行。据调查，美国跨国公司中只有9%的公司使用了完全标准化策略，37%的公司实行完全差异化策略，50%以上的公司使用了两者结合的策略。东南亚本土化是一种战略思维，它是从全球的视角来思考"东南亚"问题，把"东南亚"问题纳入全球营销的整体或网络中加以解决，它寻求一种共性和统一，特别是在战略性要素上，诸如产品定位、品牌培育、形象塑造等，它注重和强调"国际性"的思考和宏观整体上的谋划。然后在具体实施营销过程中，考虑到不同地区的差异情况，综合使用标准化与差异化营销手段，并根据实际情况决定差异化与标准化的比重。

（五）企业应该在发挥自身优势的情况下尽量保持原有产品的核心价值

如果产品足够强势，可以保留原有产品不做任何修改，比如一些奢侈品，如瑞士手表、豪华跑车；又如一些技术垄断企业的产品，如波音飞机。如果市场竞争激烈，为了扩大产品份额，需要不断创造新产品满足不同的差异化需求。但是最重要的一点是不在盲目的差异化策略中迷失自我，最终导致自身缺乏核心优势。

❖ 小资料9-4

TF公司柬埔寨汽车产品策略

从品牌价值角度而言，TF公司所选择的英国汽车品牌显然无法在柬埔寨市场上与宝马抗衡，因此需要在车型选择上尽量考虑差异化竞争。比如同排量车型可以采取高配低价或者同价高配的办法，让消费者感觉到实际的优惠。

在引进产品的车型选择上，应以各个消费阶层热爱的越野车、皮卡车为主，尤其以全尺寸大型SUV为宜。常规普通型汽车应只占到引进数量的30%左右，这也是因为考虑到本地的气候条件、道路交通状况以及私营经济发达这些消费特征。非常遗憾的是，TF公司所代理的英国乘用车品牌的城市型运动多功能车直到2014年年底才被允许出口到金边市场。在此期间，其主要以高性价比、设计非常个性化的A0级汽车吸引顾客，将来会降低轿车的销售比例。

在车辆外观上根据本地市场消费者的喜好，黑、白、银这三个主要颜色最受欢迎，占有市场70%以上的份额。由于柬埔寨是佛教国家，僧侣的僧袍通常是橙色或红色，因此TF公司在进口车辆的时候选择的是黑色、白色、银色、浅金以及灰色。事实证明在销售过程中白色最受消费者的青睐。

在车辆内饰上以浅米色真皮为主，黑色真皮和浅色针织面料不受欢迎。一方面，柬埔寨日照强烈，黑色内饰吸热多，会引起乘坐者的不适，而针织面料的内饰显得过于廉价，不符合本地人购车的虚荣心态；另一方面，当地居民喜干净，尤其对车辆的保养每日不间断，空气中的悬浮颗粒较少，因此浅色内饰的打理对于他们而言是不费力的事情。TF 作为授权经销商在引进车辆时，根据目标客户需求向厂商提出产品改进或调整意见，在运营一段时间后可以为顾客开发新产品。例如柬埔寨路面的沙尘较多，因此带有粉尘过滤装置的空调可以作为车辆选装件。在目前 TF 还无法经营越野车车型的情况下，可与厂方协商车辆出厂前可以适当调高汽车底盘高度，以便在柬埔寨地区使用时获得更好的通过性。由于柬埔寨城市规划较旧，城区没有更多可开发土地，因此停车位一直处于供不应求的状态。大部分车主选择在上街沿泊车，除了底盘高度外，当多辆车并排时，可更改排挡锁也是一个很重要的考虑方向，尽管这对车辆安全性提出了更高的要求。

资料来源：张吟. 柬埔寨汽车市场营销策略研究［D］. 南昌：南昌大学，2014.

第三节 品牌策略

一、品牌的概念

品牌是指一个名称、标记、符号、图案、象征、设计或是它们的组合形成的标志，其目的是识别某个销售者或某群销售者的产品或劳务，并使之同竞争对手的产品和劳务区别开来。

（一）品牌的构成

品牌是一个包括许多名词的总名词。它主要包括品牌名称、品牌标志、商标等内容。

（1）品牌名称。这是指品牌中可以用语言称呼的部分。例如，可口可乐、百事可乐、奔驰、联想、海尔、劳斯莱斯等，这些品牌都可以用语言表达。品牌名称具有良好的宣传、沟通和交流作用。

（2）品牌标志。这是指品牌中可以识别，但难以用语言称呼的部分。品牌标志可以通过符号、图案、设计、色彩等要素构成，反映了品牌的立体形象，它能够帮助人们认识、联想，使得消费者产生积极的感受、喜爱和偏好，如桑塔那汽车的圆形标志、奥迪轿车的四环标志等。

（3）商标。品牌或品牌的一部分在政府有关工商管理部门依法登记注册后，就称为商标。商标是企业采用的商品标识，通常由文字、图形或文字与图形相结合的方式组成，如麦当劳的黄色拱门、IBM 的蓝色字母、小天鹅公司的天鹅图案等。商标是品牌的很重要的组成部分。简单地说，品牌是一个市场营销的概念，商标是一个法律的概念。1857 年法国制定了专门的商标法。商标具有区域性、时间性和专用性特点。

品牌与商标的区别：品牌是一个商业名称，其主要作用是宣传商品；商标也可以宣传商品，但重要的是，它是一个法律名称，受法律保护。

品牌与商标的联系：品牌的全部或部分作为商标经注册后，这一品牌便具有法律效力；品牌与商标是总体与部分的关系，所有商标都是品牌，但品牌不一定都是商标。

总之，品牌是一个复杂的符号，它实质上代表卖者对交付给消费者的产品特性、利益和服务的一贯性的承诺。

（二）品牌的整体含义

品牌的整体含义可分为六个层次：

（1）属性。品牌首先使人想到某种属性，多年来，奔驰轿车的广告一直强调它是"世界上工艺最佳的汽车"。

（2）利益。对于顾客，他们购买的是利益。属性需要转化成功能性或情感性的利益。例如，汽车的耐久属性可以转化为功能性的利益，"多年内我不需要再买一辆新车"；制作精良的属性可转化为功能性和情感性利益，"一旦出事我很安全"。

（3）价值。品牌表明生产者倡导的某些价值观或消费观。例如，"奔驰"代表着高效、安全、声望及其他价值。

（4）文化。品牌文化是指品牌在经营中逐步形成的文化积淀，代表了企业和消费者的利益认知、情感归属，是品牌与传统文化以及企业个性形象的总和。"奔驰"汽车代表着德国文化：组织严密、高效率和高质量。

（5）个性。品牌个性是特定品牌拥有的一系列人性特色，即品牌所呈现的人格品质。"奔驰"代表了一种王者的个性。

（6）用户。品牌代表了特定的消费群体。我们总是认为"奔驰"的用户都是成功者。

如果生产者在品牌规划和品牌推广上做出努力后，能让目标消费者从以上六个方面整体识别品牌，说明企业的品牌战略是成功的，它创出了"深度品牌"。否则，它也只是一个"肤浅品牌"而已。还应该注意的是，在品牌的整体含义的六个方面要素中，最持久的是品牌的价值、文化和个性要素。

二、品牌在市场营销中的作用

品牌是企业重要的无形资产，在营销活动中发挥着重要的作用。现从买方、卖方和社会三方面分别分析品牌的益处。

（一）对买方的益处

（1）品牌代表产品稳定的质量和特色，便于买者选购，提高购物效率。

（2）品牌是质量和信誉的保证，有利于企业约束不良行为。

（二）对卖方的益处

（1）品牌便于卖者进行营销管理，如在做广告宣传和签订买卖合同时，都需要品牌信用做保障，以简化交易手续。

（2）注册商标受法律保护，具有排他性。

（3）品牌可建立稳定的顾客群，吸引那些具有品牌忠诚度的消费者，使企业的销售额保持稳定。

（4）品牌有助于市场细分和定位。企业可按不同细分市场的要求，建立不同的品牌，分别投入不同的细分市场。

（5）良好的品牌有助于树立良好的企业形象，使企业获得长久、稳定、可持续的发展。

（三）对整个社会的益处

（1）品牌可促进产品质量的不断提高。由于购买者认牌购货，生产者不能不关心品牌的声誉，加强质量管理，从而使市场上的产品质量普遍提高。

（2）品牌可加强社会的创新精神，鼓励生产者在竞争中不断创新，从而使市场上的产品丰富多彩、日新月异。

（3）商标专用权可保护企业间的公平竞争，使商品流通有秩序地进行，促使整个社会经济健康发展。

三、品牌命名

一个好的品牌首先要有好的名称。在东南亚，产品的品牌命名应该坚持以下原则：

（1）合法性原则。名称必须是法律许可的，违背法律要求的名称不能注册，没有注册的名称，不受法律保护。产品品牌名称及标志要符合当地政府的法律法规，并向当地专利和商标管理部门申请注册，取得合法销售的地位，使企业的权益得到保护。

（2）易读、易记原则。在品牌的命名选择中，要符合简洁、独具特色、新颖、响亮、富有内涵等要求。

（3）达到暗示产品特性的原则。比如，"永久""奔驰""宝马"等就暗示了商品本身的特性。

（4）触发消费者品牌联想原则。让消费者看到、读到该名称时，就引起良好的、愉快的联想。

（5）适应跨文化环境的原则。名称应符合不同地区、不同国家的风土文化，便于更多国家推广。

❖ 小资料 9-5

新加坡商标的注册程序

《新加坡商标法》制定于 1998 年，自 1999 年 1 月起施行。其规定商标的拥有者，不管是个人还是合伙或公司都可以申请注册商标。但欲于新加坡申请商标注册者须在当地设有营业所或住所。申请程序如下：

1.搜查：申请注册的商标，应当有显著特征，便于识别，并不得与他人先取得的合法权利相冲突。搜查及收集资料是第一个必然的步骤，也是重要的第一步，这将有助于避免与他人的商标有相似之虞。申请商标注册前，申请人可以考虑对申请商标进行检索，看是否有相同或近似的商标已经在相同或类似商品、服务上申请、注册。通常情况下 10 个工作日可以得到查询结果。

2.申请：申请者必须提呈指定的文件及申请书、注册费、使用商标的商品或服务类别和名称、商标的详细解说、商标图样。若有关申请商标有颜色，在申请时必须准确提供 6 份商标图案，如拟注册商标是黑白图案，则只需提供 1 份商标图案。

3. 审查：新加坡知识产权局收到注册商标申请后将进行审查，确保不会与之前的注册商标出现相同之处，在获得有关的审查报告后，申请者可检查以确定该申请商标是否允许注册。知识产权局受理申请后，会对该项申请进行初审，如果符合商标条例规定的标准，又没有与以前申请个案重复或雷同，则该申请就会进入公告阶段。

4. 公告：有关商标申请会公布在商标公告上，反方在公告后两个月内可提出异议。在公告期间，如果没有遭到他人反对，拿到证书的概率就很高了。

5. 异议：在该异议期内，任何人可以对该商标申请提出异议。申请人可以对该异议进行答辩。

6. 注册：若异议不成立或并没有任何一方提出异议，有关申请注册商标将核准注册，新加坡知识产权局将会发出注册证书。

7. 保障有效期和续展：注册商标有效期为自申请日起10年，有效期满前可申请续展，每次续展可再获10年有效期。

资料来源：佚名. 东南亚各国商标程序［EB/OL］.（2006-05-15）［2017-05-05］. http：//www.caexpo.com.

四、品牌策略

（一）品牌化策略及其重要意义

品牌化策略是企业品牌从定位、确认到推广的一整套营销方法、技术及应用。在现代市场竞争中，品牌竞争是提高企业核心竞争力的重要手段。品牌化策略是企业产品营销策略的重要组成部分，也是培育名牌的根本途径。

树立知名品牌形象的企业实施品牌化策略具有十分重要的意义：可以使卖主易于管理订货；可使企业的产品特色得到法律保护，防止别人模仿、抄袭；品牌化使卖主有可能吸引更多的品牌忠诚者；品牌化有助于企业细分市场；良好的品牌有助于树立良好的企业形象。

（二）品牌策略及其应用

1. 品牌归属策略

企业如果有品牌，那么就要确定品牌归谁所有、由谁负责的问题，即品牌归属问题。

（1）制造商品牌，即制造商为自己生产制造的产品设计的品牌。

（2）中间商品牌，又叫私人品牌，即批发商或零售商开发并使用的自有品牌。一般而言，中间商品牌策略的使用者基本上是实力雄厚的大型零售商。

（3）混合品牌策略是指企业对部分产品使用自己的品牌，另外一部分产品使用中间商的品牌，采用这种方式既可以扩大销路、释放能量，又可以保持本企业的优势。

2. 品牌名称策略

品牌名称策略是通过声音、文字等信息载体来表达和传播产品的方法和技巧，它包括以下策略：

（1）个别品牌名称，即企业决定其各种不同的产品分别使用不同的品牌名称。

（2）统一品牌名称，即企业决定其所有的产品都统一使用一个品牌名称。

（3）各大类产品单独使用不同的品牌名称。

（4）企业名称与个别品牌名称并用，即企业决定其各种不同的产品分别使用不同的品牌名称，而且各种产品的品牌名称前面还冠以企业名称。

3.品牌扩展策略

它是指企业利用其成功品牌名称的声誉来推出改良产品或新产品，包括推出新的包装规格、香味和式样等。例如，华为在通信设备成熟后，又用相同的品牌推出手机、笔记本电脑、智能家居等多种产品。企业通过这种策略，可以节省宣传介绍新产品的费用，使新产品能迅速、顺利地打入市场。

4.多品牌策略

它是指企业决定同时经营两种或两种以上互相竞争的品牌。企业采取多品牌决策的主要原因是：

（1）多种不同的品牌只要被零售商店接受，就可占用更大的货架面积，而竞争者所占用的货架面积会相应减小。

（2）多种不同的品牌可吸引更多顾客，提高市场占有率。

（3）发展多种不同的品牌有助于在企业内部各个产品部门、产品经理之间开展竞争，提高效率。

（4）发展多种不同的品牌可使企业将业务延伸到不同的细分市场或其他行业的市场。

5.品牌重新定位策略

无论一个品牌在市场上的最初定位如何适宜，但在一个动态的市场竞争环境中，品牌原有的定位随时间推移会落伍，往往需要对其重新定位。具体地说，品牌重新定位的主要原因有：

（1）竞争者推出一个竞争性的品牌，并削减了本企业品牌的市场份额。

（2）顾客的偏好发生转移，本企业品牌的需求减少。

企业在制定重新定位的策略时，要全面考虑两方面的因素：一是要全面考虑把自己的品牌从一个市场部分转移到另一个市场部分的成本费用；二是考虑自己的品牌重新定位后能获得多少收入。

五、品牌管理

（一）品牌保护

品牌不仅需要创建，还需要保护。品牌的保护主要有以下手段：

（1）及时在国内外注册商标。只有注册的商标才受法律保护。

（2）及时续展到期商标。商标注册成功后，企业并不是终生拥有。商标十年的保护期满后，只要企业及时续展，就可再获保护，且续展次数不限。

（3）正确使用注册商标。注册后要及时使用，且不要轻易将商标特许他人使用。

（4）防止他人注册相同或相似的商标。

（5）申请认定驰名商标。驰名商标可获得高于普通商标的特殊保护，这是世界通用的做法。《知识产权协议》和《巴黎公约》规定了对驰名商标进行国家间的相互保护。

（二）品牌管理

品牌是企业重要的无形资产，品牌管理的实质就是品牌资产管理。科学地管理品牌的资产，主要包括两方面的工作：

（1）围绕品牌资产的经营目标，创造性地策划低成本，提升品牌资产的营销策略。

（2）全面理解品牌资产的构成，透彻领会品牌资产各项指标，包括知名度、品质认可度、品牌联想、品牌忠诚度等，结合企业的实际情况，制定品牌建设所要达到的目标，明确企业的品牌创建方向，减少不必要的浪费。

第四节 产品的生命周期

一、产品生命周期的概念

产品生命周期是指一种产品在市场上出现、发展到最后被淘汰的过程，它是产品的一种更新换代的经济现象。产品生命周期是产品的市场寿命、经济寿命，而不是指产品的使用寿命、自然寿命。使用寿命是指具体产品实体从开始使用到消耗磨损废弃为止所经历的时间，即产品的物理或化学性能消失所经历的时间。

产品生命周期的长短有众多的影响因素，包括：产品本身的性质、特点；竞争激烈程度；科学技术的发展速度；企业营销的努力程度等。

二、产品生命周期的形态

从理论上分析，完整的产品市场生命周期可分为投入期、成长期、成熟期和衰退期四个阶段。销售额和利润随产品推进的市场时间而发生变化，它通常表现为近似正态分布曲线的S形，被称为产品市场生命周期曲线图，如图9-4所示。

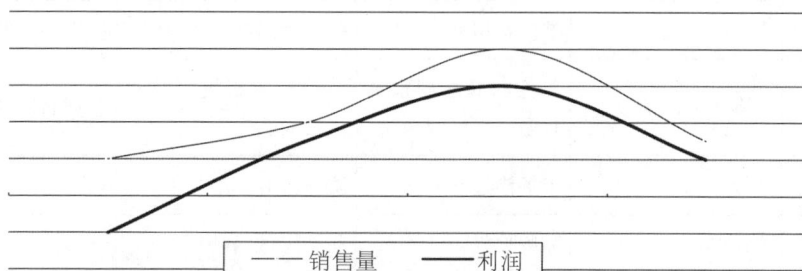

图9-4 产品市场生命周期曲线图

把产品生命周期划分成不同阶段，一方面反映了产品在生命周期不同阶段时其在产量、成本、投入、销售额、利润、竞争态势等方面存在着不同的特点，另一方面说明了产品处在生命周期的不同阶段时企业应该采用不同的营销策略，这是研究产品生命周期的意义。某一产品在不同市场中所处的生命周期阶段往往不同，它在A市场处于成熟期，而在B市场可能正处于投入期。

图9-4中的产品生命周期仅是一条理论曲线，每个产品的实际的生命周期曲线则完全不同。一般人们是以销售额和利润的增长率和下降率来判断和划分阶段的。

企业必须了解自己产品目前所处的阶段，以便随时对产品的市场竞争形势做出判断，及时采取相应的营销对策。

三、产品生命周期各阶段的特点及营销策略

产品生命周期各阶段的特点以及与之相对应的营销对策见表9-1。

表9-1　　　　　　　　　　产品生命周期各阶段的特点与营销对策

		投入期	成长期	成熟期	衰退期
特征	市场需求状况	确认对新产品的需求，新产品上市试销，其销售量非常低	需求量急剧地增加，市场规模急速扩大，销售量快速增长	需求量横向发展，老顾客更换旧品，只有少数新的消费者，销售增长缓慢	由于新产品的出现，产品的销售每况愈下，销售量迅速下降
	市场抵抗	市场抵抗性强，开始展开试销，少数人使用	市场抵抗性弱，使用频率提高，也有再度购买的情况	无抵抗性，市场完全被开发，市场占有率呈巅峰状态	市场占有率降低，市场规模逐渐萎缩
	消费者	创新的顾客	市场大众	市场大众	延迟的顾客
	经销商	经销商虽存疑心，但开始尝试销售	经销商积极地销售，逐渐提高销售量	经销商已完全掌握市场，各自相互竞争	经销商兴趣降低，数量也锐减
	竞争者	竞争对象最少，竞争缓和	竞争对手增加，彼此竞争激烈	竞争对手最多，有的只好中途退出，非价格竞争非常激烈	竞争对手锐减，但尚有若干对手存在
	营销费用	推广费用高	推广费用低	推广费用高	推广费用低
	利润	无多少实际的收益	单位利润达到最高状态	单位利润稳定，总利润最大	总利润逐渐降低
对策	策略特点	市场扩张	市场渗透	防守占有	酌情退出
	营销重点	产品知晓	品牌偏好	品牌忠诚	选择性
	产品	基本的	改进的	多变的	合理的
	价格	高价或低价	较低价	最低价	低价
	促销	信息培训	强调竞争差异	以提醒为导向	最小化促销
	分销	零星的	增加网点	网点最大化	尽可能减少网点

四、产品生命周期理论的应用

研究分析产品生命周期，正确把握产品在市场上的生命，对企业营销策略的制定和实施有着非常重要的指导意义。在不同国家、不同地区，同一产品可能处于生命周期的不同阶段。美国哈佛大学教授雷蒙德·弗农从国际产品生命周期中总结出国际贸易的经验模式。他认为，在发明创新上占有优势的国家或厂商，可以在新产品创新后一段时期内，在贸易中占有优势，并成为这种产品的出口国。但新产品进入国际市场的若干时间后，会被仿制。由于模仿国具有廉价的劳动力要素以及相对丰富的资源，贸易的比较利益就会从创新国转移到模仿国，创新国的优势消失，并由出口国变为进口国（如图9-5所示）。因此应用好产品生命周期理论，可以：

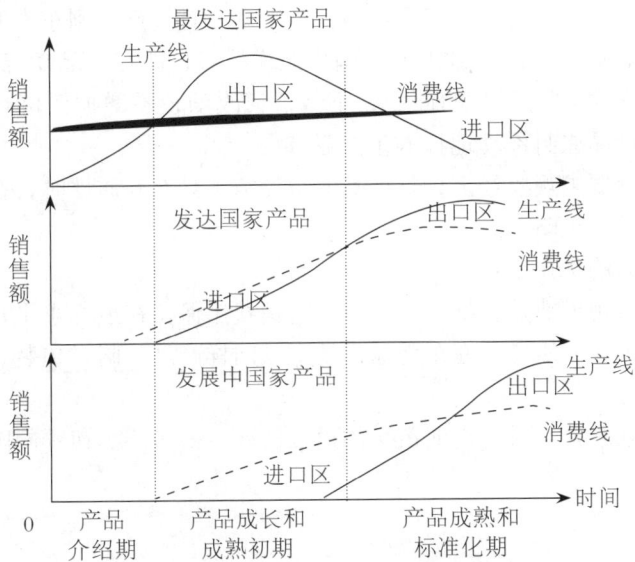

图9-5　国际市场产品的生命周期变动示意图

1. 延长产品的生命周期，长期占领东南亚市场。有助于中国利用国际产业转移浪潮，及时转移目标市场，改善出口产品结构和国际市场结构。

2. 有助于企业不断调整产品结构，及时推陈出新，加速出口产品的更新换代；借助产品生命周期理论，可分析判断产品处于生命周期的什么阶段，推测产品今后的发展趋势，正确把握产品的市场生命，并根据不同阶段的特点采取相应的营销组合策略，把握企业市场竞争节奏，增强企业竞争力，提高企业的经济效益。

3. 从产品的生命周期理论可知，由于科学技术的发展，人们需求变化加快，未来产品生命周期的发展趋势将会越来越短。但是通过企业的市场营销的努力，产品市场生命周期是可以延长的。应该指出的是，由于影响产品生命周期的因素很多，企业在实际中运用此理论时，关键是判断或确认产品已进入哪一个阶段。

第五节　在东南亚进行跨国拓展的产品策略

在东南亚进行跨国拓展产品实际上就是产品的东南亚市场营销，即提供适应东南亚市场需求的产品。因此，无论是产品的设计、包装及商标，还是新产品开发等，都必须符合特定国家和地区的社会文化以及消费者购买偏好。与此相适应，在东南亚进行跨国拓展的产品策略主要有产品延伸、产品适应、产品发明策略。

一、产品延伸策略

产品延伸策略是一种对现有产品不做任何变动，直接延伸到东南亚市场的策略。这一策略的核心是在原有生产基础上的跨国界规模扩张，即在产品功能和外形的设计上、包装和广告上都保持原有产品的面貌，不做任何改动，不增加任何产品研制和开发费用，只是将现有产品原封不动地打入东南亚市场。

当企业生产商要求规模经济，且产品的市场需求具有同质性时，在东南亚市场营销中往往采用产品延伸策略。

产品延伸策略的优点是：

（1）可以获得规模效益，把生产成本和营销费用保持在最低水平；

（2）可以壮大企业声势，在东南亚市场上以同样产品、同样包装、同样广告形成巨大的宣传综合效应。

产品延伸的缺点是：对东南亚市场的适应性差，很多产品在不同国家的需求或多或少会有区别。

❖ 小资料 9-6

中爪哇将成为印尼下一个制鞋中心

据印尼媒体《雅加达邮报》2016 年 7 月 25 日报道，一家生产美国匡威（Converse）品牌的制鞋厂将于年底在印尼沙拉笛加开工，这将促使中爪哇成为继东爪哇和万丹之后的又一个制鞋中心。

这家新鞋厂的投资达 5 千万美元，开工后雇佣的工人数量达 3 000~5 000 个，最大产能达到每月 100 万双。负责建设该厂的 Karet Murni Kencana（KMK）集团生产的鞋产品主要出口至欧美地区，以及日本、中国等部分亚洲国家。该集团称，在沙拉笛加建厂的目的是削减生产成本，该地区的最低工资仅为 130 万印尼盾（约 99 美元），远低于万丹的 310 万印尼盾。

2015 年印尼的平均最低月工资为 123 美元，高于其他以劳动密集型产业为主的国家，如越南（118 美元）、孟加拉（68 美元）、印度（77 美元）。

资料来源：驻印尼使馆经商处. 中爪哇将成为印尼下一个制鞋中心 [EB/OL]. (2016-07-25) [2017-05-25]. http://id.mofcom.gov.cn/article/jjxs/201607/20160701365649.shtml.

二、产品适应策略

产品适应策略是对现有产品进行适当变动，以适应东南亚市场不同需求的一种策略。这一策略的核心是对原有产品进行适应性更改或部分更改，即一方面保留原产品合理的部分，另一方面对某些部分做适当更改，以适应不同国家客户的具体需要。通常产品更改包括功能更改、外观更改、包装更改、品牌更改。

在消费者需求不同、购买力不同、技术不同的情况下，企业在东南亚市场营销中往往采用产品适应策略。

产品适应策略的优点是：增加产品对东南亚市场的适应性，有利于扩大销售、增加企业的收益；缺点是：增加更改费用，提高产品成本。

❖ 小资料9-7

泰国和中国两款化妆品在缅甸被禁用

据缅甸《标准时间》2017年2月3日报道：2月2日，缅甸卫生和体育部宣布禁用2款化妆品。这2款化妆品分别是泰国产GARNIBO和中国产QL（QIANLI）。餐饮和药品监管局（FDA）警告说，这2种化妆品均检测出化学物质汞，使用含汞化学成分的化妆品会引起皮肤过敏、红肿等症状，进入体内还会导致发麻、头疼、疲惫、情绪低落，长期使用还会损伤肾脏，引发其他疾病。

据悉，上述2款化妆品均未在（FDA）注册，即日起，如违反禁用令，将依法对涉事组织和个人进行处理。

资料来源：驻缅甸经商参处. 泰国和中国两款化妆品在缅甸被禁用［EB/OL］.（2017-02-07）［2017-05-06］. http://mm.mofcom.gov.cn/article/x/201702/20170202511197.shtml.

三、产品发明策略

产品发明策略是一种全面开发设计新产品，以适应特定东南亚目标市场的策略。产品发明策略的核心是产品的全新性，即在产品功能、外观、包装、品牌上都针对目标市场进行新产品的开发。

在市场具有独特的巨大需求、企业技术规模都比较大的情况下，可以采用产品发明策略。

产品发明策略的优点是：产品对东南亚市场的适应性强，能够大大提高对消费者的吸引力，减少销售风险，迅速打入东南亚市场；缺点是：研制开发投资大、费用高、困难多。

❖ 小资料9-8

泰国创意旅游产品开发——清迈的泰餐烹饪学校

泰餐烹饪学校又称泰国料理厨艺学校、泰国菜烹饪教室，是专门面向外来游客、旨在传授泰国特色美食制作技艺的短期培训课程，一般包括到酒店迎接客人、到菜市场认识和采购原料、选择自己想做的菜品、学习制作香料和酱料、学习自选菜品的制作过程、品尝大家完成的菜品、赠送食谱、送客人回酒店等环节。由于项目经营者的理念和资源不同，加之厨艺教师的个性、阅历和技能各异，清迈的泰餐烹饪学校在上课地点、教学方式、延伸服务方面表现出不同的特色。

总体来看，这些泰餐烹饪学校可以根据上课地点分为家庭式、农场式、酒店式。

家庭式烹饪学校设立在个人庭院中，多是依托自家厨房和庭院空间完成授课，这类烹饪学校带有家庭访问的成分和私家庭院特有的人情味，更贴近日常生活，游客除了学习厨艺之外，还可以感受当地人的居住环境和起居方式。The Art of Thai Cooking 就是家庭式烹饪学校的代表，属于较为典型的家庭私人教育，从到市场买菜到在家后院认识种植的各类蔬菜香料，以及厨艺课程的其他所有环节，都是由具有多年烹饪经验的知名厨师 Poon 亲自操作。他还会告诉游客各种原料的区别，以及游客在常住地无法买到食材时的替代品。

农场式烹饪学校把郊外的农场作为主要学习地点，如 The Chiang Mai Thai Farm Cooking School（清迈泰农场烹饪学校），拥有自己的有机农场和可供 5 个团队同时学习的教室。游客在农场参观的同时，可以认识并采摘里面种植的各种新鲜果蔬作为食材，然后到 U 字型厨位布局的教室内跟着教师学习如何制作自己选择的菜品。

酒店式烹饪学校通常设立在度假酒店内，收费较高，厨房环境优美，设施齐全而且豪华，多以英语授课，面向本店住客和非本店客人（需要提前预订）提供服务，如清迈四季饭店的 Four Seasons Cooking School，每天上午的课程从 7 点开始，持续 6 个半小时，传授 4 道菜肴的制作方法，费用是 7 150 泰铢（约合人民币 1 430 元），包括学费 6 500 泰铢（约合人民币 1 300 元）加上 10% 的税金和服务费。下午的课程从 3 点开始，持续 2 个小时，分常规课程班、泰式咖啡大师班、泰式烹茶大师班、健康果汁课程班、果蔬雕刻课程班、儿童课程班，收费从 2 900 泰铢（约合人民币 580 元）到 4 900 泰铢（约合人民币 980 元）不等（不含税金和服务费）。除了常规环节外，该烹饪学校还有拜厨神（做祷告）、颁发证书等内容。课堂容纳人数为 8 人，也可面向不超过 16 名学员的较大团体进行专门设计和定制服务。

这些泰餐烹饪学校顺应了体验经济、创意经济、真实经济的发展趋势，迎合了游客自己制作美食、短时间内成为"烹饪大师"、实现"转变"的需求，整合农贸市场、自家庭院（或农场、酒店）、厨师（或其他具有厨艺才能的人员）等社会资源，形成了从迎客、认识和采购原料、学习烹饪技艺到品尝劳动成果、提供延伸服务、送客的基本流程。根据学习时间和烹饪基础，部分烹饪学校还提供可供灵活选择的课程套餐。

这一创意旅游产品的特点主要有以下四点。一是新奇感：平时很少下厨房的游客自己做精美复杂的泰餐；二是真实感：跟着烹饪老师逛当地的菜市场，到烹饪老师的家里学习，体验当地人的"慢生活"，是"挖掘真正的泰国""原汁原味的泰国之旅"的支撑；三是参与感：在老师示范和指导下学做泰国菜，投入自己的劳动、情感和创意，成为新型"生产者"；四是成就感：展示、品尝自己亲手做成的泰餐，部分学校还提供具有纪念意义的结业证书。参加过烹饪课程的游客大都对其给予了高度评价："自己做的泰式料理超美味，非常有趣""有趣、完美的经历""好玩又好吃""生动、有趣且受益匪浅""梦幻般的一天""非常好玩且具有教育意义""最喜欢的泰国经历"。目前，以泰餐烹饪学校为主要载体的"在清迈学做泰国菜"这一创意旅游产品受到外国游客普遍青睐。在一些泰国旅游指南或攻略中，"学做泰国菜"已被列为在清迈必须体验的十项活动之一。

　　资料来源：李庆雷，徐磊. 泰国创意旅游产品开发的经验与启示［N］. 中国旅游报，2017-06-06（3）.

第六节　新产品开发策略

　　随着科学技术的日新月异，市场竞争不断加剧，产品的生命周期不断缩短，每个企业不可能单纯依赖现有产品占领市场，必须适应市场潮流的变化，不断推陈出新，开发适销对路的新产品，才能更好地生存和发展壮大。因此，新产品开发是企业营销的一项重大决策，是产品策略中重要的内容，是企业应对激烈的市场竞争的有力武器，也是企业未来发展的新动力。

一、新产品的形式

　　从营销学的角度来考察，新产品的概念不能从纯技术角度理解，它是一个广义的概念，泛指在企业经营活动中对产品整体概念中任何一个要素进行创新和改革后推向市场的产品。从市场营销角度看，新产品既是绝对的新产品，又是相对的新产品。据此，新产品可分为四种类型：

　　1.革新型新产品

　　革新型新产品是指采用新原理、新技术和新材料研制出来的，市场上从未有过的产品，如刚发明投入市场上的第一台电视机、第一架飞机、第一台电脑等。这种新产品的研制需要花费很长的时间和巨大的人力、物力、财力，往往仰仗于新技术的全新构思和发明，并成功应用到生产加工中，产品的问世会将消费引领到全新的阶段。这种类型的新产品是绝大多数企业难以提供的。

　　2.换代型新产品

　　换代型新产品是指在原有产品的基础上，部分采用科技研制而成的结构性能显著提高的新产品。例如，采用新材料、新元件、新技术，使原有的产品的性能有飞跃性提高的产品就是换代型新产品。更新换代产品与原有产品相比，产品性能有了一定改进，质量也有了相应提高。它适应了时代发展的步伐，也有利于满足消费者日益增长的物质需要。

3.改革型新产品

改革型新产品是指从不同侧面对原有产品进行改革创新而创造的产品。例如，采用新造型设计、新材料应用改变原有产品的品质、降低成本，但产品用途不变；采用新式样、新包装、新商标改变原有产品的外观而不改变其用途；把原有产品与其他产品或原材料加以组合，使其增加新功能；采用新设计、新结构、新零件增加其新用途。

4.仿制型新产品

仿制型新产品是指企业模仿市场上已有的产品的性能、外观设计等而制造的新产品。仿制是一种较为普遍的现象。企业通过仿制，可以节约开发时间，减少研发费用，并缩小产品总体水平的差距，但仿制时要注意专利权和相关的法律规定。

二、开发新产品的必要性

1.新产品开发是推动人类进步、促进生产力发展的重要条件

新产品的开发，特别是全新产品研制的成功，是推动人类进步、社会生产力发展的具体表现形式，它为人类奠定了赖以生存的物质基础。新产品的出现是社会科学进步、生产力发展的必然结果。

2.新产品开发是企业保持其竞争优势的重要条件

企业竞争能力的强弱往往体现在其产品满足顾客需求的程度上，也表现为在市场中的领先程度。忽视科技进步、科学创新和市场新动向，贻误研究、开发良机，就会成为时代的落伍者，而被市场淘汰。

3.新产品开发是充分利用企业资源、增强企业活力、提高经济效益的最佳途径

一般来说，企业在生产主导产品时，往往会有许多资源还得不到充分利用，企业可以用这些资源去开发新的产品，必然会降低成本、增加企业效益。

三、开发新产品的方式

开发新产品需要较大的投入，各个企业的条件不同，每个企业可根据自己的具体条件，采用不同的开发方式。一般来说，开发新产品的方式有以下几种：

1.独立研制

独立研制即通过企业自己的研发部门进行新产品开发。企业如果在研发方面有很强的实力，就可以独立研发新产品，独立研发也是研发新产品最重要的一种形式。独立研发的费用较高，而且有一定的市场风险。

2.联合开发或协作开发

联合开发或协作开发是指把外来的先进技术学过来，然后加以改进，有所创新。这比单纯引进技术更为有利，是企业开发新产品的重要途径。这一方式汇集了独立研发和技术引进的优点，又避免了研制费用过高、受别人技术封锁的缺点，只要有可能，任何企业都可以用这种方法研制新产品。

3.技术引进

技术引进是指企业通过引进国外先进技术、技术转让、购买专利等方式开发新产品。这是一种有效的开发新产品的方法，能够节约研发费用和时间，缩短与其他企业的

差距，获得比较明显的经济效益。现代社会把一个科学的构思变成产品需要大约10年的时间，而把一项先进的技术专利用于生产只需2~3年的时间。

❖ **小资料9-9**

中国家电企业强势扩张引东盟市场重新洗牌

以美的、海尔等巨头为代表的中国家电企业近年来在东盟强势扩张，并积极采取本土化策略，引发了原先以日韩品牌为主的东盟家电市场重新洗牌。中国与东盟的电子电器产品贸易占到双方工业制品贸易的1/2左右，占全部产品贸易总额的1/3以上。其中，家用电器是中国与东盟贸易中的重要部分，中国是家用电器的生产和出口大国，东盟国家的家电行业也正处于上升阶段。

种种迹象表明，东盟正在成为中国家电企业新一轮国际化扩张的热门之选。2011年4月，美的日用家电集团宣布整合海外营销体系方案，将旗下各大事业部的海外营销职能进行统一整合，按区域分别成立国际营销事业部及东盟事业部。其中，国际营销事业部业务范围涵盖除东盟地区以外的全球市场，而东盟事业部在原东盟公司的基础上成立，实施研产销一体化运作，重点发展东盟地区的美的品牌业务。

中国另一家电巨头海尔在东盟地区的市场拓展也已步入"快车道"。日前，海尔集团与日本三洋电机株式会社签署收购协议，将三洋电机在日本、印度尼西亚、马来西亚、菲律宾和越南的洗衣机、冰箱和其他家用电器业务正式纳入麾下。而三洋的冰箱、洗衣机产品在越南一国就有超过30%的市场份额。此前，海尔已分别在马来西亚、印度尼西亚、越南等国建立工厂，并在新加坡建立贸易公司。

越来越多的中国家电企业表示看好东盟市场的巨大潜力。广西吉宽太阳能设备有限公司从2004年起就进入东盟市场，目前60%以上的产品出口东盟。2011年8月，公司还在越南胡志明市建立首家分公司，实现了本地化生产。他们经过在越南、泰国、马来西亚等东盟国家的实地调研发现，近年来东盟国家对太阳能设备的认可度日益提高，当地一些农村也装上了太阳能热水器，而且中国在太阳能利用方面的技术优势使得中国产品在东盟国家颇受欢迎。

从品牌准入层面来看，东盟地区无疑是中国家电企业在国际化进程中首先也是必须要攻克的一个区域。除了地缘优势，还因为这里华人众多，对中国品牌的认知度相对有一定的基础。对中国家电企业来说，相较于欧美市场，东盟市场无论是品牌投入还是市场开拓难度都相对较低。

资料来源：佚名. 中国家电企业强势扩张引东盟市场重新洗牌 [EB/OL]. (2011-10-24)
[2017-05-25]. http://www.xinhuanet.com.

四、新产品开发过程

新产品开发过程由8个阶段构成，即寻求创意、甄别创意、产品概念的形成和测试、制定营销战略、进行商业分析、产品开发、市场试销和商业化，如图9-6所示。

```
┌──────────┐
│ 寻求创意 │
└────┬─────┘
     ↓
┌──────────┐
│ 甄别创意 │
└────┬─────┘
     ↓
┌────────────────┐
│ 产品概念的形成和测试 │
└────┬───────────┘
     ↓
┌──────────┐
│ 制定营销战略 │
└────┬─────┘
     ↓
┌──────────┐
│ 进行商业分析 │
└────┬─────┘
     ↓
┌────────┐  是  ┌────────┐
│ 结  果 ├─────→│ 产品开发 │
└────┬───┘      └────┬───┘
     │否             ↓
┌────────┐      ┌────────┐  是  ┌────────┐
│ 终  止 │      │ 结  果 ├─────→│ 市场试销 │
└────────┘      └────┬───┘      └────┬───┘
                     │否             ↓
                ┌────────┐      ┌────────┐  是  ┌────────┐
                │ 终  止 │      │ 结  果 ├─────→│ 商业化 │
                └────────┘      └────┬───┘      └────────┘
                                     │否
                                ┌────────┐
                                │ 终  止 │
                                └────────┘
```

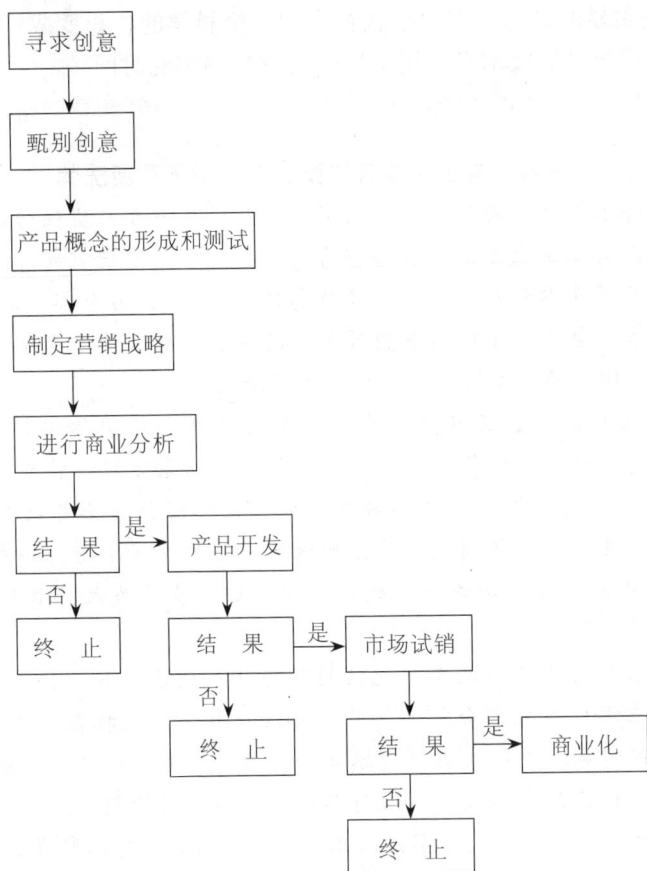

图 9-6　新产品开发过程

(一) 寻求创意

新产品开发是从寻求创意开始的。所谓创意，就是开发新产品的设想。新产品创意的来源主要有以下几个方面：

（1）顾客。只有符合消费者的利益，新产品才能得到成功。很多新产品的构思都来自于消费者，很多世界著名的大公司会专门请消费者参与到新产品的研发和创造活动当中。

（2）竞争者。分析和研究竞争者的产品，往往可以发现新的创意，所以企业应重视通过经销商、供应商和销售人员来了解竞争产品的销售情况及消费者对它的评价与反映。

（3）企业内部人员。企业内部人员包括设计人员、制造人员、高层管理人员和促销人员等，特别是销售人员和技术服务人员，经常接触用户，用户对老产品的改进意见与需求变化他们都比较清楚。

（4）科学家。在科学技术突飞猛进的今天，科学家越来越成为新产品创意的主要来源。如电子表、电视机、合成纤维、塑料等的出现，都来自于科学家对基础科学的研究。

（5）中间商。中间商直接接触市场，可将顾客的需要和意见反映给企业，还可向企业提供市场上有关新技术与原材料方面的信息，对启发新产品创意帮助极大。

除了以上几种来源外，企业还可以从大学、咨询公司、同行业的团体协会以及有关的媒体那里寻求有用的新产品创意。

（二）甄别创意

并非所有的产品构思都能发展成为新产品。有的产品构思可能很好，但与企业的发展目标不符合，也缺乏相应的资源条件；有的产品构思可能本身就不切实际，缺乏开发的可能性。因此，必须对产品构思进行筛选。首先要进行初筛，把与企业经营范围、目标市场不一致的构思排除；然后进行复筛，把不适合当地市场，且市场容量较小、新产品特点不突出的构思再次排除；最后经过再次重筛，筛选出与企业本身目标、销售目标和生产设备以及管理能力相一致并有市场需求基础的构思，作为新产品开发的主项。

（三）产品概念的形成和测试

经过筛选后的构思仅仅是设计人员或管理者头脑中的概念，还需要形成能够为消费者所接受的、具体的产品概念。产品概念是已经成型了的产品构思，即用文字、图像、模型等予以清晰表述，使之在顾客心目中形成一种潜在的产品形象。产品概念的形成过程实际上就是构思创意与消费者需求相结合的过程。一个产品构思能够形成多个产品概念。

（四）制定营销战略

新产品经理必须为将这种产品引入市场制订市场营销战略计划。计划应包括明确的目标市场的规模、结构、定位，未来几年的销售额、市场占有率、利润目标等。

❖ 小资料9-10
BQ公司手机产品印尼市场差异化策略

BQ公司开发新系列产品伊凤Y1、Y2，这两款中端产品主要以伊斯兰教信徒穆斯林为目标群体。Y1是一款定位为大众化的智能机，硬件配置有一个大功率扬声器，该扬声器的最大覆盖半径已经超过15米，这在行业智能手机产品系列里面绝对少有，该功能能够帮助穆斯林群众在学习经文时跟着原声朗诵，这种效果完全符合他们共同学习进步的理念。在软件方面，针对他们每天做五次礼拜的习俗，将闹铃设置为5个选项，并且每个选项都设有对应的《古兰经》经文，当他们设置好闹铃后，听到任意一个闹铃提示的经文时，就知道该做相应的拜功了。在外观方面，产品主题颜色为黑，而键盘轮廓、显示屏轮廓皆设置成清真寺楼顶造型，颜色为金黄色。这一巧妙的产品设计，深受当地穆斯林群体的喜爱。Y2定位为商务手机，是Y1的升级版本，无论在硬件还是软件方面都超越Y1的配置。Y2在外观上开发了三种颜色，一种为金黄色外壳、一种为全黑色外壳、一种为全白色外壳。独立的WIFI天线能够满足用户对上网功能的需求。

资料来源：马登成. BQ公司手机产品印尼市场营销策略研究 [D]. 南宁：广西大学工商管理学院，2015.

（五）进行商业分析

在这一阶段，企业的管理部门要审查新产品将来的销售量、成本和利润计划，以便确定它们是否符合公司的目标，如果符合，那么就从产品概念进入产品开发阶段。

（六）产品开发

产品开发是指把确定的产品概念转变为产品实体的过程，经过筛选和商业分析，将具有开发价值的产品构思方案推进到试制阶段，开发一个成功的实物样品。新产品试制是一个反复的过程，最终使样品不断完美，成为定型产品。定型产品必须进行严格的检验，主要检验产品是否符合各项技术指标，工艺流程是否合理先进，成品质量是否达标等。定型新产品要通过权威部门检验、批准之后才能生产经销。

（七）市场试销

市场试销是指把新产品投放到东南亚市场进行销售试验的过程。市场是检验产品价值的场所，试销可以获得来自各方面的反馈，能给企业大批量生产提供依据。新产品试销包括以下几个方面：一是对产品性能、质量进行试销；二是对销售渠道进行试销；三是对产品价格进行试销。通过试销来测定消费者对以上要素的反应，以便做出合理的市场决策。

（八）商业化

在这一阶段，公司还应做以下决策：

1.推出时机

新产品上市要选择最佳时机。如果新产品取代公司的老产品，它应该推迟到老产品存货销完后再上市。如果产品季节性很强，新产品就应等到季节合适时再推出。

2.推出地点

公司需要决定新产品是推向一个地区、某些地区还是某一国家乃至整个东南亚市场。一般的做法是有步骤地推行市场扩展计划。在进行市场扩展时，应当找出最有吸引力的市场首先投放。在选择这一市场时要考察这样几个方面的情况：①市场潜力；②企业在该地区的声誉；③投放成本；④对其他地区的影响力；⑤该地区研究数据的质量。另外，竞争因素是非常重要的，公司必须慎重考虑竞争对手在市场上的表现。

3.目标顾客

企业在推出新产品时要针对最有希望的购买群体。新消费品的目标顾客应具备下列特性：他们将成为早期采用者，是大量使用者，是舆论领袖并对该产品赞不绝口，和他们接触的成本不高等。

4.营销策略

公司必须制订一个把新产品引入扩展市场的营销实施计划。这里，首先要对各项市场营销活动分配预算，然后规定各种活动的先后顺序，从而有计划地开展各种市场营销活动。

@ 本章小结

　　进入东南亚市场的营销者在实施产品策略时，要准确地理解和把握产品的整体概念，为东南亚市场提供富有竞争力的产品；掌握东南亚市场营销中的差异化与标准化策略；执行适当的品牌策略和商标策略，使品牌管理科学有序；针对产品不同的生命周期的特点采取相应的营销组合策略；并针对东南亚市场的特点开发出适合该市场需求的产品。

第十章　东南亚市场营销定价策略

价格是市场营销组合中唯一直接创造收益的因素。价格的制定不仅会影响消费者购买行为的实现，还会影响公司在竞争中的地位。因此，价格策略在东南亚市场营销中起着十分重要的作用。与母国销售的产品定价相比，销往东南亚市场产品的定价还涉及东南亚运输、关税、汇率波动、东南亚市场环境等因素，因而变得更加复杂。本章从影响定价的因素、定价方法、定价策略、转移定价等方面阐述东南亚市场营销的定价策略。

第一节　定价的原则和目标

定价目标是指公司通过定价决策要达到的目的。不同的公司有不同的定价目标，同一公司在不同国家的市场上有不同的定价目标，同一公司在同一国家市场上的不同时期也有不同的定价目标。公司的定价目标并不是单一的，它往往是一个目标体系，公司可根据不同市场和产品的特点，在定价目标的选择上有所侧重。

一般来说，公司在东南亚市场营销中的定价目标主要有以下几种：

一、利润目标

利润目标主要有两种，一种是当期利润最大化，另一种是长期利润最大化。公司考虑到复杂多变的东南亚市场环境，为了降低风险，希望以最快的速度收回初期市场开拓及产品研制等成本，往往采取价格尽可能高的定价策略，以求在最短时间内获得最大的利润。公司追求长期利润最大化并不意味着制定最高价格。有时通过采取低价格牺牲短期利润来争取顾客，抢占市场份额，以求获得长期的利益。因此，公司在东南亚营销过程中，往往不在乎一时的得失，而是从长计议，追求长期利益最大化。有时，为了打好市场基础，进入东南亚的公司不惜在有的目标国家市场承受亏损。

二、市场目标

赢得市场占有率是许多公司追求的定价目标，具体来说，公司的市场目标可分为追求外销量目标和追求市场占有率目标。

（1）当公司以外销量作为定价目标时，往往采取"薄利多销"的策略，以量取胜。这种定价对于扩大产品销量、完成创汇任务有着重要意义，但这种定价目标有时因为价格过低，往往会受到东道国的反倾销指控。

（2）当公司以市场占有率为定价目标时，为了保持或扩大其市场占有率，往往采取市场渗透策略，以较低的价格赢得市场，这种定价目标虽能帮助公司拓展市场，但该种策略的运用要掌握分寸，运用过度会违反《反倾销法》或《中华人民共和国反不正当竞争法》等法律法规。

三、竞争目标

价格策略是市场竞争的重要手段，公司在定价时往往考虑公司产品的价格竞争力，使本公司的产品价格比竞争者更具竞争优势。根据市场竞争的态势，公司的竞争定价目标具体有：

1.高于竞争者的"领袖价格"

当公司在技术、产品质量、服务等方面具有优势时，消费者一般愿意支付较高的价格，公司往往将产品价格定得高于竞争者，从而树立和维护公司的产品形象。在东南亚投资的一些大公司实力雄厚，是市场中的价格决定者，为了限制市场中的价格恶性竞争，避免各自的利益损害，这些大公司一般采用较为合理、适中的价格来逐步稳定东南亚市场的价格。

2.追随"领袖价格"

当市场竞争者较多，而公司的竞争实力不够强时，往往采取这种定价目标，避免因价格过高或过低而造成不必要的损失，这是一种稳健的定价目标。

3.低于竞争者的价格

公司为了取得有利的市场竞争地位，有时采取超低价格的策略，或主动发起价格战。这种定价目标容易遭到竞争对手的报复，长期运用或遇到强有力的竞争对手，会造成两败俱伤。

公司在以竞争目标为定价目标时，必须意识到价格并不是竞争的唯一手段，仅仅依靠价格已无法赢得市场。公司必须根据东南亚市场的需求和竞争特点、自身的特点和产品本身的特点，科学地确定定价目标，公司对东南亚市场的重视程度、公司自身所处的发展阶段及今后的发展策略都会影响公司对定价目标的选择。

第二节　影响公司东南亚市场的定价因素

东南亚市场商品定价与母国商品一样，同样受商品的成本、产品市场生命周期、供求情况、市场情况、渠道等因素影响，由于商品要素在东南亚市场不能充分流动，东南亚市场是垄断竞争性市场，具有强大经济实力的垄断公司往往具有操纵价格的长期优势，加上各国政府对外贸政策的干预，汇率、税率、金融、价格政策等调控措施，因此东南亚市场商品价格的形成受到诸多因素的影响。

一、产品成本

产品成本是决定产品市场价格的基本要素之一。产品成本核算是实行定价策略的基准，产品成本构成不同，产品的定价就不同。例如，在中国生产的电脑，在中国南宁销售和出口到越南，其价格不会完全一样，原因在于关税和运输等因素在两地之间存在差别。东南亚市场营销的成本构成比母国营销复杂得多，在东南亚市场营销中，关税、报关、文件处理费用等是特有的成本项目，而运费、保险费、包装费等又在市场营销成本中占有较大比重，概括起来产品成本主要包括制造成本、分销成本、物流成本、关税成本、融资成本、风险成本等。

1.制造成本

东南亚产品与母国产品的制造成本项目基本相同，包括生产所必需的原材料和辅助材料费用、燃料和动力费用、职工的工资与福利费用、产品的包装和装潢费用、公司内部管理费用、固定资产折旧和特许权使用费用等。只是产品质量必须满足东南亚市场的要求，在包装、材料方面的费用比母国产品要高。

在出口产品时为了适应东南亚某国的技术标准，如度量衡制度，电力系统的其他因素必须做出改动，这可能意味着生产成本的增加。与之相反，如果出口产品被简化或者去掉某些功能，其生产成本可能会降低。在东南亚国家，消费者购买进口产品最关心的一点是是否有完善的服务，一旦产品出了故障，能否得到及时的维修。只要售后服务周到，顾客就会心甘情愿地接受高售价的产品。中国大陆出口的农机质量高于韩国、中国台湾地区的同类产品质量，并在东南亚有一定的市场。但是，由于在东南亚市场上缺少良好的维修服务网络，农机价格反而比韩国、中国台湾地区的同类产品价格低。

2.分销成本

在东南亚市场营销中，部分实力雄厚的生产公司自己建立销售渠道，将产品直接销往东南亚市场，但大部分公司还是依靠中间商将产品销往东南亚市场。分销渠道的长短、中间商的分销水平、中间商的利润分配将直接影响产品到达最终市场的销售价格。一般而言，分销渠道越长，中间商分销能力越低，中间商的利润越多，产品到达最终消费者手中的价格越高，越不利于产品的市场扩散。由于东南亚市场商品交换距离较远，流通渠道长度与销售模式复杂多样，再加上商品的长途运输、装卸与储存，办理进出口保管、纳税、保险等手续和费用，各国货币的结算与汇率多变，因此分销费用较高。

3.物流成本

与在母国生产、销售的产品相比，在母国生产、东南亚销售的产品，其物流成本要高得多，产品由一个国家到达另一个国家，涉及运输、仓储、包装、装卸、保险、物品的保质与保量等一系列问题。物流的各个因素都对产品的物流成本产生影响，进而影响产品的定价。

4.关税成本

关税是指货物从一个国家进入另一个国家时所缴纳的费用。它是一种特殊形式的税收。关税额一般是用关税率来表示，可以按照从量、从价或混合方式征收。另外，产品交纳的进口签证费、配额管理费以及其他形式的管理费用实际上是另一种形式的案头工作费用。此外，有些东道国还可能征收交易税、增值税和零售税等，这些税收也会影响产品的最终售价。不过，这些税收一般并不仅是针对进口产品，一些公司为了避免关税，直接在东道国投资生产、销售。

❖ 小资料 10-1

中国与东盟敏感产品降税模式

中国与东盟在制定降税安排时，将按正常进度降税的产品分为正常产品和敏感产品两类。敏感产品被剔除在中国对东盟各国零关税政策之外，一般情况下，敏感产品最终关税税率应削减至 0～5%。敏感产品按敏感程度不同分为一般敏感产品和高度敏感产品两类，一般敏感产品要在一段时间后把关税降到相对较低的水平，而高度敏感产品最终可保留相对较高的关税。中国对东盟敏感产品降税模式见表 10-1。

表 10-1　　　　　　　　**中国对东盟敏感产品降税模式**

类别	一般敏感产品	高度敏感产品
东盟六国	2012 年削减至 20% 以下 2018 年消减至 8% 以下	2015 年消减至 50% 以下
东盟新四国	2015 年削减至 20% 以下 2020 年消减至 5% 以下	2018 年消减至 50% 以下

敏感产品的提出主要在于保护本国国内产业的发展，需要对该产品进行保护。因此，敏感产品的最终税率不为零，同时商品在进出口时受到税目数量及进口金额的限制，是本国必要的产业保护政策。敏感产品均由各国以清单方式列出，我国提出的敏感产品主要包括大米、天然橡胶、棕榈油、木材、纸制品和部分化工品等；东盟 10 国则按各国情况向我国分别提出了包括橡胶制品、塑料制品、陶瓷制品、部分纺织品和服装、钢材等一系列的敏感产品。

资料来源：阮夏冰. 中国-东盟自由贸易区优惠关税对我国贸易影响分析 [D]. 上海：上海海关学院，2016.

5. 融资成本

在东南亚市场营销中，由于各国货币利率不同，进出口商的资金成本就不同，因而融资成本将通过商品的价格转嫁到用户的头上，势必影响产品的定价。公司一般倾向于向发达国家进行信贷融资，因为发达国家的利率通常会比发展中国家的利率要低。在东南亚资本市场中，新加坡资本市场是比较规范的。

6. 风险成本

因为出口产品需要花更多的时间、更长的距离，从生产者转移到消费者的危险发生率更高，再加上汇率变化、币值换算、出口的坏账损失等引起的风险，出口产品成本的构成中风险成本明显加大。东南亚营销风险成本具体体现在汇率风险、通货膨胀风险、信用风险和政治风险等方面。

(1) 汇率风险成本。东南亚市场商品价格的币值是按一定的汇率折算的。汇率就是一国货币折算为另一国货币的比率。汇率风险是指一国货币对外国货币的升值或贬值给公司进出口商品价格带来的损失或收益。外币汇率"上浮"，意味着本国货币对外币贬值；外汇汇率"下浮",意味着本国货币对外币升值。对出口商来说,本国货币的贬值为其提供了一个增加利润的机会,可以降低商品在东南亚市场的售价,扩大销售额,获得更多的利润,可以在不增加费用的情况下增加边际利润。本国货币的升值对出口商带来的影响恰好相反,由于货币升值,即以外币表示的商品价格会上涨。在这种情况下,出口商可以采取的措施,或是降低母国价格,或是降低营销费用,减少利润,以抵销价格上涨部分,或者将价格上涨转移到国外消费者身上,不同的措施会带来不同的效果。汇率与币值密切相关,币值的变动,无论是升值或者贬值,对东南亚市场的经营效益都有重要影响。现今东南亚国家基本实行的都是浮动汇率制,这使汇率风险加大,因此,从事东南亚市场营销的公司都应重视外汇汇率变动的影响,以免造成产品成本的额外损失。

(2)通货膨胀成本。通货膨胀是商品价格总水平的上涨现象,对公司确定商品价格有重要影响。当目标市场国家的通货膨胀率居高不下时,成本可能比价格上涨的更快,此时公司产品定价就应采取提价的方式,以跟上通货膨胀的上涨幅度。但是,公司要注意东南亚国家的当地政府是否为了抑制通货膨胀对价格、外汇交易等进行严格的管制,并密切注意竞争者的动态,不能将价格定得比竞争者高出太多。公司在确定东南亚市场的商品价格时,必须考虑产品成本和重置成本,以避免商品售价不能弥补费用支出,甚至造成亏损。公司还应注意由于劳动力、原材料、间接费用、包装和运输等成本的通货膨胀率都不相同,因此不能采用统一的通货膨胀率来核算公司的成本和价格。如果公司以销售合同规定延期付款,或是以长期合同计算付款,则应将通货膨胀变动因素考虑到价格中。

在经济通货膨胀中,公司在产品定价时能遇到的最严重问题是,公司既受到通货膨胀的威胁,又受到政府价格调控政策的控制。虽然这种情况不太多见,但是在东南亚市场进行营销活动的公司需要制定相应的策略,防止严重危机带来的影响。

❖ 小资料10-2

东南亚双管齐下抗通胀

东南亚国家正为制定物价上涨对策而苦恼。泰国政府解除了对部分食品价格的限制,但继续采取发放补贴等措施控制柴油价格。印度尼西亚政府决定延长发放石油补贴。为维护政权稳定和防止消费水平下降,各国政府都无法对物价上涨问题置之不理。东南亚国家政府希望从发放补贴和制定金融政策两方面遏制通胀,然而长期发放补贴可能导致财政恶化。

泰国政府对约200种商品进行了价格指导,但制造商对各种原材料价格飞涨叫苦连天。自2011年4月以来,泰国政府转而采取了允许其中10%左右的商品提价的方针,大豆油和牛奶价格首先得以解禁,大豆油价格上涨了20%左右。泰国政府通过向各石油公司发放补贴,至少在2011年4月底前将柴油价格控制在每升30泰铢(约1美元)以下。

印度尼西亚政府原本决定自2011年4月起取消首都雅加达地区的石油补贴措施,提高石油零售价格,但考虑到停止发放补贴会加重国民负担,进而对汽车销售产生负面影响,政府又决定延长发放补贴的时间。

新加坡全国职工总会平价合作社计划于2011年5月底前将自主开发的商品价格下调5%。新加坡政府将物价对策重点放在提高国民可支配收入上，2011年度政府以返税和儿童补贴等形式向国民发放32亿新币。

马来西亚政府2011年投入740亿林吉特（相当于国内生产总值的10%）为石油、面粉和食用油发放补贴。

越南政府开始采取监控哄抬物价等措施。

不过，长期发放补贴和返税可能导致政府财政恶化。泰国一位政府高官指出："现在已经到了让国内柴油价格与国际接轨的时刻。"马来西亚政府提出到2014年将补贴金额减少一半以健全财政。如何兼顾健全财政和控制物价成为重要课题。

菲律宾政府于2011年3月提高利率，成为东南亚主要六国中除未实现政策利率的新加坡以外第五个启动金融紧缩政策的国家。除发放补贴以遏制物价上涨外，东南亚国家可能进一步提高利率。不过，这可能导致经济下滑。

资料来源：日本经济新闻. 东南亚双管齐下抗通胀 [EB/OL]. [2011-04-12]. http://www.fx361.com/page/2011/0413/6127.shtml.

（3）信用风险成本。在东南亚市场上，由于买卖双方往往因为地理、语言、交通、文化等不同，相互间的了解和信任度低于母国市场，信用风险系数高，双方在采取有关风险防范或规避措施时必然会增加费用支出，从而加大进出口商品的成本，公司在定价时应将此成本因素考虑进去。在中国与东南亚国家的贸易中超过半数的货款都是通过信用证方式回收的，增加了买方开证费用，采用信用证方式的主要目的是提高信用防范能力，减少信用风险。

对于买卖双方来说，支付条件所要承担的风险是不同的，从预付现金到寄售，卖方的风险由低到高，买方的风险由高到低，这种关系可以通过如图10-1所示的风险三角形来描绘。

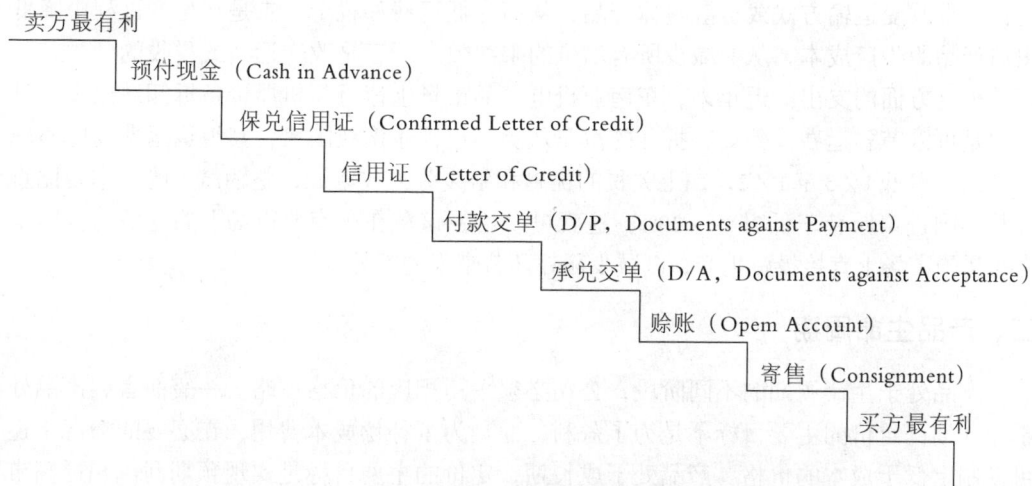

卖方最有利

　　预付现金（Cash in Advance）

　　　　保兑信用证（Confirmed Letter of Credit）

　　　　　　信用证（Letter of Credit）

　　　　　　　　付款交单（D/P, Documents against Payment）

　　　　　　　　　　承兑交单（D/A, Documents against Acceptance）

　　　　　　　　　　赊账（Opem Account）

　　　　　　　　　　　　寄售（Consignment）

　　　　　　　　　　　　　　买方最有利

图10-1 风险三角形

在商品出口东南亚活动中，从生产者到最终消费者通常需要经过许多环节，而每经过一个环节都需要支出成本，从而导致在出口市场上的最终价格要比母国销售价格高，表10-2表明了出口产品所经过的额外环节以及相应的成本支出引发的价格升级。

表10-2　　　　　　　　　　　　出口产品的价格升级　　　　　　　　　　　　单位：美元

类别	母国市场单位销售价格	东南亚市场单位销售价格
出厂价格	100	100
母国运费	10	10
出口文书、包装费用		5
远洋运输费用		25
保险费		140
进口关税（到岸成本的20%）		28
小计	110	168
东道国批发商加成（25%）	27.5	42
小计	137.5	210
东道国零售商加成（30%）	41.25	63
最终价格	178.75	273

表内所采用的数据和假设表明了出口价格的上涨现象，其中东道国市场的最终价格比母国市场价格几乎高出100美元。当然，这仅是列举的一个例子，现实生活中出口产品的价格逐步上涨程度比它高或者低都是可能的。但是，无论哪种情况，公司想把东道国市场价格定得比母国市场低是十分困难的。价格的上涨可能使出口产品在东南亚市场上失去与该国本土市场的竞争力，为了克服价格逐渐上涨这个难题，公司可以采取以下战略：一是改变运输方式或拆散整体产品，从而降低运费和税金。二是在生产过程中降低出口产品的生产成本，从而减少所有增量的乘数效应。三是改变运费或税收的分类，从而减少这方面的支出。近年来，东南亚机电产品市场上盛行将机器设备拆卸后出口，其原因是可以节省运费。例如，拆开的汽车从英国运往东南亚国家，其海运运费要比整辆汽车的运费低1/3至1/2，加上关税的优惠和组装劳力成本低，整辆汽车的成本要比直接从英国进口原装车低25%～39%，这就可以增强该车在东南亚市场上的竞争力。四是在东道国市场上直接投资生产，以减少额外环节带来的额外费用。

二、产品生命周期

产品处于生命周期的不同阶段，公司必须采用相应的价格策略。一般而言，产品处于导入期，定价的主要目标不是为了盈利，而是为了补偿成本费用，在必要的情况下还可以制定低于成本的价格。产品处于成长期，定价的主要目标是实现预期利润和提高市场占有率，在此阶段产品销售额可能迅速增长，成本也由于规模效应等原因大幅度下降，但公司不一定将价格下调以获取尽可能大的利润。产品进入成熟期，市场竞争更为激烈，产品单位利润开始下降，公司的定价要具有竞争性，以保持市场占有率。产品衰退期的定价应以尽快收回资金为目标，最常用的策略是大幅度降价。

三、产品供求关系

产品的供给指的是在一定的价格水平上，产品的生产者或所有者在市场上提供或能够提供的产品数量。产品的需求是指在一定的价格水平上，消费者同时具有购买意愿及购买能力的产品数量。目标消费者的需求是由其支付能力、爱好、生活习惯、宗教信仰、对产品的态度以及是否有可供消费者选择的替代品等因素决定的。在东南亚市场营销中，公司对该市场的供求关系进行判断和运用，充分考虑供求规律的影响。总体来说，当产品供不应求时，定价可以相对较高；当产品供过于求时，则反之。东南亚各国家的收入水平差距很大，当商品进入新加坡、文莱等国时，公司应考虑商品的质优价高与收入水平相对应；当商品进入老挝、缅甸、柬埔寨等国时，市场需求决定产品定价的上限，若超过了此限，产品的价格便不会被消费者认可。价格与供求是一对互为因果又互相影响的因素，如某种产品在某一时期供过于求，价格会下跌；供不应求，则价格会上升。当供给量与需求量相等时，产品价格也相对稳定，此时形成的价格称为"均衡价格"，它一般接近产品的价值。

四、政府干预

在东南亚市场营销中，政府干预对商品价格水平有重要影响。

第一，制定最高、最低价格。有的国家法律明文规定商品售价不得低于其成本费用和政府规定的标高价；有的国家可能采取临时性的价格冻结来限制通货膨胀；有的国家规定商品价格变动要接受审批措施和制度的管制，不能随意变动。

第二，关税和非关税壁垒。关税包括进口税、进口附加税、差价税等。关税是一国产品进入另一国家必须追加的成本，影响产品的最终价格。非关税壁垒是在关税之外的一切限制进口的法律和行政措施。非关税壁垒名目繁多，手段隐蔽，包括进口配额制、许可证、外汇管理、政府采购政策、政府补贴政策等。进入东南亚市场的公司应该全面了解不同的目标市场国家的关税政策，以便制定出较合理的产品价格。

❖ **小资料 10-3**

马来西亚、印度尼西亚等国大力发展新能源汽车

环保、低成本、绿色、节能的汽车越来越受到泰国、印度尼西亚和马来西亚三国的欢迎，正成为畅销车辆。据悉，东盟各国都已出台了一系列措施致力于发展新能源汽车，如泰国的优惠政策鼓励替代能源车辆可享有10%或20%的低消费税率，印度尼西亚计划发展低成本绿色汽车，马来西亚则计划2020年新能源汽车占国内汽车生产总量的85%。瞄准新能源汽车市场的商机，中国的汽车公司和东盟各国的合作已开始起步。2016年3月，中国汽车自主品牌比亚迪取得了印度尼西亚150台K9纯电动大巴订单。

资料来源：翟亚男. 吉利再启并购宝腾进程自主品牌布局东南亚市场［N］. 华夏时报，2017-03-06（29）.

第三，控制中间商毛利。东南亚各国家政府，特别是欠发达国家的政府有时还会干涉公司对中间商的价格折扣。因此，在这些国家经营某些商品时，不能获取过高利润，敏感商品的价格变动要获批准后方可实行。

第四，对倾销和补贴的指控。如果公司试图以较低的价格占领东道国市场，虽然能使公司扩大销售，并取悦东南亚消费者，但容易被当地政府认定为倾销，引起当地竞争者的不满。

此外，某些国家的政府为了使母国产品在东道国市场上具有竞争力，有时采取对出口公司进行补贴的方式。根据世界贸易组织补贴规定，东南亚国家接受"绿箱补贴"措施，拒绝"黄箱补贴"措施。因此，对出口公司进行直接补贴，往往受到限制。

例如，为了获得价值数亿美元的印度尼西亚电信工程承包项目，美国和日本的公司展开了极其激烈的竞争。日本公司的攻势使美国政府出面干预，美国总统亲自打电话给印度尼西亚高层人士为本国公司说情；日本政府则向印度尼西亚高层人士许诺优惠的信贷，从而使日本公司的报价更具吸引力。最后，印度尼西亚政府将此工程一分为二，美国和日本的公司各承包50%。

五、竞争因素

市场销售人员十分熟悉竞争给定价自由所造成的限制，公司必须考虑竞争因素。如果所进入的东道国的市场竞争者较少，公司就可能有较多的定价自由，但是市场垄断者也可能对竞争者的价格施加压力。比如，当某汽车制造商降低汽车价格时，就会导致同行的效仿，最终还是达不到预期的目的。在出口定价中，同样存在竞争压力，它与母国市场竞争压力的主要差异在于，公司在每个出口市场上面对着不同的竞争形势和不同数量的竞争对手，竞争者的规模和实力参差不齐，竞争者的定价战略也会千差万别。在竞争者防线稳固的出口市场，公司对产品的出口价格可能制定跟随价格，或者制定比当地同类产品低的价格以进入该市场。在缅甸市场上价格便宜的袋装奶粉已成为消费者的首选，袋装奶粉共有4个品牌，其袋装包装规格分别为20克、200克、400克和500克，其售价分别为90缅元、800缅元、1 500缅元和1 800缅元。其中，Red Cow 和 Golden Flower 品牌来自中国，虽然近年来其他品牌的奶粉进入缅甸市场的数量逐渐增多，但中国品牌的奶粉目前仍独霸缅甸奶粉市场。

在某些出口市场上，公司可能没有什么竞争者，对那些捷足先登者来说更是如此。在这些出口市场上，公司可以制定一个比在竞争激烈的母国市场上高得多的价格。通过对竞争影响的分析，我们可以得出这样的结沦，不同出口市场的各种竞争状态，是导致出口商品售价不同于母国售价的重要影响因素。

第三节　东南亚市场定价方法

在影响产品价格的诸要素中，最重要的是成本、需求和竞争三个要素，因而相应地，公司定价主要有三种导向，即成本导向、需求导向和竞争导向，而各种导向又有不同的定价方法。

一、成本导向定价法

成本导向定价法是一种主要依据产品的成本决定产品价格的定价方法。其主要优点是简便易用、比较公平。常用的成本导向定价法有成本加成定价法、损益平衡定价法、边际成本定价法和综合成本定价法四种。

（一）成本加成定价法

成本加成定价法是指以产品成本为基础，加上预期利润，结合销售量等有关情况，确定产品的价格水平。成本包括生产成本（如固定成本、变动成本）和经营成本（如销售费用、管理费用、运费、关税等），成本加成定价法是公司最基本、最普遍采用的方法，其基本公式是：

$$P=C（1+R）\qquad\qquad\text{（公式10-1）}$$

式中：P为单位产品价格，C为单位产品成本，R为成本加成率或预期投资回报率。

上述公式中，C除了产品的制造成本外，还应考虑许多东南亚营销所特有的成本项目，如关税、保险费、运费、外销中间商的毛利、融资和风险成本等。公司在制定价格时，根据这些费用是由生产厂家负担，还是由出口商或进口商负担，决定是否要将这些成本计算在内。成本加成率或预期投资回报率是一个经验数据，是在原有的母国加成率上累加一个固定的加成比率。

成本加成定价法的优点是简便易行、将本求利、公平合理。其缺点是一厢情愿，忽视市场需求和竞争，所确定的价格不一定符合市场需求水平，可能无法获得竞争优势。

（二）损益平衡定价法

损益平衡定价法又称保本定价法，是指按照生产某种产品的总成本和总支出维持平衡的原则来制定产品价格。同时，公司使用这种方法可以计算出不同价格水平上的保本产量。虽然这种方法只能做到不赔不赚，没有利润可言，但是如果在东南亚市场不景气的情况下，保本经营总比停业的损失要小得多，而且公司有灵活的回旋余地。其计算公式是：

$$保本价格 = \frac{固定成本 + 变动成本 \times 保本产量}{保本产量}\qquad\text{（公式10-2）}$$

$$保本产量 = \frac{固定成本}{保本价格 - 变动成本}\qquad\text{（公式10-3）}$$

❖ 小资料 10-4

新加坡发展低成本航空的经验

20世纪90年代，低成本航空公司在美国和欧洲兴起；21世纪初，以马来西亚亚航空为代表的低成本航空公司在亚太地区出现并且发展得非常迅速。这一现象引起了新加坡民航局的高度重视。于是，从21世纪初开始，新加坡政府就特别关注低成本航空公司的发展趋势，并在政策上考虑如何应对这个趋势。通过研究，新加坡政府认为：低成本航空市场是一种新型的航空市场，有利于消费者；低成本航空会刺激航空市场的客流量增长；它可以在枢纽机场成功经营，其"乘客平均消费"同传统航空相近。同时，新加坡政府认为：作为航空枢纽，新加坡可以为低成本航空公司提供客源；新加坡人喜欢旅行，加上较高的互联网使用率，也会使人们很快地适应低成本航空公司的运营模式。新加坡政府相信低成本航空公司和传统航空公司都能在保持新加坡的枢纽地位上扮演重要的角色。新加坡政府决定采取政策，鼓励在新加坡成立低成本航空公司，并且为其提供良好的营业环境，具体的促进政策如下：（1）在航空运输协定上，尽量开放或加入有利的条约，如指定多家空运公司的条约，以及争取飞往邻国主要城市和二线城市航点的航权；（2）在安全和保安规定、航班时间分配等方面平等对待低成本航空公司和传统航空公司，对低成本航空公司没有不合理限制；（3）对于开通有利于樟宜机场成为枢纽机场的航线的航空公司平等地予以奖励；（4）在国际航权分配上，采取公开、公平的原则，让各航空公司提出申请，然后进行客观性地分配，主要考虑航空公司是否能有效地运用所分配的航权；（5）樟宜机场低成本候机楼的机场收费较低。

为了促进低成本航空公司在新加坡的发展，新加坡政府在樟宜机场专门为低成本航空公司修建了低成本候机楼以便帮助其降低成本。2006年3月26日，该低成本候机楼正式启用。到2008年10月为止，欣丰虎航空公司和宿雾太平洋航空公司这两家低成本航空公司在使用该候机楼，每周执行242个航班，飞往亚洲17个城市。使用该候机楼的旅客人数2006年为140万人次，2007年增长到180万人次。该低成本候机楼采取符合低成本航空公司独特的运营模式协助其降低运营费用，并且收取较低的机场税，为旅客提供一种非同寻常和物有所值的体验。其在地勤运营管理上采取了如下有利于低成本航空公司运营的措施：布局集中、紧凑（从值机柜台到最远的登机口只需步行10分钟）；值机柜台使用在线式预订系统；无登机桥，到飞机的距离很短（小于20米）；使用新科技，如E-IACS（增强式自动边检通关系统）；简单的行李处理系统；中央聚集式安检；提供与主要候机楼之间的穿梭巴士服务等。其在商业管理（特许经营）上采取了如下有利于低成本航空公司降低成本的措施：低成本候机楼内办公室、零售店的租金和值机柜台费用比其他候机楼内的便宜50%；收取较低的停车场费用；引入中等价位的零售店和大众化价格的餐饮店等。总之，樟宜机场低成本候机楼通过优化布局和流程设计加快飞机周转速度，为机场从业者和低成本航空公司维持较低的运营成本提供便利，为满足低成本航空公司的乘客需求提供对口服务（零售、服务、设施）等措施支持低成本航空的顺利运营。

在新加坡政府的支持下，从2004年起，在新加坡运营的低成本航空公司不断增加。除了本国的欣丰虎航空公司和捷星亚洲航空公司以外，还有6家外国低成本航空公司运营从新加坡始发的航班。目前，这8家公司飞往国外28个城市。在樟宜机场的航空网络中，有6个城市（分布在印度尼西亚、中国、印度和澳大利亚等国）

是专靠低成本航空公司的运营而维持的。由此可见，低成本航空公司对新加坡的航空网络建设有所贡献，促进了新加坡的航空枢纽地位的发展。从总客流量来看，樟宜机场的客流量持续增长。相比之下，低成本航空公司的客流量增长率一直超过总客流量增长率。低成本航空公司在樟宜机场的客运量占有率也从2004年的2%增长到2007年的10%。2007年，低成本航空公司给樟宜机场带来了362万人次的客流量。

新加坡发展低成本航空公司的经验表明：第一，低成本航空公司的成立和成长得靠有关当局提供合适的机场设施和管制政策，以满足低成本航空公司特殊运营模式的需要；第二，传统航空公司和低成本航空公司可以在适当的环境中共存，对基地航空公司而言，低成本航空公司进入市场可以扩大市场容量，也未必会出现"损人利己"的现象；第三，低成本航空公司为新加坡的空运增长和枢纽地位做出了贡献，然而一个机场的枢纽地位还得靠传统航空公司的网络力量来保持，所以有关当局要平衡好它们之间的关系。

资料来源：陈军. 东南亚发展低成本航空的经验 [J]. 中国民用航空，2010（1）.

（三）边际成本定价法

边际贡献是指预期的销售收入减去变动成本后的余额。当边际贡献大于固定成本时，公司就出现了盈利；当边际贡献小于固定成本时，公司就出现了亏损。但是，公司有时出现亏损总比停产要好。因为，边际贡献能够在一定程度上补偿固定成本，如果停产，则固定成本一点也得不到补偿。在竞争激烈的情况下，产品供过于求，采用这种定价方法较为灵活，定价计算公式是：

单位产品价格＝单位产品边际成本＋单位边际利润 （公式10-4）

边际成本定价法是指产品售价以边际成本为基础，价格或收益大于边际成本或高于可变成本。由于公司面临产品供过于求的东南亚市场，依赖边际成本定价是较普遍的做法。公司采用边际成本定价方法，可以使其在激烈竞争的东南亚市场中减少损失，增加利润总额，还可以达到开拓市场的目的。不少公司在母国市场保持较高的价格，并借助母国政府的关税壁垒，使自己在母国市场的已有份额得到保护的同时，看准机会采用边际成本定价法，大胆向东南亚市场销售产品。例如，某出口服装公司生产服装10 000件，固定成本20 000元，每件服装的变动成本为38元，预期利润为20%。如果考虑以总成本为定价基础，每件服装售价为：

总成本＝固定成本＋变动成本＝20 000＋10 000×38＝400 000（元）

单价＝（总成本＋利润）÷生产总量＝（400 000＋400 000×20%）÷10 000＝48（元/件）

如果以边际成本定价为基础则不考虑固定成本，若预计边际收益为10 000元，边际成本定价为：

单价＝（变动成本＋边际收益）÷生产总量＝（380 000＋10 000）÷10 000＝39（元/件）

与48元的原价相比，39元的售价肯定是公司亏本，但在东南亚市场面临供过于求的状况下，仍坚持按原价出售将造成产品滞销或停产，使公司亏损更大，如果以边际成本定价，其边际收益 10 000 元可以补偿部分固定成本，减少公司损失。

（四）综合成本定价法

综合成本定价法是指公司在为产品定价时不仅要考虑自身的生产成本，还要考虑消费者的使用、维护成本。如果公司的生产成本与竞争者差不多，但是当消费者的使用和维护成本较低时，可以制定较高的价格；反之，公司则应制定较低的价格。例如，同样出口到马来西亚的空调，如果公司的产品具有使用寿命长、省电、性能稳定的特性，消费者长期使用能节约费用，则可以制定较高的价格。

二、需求导向定价法

需求导向定价法是指根据东南亚市场需求强度和消费者对产品价值的理解来制定产品销售价格。这种定价方法主要是考虑顾客可以接受的价格以及在这一价格水平上的需求数量，而不是产品的成本。当然，不是说可以不顾及成本，如果产品价格连成本都不能补偿，公司是无法接受的。需求导向定价法主要有以下三种：

（一）差别定价法

差别定价法是指根据地域的差别和需求的不同而制定不同的价格。

公司根据产品在市场上的顾客需求情况的差异性来确定产品的价格。公司在采用这种定价方法时，要充分考虑顾客的需求、顾客的心理、产品的差异、地区的差异、时间的差异等，采用灵活的定价方法。差别定价法具体包括以下几种：

1.需求差别定价法

需求差别定价法是指顾客因职业、阶层、收入、年龄的不同，对商品会有不同的需求，公司定价时可以区别对待。例如，当需求量大且较为迫切时，可采用高价位；反之，则应采用低价位。对于东南亚市场中的老客户，当其需求量大且需求稳定时，可以给予优惠。

2.功能差别定价法

功能差别定价法是指同类产品针对不同消费者的需求给予不同功能的满足，相应地制定不同的价格。

3.地点、场所差别定价法

地点、场所差别定价法是指同一产品因其销售地点、场所不同而制定不同的价格。例如，同样的饮料，在高级宾馆的销售价格要比超市高很多，在交通便利的大城市的销售价格要比在交通不便利的小镇低很多。在东南亚各国家销售的同种商品，可以制定不同的价格。

4.时间、季节差别定价法

时间、季节差别定价法是指同一产品由于时间、季节不同使得需求程度产生差异，相应地采取不同的价格标准。销售旺季与淡季、平时与节假日、白天与夜晚可制定不同的价格。

采用差别定价法的前提条件是要搞好市场细分，价格差别要充分把握消费者的心理反应。

（二）认知价值定价法

认知价值定价法是根据目标市场上顾客对产品价值的感受和需求强度制定不同价格的方法。消费者认为这种产品有多大"价值"，公司就制定多高的价格。"认知价值"是指买方在观念上所认同的价值，而不是产品的实际价值。由于顾客对产品价值的认知不是由产品成本决定的，因此公司可以运用各种营销手段，影响东南亚消费者对公司产品的感受，使消费者形成对公司有利的价值观念，然后根据产品在消费者心目中的价值来确定其在东南亚市场的售价。

认知价值定价的关键，在于准确地计算出产品所提供的全部市场认知价值。公司对顾客认知价值的估计过高或过低都会影响定价的效果，要得到准确的市场认知价值，必须进行市场营销研究。因此，公司在定价时要考虑消费者对商品的价值判断，要研究不同消费者心目中的价值标准，有针对性地运用市场营销组合中的非价值因素（如产品形象、销售促进等）去影响消费者，诱导消费者形成一定的价值观念，再根据销售量的预测、产品的成本及利润制定出符合消费者需求的期望价格。

（三）市场倒推定价法

市场倒推定价方法的主要依据是东南亚市场的需求，即顾客可以接受的价格，而不是产品的成本。即使产品成本一样，只要产品需求强度不一样，就可以制定不同的产品价格。市场倒推定价法是为了兼顾公司应获得的收益以及产品在东南亚市场上的竞争力。公司根据东南亚市场上同类产品的价格，估算本公司产品在东南亚市场上的零售价格，再扣除中间商的利润、关税、运费等，倒推出产品的出厂价格，并同成本比较，最后定出零售价格。我们可以以本章第二节中的表10-2为基础，根据东南亚市场的最终价格倒推出公司的FOB价，见表10-3。

表10-3 **出口产品的市场倒推定价法** 单位：美元

项目	价格
最终价格（单价）	273
东道国零售商加成（30%）	-63
小计	210
东道国批发商加成（25%）	-42
小计	168
进口关税（到岸成本价的20%）	-28
小计	140
远洋运输费用及保险费	-25
FOB价	115

但是，常用需求导向定价法也会遇到一些困难，如经销商、零售商的毛利率不好估计。许多出口公司对东南亚市场渠道的控制力很弱，东南亚市场上的零售价格要由当地的零售商来决定，这样出厂价格的倒推计算就只能是大致的估计值。

三、竞争导向定价法

竞争导向定价是指公司对竞争对手的价格保持密切关注，以竞争对手的价格作为自己产品定价的主要依据，即公司可以根据竞争对手的价格制定出高于、低于或与其相同的价格。其特点是产品定价随着竞争对手的成本和需求的变化而变化，只要竞争者产品价格不变，公司产品的价格就不改变。竞争导向法具体有以下三种方法：

1.随行就市定价法

随行就市定价法是指公司为了减少或回避竞争，按本行业在某一目标市场的价格水平来定价。这种"随大流"的定价方法，适用于需求弹性比较小或供求基本平衡的商品。在这种情况下，单个公司如果把价格定高了会失去顾客，定低了会失去应得到的利润，因此"随大流"定价是较为稳妥的定价方法。既不会因定价高于市场价而使产品难以销售出去，也不会因定价低于市场价而招致恶性竞争。这种定价方法减少了风险，补偿了平均成本而获得平均利润，还可以通过努力降低产品成本来获得更多的利润。

随行就市定价法是一种很流行的定价方法。例如，在东南亚市场中，橡胶、大米、石油、煤炭、咖啡等大宗基础产品和农副产品的价格是众多买主和卖主在长期交易中达成的，公司一般采取随行就市定价法。

2.竞争价格定价法

竞争价格定价法是一种主动竞争的定价方法，一般为实力雄厚或产品独具特色的公司所采用。它又可以分为以下几种方式：

（1）高于竞争者的价格定价。它是指公司将其产品价格定得比市场上同类产品的平均价格要高。这种定价方式的前提条件是产品的品牌价值高，在市场上具有较明显的竞争优势。

（2）低于竞争者的价格定价。它是指公司将其产品价格定得比市场上同类产品的平均价格要低，以便获得较多的顾客、扩大市场占有率的一种定价方式。公司采取这种定价方式的目的在于通过较大的市场份额来获得长期稳定的盈利，并阻止竞争对手的进入市场。低价可能会引起价格竞争，因此，公司为了达到某种经营目标采用这种定价方式。例如，新产品刚刚投入市场，公司处理积压滞销的产品，或公司因生产成本降低，以薄利多销的方法来获得长期利润，往往采用这种定价方式。

（3）主导价格定价。它是指那些在行业中占据主导地位的公司凭借其声誉、规模、资金等方面的优势主导市场价格的一种定价方式。这些公司是同行业的领头羊，它们的商品价格就成为本行业中的标准价格，其他公司追随其定价。

3.密封投标定价法

密封投标定价法是指公司与众多同行业竞争者组成一个卖方集团，对同一买主的公开招标进行竞争投标、密封报价，再由买方从中选择价格低、质量高、信誉好的投标者签订合同的一种定价方法。东南亚国家的拟建大型工程项目、大型机械订货、社会集团或政府批量采购等均是通过公开招标方式选择承包商，目的是通过引导卖方竞争的办法选出最佳合作者。征求承包的一方为招标方，前来应征的各方为投标方。公司的投标价格主要根据竞争对手的报价来确定，尽可能争取以低于竞争对手的价格水平获得中标。在确定投标报价时，公司必须充分预测竞争对手的报价，再制定出本公司最佳投标报价方案，以便能够中标。

这种定价方法的具体步骤如下：招标由买方发布招标公告，提出征求什么样的商品或劳务以及具体条件，引导卖方参加竞争。投标方即卖方根据招标公告的内容和要求，结合自己的条件，主要考虑成本、盈利以及竞争者可能提出的价格，填好标书，向买方密封投递本公司标书。

❖ 小资料 10-5

越南承包工程市场竞争空前激烈，低价竞标普遍

在越南，竞标市场十分激烈，经常报价低于标底。究其原因：一是现有的投标机制鼓励低价竞标。竞标实际上就是"竞价"。越南现行的招投标规定没有"底价"，只有"中标最低价"。该国建筑公司的主流看法是，价格低可以节省资金，只要对工程进行严格管理，仍可以保证工程进度和质量。二是越南多数施工公司缺少施工合同，就业问题突出，因而不惜一切代价低价竞标。三是在许多情况下，越南政府允许母国公司中标后，对在建的项目修改设计、调整造价，导致低价竞标现象更加普遍。因此，越南建筑公司敢以报价比标底低 30% ~ 40% 的价格进行恶性竞争，这无疑排挤了国外的竞标公司。

资料来源：张随. 中国在东盟国家工程承包现状分析 [J]. 现代商业，2007（18）.

第四节　东南亚市场定价策略

产品的基本价格水平是由产品的成本、需求和竞争等因素决定的，但公司出于某些目的会对基本价格进行调整。东南亚市场定价策略是指公司在营销活动中根据自身条件变化及所处的东南亚市场环境，运用价格策略获取竞争优势地位的一种手段。

一、新产品定价策略

新产品在东南亚市场上市时，由于消费者对产品不熟悉，因此公司定价的自由空间很大。公司既可以采用撇脂定价策略把价格定得很高，又可以采用渗透定价策略把价格定得很低。究竟采取哪种定价策略，取决于公司的市场目标。

（一）撇脂定价策略

撇脂定价策略是指把产品的价格定得很高，远远高于成本，以求短期内获取最大利润，尽早收回成本。从公司角度来考虑，这种策略主要是利用消费者求新求奇的心理，以高价在短期内获取丰厚的利润，迅速实现预期利润，同时使产品提高声誉，抬高身价。

公司的高价厚利必然会招致众多的竞争者出现，撇脂定价只能作为一种短期的定价策略，通常比较适合生产能力不大，或有专利、有技术、需求弹性小的产品。

在东南亚市场运用这类定价策略时，需要注意三个方面：

（1）选择好目标顾客——高价产品的目标顾客是那些具有较高购买力水平且崇尚新事物的消费者。

（2）准确测定目标顾客的价格接受水平——如果价格定得太高会失去市场份额，让竞争者抓住机会而丢失利润。

（3）关注市场竞争情况——如果竞争对手跟进，就应该及时调低价格保住自己的市场份额。

（二）渗透定价策略

渗透定价策略是指公司把新产品投入东南亚市场时价格定的相对较低，以便新产品以价廉物美的形象吸引顾客，迅速打开市场，短期内获得比较高的市场占有率，同时通过接近成本的定价击退打算进入该领域的其他竞争者的一种定价策略。

这种策略一般适用于生产批量大、销售潜量高、产品成本低、顾客比较熟悉的产品。渗透定价分为快速渗透定价和慢速渗透定价两种。快速渗透定价是采用低价配以大规模的销售促进活动，快速占领市场，通过降低成本和大量销售补偿低价损失和高价促销费用，谋求长期稳定利润。慢速渗透定价是采用低价配以有限的促销活动挤占市场。

渗透定价策略的效果取决于三个方面：

（1）市场价格需求弹性大，消费者对价格较为敏感。

（2）低价还能盈利，且不会引起竞争者报复，不遭受倾销的指控。

（3）对目标市场的政治、经济环境的把握。公司采取低价销售不可能在短期内实现预期的收益目标，要在长期稳定的经营中获得利润，则需要目标市场具有良好的政治、经济环境。

（三）中间价格定价策略

中间价格定价策略又称平价销售策略，是介于撇脂定价策略与渗透定价策略之间的一种定价策略。采取适中的价格让消费者感到满意，公司以获取社会平均利润为目标。公司采取这种定价策略时，以社会或部门平均利润作为自己目标利润的参考标准，对照市场上的常规价格来给产品或服务定价。这种定价策略是将产品消极地推向市场，属于安逸型策略。

二、心理定价策略

在东南亚市场营销中，公司在制定产品价格时，一方面要从经济学的角度考虑，另一方面还要研究价格心理学，心理定价策略就是根据消费者的心理感受来定价。

（一）声望定价策略

声望定价是指公司利用买方仰慕名牌的心理来制定大大高于其他同类产品的价格。在东南亚市场上有许多商品在消费者心目中有极高的声望，如名牌工艺品、高级汽车、日本原装进口摩托车等，消费者购买这些产品的目的在于通过消费此类产品获得极大的心理满足，他们重视的是商品的商标、品牌及价格是否能突显他们的身份和地位。因此，可以按照消费者对这类产品的期望价值，制定出高于其他同类产品几倍，甚至十几倍的价格。这样既可以满足消费者的心理需要，又可以增加公司利润。

利用公司和产品品牌在东南亚市场上已经建立的声望，将产品定成高价的策略必须注意：正确评估公司和产品品牌的声望；准确估计顾客对价格的接受程度；注意保证产品质量，否则会毁掉品牌声誉；声望定价在消费者的心理优势中可以被利用的程度是有极限的，公司在营销活动中应适当把握。

（二）尾数定价策略

尾数定价又称奇数定价，是指根据消费者求实、求廉的心理实行尾数价格，使其产生价格低廉的感觉，以为价格是经过精确计算的，从而对价格产生信任感。例如，消费者会以为单价9.96元大概只是几元钱，没有10元那么多，使消费者在意识上觉得便宜。在东南亚市场营销中，当公司的产品定价采用尾数定价策略时，奇数定价比偶数定价会更有利。

❖ 小资料10-6

泰国玩具小店假提价促销售

泰国首都曼谷有一家专门经营玩具的小店，店主差采是一位很精明的生意人。有一次，他购进了两种造型相似的玩具小鹿，一种产自日本，另一种产自台湾。开始时，他将这两种玩具小鹿以每只2泰铢（人民币约0.39元）的相同价格上柜销售，结果两种玩具小鹿的销量都很不理想。

按理说，这两种玩具小鹿的定价比较合理，可为什么却卖不动呢？精明的差采盘算了几天，决定将日本产的玩具小鹿定价为2泰铢，而将台湾产的玩具小鹿提价为3泰铢（人民币约0.59元），摆在同一柜台出售。顾客看到这两种质量、造型相差无几的玩具小鹿，价钱竟然悬殊这么大，购买日本产的小鹿玩具太合算了，于是购买的人多了起来。不出半个月，日本产的小鹿玩具便全部卖光了。日本产的小鹿玩具一卖完，差采便把台湾产的小鹿玩具标上"减价出售"的牌子：原价3泰铢，现价2泰铢。顾客看到这种小鹿玩具降价幅度如此之大，感到很合算，购买的人也多了起来。不久，这些"降价商品"也卖完了。

资料来源：薛艳丽. 灵活定价获厚利——国外企业巧用价格策略经典案例 [J]. 粤港澳价格，2005（2）.

（三）招徕定价策略

招徕定价是公司对某些产品制定比较低的价格以吸引消费者的注意，通过另外一些产品的高价来弥补低价产品的损失，即消费者根据某些产品的低价，产生对公司所有商品价格都比较低的感觉，从而产生对该公司其他产品的注意，最终公司达到扩大销售的目的。

（四）习惯性定价策略

由于某些商品消费者会反复购买，因此这类商品的价格也就"习惯成自然"被顾客所接受。公司在定价时应充分考虑消费者购买这些商品的习惯性倾向，不能随意变动价格，否则会使消费者产生抵触情绪。当到了非得调价时，公司要告知消费者调价的原因，让消费者在心理上接受。

三、折扣与折让定价策略

公司为了鼓励顾客及早付清款项、大量购买或者淡季购买，可以酌情降低产品价格，这种价格调整叫做价格折让或折扣。

（一）现金折扣策略

为了改善公司现金流状况，降低因为催收欠款而相应增加的成本和减少呆坏账的发生，公司根据不同购货者的付款方式和付款时间的具体情况，按原价格给予一定的折扣。这是东南亚市场上十分流行的一种价格策略。

（二）数量折扣策略

数量折扣是公司给大量购买某种产品的顾客的一种减价优惠，以鼓励顾客购买更多的货物。例如，顾客购买产品100单位以下，每单位10元；购买产品100单位以上，每单位9元。数量折扣分累计折扣和非累计折扣两种。累计折扣是基于一定时期内顾客与公司所达成的交易总量而给予的折扣，旨在促成买卖双方之间长期的、大量的购销关系。非累计折扣的目的是鼓励顾客一次多买。

数量折扣促使买主只向一个公司订货，而不是向多个供应商订货，少数买主的大量购买能使公司降低生产、销售、储存、记账等环节的成本费用，但数量折扣的折扣金额不能超过公司因大量销售而节省的费用。

公司在东南亚市场上采用数量折扣策略，应该事先对以下三点做出准确判断：①数量折扣能在多大程度上刺激消费者从本公司购买而不再寻找其他卖方；②数量折扣的金额是多少才不会抵销因大量销售而使公司降低的成本；③在东南亚营销实践中，采取数量折扣策略要注意东道国国家的有关法律法规。

（三）功能折扣策略

功能折扣又叫贸易折扣，是公司给某些东南亚批发商或零售商的一种额外折扣，鼓励其主动执行某种公司在东道国市场上不便于执行的市场营销功能，如市场调研、储存、售后服务等。公司对处于不同渠道的中间商或者同一渠道中不同环节的中间商，按照其在渠道中所发挥的功能、作用的不同，在交易时给予不同折扣，达到充分发挥中间商潜在功能的目的，以取得渠道最佳使用效果。

（四）季节折扣策略

季节折扣是公司给那些购买季节性强的商品或服务的顾客的一种减价优惠，使公司的生产和销售从年头到年尾都保持相对稳定。公司利用这种折扣鼓励批发商、零售商提早进货，从而使公司获得资金及维持稳定的生产。例如，某些旅行社为了在非旅游季节吸引消费者，对机票和住宿采取季节折扣策略。

❖ 小资料 10-7

"价格合适"是中国旅客选择泰国作为境外旅游地的关键因素

中国游客赴泰国旅游的开销比例的调查结果显示，中国游客将一半以上的开销用在了购物（55%）上，其次是用在了娱乐项目（23%）和参观游览（18%）上。这虽然与中国游客强大的购买力有关，但是旅行社的强制消费起到了关键的作用。原本中国游客去泰国的主要目的是旅游，而开放免签后，泰国可能迎来更多中国的"回头客"。这些二次赴泰国的游客们，除了旅游，可能会在购物上预留更多的时间。泰国不仅有许多有名的夜市，让游客淘到很多颇具泰式风情的小玩意，还有非常精致的精品店，提供高档的工艺品来满足游客更高的需求。，除了泰银、宝石饰品、泰丝织品、藤编工艺品、象牙制品、鳄鱼皮或大象皮的钱包和腰带、手工香皂等独一无二的工艺品外，这里的化妆品也非常便宜。欧莱雅、露华浓的价格几乎是中国国内价格的一半，露得清、旁氏等品牌的价格也几乎是中国国内价格的7折左右。此外，商场的护肤和彩妆专柜几乎常年有10%的折扣活动。同时，游客还可以享受到7%的退税政策。相比中国国内的品牌化妆品的售价，泰国相同品牌化妆品的售价更为划算。另外，泰国的皮具箱包也相当便宜，很值得购买。对于男士而言，阿迪达斯、耐克、李维斯、牧马人等运动休闲品牌在泰国的售价也比中国国内的售价低30%~40%。

资料来源：刘曼欣. 基于4P理论的泰国旅游市场营销策略研究——以赴泰中国旅客为例 [D]. 长沙：湖南师范大学，2015.

（五）降价保证策略

降价保证是指卖方向买方承诺如果商品在一定时间内跌价，按购货时所付的价格返还或补贴由于跌价而给买方造成的损失。这种做法是鼓励中间商大胆经营，有利于生产者扩大销售量。

（六）价格折让策略

价格折让是指公司为了促进消费者对购买的产品升级换代的一种促销折扣。公司可以把消费者在原来购买产品时所支付的价格折算成一定金额，当消费者在付款购买新产品时，在价格中扣除老产品的折价部分，让消费者获得优惠。

公司实行折扣定价策略时，应考虑公司流动资金的成本、东南亚金融市场汇率变动、消费者对折扣的疑虑等因素，同时注意消除地区折扣的差异性，避免同一市场上折扣标准的混乱，防止折扣差异性在市场内部形成的冲抵，进而影响销售总目标的实现。

四、地区性定价策略

公司在东南亚市场上销售产品，由于各目标市场距离原产地远近不同而带来成本费用的差异，因而公司需要对销售到不同地区的产品制定差异价格。

（一）FOB价与CIF价策略

FOB（Free on Board）是指原产地定价或离岸价，按照这种价格，出口公司负责将产品运到某种运输工具（如卡车、火车、轮船、飞机等）上，此时交货即告完成，此后从产地到目的地的一切风险和费用都由买方承担。采用这种定价策略，与出口公司所在国家相邻的国家的买方负担的费用小，与出口公司所在国家远的国家的买方负担的费用大。

CIF（Cost Insurance Freight）又称到岸价，是指包括成本、保险费和运费在内的价格条款。与离岸价不同，按照到岸价交易，出口公司要提供海外运输与保险费用，所以报价一般要高些。

（二）统一交货定价策略

统一交货定价与原产地定价正好相反，是指公司不管运输距离的远近都按照相同的出厂价加上相同的费用（按平均费用计算）将产品出售给买方，即保证东南亚市场上的买方都能以相同价格购买到同一产品。这种定价策略便于公司的价格管理，有助于公司在东南亚各国的广告宣传中保持价格的统一。显然，统一交货定价有利于巩固和发展距离生产公司远的目标市场的占有率。

（三）区域定价策略

区域定价是指公司把东南亚销售市场按运输距离的远近划分为若干区域，对于不同区域的买方分别制定不同的地区价格，产品在同一地区的价格相同，在不同地区的价格有差异，较远区域产品的价格略高一些。区域定价有利于产品在同一个市场区域内保持价格的一致，而在不同的区域之间体现价格差别。

（四）基点定价策略

基点定价是指公司选定某些地点作为基点，然后按照同样的价格向其他地点供货，买方购买价格的差异只包含离基点距离不同而产生的运费。基点定价减少了买方购买价格的差异，有利于统一产品的市场价格。公司可以选定多个基点，按照顾客离得最近的基点计算运费。例如，美国公司出口产品到东南亚市场，可先将产品运输到新加坡的港口，然后通过集装箱将产品运到东南亚各地销售，即以新加坡的港口为基点向其他城市供货。

（五）运费免收定价策略

有些卖方为了尽快开拓某个东南亚国家的市场，由卖方负担全部或部分实际运费。该做法的目的在于，通过产品销量的增加降低平均成本，以弥补运费开支。运费免收定价有利于公司在东南亚市场实现快速渗透，并在新市场上尽快站稳脚跟。

五、系列产品定价策略

公司往往同时经营多种相关产品，多种相关产品之间存在着连带性、选择性和替代性。公司在制定产品价格时，不仅要考虑每种产品的价格，而且要考虑它们之间的比价如何确定，从而制定出一套能使整个系列产品获利最大的价格。

（一）互补品定价策略

互补品是指只有相互配套才能被消费使用的商品。在互补品中，价值较大且使用寿命长的商品称为主件商品，而价值小、使用寿命短且需要经常购买的商品称为次件商品。公司可以将主件商品以低价出售，而将次件商品以高价出售，用主件商品的销售带动次件商品的销售，同时，用高价的次件商品的销售收入弥补主件商品的低价销售带来的亏损。在运用互补品定价策略时，公司应根据市场需求状况合理组合互补品价格，使系列产品发挥整体组合效益。例如，江苏常林机械厂采用了互补品定价策略，以十几万美元的低价卖给印尼商人一条装载机组装线，这条组装线每年要进口大量的装载机零部件，常林机械厂由此获得的利润远远超过组装线本身。

（二）替代品定价策略

替代品是指用途相同且可以相互替代的同类产品。由于产品之间的替代性，消费者在选择产品时看重价格，公司会有意识地抬高某种产品的价格来促进其他产品的销售。例如，某洗涤用品公司生产的肥皂和洗衣粉在东南亚市场销售，二者互为可替代的产品。若洗衣粉的价格明显高于肥皂的价格，洗衣粉的销量就会受影响；若洗衣粉的价格明显低于肥皂的价格，肥皂的销量又会受影响。为此，公司在调研了该替代品各自的市场潜力、价格需求特性以及竞争状况后，确定出替代品之间的合理比值，利用相对价格诱导需求，采取以牺牲某一产品来稳定和发展另一产品的定价策略。

（三）分级定价策略

分级定价策略是公司将系列产品按等级分为几组，形成相对应的几个档次的价格，而不是提供过多个价格种类的策略。这样定价便于顾客按照价格选择不同的产品，满足消费者不同的消费需求和偏好。例如，进入东南亚市场的一些服装公司，将所有服装按价位分成若干类，陈列在一个柜台或铺面内，同一价位的各种质料、款式、颜色、规格的服装应有尽有，任消费者自由选购。由于不同的消费者对服装要求的差异主要体现在心理方面，因此当消费者选购服装时，他们会将喜欢的服装与标价相同的服装做比较，从而提高其心理满足感。

第五节 跨国公司的东南亚市场转移定价

进入21世纪，一些实力雄厚的跨国公司在东南亚纷纷成立子公司或分公司，将跨国性的生产与销售化为公司内部系统，公司总部在东南亚范围内调配各种资源，使资源得到更有效的利用，提高整体效益。但跨国公司同时面临着全球统一定价与国别定价的差异、母公司定价决策或是子公司定价决策等问题，特别是公司内部不同部门之间的定价更为突出，由于母公司与各子公司是不同层次、独立核算的经济实体，在交易过程中公司必须对转让的产品与服务制定相应的价格，以便合理地确定各分公司的经营业绩，由此便出现了东南亚市场转移定价。转移定价是指应用于跨国公司的母公司与子公司之间及各国子公司之间的有关产品、劳务、技术等交易所采取的定价方法。国际转移定价是指跨国公司内部制定的交易价格，它不受市场竞争价格的影响，其目的是为了达到跨国公司的总目标，是由母公司制定的价格策略。

一、东南亚市场营销转移定价的目的

东南亚市场营销转移定价又称划拨定价、转账定价或结转定价等。跨国公司制定转移定价，从浅层次来看其目的是为了评价子公司的经营业绩，而深层次的目的是避开一些对整个公司盈利造成不利的因素。转移定价的制定一般基于以下几个目的：

1.降低风险

与母国营销相比，东南亚市场营销风险要大得多，转移定价就成为跨国公司降低东南亚市场营销风险的一种重要手段。

（1）降低汇率风险。在浮动汇率制度下，汇率频繁波动使得东南亚市场营销公司承担了极大的风险，跨国公司可以利用转移定价来降低这一风险。例如，当某国的货币汇率下浮较大时，跨国公司应让设在该国的子公司尽量多付少收，让资金从该国转移出来，减少母公司的损失。在定价方面，当母公司的产品进入汇率下浮国家的子公司时，产品定价要高于市场价；当产品从汇率下浮国家的子公司进入母公司时，产品定价要低于市场价，让资金向母公司发生转移。

（2）降低外汇管制风险。外汇管制是指一个国家以法律、法令和条例的形式对外汇资金的收入与支出、汇入与汇出、一国货币与他国货币的兑换等实施的限制。许多国家为了保护自己国家的利益，实施不同程度的外汇管制。例如，某国政府对外资公司利润返还进行管制，规定其返还时间、返还比例，或者实行征税等，这就对跨国公司的利益造成很大影响。跨国公司为了减少损失制定合理的转移定价，将从母公司流向子公司的产品价格定高，将从子公司流向母公司的产品价格定低，减少驻外汇管制国家的子公司的利润所得，从而达到降低外汇管制的风险。

（3）降低通货膨胀风险。近几年，东南亚各国通货膨胀现象总体比较严重，但各国的通货膨胀程度有所不同，跨国公司为了降低子公司在这些国家经营的风险，通常将现在发生或预期发生较高通货膨胀的国家的子公司的利润或资金及时转移到母公司或其他子公司，其具体做法与前面讲的相同。

2.减少纳税

东南亚国家关税和所得税税率与东南亚之外的国家差别很大，跨国公司可以利用转移定价来达到合理避税或减税的目的。在各国税率既定的情况下，灵活改变产品价值总量可以达到改变纳税水平的目的。例如，当某国进口关税税率高于所得税税率时，母公司可以降低向该国子公司出售产品的价格，以减少应付关税的税款；当该国的所得税税率高于进口关税税率时，母公司可以相应提高向该国子公司出售产品的价格，以减少应付所得税的税款。一般的做法是高所得税国家的子公司以低价出售产品给低所得税国家的公司，或以高价向低所得税国家的子公司购买产品，从而把利润从高所得税国家的子公司转移到低所得税国家的子公司，降低整个公司的纳税总额。值得注意的是，在利用转移定价避税时，母公司同时减少所得税与关税是难以实现的。因为征收跨国公司子公司的所得税与关税的基数是反向变动的，公司在做出取舍时要统筹考虑，使其利润最大化。运用转移定价减少关税的另一途径，是利用区域性关税同盟或有关规定的优惠政策。例如，中国-东盟自由贸易区规定：如果商品是在贸易区外生产的，由贸易区某一成员国运往另一成员国时，则需交纳关税；如果该商品的价值一半以上是在自由贸易区内成员国中增值的，则在该自由贸易区内运销可以免交关税。例如，美国一家跨国公司要把一批半成品运往其设在泰国的子公司，制成成品后在自由贸易区内销售，美国的母公司采用转移定价策略，人为压低半成品的售价，使其制成成品后的价值一半以上在泰国增值，从而达到该产品在运销到自由贸易区的其他成员国时不用交纳关税的目的。

3.提高竞争力

一部分跨国公司灵活运用转移定价来应付不同市场的竞争。跨国公司为了提高某种产品在东南亚某国市场的竞争力，通常以低价将原材料或零部件销售给该国的子公司，并以高价回收其产品，从而降低了公司的产品成本，提高子公司的利润，进而提高竞争优势。值得注意的是，跨国公司通过调整转移定价实现公司整体利益最大化的目标的同时，必然损害某些子公司所在国的利益，如逃避了部分税款、减少了这些国家的应得税收等。因此，各国的税务部门对跨国公司运用转移定价的情况相当关注，部分国家的政府做出了相关规定，要求跨国公司在制定转移定价时要遵守公平交易原则，使转移定价与市场价格相符。跨国公司在制定转移定价时也不是随心所欲的，只能在一定的空间之内发挥转移定价的作用。

二、东南亚市场营销转移定价的表现形式

跨国公司内部贸易包括有形产品和无形产品两个方面。因此，转移定价在形式上不仅包括有形产品的转移定价，还包括无形产品的转移定价；在支付方式上既包括贸易性支付，又包括非贸易性支付。具体来说，跨国公司常用的转移定价有以下几种表现形式：

1.货物价格

在跨国公司的转移定价中，货物价格的使用占有很大比重。所谓货物，是指生产过程中的原材料、零部件、中间产品、制成品和机器设备等。公司通过使用货物转移定价高于或低于正常交易的市场价格，实现利润的转移和资金的流动。

2.劳务费用

在跨国公司体系中，各公司之间可以通过提供服务而收取高额或低额服务费用实现转移定价，劳务费用有技术性劳务费和管理性劳务费两种。由于劳务费用具有不可比性，很难掌握其真实价格，所以跨国公司在这方面转移定价的灵活性较大。例如，特许权使用费是一种重要的东南亚资金流量，对特许权使用的支付，可以用特许价格的形式，也可以隐藏在其他价格中（如隐藏在设备价格中）。另外，专利、专有技术和商标等，也具有类似性质，这类费用的支付也是跨国公司经常使用的转移定价的形式。

3.贷款利息

在母公司对子公司进行投资的过程中，贷款较之参股具有更大的灵活性，因为子公司以股息形式偿还母公司的投资，在纳税时不能作为费用扣除，但支付的利息则可以作为费用扣除，而且母公司还可以根据整个公司情况确定利息率的大小。例如，为了增强子公司产品的竞争力，母公司可以不收或少收利息，使子公司减少产品费用；相反，为了达到子公司在东道国少纳税的目的，母公司可以按较高的利率收取利息。当然，母公

司对子公司的贷款也不是没有限制的，其会受到国家规定的公司债务产权比的制约。

4.租赁费

租赁是一种相对较新的经济活动形式。近年来，租赁活动获得了迅速发展，某些长期需要工业、商业或科学设备的公司，发现利用租赁而不是购置这些设备具有许多好处，既可以免去筹资的负担，且风险小，还可以作为转移定价的一种形式，利用较低的租赁费在跨国公司内部将一个公司的资产转移给另一个公司，实现其经营目的。

转移定价形式的广泛性为跨国公司使用转移定价带来了很大的灵活性，如果有形产品的转移定价受到限制，可以在无形产品上进行转移定价，尤其是商标、专有技术、专利等无形产品，因为对它们的价格实行限制是很困难的。

三、转移定价的制定步骤

（一）分析影响转移定价的因素

跨国公司在制定转移定价时必须考虑各种因素，包括公司内部因素和外部因素。

1.公司的内部因素

（1）相关成本。产品成本按其经济职能可分为生产成本、销售成本和管理成本等。其中，生产成本包括直接材料、直接劳动力和制造费用。产品成本还可以分为可变成本和固定成本。其中，可变成本包括直接材料、直接劳动力、可变制造费用、可变销售成本和可变管理成本；固定成本包括固定制造费用、固定销售成本和固定管理成本。此外，跨国公司在计算成本时还必须考虑公司总部分摊在子公司上的其他费用。

（2）分权程度。跨国公司采用分权还是集权经营方式是制定转移定价必须考虑的一个因素。在完全分权的情况下，子公司自己对生产和销售做出决策，而公司总部按子公司的经营绩效对其进行评价；在完全集权的情况下，一切决策都由公司总部做出。因此，分权程度的不同，子公司和公司总部参与转移定价决策的程度也不同，从而影响转移定价的确定。

（3）相互依赖性。子公司之间的相关程度不同，对转移定价的制定也有影响。如果一个子公司的决策影响另一个子公司的经营，那么这两个子公司就是相关的。高度相关的子公司之间往往采取纵向一体化战略。而子公司之间是否采取纵向一体化战略，或者纵向一体化程度的高低，将导致不同的转移定价决策。

2.公司的外部环境因素

（1）政治法律因素。东南亚国家政府往往制定各种政策限制跨国公司的活动，如限制利润汇回总部和外汇管制等政策，许多国家在税法中直接对转移定价的制定加以限制，并辅之以相应的财政规定，这些限制和规定以及东道国政局的稳定都对跨国公司的决策产生重大的影响。此外，一些国家的政府试图控制或调节外国公司的利润，这也促使跨国公司通过转移定价把子公司真实的利润水平伪装起来。同时，子公司报告的利润较低，有助于抑制工会提出增加工资的要求。在印度尼西亚，国家对利润率超过一定比例以上的公司所得要课以重税，在这种情况下，就会增强跨国公司转移利润到其他国家去的动机。

（2）经济因素。经济因素是影响转移定价的最广泛的一类因素，如所得税、关税与预提税税率、外汇汇率、外汇顺逆差、通货膨胀率以及市场竞争状况等，都是影响转移定价制定的经济因素。经济因素直接制约着转移定价的动机，如税率与避税动机、市场竞争状况与增强竞争优势动机等影响整个转移定价决策。此外，经济因素对政治、法律因素也会产生重要影响，从而间接地影响转移定价决策。例如，当某国连年出现外汇逆差时，该国政府很可能采取一些措施来改变这种情况，强化外汇管制就成为常见措施。

（二）确定转移定价目标

1.目标一致是转移定价的最重要的目的，也是对转移定价的一项基本要求

目标一致是指通过制定转移定价使子公司的目标与母公司的全球目标达成一致。在制定转移定价政策时，母公司鼓励子公司在对公司总体利益做出贡献的同时，也实现子公司的目标。当然，子公司的利益目标与母公司的总体利益目标完全一致是很难的。当二者利益目标有冲突时，应以母公司的总体利益目标为重，慎重选择转移定价策略；在子公司的目标与母公司的全球目标不冲突或冲突不大的情况下，转移定价的制定应尽可能多地给予子公司自主性，以增强其经营过程中的积极性和灵活性，增强子公司实现与母公司总体目标一致的自觉性和主动性。

2.建立激励机制是制定转移定价的基本目标之一

子公司需要得到激励，以合作的转移定价在母公司内转移子公司的产品和劳务，使子公司的利润最大或有所增加，从而激励子公司尽可能地与母公司的总目标达成一致。

如果母公司想给子公司强有力的激励以达到目标一致，那么就必须考虑转移定价对子公司经营绩效的影响。要有效地衡量子公司的经营绩效，转移定价必须满足下列几个条件：一是具备一种子公司可接受的、有效的绩效衡量方法；二是包含子公司可达到的目标；三是考虑所有需要履行的行动。母公司必须分析转移定价作为激励手段时对子公司经营绩效的潜在影响，设法使每个子公司的经营绩效都得到公正的评价。

3.多重目标下的主次关系处理

有时使用同一转移定价的目标可能不只一个，如在实现避税目标的同时，可能还想达到规避风险的目标；有时不同的目标可以使用相同的转移定价方法来实现；有时不同的目标要求使用不同的转移定价方法；有时同一目标也有可能相互冲突，如同一种转移定价可能使减轻进口税的目标与减轻所得税目标相互矛盾，即少缴纳进口税就得多缴纳所得税。这一矛盾需要根据东南亚国家的具体税率来解决，如果所得税要比进口税重，则优先考虑减轻所得税。例如，2012年，泰国的公司所得税税率由30%下调至23%；2013年和2014年，公司所得税调整为20%，这表明泰国政府为降低公司税收成本所采取的措施取得了显著的成效。由此可见，跨国公司应当分清各具体目标的主次关系，全面权衡利弊做出有利于公司的转移定价决策。

此外，具体目标应力求不与基本目标相冲突，否则就必须做出取舍。因为转移定价的目标大多是从母公司的角度提出的，所以子公司的具体目标与母公司的基本目标冲突较少，然而转移定价的制定有时会使子公司的利润发生偏离，导致具体目标与"绩效评估"产生冲突。既要达到"目标一致"，又要保持对子公司绩效的恰当评估，就需要公司总部核算好产品成本，以便进行公司内部控制和绩效评估。

（三）选择转移定价的运用策略

跨国公司具体运用转移定价的策略是多种多样的，但归根结底不外乎转移高价和转移低价两种。转移低价是指跨国公司的母公司与子公司、子公司与子公司之间以低于市场正常交易水平的价格进行结算；反之，转移高价是指跨国公司的母公司与子公司、子公司与子公司之间以高于市场正常交易水平的价格进行结算。事实上，转移定价的制定是一件非常复杂的事情，要考虑众多的影响因素。表10-4列出了跨国公司分别实施转移高价和转移低价措施的外部环境因素。

表10-4　　　　**跨国公司实施转移高价和转移低价措施的外部环境因素**

措施	子公司东道国状况——母公司或其他子公司以转移高价提供产品或劳务	子公司东道国状况——母公司或其他子公司以转移低价提供产品或劳务
东道国环境因素	1.存在当地合资方或合作方	1.较低的公司所得税
	2.东道国存在政治风险	2.较高的从价关税
	3.存在外汇和利润汇出限制	3.当地市场竞争
	4.存在以产品成本为依据的最终产品价格限制	4.需要改善子公司财务形象以获取当地贷款或其他优惠
	5.工会可能要求提高工资待遇	5.较低的通货膨胀率
	6.子公司的高利润可能会引诱竞争者进入	6.政府对进口产品实施配额管制
		7.存在出口补贴或出口退税等优惠政策

（四）选择适宜的转移定价方法

转移定价的方法包括市场基础法、成本基础法、线性规划法、数学分析模型法、协商法等。在选择转移定价方法时，应根据公司的定价目标、总体战略并结合内外环境因素来决定。

❖ **小资料10-8**

发展中国家转移定价问题的背景、特殊性和严峻性

1.背景

近年来，发展中国家正日益深入地参加到经济全球化的进程中。表现之一是世界经济的中心在逐步地向发展中国家转移。自从21世纪以来，新兴国家和发展中国家贡献了全球GDP的50%以上，这是自工业革命以来前所未有的。表现之二是跨国公司在发展中国家投资份额日益增加，以及发展中国家出境直接投资迅速成长。与这个可喜的发展相伴而生的是，发展中国家也越来越多地受到跨国公司转移定价的挑战。

2.特殊性

（1）博弈论视角下的发展中国家的特殊困境

首先，世界各国经济发展的不平衡以及国际投资活动的强弱差异，决定了转移定价法律制度发展的不平衡。很多发展中国家由于经济落后，缺乏国际投资，大多数还没有建立有效的转移定价税制，即使建立了转移定价税制，也存在抽象的原则性规定过多、缺乏可操作性等缺陷。另外，从转移定价的管理能力和经验上来说，发达国家已经有了好几十年的经验，而大部分发展中国家的转移定价管理才不到二十年。转移定价管理通常要求税务机关配备具有专门知识和技能的税务官员，而发展中国家的税务官员素质普遍偏低，尤其是地方税务机关缺乏转移定价领域的专家。其结果是，发展中国家转移定价管理的水平较低，远远不如发达国家。由于发展中国家转移定价规则不够完善，充满了漏洞，而发达国家的转移定价规则较为严谨，且有严厉的罚则条款，跨国公司更加倾向于利用发展中国家规则的不完善进行税收筹划。因此，发展中国家在与发达国家的博弈中处于劣势。

其次，由于发展中国家的公司转移定价管理能力和经验的欠缺，导致其在与转移定价经验丰富和拥有大量专业技术人员的跨国公司的博弈中处于劣势。近年来，知识产权成为了公司创造价值的主要因素，而发达国家则是大部分高价值无形资产的所有者，发展中国家则多是无形资产（包括特许权使用费）的进口者，且议价能力差。因此，发达国家在无形资产收益上占据绝对的优势，加剧了发展中国家转移定价管理的严峻性。

（2）应用独立交易法的特殊困难

依据两大会计师事务所——安永和毕马威的最新调查，当前建立了转移定价税制的发展中国家都奉行以独立交易法作为转移定价规制的基本原则。寻找可比交易对象是发达国家和发展中国家共同的难题，但是由于发展中国家经济规模较小，在其市场内运行的独立公司也较少，因此在发展中国家寻找可比交易对象的困难更大。在遵守独立交易原则时，发展中国家的税务机关通常遇到的问题是第三方交易的可比数据的不存在或者不可及。具体而言，发展中国家的税务机关在收集纳税人信息时，因为在任何特定的部门中的上市公司都不多，且对上市公司的管理也不完善，缺乏此类技术专家，所以税务机关通常缺乏处理和评估此种信息的能力。另外，税务机关一般也没有可以为了验证关联方之间的转移定价而具有抽取可比交易对象的信息数据库。尽管税务机关已经意识到了建立数据库的重要性，但建立起行之有效的数据库不是一件容易的事情。例如，越南的转移定价规则声明，只有政府所正式承认的数据库，才可以用作比较的基准。然而，至今为止，越南还没有被官方承认的可以用作基准的数据库，公司只能够依靠亚太地区公司的可比性数据库作为基准。

总之，发展中国家在转移定价规则的立法、司法和执法方面都存在欠缺。

3.严峻性——发展中国家遭受更大的收入缺口

对于大部分发展中国家来说，税收是其财政收入的主要来源之一。长期以来，发展中国家在满足公共项目投资需求方面面临巨额的资金缺口。为了进行基本建设和提高生活水平，税收收入对于发展中国家是关键。然而，囿于国际税收立法和征管能力的欠缺，很多发展中国家仅仅收到大约40%的税收，再加上多数发展中国家不稳定的经济状况，这种税收损失给其带来严重的后果。其中，发展中国家的税收问题越来越多地集中在转移定价领域。由于上述挑战，使发展中国家更可能成为跨国公司利润转移的受害者，严重地破坏了多数发展中国家收取应税收入的能力。依据 2008 年 Christian Aid 的报告，发展中国家转移定价税制的不完善以及执法不力，使其每年遭受约 1 600 亿美元的税收损失。

资料来源：叶莉娜. 跨国公司转移定价对国际税法规则的催生、挑战、改变、发展［D］. 长春：吉林大学，2014.

@ 本章小结

价格是市场营销组合中唯一直接创造收益的因素，公司是根据利润、市场占有率和竞争三大目标定价的。影响东南亚市场定价的因素有产品成本、产品生命周期、产品供求关系、政府干预、竞争因素等。

东南亚市场的定价方法有成本导向定价法、需求导向定价法和竞争导向定价法。东南亚市场的定价策略有新产品定价策略、心理定价策略、折扣与折让定价策略、地区性定价策略和系列产品定价策略。

跨国公司实施价格转移的目的在于降低风险、减少纳税和增强竞争力。跨国公司可以在货物价格、劳务费用、贷款利息和租赁费等内容上实施价格转移。跨国公司实施价格转移的步骤：分析影响转移定价的因素；确定转移定价目标；选择转移定价的运用策略；选择适宜的转移定价方法。

第十一章　东南亚市场营销中的渠道策略

营销渠道主要解决的问题是如何将公司产品在适当的时间、以适当的方式转移到适当的地点，从而便于消费者购买，最终实现公司产品的销售。美国市场营销学的权威菲利浦·科特勒指出：营销渠道决策是公司管理层面临的最重要的决策。公司所选择的渠道将直接影响其他营销决策。简单地说，营销渠道就是产品或服务从生产者向消费者转移过程中所经过的流转路线或途径，又被称为销售通路、流通渠道或分销渠道。东南亚营销渠道包括渠道的类型、设计、选择、开发和管理，每一个环节对产品的整体营销都产生重要的影响。在东南亚国家，由于经济发展水平的差距较大，营销渠道的差异也较大；在发达国家，零售业的结构比较合理，专卖店、超级市场、购物中心和便利店等较多，零售业的集中程度也较高；在发展中国家，零售业的规模较小、结构比较单一，新兴的零售业态发展迟缓且不成熟，传统的零售业态（如杂货店、百货店等）仍占据主导地位。

第一节　东南亚营销渠道概论

通过各种营销渠道，公司才能及时、有效地将产品输送到东南亚消费者手中。整体营销渠道和供应链管理是现代东南亚营销的新理念。东南亚营销渠道可从多个角度进行不同划分：按营销渠道的长度结构可分为直接渠道、一级渠道、二级渠道和多级渠道；按营销渠道成员间的相互关系可分为垂直式营销渠道、水平式营销渠道和综合式营销渠道；按营销渠道结构的宽度可分为窄型渠道和宽型渠道。营销渠道连接着制造商与最终消费者，因而分销机构执行着一系列重要的功能。

一、东南亚营销渠道的含义

东南亚市场营销渠道代表着一种特殊的契约，反映了对制造商和经销商的权利和义务的一种界定。

（一）营销渠道的概念

营销渠道是指在某种产品和服务从生产者向消费者转移的过程中，取得这种产品和服务所有权或协助所有权转移的公司或个人。产品离开生产领域后，要沿着客观需要的一定路线流向最终目标，渠道的两端分别是产品的制造商和产品的最终消费者，中间包括中间商和代理中间商。营销中介机构组成了营销渠道，当营销渠道跨越母国国界，进入东南亚国家时就成为东南亚营销渠道。

营销渠道的链条是：制造商、中间商、最终消费者。制造商只有和营销中介机构合作，才能将其产品推向市场。例如，越南乳制品行业中最大的国有公司Vinamilk与各种不同的中介机构打交道，将其产品卖给消费者。图11-1在生产者和最终消费者之间执行不同功能和具有不同名称的营销中介机构包括买卖中间商、代理中间商和辅助中间商。买卖中间商是指买进商品并取得商品所有权，再出售该商品给批发商或零售商；代理中间商是指经纪人、制造商代理人和销售代理人，这类中间商会主动寻找顾客，有时也代表生产商同消费者谈判，但其不取得商品所有权；辅助中间商是指运输公司、银行和广告代理商等，这类中间商会支持分配活动，但其不取得商品所有权，也不参与交易的谈判。

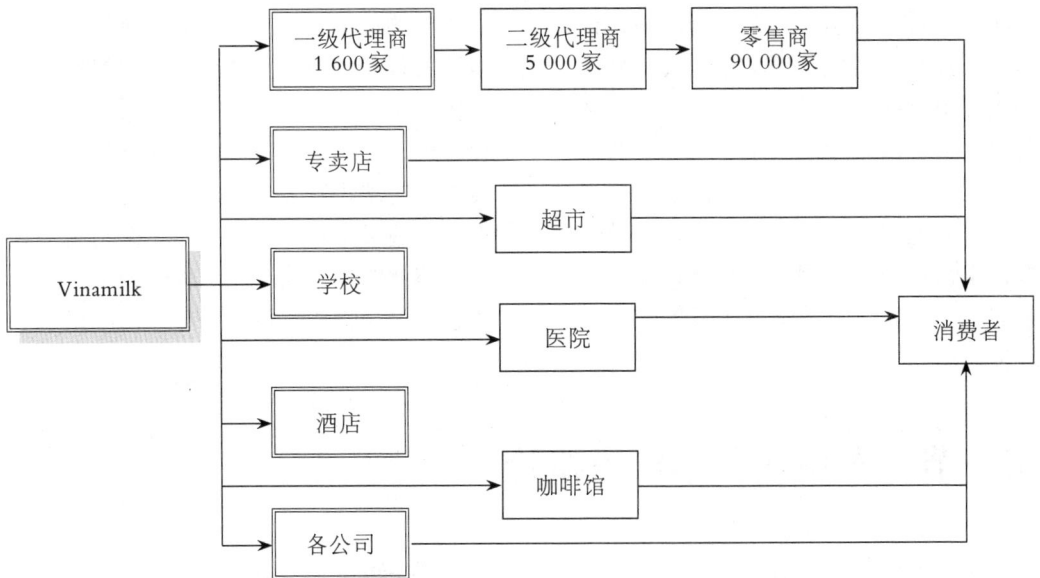

图11-1 越南牛奶股份公司（Vinamilk）分销渠道

（二）东南亚营销渠道新理念

随着东南亚营销实践的发展，人们对东南亚营销渠道形成了许多新的认识和新的理念。

1.整体营销渠道

生产商的任务并未随着产品抵达东南亚市场而完成，由于各国的分销机构的形式、规模不同，造成了不同的分销系统与分销渠道，从而增加了管理的难度。尽管生产商并不能对所有中间商的行为施加控制和影响，但它关心产品从生产者到最终消费者的营销渠道及其影响因素，体现了现代营销观。从盈利角度来看，在任何市场上都要树立整体营销理念，不能因为营销渠道中个别成员的低效率影响整个营销渠道的效率。

2.供应链管理

供应链从客户开始到客户结束，对客户实际需求的绝对重视是供应链发展的原则和目标。在供应链管理方面有五项基本活动：采购、制造、运输、存储和销售。营销渠道的每一个环节都要以客户的需求为最高目标。在经济全球化的背景下，所有的公司都面临着全球挑战，它们必须在提高服务水平的同时降低成本，必须在提高市场反应速度的同时给客户以更多的选择。总之，客户拥有了越来越大的权力。20世纪90年代以后，工业化的普及使生产率和产品质量不再成为竞争的绝对优势，供应链管理逐渐受到重视，它跨越了公司的围墙，以追求和分享市场机会为目标，建立一种跨公司的协作。因此，供应链管理覆盖了从供应商到客户的全部过程，包括外购、制造分销、库存管理、运输、仓储、客户服务等。在这复杂的供应链管理中，信息技术是其快速反应和监控所有环节的重要保障。公司之间通过信息平台，实现"无缝"对接，降低了管理成本，使资源整合更有成效。

3. 物流概念

物流是一个现代化的概念，由于它对商务活动的影响日益明显，已经越来越引起人们的注意。物流是指物质实体从供应者向需求者的物理移动，它由一系列创造时间价值和空间价值的经济活动组成，包括运输、保管、配送、包装、装卸、流通加工和物流信息处理等多项基本活动，它是这些活动的统一体。现代物流是指采取技术的、管理的、系统的方法来尽量缩短物流的宏观时间和有针对性地缩短物流的微观时间，从而取得较高的时间价值。由于基础设施等因素的影响，东南亚国家的物流成本比较高。

4. 线上渠道

互联网这一新兴电子信息技术给营销带来了线上渠道，它是今后营销渠道发展的潮流与趋势。线上渠道对跨区域营销的公司更为重要，公司介入网络渠道主要采取建立官网商城、平台建店等直销形式，或是通过渠道商等的分销渠道开展互联网+业务。线上渠道可以使生产商与中间商更好地互动，可在购销、配送等环节提高效率和准确性，降低渠道管控的成本；也可不受地域限制越过中间商而直接与消费者互动和给其供货；还可以更加快速地获得市场的反馈信息，最大限度地协调供需关系。在东南亚市场上，公司要面对不同国家、不同民族、不同文化、不同地域的冲击，在选择渠道时应以跨区域、跨国组织的混合渠道作为研究重点。

❖ 小资料11-1

投资东南亚，大数据成"潜力股"

移动网络的普及，让手机打车、网上购物等大数据应用悄然走进了东南亚各国民众的日常生活中。数据显示，东南亚地区的活跃移动社交媒体账号达到1.7亿个，数量在东亚和北美之后，位居世界第三，广阔的大数据发展前景，让东南亚国家成为吸引公司投资的"洼地"。

资料来源：俞懿春. 投资东南亚，大数据成"潜力股"［N］. 人民日报，2015-04-10（22）.

二、东南亚营销渠道的类型

根据与最终消费者的距离远近、同一环节上的中间商数量、渠道成员间相互关系等标准，可分为不同的东南亚营销渠道。

（一）根据与最终消费者的距离远近划分

1.直接渠道

直接渠道又称零级渠道，生产者将产品直接销售给最终消费者。直接渠道的主要方式有上门推销、家庭展示会、电子通信营销、电视直销、制造商自建商店等。直接出口是一种典型的直接渠道。具体流程为：在东道国通过产品展览会，直接与消费者签订产品出口合同；派驻外销售人员直接上门推销产品；通过东南亚邮政系统的方式销售；通过网络直接将产品销售给消费者；公司自建出口机构进行出口贸易等。

2.一级渠道

一级渠道包括一个销售中间商，即在公司与产品的最终使用者或消费者之间设一个中间环节，在消费者市场上通常是零售商。在东南亚市场上，在消费者方面，公司一般通过零售商与消费者沟通；在生产资料方面，公司一般通过代理中间商与买方沟通；在产品转移方面，公司一般通过母国出口商或东道国进口国代理商、经销商等完成产品的转移。

3.二级渠道

二级渠道包括两个中间机构，即在制造商和最终消费者之间有两个中间环节。在消费者市场上，一般是批发商和零售商。对东道国市场的产品供应，公司通过进口国批发商、零售商来实现产品转移。

图11-2为BQ公司的手机产品在印度尼西亚市场的分销渠道，为使公司的产品具有低价的优势，公司在印度尼西亚中间商的位置上只设有两级代理：一级是国代；二级是销售终端、运营商采购、大型电器零售商、商超、网上商城B2C。

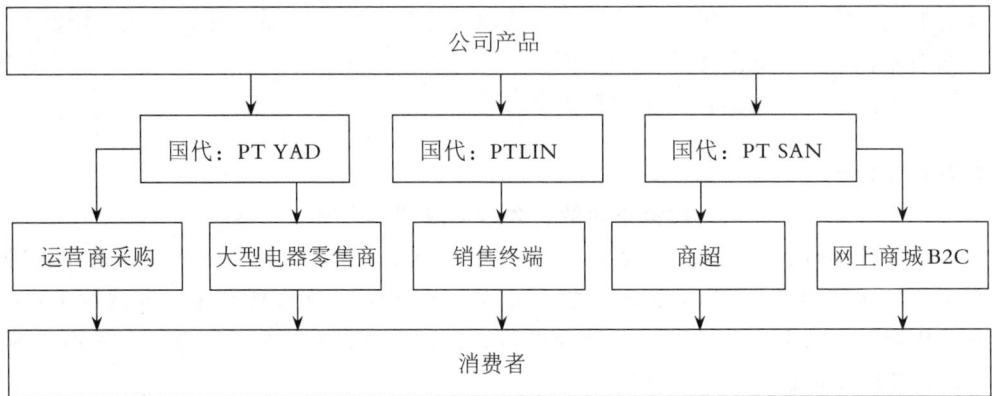

图11-2　BQ公司的手机产品在印度尼西亚市场的分销渠道

4.多级渠道

在实际的东南亚营销渠道中，将三级（含三级）以上的渠道称为多级渠道。中间环节越多，渠道就越长，销售越深入。较典型的多级渠道是制造商—出口中间商—进口中间商—经销商—最终使用者或消费者。多级渠道有三个或三个以上的商品流转层次，但超过三级以上的多级渠道一般不多，因为渠道越长，越难控制，制造商一般只和最近的一级渠道打交道。

（二）按同一环节上中间商数目的多少划分

1. 窄型营销渠道

窄型营销渠道是指公司为降低成本，节约交易费用，尽可能地减少中间商。例如，在东南亚市场，公司选择一个最符合本公司产品特色的中间商作为代理商，授权独家经营，推销其产品。

2. 宽型营销渠道

宽型营销渠道是指公司在每一个中间环节上尽可能多地设置中间商，使销售量的边际收入与中间商的边际成本相等，从而取得一定的规模效应。例如，某公司在泰国授权多家经销商代理其产品，而每一家经销商又都有多家客户。这类营销渠道的优点是营销网络覆盖面较广，缺点是渠道不易控制，代理成本可能较大。

（三）按营销渠道成员间的相互关系划分

1. 垂直式营销渠道

传统营销渠道由一个独立的制造商、批发商和零售商组成，每个成员都是作为一个独立的公司主体追求自身利益的最大化，为此制造商、批发商、零售商相互之间在讨价还价时各执己见，各自为政，各行其是，而不是亲密合作。垂直式营销渠道与传统营销渠道相反，它是将制造商、批发商、零售商等组成统一的战略联合体。其中，某一渠道成员拥有其他成员的部分产权，或将专卖特许权授予其他成员，可以迫使其他成员与其合作，可以最大限度地发挥渠道整体合力。垂直式营销渠道有利于控制各渠道成员的执行力，消除各渠道成员间的冲突。同时，各渠道成员为了提高经济效益，可采取不同程度的一体化经营或联合经营。这类渠道具有经营规模广、交换能力强和避免重复经营的特性，使得规模经营得以实现，并与传统营销渠道进行有效的竞争。在产品销售中，垂直式营销渠道已经成为占主导地位的分销形式，其占全部市场的70%～80%。公司式、管理式和合同式是三种主要的垂直式营销渠道形式。

公司式垂直营销渠道又称统一式垂直营销渠道，是指在单一所有权下把生产和营销两个连续的阶段结合在一起。由于所有权单一，因而这种渠道控制程度很高。一些有雄厚实力的公司，充当这类营销渠道的"领袖"。管理式垂直营销渠道是指由其中一家规模大、实力强的公司出面组织的营销模式。例如，美的、宝洁等公司在商品展销、促销等方面就取得了与东南亚营销商的紧密合作。合同式垂直营销渠道又称契约式垂直营销渠道，是指不同层次的独立生产商和经销商以契约的形式结成联合体，是由各自独立的公司在不同的生产和分配水平上组成，并以合同为基础来统一行动，以获得比独立行动更大购销效果。例如，特许经营系统、批发商自愿连锁店、零售商合作组织等属于此类营销渠道。

2. 水平式营销渠道

水平式营销渠道又称共生营销渠道，是指两个或两个以上相互无关联的公司自愿组成短期或长期合作关系共同开拓新的市场营销机会。几家原来无关联的公司，当面对一个新的市场营销机会时，由于单个公司无力全部积聚经营所必须具备的巨额资金、技术、生产设备及市场营销设施，或是由于风险太大而不愿单独冒险，或是发现了对开发这一市场机会相当有利的某个其他公司，于是相互联合、各取其长，以取得协作效果。

这样，既有暂时也有永久的相互合作，从而形成一个新的营销渠道。例如，2008年，中国领先的数字市场营销和传媒公司SinoTech Media与东南亚数字营销市场和媒介服务公司DMS集团签署了独家合作伙伴协议，基于新加坡的DMS公司致力于为广告主、代理商等提供服务和技术，SinoTech Media帮助DMS公司管理数字营销活动并创造市场价值，此项合作结合双方各自的优势。这种相互协作的商业模式使得双方公司能够为中国、新加坡、马来西亚、泰国、越南、菲律宾、印度尼西亚等国的用户提供数字化解决方案。

3. 综合式营销渠道

综合式营销渠道又称多渠道营销系统，是指生产商不仅使用单一渠道进入市场，而且转向双重分销或多重分销进入更多的细分市场。现在，随着顾客细分市场和可能产生的渠道不断增加，越来越多的公司采用多渠道营销。也就是说，通过若干不同的渠道将同一种产品送到不同市场（消费者市场和生产者市场），或者通过多渠道营销将产品送达同一类顾客。这种多渠道营销结构也称为多重分销。例如，在东南亚电梯市场经营较为成功的三菱公司，一方面与其他制造商一样非常重视传统的经销商，如建筑工程公司、工程承包商等；另一方面特别重视与一些可能对最终用户的采购施加影响的单位的联系，如设计院、行业协会等。正是由于三菱公司的卓越质量在这些技术质量认证部门的良好声誉，其产品虽然售价较高，仍然在东南亚电梯市场上处于领先地位，同时还使自己的产品获得最终使用者或消费者的品牌认同。

三、东南亚营销渠道的功能

营销渠道联接着制造商与最终消费者，在产品的转移过程中，分销机构执行着一系列重要功能：

1. 调研

中间商作为制造商和消费者之间的桥梁，最接近东南亚市场，可以方便地收集有关顾客、竞争对手和其他参与者的信息，并及时地传输给营销渠道的多个终端。

2. 促进推销

中间商比较熟悉产品的工艺、技术性能和功能特点，比较了解消费者的实际需求。在一定条件下，中间商可以富有成效地向消费者进行宣传、推广，促进产品销售。

3. 沟通关系

中间商尤其是零售商拥有庞大的东南亚零售网络，与消费者有着惯性接触，可以把消费者的需求、对已上市产品的不满和改进意见传达给公司，也可以为公司的产品寻找潜在的消费者，扩大产品的市场容量。

4. 物流功能

中间商还承担着产品转移过程中必不可少的运输和储存功能。

5. 融资功能

中间商大批购买公司的产品，从财务上可以看作是向公司提供生产资金。中间商互相之间的交易、中间商为消费者提供赊购实际上也都是融资。中间商有选择、有重点地向公司或消费者提供资金，能较有效地、较稳妥地促进社会的生产和消费。

6.承担风险

公司把产品及其所有权转移到中间商手中，同时也把风险转嫁给了中间商。

7.转移所有权

通过中间商，物权从一个组织或个人转移到其他组织或个人。

第二节　东南亚营销渠道设计

建立渠道的第一步就是要设计营销渠道。公司应在对东南亚市场分销模式总体认识的基础上，分析影响渠道的各种因素，确定渠道目标，选择确定渠道方案。

一、东南亚营销渠道战略的目标分析

渠道战略是公司总体战略的组成部分，渠道战略的最终目的与公司总目标是一致的，即保证公司长、短期利润和价值的实现。渠道本身也有若干子目标，主要是成本、财务、控制力、市场覆盖面、适应性以及持续性目标。这六个目标是公司评价和选择东南亚营销渠道的主要依据。

1.成本目标

渠道成本包括发展建立渠道和维持渠道所需要的费用。在这两种成本中，维持成本是主要的、经常的，包括维持公司自身销售队伍的日常开支、支付给中间商的佣金、物流中发生的运输、仓储、装卸费用、各种单据和文件工作的费用、提供给中间商的信用、广告、促销等方面的支持费用以及业务洽谈、通信等费用。支付渠道成本是任何公司都不可避免的，公司经营者必须在成本与效益间做出权衡和选择。

过高的分销成本是公司进入东南亚市场的主要障碍。整体分销战略的目的是，维持成本最小化目标与成本目标和其他目标之间的平衡。有些公司认为，营销渠道越短，成本越低；还有公司认为，在东南亚市场必须自建渠道，才能减少费用。

2.财务目标

渠道设计中的财务因素主要是指利用某个中间商所需要的资金和现金形式。公司在东南亚市场自建渠道，还是利用独立的中间商，公司通常根据减少现金支出以实现利润最大化的目标，在二者之间进行资金的核算。虽然公司使用独立的中间商，可以减少现金投资，但是有时却需要向中间商提供财务上的支持。

3.控制力目标

公司对中间商的控制程度将直接影响产品的销售。对于不同的渠道，公司的控制程度也不同。公司在东南亚市场自设的渠道是最有利于控制的，但是增加了渠道成本；若公司使用中间商，则会受各个中间商愿意接受控制程度的影响减弱对渠道的控制力。一般来说，公司在其产品的营销渠道中进入的越深，对渠道的控制也就越大。过去，许多公司只管产品能在东南亚销售，却根本不管中间商，缺乏对渠道的有力控制，公司不了解产品在什么地方出售、销售量是多少等。然而，近年来，由于东南亚市场竞争日益激烈，许多公司为了取得更多的市场份额，进入东南亚市场的领域也越来越广，从而要求公司对渠道的控制也日益加强。渠道的控制与产品的性质有一定的关系：对于工业品来说，由于使用它的客户相对比较少，营销渠道较短，中间商较依赖公司对产品的服务，因此公司对渠道的控制能力较强；对于消费品来说，由于消费者人数多，市场分散，营销渠道较长，公司对渠道的控制能力较弱。

4.市场覆盖面目标

占领市场是公司战略的重要目标。在东南亚市场中，公司产品不断地渗透到每个市场中，取得较高的销售额，即从总体上扩大了市场覆盖面。公司要想获得充分的市场覆盖面，就必须在不同国家或不同时间对营销渠道的结构作出相应的调整。不管是在比较发达的新加坡、马来西亚、泰国等国的市场，还是欠发达的柬埔寨、缅甸、老挝等国的市场；不管是在消费水平较高的市场，还是在消费水平较低的市场；不管是在人口密度较高的市场，还是在人口密度较低的市场，营销渠道的设计都必须注意市场覆盖面。公司在考虑市场覆盖面时应注意以下三点：一是营销渠道所覆盖的每一个市场能否获取最大可能的销售额；二是这一市场覆盖面能否确保合理的市场占有率；三是这一市场覆盖面能否取得满意的市场渗透率。从事东南亚市场营销的公司，在考虑市场覆盖面时还必须注意各个中间商的市场覆盖能力。例如，尽管公司与大型中间商合作的数量不多，但是其单个中间商的市场覆盖面却非常大；虽然公司与小型中间商合作的数量众多，但是其单个中间商的市场覆盖面却非常有限。

5.适应性目标

公司所选择的渠道应该适应产品特性和市场环境，渠道的长短和方式要符合产品的特点。例如，容易腐烂的食品、复杂的推销品，其营销渠道的设计就与一般商品的营销渠道不同。近年来，东南亚国家的经济发展很快，公司应认识到分销模式的动态变化，同时营销渠道也应随经济的发展而变化。随着现代技术，尤其是信息技术的不断变革以及营销模式的不断创新，一些新的分销渠道可能会出现，而传统的分销渠道可能会因此失去竞争力。

6.持续性目标

在东南亚市场上，代理中间商与制造商的联系往往建立在一定的个人关系上。例如，如果有人破产或者转行的话，公司就可能失去在该地区的通道。中间商一般容易换"东家"，商品好销时，中间商蜂拥而至；一旦销路不佳或利润较低时，中间商很快转售其他公司的产品。在东南亚市场上，经销商更忠诚于制造商，但是即便如此，制造商也必须保持、维护与经销商的持续性合作关系。

二、营销渠道的设计

东南亚营销渠道与母国营销渠道既有共同之处，也有不同之处，公司应根据产品特点、市场特点、公司自身情况等因素决定在营销渠道的长短。

（一）渠道模式的标准化与多样化

东南亚渠道模式的标准化是指跨国公司在东南亚市场上直接采用母国的分销模式。东南亚渠道模式多样化是指根据东南亚国家的不同情况，采用不同的分销模式。

标准化的渠道模式可以实现规模经济效应，在不同的国家采用相同的分销模式，销售人员可以利用自己的经验来提高营销效率。例如，中国直销 TIENS 集团将印度尼西亚、马来西亚、新加坡、文莱、菲律宾划归亚太直属区；将越南、老挝、柬埔寨、缅甸、泰国划归越南分区。尽管东南亚国家间的社会、文化和经济存在差异，但是 TIENS 集团的直销模式在东南亚国家市场中取得了成功。

　　公司在东南亚国家采用多样化的渠道模式的主要原因有以下几种：①东南亚国家消费者的特点不同，要求公司采用多样化的分销模式。②东南亚各国的分销结构不同，要求公司采用多样化的分销模式。③竞争对手的渠道策略要求公司采用与本国不同的分销模式。例如，由于某一行业长期有竞争者对消费者的消费习惯的培养，使得该国市场只能接受这一种消费模式，而不能接受其他的新模式。当新公司进入这一市场时，只能仿效竞争对手的做法。又如，竞争对手的势力强大，足以控制一国的某一渠道，公司若要进入该国市场，不得不另寻他路。④公司对某国分销模式的选择还取决于公司自身的一些特点，如进入市场的方式、公司规模大小、产品组合、渠道经验以及整体营销战略等。例如，当公司在东南亚某国有直接投资时，对产品在该国的分销模式就有较大的选择权；反之，如果公司只是在该国选择一家进口商从事产品的分销，则缺少对其渠道模式的选择权。即使公司以同样的方式进入东南亚各国，如果进入某国的产品的销售额不同，也可能要求公司采取不同的分销模式。分销模式各有利弊，一般而言，多数公司都会依据各国的渠道结构、市场特点、竞争特点以及公司自身情况等因素，采用适应各国情况的多样化的分销模式。

❖ 小资料 11-2

中国南方航空公司新加坡办事处的分销渠道网络

　　中国南方航空公司在新加坡市场的分销渠道经过多年的建设已经具有了较大规模，具体分析见表 11-1。

表 11-1　　　中国南方航空公司在新加坡市场中分销渠道的规模

渠道	定义	现有数量	主要代表	销售份额	发展趋势
批发商	航空客运旅客票务批发商是为尚未与航空公司直接建立票务代理关系的中小型旅行社等票务销售机构提供出票服务的一级销售代理人	6家	新新旅行社；太和旅行社；Vertical Line；Gamsal Travel 等	6家批发商总体占有 31% 的市场份额	随着航空公司不断开放代理渠道，扩大直接与代理商建立业务联系的网络，批发商的市场份额将逐渐减少
组团社	组团社是指专门为团队或自由行游客安排出游旅行专业服务（如机票、酒店、导游、景点门票等）的机构	30家	Chan Brother、大通旅行社、伍星旅游、康泰旅游社等	组团社总体占有 17% 的市场份额	根据游客特征和市场热度，组团社的市场占有率将在一段时间内保持稳定

续表

渠道	定义	现有数量	主要代表	销售份额	发展趋势
差旅管理公司	差旅管理公司是指专门为公司商务人士提供专业化差旅解决方案的专业代理服务商	13家	Amex 运通旅游、BCD、CWT、SFE2 等	差旅管理公司总体占有16%的市场份额	由于双边贸易的增长，公务差旅人士数量的增加会带来差旅票务市场份额的增长
零售商	零售商是指直接与南航新加坡办事处建立票务代理联系的零售型旅行社	75家	Li Travel、Kingdom Travel 等	零售商总体占有28%的市场份额	随着航空公司不断开放代理渠道，扩大直接与代理商建立业务联系的网络，零售商的市场份额将逐渐增长
网络直销商	网络直销商是指通过网站向旅客直接销售机票的代理商	4家	租机、Misa Travel等	网络直销商总体占有8%的市场份额	随着网络普及的日益提高，以及人们消费行为的改变，通过网络直接订票的客户数量将不断增加
小计		128家			

资料来源：罗增泉. 中国南方航空公司在新加坡市场的营销策略优化研究 [D]. 上海：上海交通大学，2013.

（二）渠道长度决策

渠道的长度是指中间商层次的多少。最短的渠道可使产品从生产者直接抵达最终用户；最长的渠道要经过进口商、批发商、零售商等多个层次，才能使产品抵达最终用户。另外，中间商的层次存在着长短各异的各种渠道。公司应根据顾客习惯、产品特点、市场状况和公司自身情况等因素决定渠道的长短。

1.顾客因素

营销渠道的设计者必须了解顾客对产品、服务的需求，如消费者想购买什么、购买地点、购买原因、购买时间和购买方式等。营销渠道可根据顾客购买情况提供批量选择、时间快捷、空间便利、产品品种和服务等方面的支持。一般来说，如果市场规模大且分散，或者顾客购买批量小、购买次数多，就应采用长渠道。因为在这种情况下，如果采用短渠道，势必会因订货频繁以及储存运输工作量大，导致流通费用过高；反之，如果用户地理位置集中，或者购买批量大、购买次数少，则应采用短渠道。例如，泰国曼谷城市人口密度大，如果销售地区只覆盖曼谷，则可使用短渠道。另外，在消费者市场上应多采用相对较长的渠道，而在组织市场上应多采用相对较短的渠道。

2.产品因素

渠道的长度首先取决于产品的特点。一般来说，技术性强、专用性强的产品，需要较多的售前和售后服务，如机械设备、汽车、电脑、电冰箱等，应采用较短的渠道，便于做好维修、售后服务等工作。东南亚农产品丰富，保鲜要求高、易腐烂，应尽可能采用较短的渠道，以减少中间环节，缩短流通时间，尽快送达顾客手中。体积庞大的产品，如建筑材料、软饮料等，要求采用运输距离短，搬运次数少的渠道。非标准化的产品和技术复杂的产品，如顾客定制机器、特制模型，则应由公司销售代表直接销售。单位价值高且需充分演示或提供较多附加服务的产品，如保险、高档化妆品、清洗剂和小家电产品等，宜采取直销方式。处于投入期的新产品，生产者宜派销售人员直接推销以便打开销路。而单价较低的、标准化的产品，如牙膏、肥皂等，一般采用较长的渠道。如果公司希望增强对营销渠道和最终市场的控制力，则应采用直销或短而窄的渠道；反之，可采用长而宽的渠道。

3.市场状况

当顾客数量少，购买量大，且地理位置比较集中时，宜采用短渠道；反之，则宜采用长渠道。此外，还要考虑市场所在国的渠道结构。东南亚国家与多数西方发达国家不同，西方发达国家的渠道一般较短，而东南亚国家渠道一般相对较长，但又短于日本。同时，还要注意各种消费群体购买行为的差异性也会影响到渠道的长短。例如，同样一种力士香皂，在人均收入较高的新加坡可能只是一种日用品，而在人均收入较低的柬埔寨却可能是一种奢侈品。

4.公司因素

公司规模大，有相当规模的推销力量，公司可以使用，也可以不使用中间商，则渠道较短；反之，公司规模小，推销力量有限，公司可以使用的中间商越多，则渠道越长。如果公司声誉好、实力雄厚，并具备从事销售、储存、运输业务的经验、技术和设施，则公司在选择营销渠道时就有较大的空间，既可以采用直接销售方式，也可以采用间接销售方式；反之，公司只能求助于中间商，采用长渠道进行销售。此外，渠道长短还取决于公司经营战略的意图、业务人员的素质能力等因素。

5.中间商特性

渠道设计反映了不同类型中间商的优势和劣势。一般来说，不同的中间商在促销、储存、物流、信用等方面所具有的能力是不同的。因此，公司在建立渠道时必须考虑不同类型的中间商在执行各自任务时的优势和劣势。一般情况下，出口到东南亚国家的产品可以通过专业进口商、批发商、直接经营进口的零售商、连锁店总部的采购部和邮购公司、合作社、制造商、经销商和代理商八个渠道，最终送达到消费者手中。这八个渠道各有特点，如专业进口商经验丰富，熟悉本国市场的渠道，了解本国进口规定，特别适用于不熟悉东南亚市场的外国出口商；直接经营进口的零售商有自己的进口部，掌握市场行情；批发商则可以大批量进货；制造商的业务代表接触每个顾客而耗费的费用较少，因为总费用由几个委托人共同分摊。

6.环境特性

（1）竞争环境会影响公司对渠道的选择。有的公司可能希望采用与竞争者相同的渠道，也有的公司希望尽量避开已为竞争者所利用的渠道。

（2）经济状况也会影响公司对渠道的选择。当经济形势良好时，公司有较大的自由空间选择渠道；但在经济萧条时期，公司为了刺激消费者对产品的需求，会力求以更经济的方式将产品送达最终市场，因而公司必须尽量减少流通环节，使用较短的渠道，取消一些非根本性的服务，以降低产品的最终价格。

（3）东南亚国家政府的有关政策和法规对商品流通的规定和限制也会影响公司对渠道的选择。东南亚国家政府的法律都有一些规定限制了外国公司的渠道选择。例如，泰国的《对销贸易法》、《直销贸易法》和《商业竞争法》等法律对外国公司的贸易限制。根据2000年5月泰国颁布的《对销贸易法》，对金额超过3亿泰铢的政府采购合同，外国中标公司必须易货回购价值不低于合同金额50%的泰国产品，此项规定提高了外国中标公司的经营成本。

（三）渠道宽度决策

渠道宽度决策是指公司在某一市场上并列地使用多少中间商的决策。公司进行渠道宽度决策时面临三种选择：

1.广泛分销

广泛分销又称密集性分销，是指公司在某一市场上使用尽可能多的中间商从事产品的分销，使渠道尽可能加宽。它的特点是尽可能地使用商店销售商品或劳务。对于价格低、购买频率高而每次购买数量不多的日用消费品，如香烟、汽油、肥皂、口香糖，以及工业品的标准件、通用工具等多采用这种分销模式，因为这类产品的消费者侧重于快速而又方便地获得需求满足。广泛分销的优点是市场覆盖面广，潜在买主有较多机会接触到产品；其缺点是中间商的积极性不高，责任性差。

2.独家分销

独家分销是指公司在同一地区范围内只选择一家中间商为其推销产品，并规定中间商不能再销售其他竞争者的产品。这是一种最窄的营销渠道。这种分销方式适用于高档特殊品和专业技术性强或需要较多销售服务的产品。独家分销的优点是中间商经营积极性高，责任性强，中间商能够全力为公司推销产品，控制性和盈利性好；其缺点是由于市场覆盖面较窄，具有一定风险（如果中间商的经营能力差或者出现意外情况会影响到公司开拓市场的整个计划）。如果公司初次进入东南亚某国市场，在对该目标市场的需求特点、竞争状况、渠道结构等方面不甚了解的情况下，公司不宜采用独家分销模式。

3.选择分销

选择分销是指公司在同一地区范围内，有条件地选择几家最合适的中间商为其推销产品。与广泛分销相比选择分销更节省费用，便于公司对渠道的管理和控制，并且有助于公司和中间商之间形成良好的合作关系。选择分销是介于广泛分销和独家分销之间的一种中间形式，其兼有其他两种形式的优点，几乎可适用于所有产品，如用于消费品中的选购品、工业品中的零部件和一些机械设备等，尤其用于选购品或特殊品时效果更好。

❖ 小资料 11-3

如何在越南进行产品分销

越南从北到南绵延约 1 000 英里，大部分都是农村地区，其基础设施面临诸多挑战，只有 3 个城市（海防市、河内市和胡志明市）的人口超过了 100 万。与菜市场或"夫妻店"截然不同的现代商业业态——规模较大的自助式商场（通常隶属于连锁集团）——正在不断增长（已经有 400 多个销售点）。即便如此，这一细分市场也仅占零售业销售总额的大约 10%（在胡志明市，这一比例为 80%~90%）。那些想坐等现代商业业态成熟的公司可能会失去赢得消费者忠诚度的良机。因此，在这个高度分散的市场中，零售商如何才能赢得消费者呢？

联合利华公司逐步建立了一个由独立经营、独家代理的分销商组成的销售网络，这些分销商在越南 63 个城市的大街小巷销售和分销联合利华的产品。联合利华的成功主要来自其培训和跟踪检查分销商的销售情况，它赋予了这些分销商管理自己业务的职责。当然，联合利华的营销体系并不一定适用于所有的公司。

越南是世界上经济增长最快的经济体之一，而且没有理由认为其经济增长会减缓。越南的基础设施正在不断完善，现代商业业态也取得了重大进展。作为亚洲人口最年轻的国家，现代技术的迅速普及使越南成为一个令人兴奋的新兴市场。但是，这并不意味着它是一个可以轻易征服的市场。

资料来源：哈文. 如何在越南进行产品分销 [J]. 大经贸，2010（10）.

三、营销渠道方案的要素

渠道选择方案由中介机构的类型、中介机构的数目和渠道成员的条件及责任三个要素组成。

（一）中介机构的类型

公司应该明确能够承担其渠道工作的中介机构的类型。例如，一家生产公司在开拓东南亚市场时，就要考虑如何与不同行业顾客有效地打交道。公司可以选择以下几种类型的中介机构：

（1）销售代表处。公司指派人员在东南亚国家建立销售代表处，使本公司的销售人员直接与潜在的顾客接触，这是在新市场上确立产品地位的惟一可行途径。当公司占领一定市场份额后，可以考虑从直接销售转向依靠独立的中介机构。当其市场份额与市场认可使得公司品牌对独立中介机构具有一定的吸力时，这种转变就成为可能。

（2）制造商代理人。公司对分销商指定代理本公司产品的人员因销售产生的成本给予补贴，从而依靠分销商自有的销售队伍，绑定销售任务。这种合作形式对新的出口商品进入市场是一种理想的选择。

（3）经销商。在东南亚国家寻找愿意经营新产品的经销商，并给予其独家经销权。

（二）中介机构的数目

中介机构数目的多少必须与公司的营销战略相一致。中介机构的销售边际成本与边际收入相等，是公司在东南亚国家设置中介机构数目的临界点。但是，公司还必须考虑产品销售额的动态变化，当产品的市场份额不断扩大时，中介机构的数目可相应地增多；当产品的市场份额不断缩小时，则中介机构的数目相应地减少。

（三）渠道成员的条件和责任

公司必须确定渠道成员的条件和责任。在渠道方案设计中，应该明确相关的价格政策、销售条件、地区权利以及渠道各成员应该提供的服务，并以合约的形式固定下来。

价格政策要求公司制定价目表和折扣细目单，公司必须让中介机构确信这些价格和折扣是公平的。销售条件是指付款条件和生产者的担保。在东南亚市场上，大多数公司对付款较早的中介机构给予现金折扣。公司也可以向中介机构商提供有关商品质量或价格调整等方面的担保，以吸引中介机构购买较大数量的产品。中介机构的地区权利是渠道成员贸易关系组合的一个重要要素。中介机构需要知道公司在不同地区范围给予其权利的差异，因为这将直接影响中介机构自身的利益及其营销的效果。在贸易合约中要明确地确定双方的权利和责任，在采用特许代理和独家代理等形式时更是如此。例如，在越南胡志明市肯德基向加盟的特许专营者提供房屋、促销产品、人员培训等营销方面的支持；反过来，这些特许专营者必须在物质设备和服务上符合肯德基的一切要求。

四、产品进口营销渠道

产品进口营销渠道是指从事进口业务的中间商和在东道国销售进口商品的中间商，一般有进口商、批发商、零售商等。

（一）进口商

东南亚进口商是指从外国进口产品向东南亚本国市场销售的贸易公司。按经营范围划分为：从不同国家、不同地区专门进口某类商品的进口商；专门在某些国家和地区从事进口业务的进口商；在东南亚市场上经常广泛采购产品的进口商。

1.设于出口国的采购商

设于出口国的采购商是指进口国设在出口国的负责贸易采购的机构。对那些初次开展出口商务、缺少经验、缺乏销售能力的出口制造公司来说，这是最方便的出口渠道。公司在母国与东南亚国家的采购商接洽联系，基本上只承担类似母国销售的工作，而涉及进出口的有关业务则由设于出口国的采购商承办。

2.贸易公司

贸易公司是指从事东南亚贸易已有很长历史的机构，其在东南亚国家内转手贸易，控制着东南亚的分销系统，把全球商品销售给东南亚国家的顾客，又把东南亚国家的矿石、煤等资源组织出口到全球。贸易公司拥有较多的东南亚市场信息，一般在东南亚市场上享有较高的声誉，而且拥有大批精通商务、外语和法律的专业人才。因此，对一些初次进入东南亚市场的公司来说，贸易公司往往是比较理想的选择。对外来买主来说，由于贸易公司能够提供品种齐全的产品用于出口，其更愿意与贸易公司建立贸易关系。大型贸易公司通过加强物流、销售服务、咨询等下游领域业务，削弱下游销售商的强势地位。作为中间商，贸易公司的生存空间受到制造商与下游销售商的挤压，削弱了其把握消费者需求变化、为制造商提供市场信息的能力，对销售商也毫无谈判筹码，只能被动地接受价格。为此，大型贸易公司相继涉足超市、便利店、百货店、专卖店等零售业务，并开拓网络、电视、邮购销售等无店铺销售业务，直接参与东南亚市场销售，把握流通主导权。

3.设于进口国的中间商

设于进口国的中间商主要有以下三种：

（1）代理中间商。代理中间商熟悉所经营的产品和东南亚市场，并掌握一套商品的挑选、分级、包装等处理技术和销售技巧，因此生产国中间商很难取代进口国中间商的作用。代理中间商在开展业务活动时，一概不获取对商品的所有权。代理中间商具体又分为：①经纪人。经纪人是对提供低价代理服务的各种中间商的统称，主要经营大宗商品交易。选择东南亚经纪人的情况主要有：A.缺乏东南亚营销经验的公司；B.季节性强的产品；C.无力设立国外销售机构的中小公司；D.不值得或没有必要在东南亚设立专门销售机构；E.目标市场遥远、市场分散或市场规模小等。②融资经纪商。这是近年来迅速发展起来的一种代理中间商。与经纪人不同的是，它们一般负责资金融通和单证的处理，有时还要承担信用风险，可使出口公司避免信用风险。融资经纪商获得报酬的形式一般是收取销售佣金。③制造商代理人又称制造商出口代理商，是一种专业化程度较高的出口代理商，其提供的服务相对狭窄一些，经营的产品品种也要少一些，一般是经营非竞争的互补产品。制造商代理人可以在一个城市、一个地区、一个国家或是相邻几个国家对出口公司的产品负责。制造商代理人忠实履行销售代理人的责任，为出口公司开拓市场提供良好的服务，如东南亚市场广告的企划、东南亚市场分销渠道的评价与优化、开展人员推销、召开订货会、进行东南亚市场的调研、提供东南亚营销咨询等。当出口公司无力向进口国派驻自己的销售机构时，许多中小公司会使用制造商出口代理商，并对其出口业务予以控制。④经理人。经理人根据同母国公司签定的独家代理合同，在东南亚国家开展业务，有时也进行投资业务。

（2）独立中间商。独立中间商在开展业务活动时，将产品购入，获取对产品的所有权，然后自己决定产品的销售价格。独立中间商经营多种产品，尤其是利润大、周转快的产品。独立中间商具体又分为：①经销商。拥有独家销售特权的进口国中间商称为经销商，其通过经销合同与出口公司、出口商或进口国的进口商建立经常性的合作关系。出口公司可以同经销商建立密切的伙伴关系，对价格、促销、存货、服务等进行适当的控制。还有一类专门从事工业品或消费品的独立经销商，其所经营的产品主要来自独立的供应商或出口公司。②批发商和零售商。批发商享有分销上的规模优势，并拥有专业化分工带来的专有技术与资源，是产品流通的关键环节。零售商的根本作用在于使产品直接、顺利地进入消费者手中，并真实、有效、及时地反馈最终消费者的信息，是分销渠道的重要环节。批发商和零售商都从事进口业务。

（3）政府下属机构。在目前还有计划经济痕迹的东南亚国家，某些进出口业务都由有关的政府机构负责。

（二）批发商

批发商是指将产品出售给为转售或其他商业用途而购买的客户的中间商，其分为经销批发商和代理批发商两类。

1.经销批发商

经销批发商是指大批购进产品，并以较小批量转售给零售商或其他商业组织的中间商。经销批发商对其经营的产品拥有所有权，并独立开展买卖活动，是批发商中最主要的部分。

经销批发商又分为全部服务批发商和有限服务批发商两种。全部服务批发商不仅从事购销业务，还提供储存、运输、送货、信贷等服务。有限服务批发商则只向客户提供很少的服务。

2.代理批发商

代理批发商是指受买方或卖方委托从事商品交易业务的中间商。与经销批发商相比，代理批发商不拥有商品的所有权，其主要职能是在买卖双方之间起媒介作用，促成交易并赚取佣金。

代理批发商又有以下几种类型：

（1）商品经纪人。其主要作用是为买卖双方牵线搭桥，协助进行购销谈判。商品经纪人既不经手现货，也不承担风险，其接受买卖某一方的委托进行工作，待成交后向委托方收取一定的佣金。佣金比例较低。

（2）厂商代理商。它是指接受生产者委托，根据协议在一定区域内负责代销生产者产品的中间商。当厂商代理商将产品售出后，生产者按照销售额的一定比例支付佣金。

（3）销售代理商。它是指接受生产者委托，负责独家代销生产者全部产品的中间商。销售代理商一般不受地域限制，并对产品售价和交易条件有很大的影响力。但是，签署销售代理的双方也受相应限制，代理商不能同时代销其他生产者的类似产品，而生产者自己也不能再进行直接的销售活动。

（4）采购代理商。它是指与生产者或其他买主建立进货代理合同，长期为之采购商品，并代为收货、验货、存货、发货以及提供必要服务的中间商。

（5）生产商的销售机构。它是指生产公司在东南亚国家组建的有相对独立经营权的销售组织，这类销售机构承担本应由批发商承担的工作。

（三）零售商

零售是指一切直接向最终消费者提供产品和服务，供其用于个人生活消费和非商业性用途的交易活动。凡是以从事零售业务活动为主的组织和个人统称为零售商。零售商的分类有：

1.商店零售商

这是东南亚市场上最广泛的，也是消费者最常见的零售市场。商店零售商主要有专业商店、专卖店、百货商店、超级市场、便利商店、折扣商店、廉价零售店、超级商店等。最常见的零售店是便利店，以即食食品、日用小百货为主，具有即时消费性、小容量、应急性等特点，商品品种在3 000种左右，售价高于市场平均水平，营业面积100平米左右，利用率高，开设地点多位于商业中心区、交通要道以及车站、医院、学校、娱乐场所、办公楼、加油站等公共活动区。便利店营业时间长，提供即时性食品的辅助设施，开设多项服务项目，如代缴各项费用、代收发快递等，符合现代人的生活习惯，越来越受消费者青睐。

2.非商店零售商

非商店零售是指经销商不通过店铺而直接向消费者销售商品和提供服务，最古老的无店铺销售方式是走街串巷的小商贩。非商店零售商不受空间限制，利用一种或多种媒体手段获取消费者的需求信息，并达成交易。随着多种通信工具的发展，销售的手段更加多样，如直接推销、直接营销、电视购物、邮购、电话购物、自动售货和网上购物等。国际上以直销闻名的有安利、雅芳、玫琳凯等公司。网上购物已成为无店铺零售的主要方式，未来发展潜力巨大。

❖ 小资料11-4

马来西亚网购情绪高 11street斋月销售额或将增长50%

2017年6月20日，马来西亚电商平台11street首席执政官Hoseok Kim表示，马来西亚消费者在2015年到2016年斋戒月和开斋节期间，该网站销售额提高了约2.5倍。由于消费者购物模式不断变化，预计今年斋戒月和开斋节期间的销售额将继续增长至少50%。预计2017年年底在马来西亚的商品交易总额增长率将达70%。

Hoseok Kim指出，马来西亚是东南亚市场上电商贸易较发达的国家之一，其拥有较好的物流基础设施，较高的网络、信用卡和智能手机普及率及较高的收入水平，这些确保电商平台有更好的增长。他预计未来10年马来西亚电商普及率将增长25%～30%。

资料来源：驻马来西亚经商参处. 马来西亚网购情绪高 11street斋月销售额或将增长50%[EB/OL]. [2017-06-26]. http://www.mofcom.gov.cn/article/i/jyjl/j/201706/20170602598635.shtml.

3.零售组织

零售组织具有规模效应、采购能力强、品牌认知度高和员工训练有素的特征。零售组织主要包括公司连锁店、自愿连锁店、零售商店合作组织、消费者合作社、特许经营组织、商业联合公司等。近几年，在互联网科技的强势推动下，社区商群、微商群等应运而生，此类组织主要使用社交软件（如QQ、微博、微信、陌陌等）、贴吧、论坛、新闻自媒体，以及淘宝、天猫、微店等商务平台等进行互联网营销，直接或间接地销售产品。

从总体上看，东南亚国家零售商的结构在不断变化，东南亚营销公司都在努力改善各自的零售业态结构、零售商的规模水平和效率。零售业的发展趋势是规模化和连锁化经营。规模化经营主要通过连锁经营的途径来实现。连锁化经营的基本原理是将进货与销售两种零售功能区分开来，总部进行大量集中进货，依靠众多分散的店铺实现大量销售，并以此来克服零售业固有的小规模、分散性的缺点。例如，"7-ELEVEn"便利店在泰国开有近1万家连锁店，但店铺的面积一般只有50平方米，最大的也不超过200平方米，总部有超强的配送能力，并开办自己的培训学校，源源不断地为连锁公司输送人才。

（四）东南亚实体分销

在东南亚市场营销中，公司必须面对不同于母国的物质分销机构（如运输公司、仓储公司)、物质分销习惯，以及相关的社会文化、政治法律、经济和技术环境。与母国物质分销相比，东南亚物质分销中的产品移动距离、所需耗费的时间和费用一般也要多一些。

1.东南亚物质分销目标

公司的东南亚物质分销目标是以公司战略目标和销售目标为基础的，为实现公司营销总目标而确定的一个次级目标。同时，它又是公司制定物质分销策略，进行东南亚物质分销管理的依据。归纳起来，东南亚物质分销目标可分为以下几类：

(1)经济性目标，即公司把降低运输、储存、装卸等费用作为东南亚物质分销的首要目标。追求物质分销中的规模经济效益就是经济性目标的一种具体体现。

(2)安全性目标，即公司在保证产品数量与质量的同时，准确、及时、完整地将产品运送到指定地点作为东南亚物质分销的目标。一般来说，安全性越高，代表着服务水平越高，顾客的满意度也就越高。

(3)灵活性目标，即公司把保证和提高物质分销系统的灵活性和应变能力作为东南亚物质分销的目标。在环境变化快的市场中，保持物质分销系统的灵活性是公司在东南亚物质分销决策和管理中的优选目标。

(4)方便性目标，公司在建立东南亚物质分销系统时，可能会选择以方便顾客购买作为东南亚物质分销的目标。例如，在东南亚物质分销中，日用消费品往往以方便性作为公司的分销目标。

2.商品仓储决策

仓储是利用一定的仓库设施与设备储存和保管产品的活动。在实体分配过程中，仓储起着储存和位移的双重作用，能够解决生产与消费在时间上或空间上的矛盾。对于需要储存的产品，公司应合理选择仓库地址和仓库类型。

3.仓库选址原则

(1)有利于降低运输费用。公司在仓库选址时应充分考虑客户的地址、定货量及购买频率等因素。因为运输费用是由全部运输量乘以运输里程和单价确定的，所以仓库地址应尽量靠近运输量大或运输里程远的客户。

(2)有利于提高服务水平。仓库地址的选择对用户影响最大的是交货时间，因此仓库地址应选在有利于缩短交货时间、提高交货速度的地方。

(3)仓库选址要与仓库数量相配合。若仓库多，则仓库地址应分散，这样有利于满足各类用户的需要；若仓库少，则仓库地址应集中，首先满足主要用户。

4.选择仓库类型

(1)自建仓库和租赁仓库。自建仓库更适合公司自身的业务特点，日常仓储费用较低，公司对仓库拥有控制权，但一次性投资大。因此，公司在东南亚国家较少自建仓库。租赁仓库的最大优点是灵活，可根据客户地址、需求规模及公司经营范围的变化随时调整租赁仓库的位置、库容设施等，但租赁的仓库不一定是理想的。

(2)储存仓库和中转仓库。储存仓库适用于商品的中长期储存；中转仓库适用于接受来自各生产公司或供应商的货物，然后根据用户定单，尽快编配和转送出去。

(3)单层仓库和多层仓库。单层仓库方便搬运商品，但占地面积大；多层仓库占地面积小，但商品搬运费用高。在曼谷、吉隆坡等城市，由于城市人口密度大，空间窄小，公司选择多层仓库居多。

（4）旧式多层仓库和新式自动化仓库。显然，前者成本低，而后者效率高。

5.商品运输决策

运输就是借助于各种运力，实现产品实体空间位置的转移。运输决策包括以下两项内容：

（1）选择运输方式。①铁路运输。它是最重要的运输方式，其最大的优点是运费低、运量大、速度较快，它适用于长距离运输大批量货物或笨重货物。大多数东南亚国家有铁路运输，但与中国相比运输速度慢，运力弱。②公路运输。公路运输主要是卡车运输，这种运输方式能够灵活安排运输时间和运输线路，能够实现直接送货上门，而且速度较快。只是长距离运输成本较高，因此它多用于中、小批量商品的短途运输，或者用于要求抢时间的长距离运输。东南亚国家道路交通特点是城市交通比较拥挤，中心城市以外地方缺少高等级公路，不能与西方国家道路相比。③水路运输。它又分为远洋运输、近海运输和内河运输，其优点是运量大、运费低，缺点是时间长、速度慢。它适用于运送笨重或不易变质的大宗货物。④航空运输。这是最快的也是运费最高的运输方式。它主要适用于价值高、体积小、易变质、精度高或时间性强的产品。

（2）选择运输路线。运输路线的选择标准为：运输里程最短；商品在途时间最短；当向众多客户运送货物时，要首先保证重要客户得到较好的服务。

6.商品库存控制

保持合理的库存是为了在分销过程中保证产品销售能够连续进行。库存控制的内容包括确定产品的储存数量、储存结构、进货批量和进货周期等。

（1）定货点的确定。库存水平随着产品的不断销售而下降，当降到一定数量时，就需要再进货，这个需要再进货的存量称为定货点。定货点的确定取决于定货时间、顾客要求的服务水平和库存费用三个因素。一般而言，定货时间越长，定货点相应越高；同时，顾客对交货时间和交货速度的要求程度越高，定货点也相应越高。但另一方面，定货点越高，平均库存量就越大，从而将导致库存费用上升和公司利润下降。因此，公司应在提高顾客服务水平与降低库存费用之间进行权衡，以便确定合理的定货点。

（2）定货量的确定。在库存控制中，定货费用和保管费用是一对矛盾的成本因素。定货费用包括采购人员差旅费、定货手续费、运费等，主要取决于定货次数，而与定货批量关系不大。因此，从降低定货费用的角度来看，公司应当减少定货次数，而加大定货批量。保管费用包括占用资金的利息、商品储存损耗、仓库及设备的折旧费用等，主要取决于定货批量，而与定购次数关系不大。因此，从降低保管费用的角度来看，应当增加定货次数，而减少定货批量。兼顾定货费用和保管费用最小化的方法，即经济定货批量法。所谓经济定货批量，是指能使定货费用和保管费用之和最小化的定货批量。

第三节　东南亚营销渠道的选择

公司在创建营销渠道时必须充分考虑东南亚国家的商业制度、分销模式及商业惯例与观念等，并对营销渠道方案的经济性、可控制性、适应性、覆盖面和持续性等方面进行评估。

一、营销渠道的选择和创建

一般进入东南亚市场，公司总是首先选择使用进口国现成的分销系统。但是，有时很难找到合适的中间商，特别是在缅甸和柬埔寨这样的国家，其拥有的分销体系十分有限，市场上一些较成熟的分销体系又往往已为竞争对手所用。在这种情况下，公司不得不考虑营销渠道的创建问题。

（一）中间商的选择

从生产公司的角度来看，合适的中间商应具备以下几个条件：

（1）顾客第一原则，即中间商的服务对象应与生产厂商的目标顾客基本一致。

（2）地理位置合适。零售商的位置应能方便本公司产品用户购买，批发商的位置应能有利于本公司产品的分销、储存和运输以及降低产品的销售成本。

（3）尽量不要选择经营竞争者产品业务的中间商，或者其所经营的竞争产品对本公司产品不具有明显的竞争优势。

（4）具备相应的储存和运输能力。中间商在运输、仓储方面的能力应满足生产公司的要求，特别是对特殊产品的经营要求，如海产品销售，需要有冷藏车和冷库。

（5）财务状况。中间商具有的良好财务状况，有一定的资金实力，有一定的承担风险能力，有偿付能力能按时结款，甚至能预付货款或分担部分促销费用。

（6）能为顾客提供必要的服务项目。例如，送货上门、技术培训、换配零件、维修保养等服务项目。

（7）管理水平高，经营能力强。东南亚部分国家比较缺少管理类人才，劳动力成本低，要仔细挑选，如中间商是否拥有强有力的管理队伍、训练有素的销售队伍和良好的经营业绩等。

（8）信誉情况。中间商在供应商与消费者之间是否具有较好的信誉，取决于其是否有良好的经营作风和经营态度。

（二）营销渠道的创建

营销渠道创建通常比中间商选择难度更大，而且还需付出长期的艰苦努力。当预计产品在东南亚市场的潜力较大时，或在出口产品有较好前景的情况下，公司才能考虑营销渠道的创建问题。创建营销渠道的具体途径有：

（1）购买。这是最直接的"拿来主义"手段。当发现可以使用进口国现成的营销渠道，且该渠道正处在困难之中，在资金和进口国法律允许的情况下，可考虑购买某一现成分销渠道为我所用。例如，屈臣氏在马来西亚的个人护理店和马来西亚 Apex 的业态相近，屈臣氏为扩大在马来西亚的市场业务，进一步加强其在当地业界的地位而对马来西亚 Apex 进行了收购行动。屈臣氏对马来西亚 Apex 的西药店进行了全面翻新，包括更换和革新商店的招牌、室内设计和装修等，以凸显屈臣氏的形象。

（2）参与当地营销渠道经营。由于市场或东道国法律原因，或其他原因无法购买时，公司应当设法提供资金或较明显的优惠条件，进入该分销体系。

（3）新建。公司也可考虑新建一条销售渠道销售自己的产品。例如，美国的普罗克托公司建立的直销模式。在菲律宾，该公司通过挨门挨户推销的方式直销公司产品。

（4）首创性分销。在东南亚市场营销中不可控制的因素很多，这为创建分销提供了土壤，甚至有时有助于创新。例如，泰国的便利店提供各种费用（如有线电视费、上网费、电话费、电费、快递费等）的代缴服务。虽然每笔缴费都要加收 10 泰铢（人民币 2 元）的手续费，但是因为便利店通常是 24 小时营业，所以比银行和专门的收费点要方便得多。另外，便利店内还有自动取款机、支票结算服务，甚至还能从网上订花，这些服务是无需上架的商品，既不占用店里的空间，还能吸引顾客顺便购物。

（三）全渠道零售

全渠道零售是未来发展的重要方向，是指通过跨越实体和线上购物渠道，实现无缝的购物体验。但是，因需整合线上和线下的资源以及物流业的制约，实现全渠道零售的难度较大。目前，东南亚国家还缺乏对电子商务至关重要的物流和支付基础设施的支持，落后于全球电商的整体水平。但是，东南亚国家具有 6 亿多的人口红利和巨大的需求空缺，经济增速发展较快，35 岁以下青年人口占比超过 64%，成为最有发展潜力的新兴市场，未来有可能成为仅次于中国和印度的世界第三大电子商务市场。

❖ 小资料 11-5

阿里巴巴大幅增持 Lazada 东南亚 6 亿用户进入天猫版图

阿里巴巴于 2017 年 6 月 28 日，完成对东南亚地区排名第一电商 Lazada 的增资，持股比例上升到 83%。阿里巴巴看重 Lazada 的电商基础设施建设和为其在东南亚市场获取先机的能力。Lazada 自建物流子公司 Lazada Express，共有 60 个配送中心、8 个仓库，中国香港和深圳也有集货中心。同时，Lazada 目前在整个东南亚地区有 62 个物流合作伙伴，负责郊区物品配送。显然，在东南亚地区的覆盖能力、自建最后一公里物流能力都是 Lazada 的优势。阿里巴巴可以通过 Lazada 辐射东南亚地区逾 5 亿的非华人群体，跨越语言障碍，选购中国的商品，而通过 Lazada 前往东南亚地区的商家，只需要签署线上协议，再通过菜鸟官方运转仓，就可以拥有"一店卖全球"的机会。

资料来源：中国电子商务研究中心. 分析阿里巴巴吞入东南亚"亚马逊" Lazada 是不是一桩好买卖 [EB/OL]. [2017-07-03]. http://b2b.toocle.com/detail--6403703.html.

二、营销渠道环境因素

在考虑营销渠道的环境问题时，一般考虑以下几个方面：

1. 东南亚国家的商业制度

商业制度环境涉及一国的分销模式、社会对商业的基本观念、政府的基本政策等。商业制度是经济环境的一个重要组成部分。泰国政府新出台的关于零售行业的地区保护条例，在城市内开设大型店铺将会受到越来越多的限制。家乐福正在调整在泰国的发展策略，计划转变其经营业态，改大店经营为小店经营，并通过与当地零售商合资的方式，以便更容易在泰国市场快速发展。目前，在泰国家乐福的大型商店的服务商圈约为15万家庭，而调整后的小型店铺的服务商圈约为5万家庭。

2. 东南亚国家的分销模式

在东南亚国家，分销模式具有相当大的差异，公司必须意识到对于营销渠道各国都有自己的特殊性，不存在通用的解决方法。公司只能通过了解进口国目前已有的分销模式，找出适合自己的营销渠道。

❖ 小资料 11-6

中国智能手机在东南亚的营销渠道

中国智能手机厂商继续在东南亚提升市场份额。IDC发布报告显示，2016年中国手机厂商华为、OPPO和vivo在东南亚智能手机市场份额加起来共有21%。

中国手机厂商在东南亚地区均选择了线下零售渠道，营销重点都放在了人口密集的城市和人流量高的地区。

在越南市场，第一大手机零售商Thegioididong在全国有1 500家销售网点，第二大手机零售商FPT在全国有200家销售网点。中国手机厂商选择与当地手机零售连锁渠道合作，开展从机型到产品到促销的多元化合作，借助庞大的手机零售连锁渠道进行销售。

资料来源：吴晓宇. 国产手机继续巩固东南亚市场：当地厂商艰难［EB/OL］.［2007-02-23］. http://news.zol.com.cn/628/6284106.html.

3. 商业惯例与观念

了解东南亚进口国的商业惯例与观念是一项更为困难的任务，需要公司进行深入挖掘。例如，由新加坡旅游局发起的大规模"周五午夜购物计划"中，新加坡著名购物街乌节路的众多商家在每个月的最后一个星期五将营业时间延长至午夜，这将成为狮城夜晚的新亮点。另外，也有些外来公司由于不理解东南亚国家的商业惯例轻率冒进而遭受重大损失。例如，柬埔寨消费者至今都保持到街边汽车市场选购的消费行为。相比之下，尽管4S店拥有良好舒适的购车环境，但是街边巷尾地理位置优越的二手车店，或者综合汽车经销商的中小型的门店展示更受市民欢迎。公司在柬埔寨开拓汽车市场借助这样的销售渠道可以大大减少时间成本。

三、营销渠道方案的评估

公司要对每个渠道方案的经济性、可控制性、适应性、覆盖面和持续性等方面进行评估，并在此基础上进行方案的选择。

（一）经济性

公司要对营销渠道的成本进行分析。营销渠道的成本分为开发成本和持续成本。开发成本往往是一次性的，持续成本则是产品的全部营销成本。近年来，分销成本普遍有增长趋势，如何降低营销成本成为公司关注的中心。在东南亚市场缩短营销渠道并不一定就能降低产品成本，有些公司确实通过缩短营销渠道而降低了产品成本，但也有许多公司发现在东南亚市场是通过较长渠道才使成本有所控制。公司设立销售分公司成本很高，但是随着销售量的增加，成本就会降低，超过盈亏平衡点后，销售收入中的大部分将直接转化为利润。如果利用东南亚代理商，公司最初的成本比较低，但是随着销售量的增加，费用也会很快增长，因为代理商的佣金比销售人员的工资要高。因此，进入东南亚市场的公司必须在不同方案上进行比较，才能做出最好的营销渠道选择。

（二）可控制性

对渠道方案的评估必须进一步考虑对各种渠道的控制问题，利用东南亚代理商意味着常常会产生更多的控制问题。

将产品委托给中间商后，公司应当进行适当的控制。中间商作为一个独立的商业机构，往往销售大批产品，对它们来说，最感兴趣的是利润率高、周转快的产品。中间商可能对公司的某些产品没有进行认真的推销，而丧失市场机会。公司如果把中间商看成东南亚市场的最终依靠者，任凭中间商处理自己的产品，将使自己逐渐与市场隔绝，对市场趋势、消费者需求不了解，最终被市场淘汰。

可控性要求出口公司不得不建立自己的营销渠道。即使是不全的分销体系，只要公司的销售人员深入分销工作，便可熟悉分销工作的各个过程，从而增强公司对分销体系的控制能力，对东南亚市场变化、消费者需求做到心中有数。

（三）适应性

东南亚市场变化很快，从经济性和可控制性的角度考虑，签订长期合同的渠道比较优越。但是，从适应性的角度考虑，合同期限有时不宜太长。公司往往经过一段时间的合作后，在取得信任的基础上，认为该中间商能适应公司的战略发展，才会延长合同期限。

（四）覆盖面

营销渠道覆盖面决定了公司产品的竞争力、市场份额和销售量。市场覆盖面不能单纯地从地理区域进行评估，也不能一味地追求广泛。由于东南亚国家城市人口比例大，且主要城市人口密度大，如果按地理区域分派，需要很大的营销成本。比较好的做法是，集中力量在人口密集地区的目标市场提高覆盖面。

（五）持续性

公司经过努力，支付了开发成本，自然希望能够在较长时间内与东南亚中间商保持良好的关系，但有两个因素会影响分销体系的持续性：

（1）中间商的寿命问题。东南亚各国的中间商一般规模不大，缺乏对市场的长期战略规划，不注重经营的连续性，导致经营者或销售人员的变化、经营品种的变换，甚至整个机构会倒闭，这对公司选择营销渠道是不利的。

（2）激烈的竞争问题。竞争对手可能采取优惠条件，甚至使用手段迫使某中间商就范，终止与公司的合作。

在解决持续性问题时，一方面要求公司尽量了解东南亚中间商的基本状况，从中间商的具体情况出发，建立长期关系；另一方面要求公司在销售产品时必须提供物美价廉的产品，从而在消费者心目中建立良好的信誉，保持对中间商的长期吸引力。

第四节　东南亚营销渠道的开发与管理

开发与管理东南亚营销渠道，是东南亚市场销售人员的重要任务。营销渠道的开发与管理涉及许多方面，如激励中间商、控制渠道、处理关系、评估和调整等。

一、激励中间商

确定了东南亚中间商后，公司还要给予中间商一定的激励。因为中间商不同于本公司的雇员，对中间商只能不断地予以激励，促使其做好工作。公司要了解中间商的经营目标和需求，可以通过让步来满足中间商的要求。菲利浦·科特勒认为，要激励中间商出色地执行任务，公司必须尽力了解各个中间商的不同需求和欲望，与中间商结成长期伙伴关系。例如，双方共同规划销售目标、存货水平、营业场地、商品陈列、员工培训、广告宣传等，以达到共同从扩大销售中取得更多利益的目的。

在东南亚市场上，激励中间商的方法主要有：

1.提供优质产品

提供市场需要的优质产品，这是对中间商一个最好的激励。向中间商提供物美价廉、适销对路的产品，从根本上为中间商创造了良好的销售条件，及时向中间商提供市场情报和通报公司的生产状况，为中间商合理安排进货和销售提供了依据。

2.给予中间商适当的利润、独家经销权和有价值的特许权

中间商经销的商品如果利润不大，其积极性也会不高。公司应充分利用定价策略和技巧，根据中间商的进货数量、商业信誉和经营业绩等分别给予不同的价格折扣，在各中间商之间合理分配利润，并分配给他们固定的经销权和特许权。

3.共同进行广告宣传

当公司产品新进入东南亚市场时，产品的商标通常不为当地人所熟悉，中间商可能不愿意经营这种产品，除非公司提供有力的广告，或与中间商合作共同承担宣传新产品的费用。例如，加强广告宣传，并派人到中间商处协助安排产品陈列、操作演示和培训销售人员等。

4.进行人员培训

在东南亚市场上，公司经常向中间商提供培训的销售和维修人员、商业咨询的服务

和帮助，特别是一些机械设备的维修和使用。公司通过培训销售和维修人员，促进了与东南亚中间商的合作关系，提高了中间商的工作效率。

5.提供资金支持

在东南亚市场，多数中间商实力并不雄厚，可允许中间商售后付款，以解决中间商资金不足的困难。

二、控制渠道

一般说来，成功控制渠道的公司往往能够在东南亚市场上取得成功。所谓控制渠道，是指让各个层次的中介机构了解公司的营销目标，确定评价中间商工作绩效的各项标准。中间商工作绩效的各项标准包括销售目标、市场份额、平均存货水平、向顾客交货时间、市场成长目标、广告宣传效果等。

在东南亚营销中，渠道控制表现在对渠道系统整体控制和中间商个体控制两个方面。渠道系统整体控制是指对渠道系统本身的控制，它包括分销系统费用的控制和市场覆盖面的控制。有些具体细节如价格回扣、运输等也属于这一层次的控制，因为它们也会影响整个系统的效率。中间商个体控制是指公司定期按一定的标准衡量中间商的经营业绩，检查中间商的销售额、市场覆盖面、服务、付款以及利润等各方面的情况，并对业绩不佳的中间商进行分析诊断，采取相应的措施。一旦渠道控制失灵，危及公司的根本利益时就应该考虑更换中间商。

三、处理关系

营销渠道的建立需要处理很多关系，如处理合同关系、处理矛盾等。

（一）合同管理

在确定渠道长度和宽度时，不仅要选择好中间商，还要签订合作合同，在法律上确定渠道成员的责任和义务关系，避免日后发生纠纷时无所依据。供销合同一般应细致，其具备以下条款：产品名称、商标、型号、厂家、数量、金额、供货时间及数量；质量要求、技术标准、供方对质量负责的条件和期限；交（提）货地点、方式；运输方式及到达站（港）和费用负担；合理损耗及计算方法；包装标准、包装物的供应与回收；验收标准、方法及提出异议期；配件、工具数量及供应办法；结算方式及期限；如需提供担保，另立合同招保书作为合同附件；违约责任；解决合同纠纷的方式；其他约定事项。

签订供销合同必须遵循下列原则：签订合同的双方必须是法人；签订合同要遵守法律规范的要求；合同的签订必须坚持充分协商、平等互利的原则；合同所确认的交易协定必须是等价和有偿的；签署合同的双方必须遵守信用，严格执行。

（二）解决矛盾

公司和中间商各自谋划自己的特殊利益，因此，在相互合作的过程中，不可避免地存在矛盾和冲突。处理好这些矛盾和冲突是搞好东南亚营销工作的重要保证。

1.公司与中间商存在的主要矛盾有：

（1）收购方式的矛盾。例如，公司一般希望中间商买断包销，而中间商则希望代销，这就要解决共担风险的问题。

（2）收购不同需求特征产品的矛盾。例如，无论是公司，还是中间商，对紧俏产品都想归自己销售，滞销商品都想推给对方。

（3）收购产品花色品种的矛盾。中间商希望产品品种齐全、花色不断翻新；公司则愿意生产批量大、品种单一的产品，以提高生产效率。

（4）收购合同期的矛盾。中间商希望合同期短一点，可以减少经营风险；公司则希望合同期长一点，以保持稳定、均衡地生产。

（5）收购产品价格的矛盾。收购价格涉及利益分配问题，更容易产生矛盾。除此之外，价格也会引起质量要求、供货数量、供货时间、产品包装、运输方式、结算方式等方面的矛盾。

2.解决矛盾的主要途径：

（1）树立解决矛盾的正确指导思想。公司必须认识到在商品经济活动中，产销双方是建立在利益基础上的关系，只有在互利的情况下，双方才能融洽地相处。与经销商保持良好关系是一项具有战略意义的工作。公司要想搞好与中间商的关系，必须照顾对方的利益，体谅对方的艰难，特别是销售形势好时，一定要确保中间商的利润，这样当公司发生困难时，也能从中间商那里得到支持。

（2）相互间及时沟通信息。有时公司掌握的信息，中间商不一定掌握。由于文化背景差异的原因，有时中间商特别敏感的问题，公司却体会不深，这样相互间就会产生矛盾。因此，保持信息沟通渠道畅通，有些冲突就不会发生。

（3）双方及时协商，统一经营目标。供销双方根据市场需求状况，共同制定经营目标，联合制订计划，适度实行强弱搭配，畅销和滞销搭配，就能使公司的产品生产计划与中间商的销售计划衔接起来，对供销双方都有利，并在竞争中迅速形成优势。

四、评估和调整

（一）评估渠道成员

公司和渠道成员根据事先达成的协议，对渠道成员一定时期的合作情况进行评价。评价的目的是为了发现分销中存在的问题，以便对中间商进行有效的监督和控制，巩固和加强合作关系，提高营销渠道的效率。评估的内容主要包括以下几个方面：①检查每个渠道成员完成的销售量、利润额；②渠道成员是不是尽力推销本公司的产品；③检查每个渠道成员同时经销多少种与本公司相竞争的产品；④核算每个渠道成员的平均订货量；⑤检查每个渠道成员的产品定价是否合理；⑥检查每个渠道成员对用户服务的态度和能力，以及用户对其是否满意；⑦计算每个渠道成员的销量在公司整个销量中所占比例。

（二）调整渠道结构

为了适应营销环境的变化，有时还要根据公司经营目标的变化和渠道成员的表现，适时地对营销渠道进行必要的调整。调整的方式主要有以下三种：

（1）调整个别渠道成员。公司从现有渠道中剔除个别经营不善、效率低下的中间商；或者根据业务发展的需要，增选合适的中间商进入渠道。

（2）调整某一营销渠道。当发现某种产品的营销渠道业绩不理想时，公司可以考虑在整个市场上或在某个地区市场上撤消该产品的营销渠道；或者为了新产品进入市场，开辟新的营销渠道。

（3）调整整个营销渠道。公司对原有的营销渠道进行全面调整，如采用直接营销渠道取代原有的间接营销渠道，改变公司的整个营销方式。

❖ 小资料11-7

新加坡平价商店的经营模式和成功经验

零售业巨头争雄

新加坡是一个自由港，又是著名的旅游岛国，商业十分发达。开放的市场带来了充分的竞争，为这座繁华的岛国增添了不少兴旺之气。在热闹的乌节路商业区内挤满了来自世界各地的著名商家，如法国的香奈儿、路易威登，意大利的普拉达，日本的伊势丹等，外国品牌已经占领了新加坡高档消费市场的半壁江山。

本地商家则转战中低档消费市场，大型零售及批发超市因而成为争夺最为激烈的战场。目前，新加坡零售业市场的竞争已进入"战国时代"，那些主要分布在政府组屋区的购物中心被各大零售及批发超市占据，外国超市用品牌和资金优势开疆辟土，如法国的家乐福、马来西亚的巨人集团、711便利店都在站稳市场之后，伺机夺取更大的市场份额；本地职工总会创办的平价合作社和宜康迷你市场等庞大的连锁店集团则是稳中求进，利用其既得优势对抗外来竞争。在这场激烈的角逐中，受冲击最严重的是那些传统的、以家庭式经营为主的小摊贩，它们根本就无法适应激烈的现代商业竞争，多数店主已经关门转行，少数店主则退缩到老街区，守着小店面小本经营。

几番争夺后，以新加坡职工总会平价合作社（以下简称"平价合作社"）为首的本地超市不仅没有被"洋枪洋炮"打败，反而不断地扩大市场份额。平价合作社主席詹达斯在接受采访时说，虽然越来越多的外国超市集团来到新加坡抢滩，但平价超市的营业额并没有受到太大的影响，2009年达到了6亿美元，市场份额已经超过50%。

小门脸成就大业

1973年，国家贸易工会联合会在大巴窑建立了第一家合作社性质的超市，营业面积也就几百平方米。李光耀总理亲自出席了揭幕仪式，旨在表明政府将给予这个新生事物以强有力的支持。积极、有效的政策扶持，加上所卖东西物美价廉，这家超市很快赢得了赞誉，其分店在全岛各地开设。1983年，为了降低成本迎接日趋激烈的竞争，政府决定将该合作社的超市与其它工会组织的超市合并，成立了现在的平价合作社。

平价合作社创业之初就取得了成功，主要得益于三个有利因素：一是政策支持。比如，政府批给其理想的店面，在租金和税收上给予优惠。事实上，平价合作社的所有超市都占据了较好的地点，如在地铁站周围、人口密集区、购物中心内等。

二是一直坚持为社会及大众服务的宗旨，即稳定基本消费品价格，成为大众化的超市。平价合作社不仅受到老百姓的欢迎，政府也满意它所担当的社会责任。三是自身因素。有了好的政策，更拥有一批勇于开拓的创业者，长期以来平价合作社坚持走市场路线，经营有方，不断创新，终于把零售业这块蛋糕越做越大，取得了丰硕的成果。

如今，平价合作社已发展成为新加坡居于领先地位的超级零售商店，共有98家连锁超市及特许经营商店，覆盖整个新加坡。在零售领域，它不仅拥有最多的连锁商店，营业额及利润都位居首位。平价合作社共拥有4 000多名员工，股权分散在40多万新加坡人手中，每天有近百万顾客光顾其各家分店，成为名副其实的"新加坡人自己的店"。

与"洋超市"斗法

如何应对来势汹汹的国外大型超市的冲击，这个问题始终伴随着平价合作社的发展过程。因为新加坡是一个开放的自由市场，对外商投资没有限制。虽然新加坡商业繁荣，但是毕竟只有400多万人口，容量有限，外商独资超市入驻，犹如猛龙过江，掀起巨浪。

双方竞争的焦点是价格

当财大气粗的外商使出低价竞争这个杀手铜后，平价合作社的日子不太好过，更何况其他小商小贩了。马来西亚的巨人集团，就是这样一条过江猛龙。1999年，巨人集团进入新加坡，以规模大、价廉物美招徕顾客，仅仅四个月的时间，就得到了5%的市场份额。新加坡零售业的市场利益被迫重新分配。巨人集团是国际上几大零售集团的合作产物，由李嘉诚控股，它的供货方是本地区最具实力的农场联盟，有相当固定的低价货源。在进入新加坡之前，巨人集团先在邻近的马来西亚新山设立超市，当时就吸引了成千上万的新加坡人到那里去购物。由此可见，薄利多销这种最常见的营销策略仍是最有效的，尤其是在面对基础稳固的竞争对手的时候。

当然，平价合作社并不惧怕竞争，它在早期就曾击败过凯马特和英国的TOPS这样的庞然大物，现在在巨人、家乐福等超大型零售集团的挑战下，詹达斯很快就拿出了对策。

这些对策的核心部分就是整合国内零售市场。职工总会以其独一无二的号召力，向全国小型零售商发出了倡议，向这些经营困难的家庭伸出援手，以特许经营的形式与他们结成同盟，这样可以有效地利用平价合作社的影响来提升他们的地位。一旦特许经营失败，平价合作社负责分担风险。这招棋可谓一箭双雕，将众多经营难以为继的小型零售商收编，一方面帮助了小型零售商继续生存下去，还可增加就业；另一方面则是扩大了平价合作社的势力范围，市场覆盖面进一步扩大。目前，已有200家店铺申请加入平价合作社。平价合作社还同地铁公司合作，计划再开30家地铁连锁店。

为民谋利是制胜法宝

然而，制胜的法宝还是高举"为百姓谋利"的大旗，这是平价合作社的根本。平价合作社一直坚持其创业传统和使命，帮助低收入家庭降低生活费用，为他们提供较为便宜的日常生活用品。正是这样的宗旨，平价合作社最终争取到了民心，也获得了巨大的竞争优势。

2009年，新加坡经济出现大滑坡，工厂关门，工人失业，尽管更多的人保住了饭碗，但是年终的分红却分文没有。股市、楼市都在跌，新加坡人突然感到日子过得比较紧。面对经济最困难的时期，平价合作社向老百姓伸出了援手，决定让利2 130万新元来帮助低收入者和生活困难者渡过难关。正如它在广告宣传中说的：生活不容易，钱不够用，我们感同身受。让我们合力减轻您的负担，建立更美好的生活。平价合作社的让利措施非常周到实惠，从2009年8月起，全国66家平价合作社将200多种日常消费品减价20%；2010年1月1日起，再次下调另外200多种生活用品的价格，幅度达18%，优惠期长达17个月。与此同时，平价合作社还返还会员5%的购物回扣和5%的股息，总值3 600万新元。

新加坡人对这一善举大表赞同，各地平价合作社都是宾客盈门，因为日常消费品确实便宜了很多，最常见的日常消费品，如大米、油、奶粉、巧克力、薯片以及清洁用具等都减价近20%。根据平价合作社对竞争对手巨人集团共210种产品的抽样调查，其中38%的消费品价格与巨人集团一样；56%的消费品价格平价合作社比巨人集团便宜；6%的消费品价格平价合作社比巨人集团贵。在经济不景气的困难时期，适时地采取大幅度的让利措施，平价合作社获得了可观的社会效益和经济效益。

号称"新加坡人自己的店"的平价合作社在30年的发展过程中，早已确立了为百姓大众谋利益的形象。正是因为得到了全国消费者的认可，平价合作社在同外国超大型零售商的竞争中一直能够得到国人的热情支持，并发展成为新加坡顶尖级的品牌连锁超市。

演绎个性化管理

在夺取全国最大的市场份额后，平价合作社并没有就此满足，而是给自己定下了更高的目标，即最好的价值、高质量的商品、优质的服务。这体现了平价合作社的三个核心价值，这个经营理念传达给了整个社会，包括顾客、员工以及所有的合作伙伴。

正是坚持了正确的发展道路，平价合作社的路才越走越宽。探讨平价合作社的成功经验，以下几种管理办法值得借鉴：

（1）在经营管理方式及服务上大胆革新，开拓新市场，赢得新顾客。

当以往的大众式超市不再新鲜和吸引人时，平价合作社马上从国外引进了时髦的招牌店。1998年，针对社会上的新潮观念，平价合作社在新加坡大厦的显要位置开设了一家完全美国风格的"力美帝"（LIBERTY MARKET）超市，主要销售从美国进口的各种商品，结果一炮而红，很快就有了第二家分店。1999年，平价合作社又面向年轻、追求时尚的一代开设了"雀喜"便捷店，提供24小时服务，专门出售新奇、时髦的物品。目前，这种便捷店的数量已经达到26家。2000年，平价合作社引进管理新理念，一种新型的"店中店"就此诞生，如在超市里开设"泰国一条街""澳大利亚走廊"等，使人们在单调的购物中也能享受不同文化带来的情趣。店中店的概念还有其他类型，如"Baker's Corner"和"Signal Station"；在店内当场烘烤面包、糕点等，而边上没准就是手机专柜和生活用品柜台，这样的增值服务使本来只想买杂货的顾客得到了更大的满足，也刺激了购买欲望。

此外，平价合作社还吸取了越来越时兴的专卖店的经营方式，如为穆斯林顾客准备了屠宰和熟食专柜，为注重饮食健康的顾客准备了绿色食品专柜，从智利、匈牙利、南非等国进口具有异国情调的物品来吸引顾客等。总之，平价合作社总是想方设法去满足广大顾客追求新奇及高品位的需求。

（2）创立自家品牌，社会效益优先。

所谓品牌，在人们的眼中似乎都是高档消费品，由富人专享。其实不然，在新加坡，老百姓常光顾的许多超市都推出了自己的招牌商品，而且一律是物美价廉的。

早在1973年平价合作社开设第一家分店时，大米在当时是抢手货，许多商家借机套利，大幅度提高米价。为了打击这种投机行为，平价合作社在政府支持下大量进口大米并标上自己的品牌。然后，以公平的价格直接卖给零售商和消费者，以此有效地控制住了米价。多年来，平价大米一直保持着价格优势。目前，平价合作社供应的自家米有13%是被杂货店、粮油站"批发"后，再经由其出售给消费者。

消费者之所以越来越喜欢平价合作社的自家品牌，是因为普通商品挂上品牌后就多了一层信誉保证，不仅品质能有保证，而且价格也是合理的。平价合作社筛选自家品牌的过程相当严格，每样商品至少得花两三个月的时间反复鉴定，因为这关系到平价合作社的信誉问题。顾客越是看重平价合作社的自家品牌，购买量越多，平价合作社则越要精心挑选品牌，替消费者把关。

随着顾客对招牌商品需求的上升，带动了平价合作社总销售额的快速增长。目前，平价合作社有400多种自家品牌，占货品总量的5%，品种包罗万象，除了水果、蔬菜、乳制品、面包、罐头等食品外，还包括销量较大的卫生用品、一次性碗碟刀叉等日用品，自家品牌价格比同类其他品牌价格平均低17%。统计显示，1995年，平价合作社自家品牌的营业额只占总营业额的3%，而现在增长了两倍，达到7%，预计将来还要提高到15%～20%。

（3）建立现代化的物流系统。

物流支持是超市连锁店成功经营的重要保证。值得骄傲的是，平价合作社比所有的竞争对手都先拥有自己的中央仓储和分销系统。1998年，平价合作社完全控股中央仓储和配送公司，并将其改组为"新加坡零售物流公司"。通过启动这一新仓储管理系统，达到更好的库存管理，细分不同的分店指令，增强调度能力，并使员工工作效率提高。

詹达斯介绍说，进入90年代以来，平价合作社的新鲜食品销售业务取得了突飞猛进的发展，新鲜食品的销售额成倍增长，估计未来新鲜食品的销售额每年将增加20%。他认为，平价合作社要在竞争日益激烈的环境中不断求进，就需要在两个方面取得突破：一是不断地增强竞争力；二是不断地针对消费者的需求做出改变和适应。为此，平价合作社又投资2 500万新元兴建新鲜食品分销中心，方便储藏各类需要冷冻和低温处理的新鲜食品，如酒类、奶制品、蔬菜、水果等。这将进一步巩固平价合作社在食品供应和分销领域的领先地位。该中心建成后，将大幅降低运营成本，顾客能享受到更多的新鲜食品。

服务追求多元化

对于零售业而言，服务质量的好坏关系到商店的信誉和形象。平价合作社在这方面抓得很紧，其有一套科学地管理员工的方法。首先，对员工进行思想教育，培养员工爱岗敬业的精神。平价合作社提出的口号是：职总平价商店，最佳的购物天堂，也是最佳的工作岗位。目前，平价合作社共有4 000多名员工，其中有约30%的员工工作了至少15年，对平价合作社忠心耿耿，构成了独特的公司文化和巨大的人文优势。其次，管理靠技术和制度，而不是人为因素。例如，为进一步加强商品质量，平价合作社在1999年就开始申请ISO9002质量认证。到2001年9月，所有的平价合作社都得到了证书，这标志着平价合作社在管理上消除了质量的差别，并达到国际标准。最后，加强培训。员工的素质决定了向顾客提供服务的质量。平价合作社制定完善的服务质量标准，通过系统的培训使所有的员工达到统一标准。平价合作社正是通过人的发展，促进了公司的发展。

在新经济环境里，追求高附加值的产品和服务成为赢得市场竞争的必要手段。零售业发展也要依赖多元化的经营方式和手段，为顾客提供最新式的服务。平价合作社在这方面进行了不少有益的尝试。

尝试一：专门成立信用卡有限公司，推出职总联卡。职总联卡不仅是一张会员卡，在平价合作社购物时可享受打折优惠，甚至买动物园门票也打折，还是一张信用卡，可以用来付款，也可以在ATM自动取款机上提款。此外，职总联卡也是一张通用的图书馆借书卡。正因为有如此广泛的用途，新加坡人几乎人手一卡。平价合作社联合其他600家商店开展了"宏惠积分"忠诚计划，当消费者持卡到这些商店购物时，便可获得积分，在累积一定的积分后，就可以换取一系列实用的礼品、服务或礼券，非常实惠。

尝试二：为残疾人服务，体现大众商店的本性。平价合作社与科技公司及新加坡视障人士协会合作，制作了一个电话语音服务系统。视障人士可以通过这个系统转接电话和查听资讯，资讯包括平价合作社促销商品介绍、视障人士俱乐部或图书馆活动安排以及新闻等，24小时开放。视障人士只要对电话说出要找的人名或所查找的资讯种类，系统就会立即接通电话。语音系统提供了平价合作社促销商品，包括卫生用品、食物与饮料、水果与蔬菜以及其他货物四个部分。视障人士只要用英文说出分类名称，系统就会自动读出商品的品牌及价格。

尝试三：创立超市银行。与新加坡最大的银行开展合作，在平价合作社超市设立银行服务站，目前已有6个。服务站内有专门的工作人员，协助顾客使用各项服务，并设有自动提款机、现金存款机、存折记录打印服务以及银行电话服务等。平价合作社将力争在每个超市都设置自动提款机，仅此一项投资就将超过360万新元。

此外，新加坡还计划推出在欧美普遍流行的"购物提款"服务，平价合作社正积极做这方面的准备。相信这一新的便民服务方式会引起市民的广泛兴趣。

资料来源：邱启添. 新加坡平价商店的经营模式和成功经验 [J]. 广东经济合作，2011（2）.

@ 本章小结

营销渠道是指在某种产品和服务从生产者向消费者转移的过程中，取得这种产品和服务所有权或协助所有权转移的公司或个人。构成营销渠道的链条是制造商、中间商、最终消费者。东南亚营销渠道新理念有整体营销渠道、供应链管理、物流概念和线上渠道。东南亚营销渠道可以按与最终消费者的距离远近划分为直接渠道、一级渠道、二级渠道和多级渠道；按同一环节上中间商数目的多少划分为窄型营销渠道和宽型营销渠道；按营销渠道成员间的相互关系划分为垂直式营销渠道、水平式营销渠道和综合式营销渠道。

营销渠道的设计在经过对东南亚市场分销模式总体认识的基础上，分析影响渠道的各种因素，确定渠道目标，选择确定渠道方案。

东南亚营销渠道的创建包括中间商的选择和渠道的创建，公司不仅要考虑东南亚国家的商业制度、分销模式及商业惯例与观念，还要对渠道方案进行经济性、可控性、适应性、覆盖面和持续性的评估。营销渠道的开发与管理包括激励中间商、控制渠道、处理关系、评估和调整等内容。

第十二章　东南亚市场营销促销策略

第一节　营销信息沟通和东南亚促销组合决策

促销是促进销售的简称，是公司通过各种方式和手段向目标市场传递有关公司及其产品信息，引发、刺激消费者的消费欲望和兴趣，使其产生购买行为的活动。

现代促销方式可分为人员促销和非人员促销两大类，非人员促销又分为广告、公共关系和营业推广等形式，如图12-1所示。

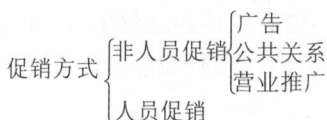

$$
促销方式
\begin{cases}
非人员促销
\begin{cases}
广告 \\
公共关系 \\
营业推广
\end{cases} \\
人员促销
\end{cases}
$$

图12-1　促销方式的分类

一、营销信息沟通

为了科学地开展促销活动，公司需要了解沟通的模式。沟通模式由九个要素构成（如图12-2所示），其中，两个要素表示沟通的主要参与者——发送者和接收者；两个要素表示沟通的主要工具——信息和媒体；四个要素表示沟通的主要职能——编码、解码、反应和反馈；最后一个要素表示系统中的噪音。下面以海尔空调为例说明这些要素的含义。

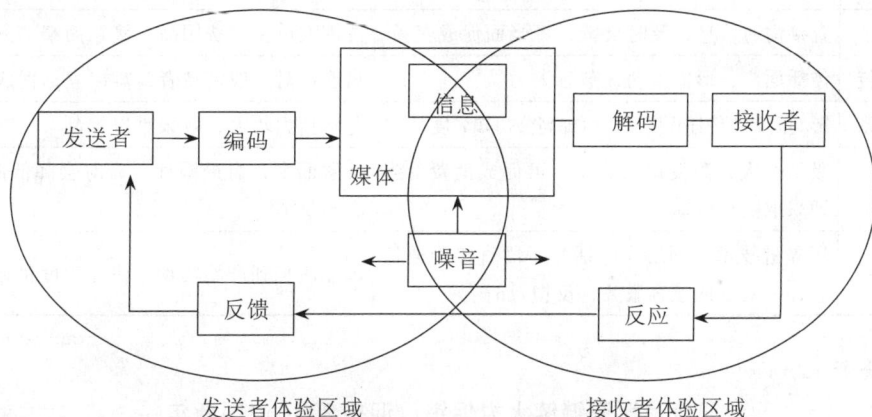

图12-2　沟通模式九要素

（1）发送者是将信息传达给另一方的实体，如海尔东南亚分公司。

（2）编码是将想法以形象的内容表达出来的过程，如海尔公司的广告策划机构将文字和图案组合到广告中去，以传达预想的信息。

（3）信息是发送者传达的一系列形象内容，如海尔空调广告。

（4）媒体是将信息从发送者传到接收者所经过的渠道或途径，如海尔公司选择的电视广告。

（5）解码是信息接收者对发送者所传信号进行解释的过程，如消费者观看海尔空调广告，然后解释其中的图像和语言意义。

（6）接收者是接收信息一方的实体，如观看海尔空调广告的消费者。

（7）反应是接收者在受该信息影响后采取的行动，如消费者看到电视广告以后，决定购买海尔空调。

（8）反馈是信息发送者和接收者相互间的反应，如消费者观看电视广告或购买产品后，积极向海尔公司提出对电视广告或产品的意见和要求；或是海尔公司通过市场调研，收集到的消费者反应。

（9）噪音是在信息沟通过程中发生的意外干扰和失真，导致接收者收到的信息与发送者发出的信息不同，如消费者受到干扰，误解或错过了海尔广告宣传的关键点。

公司要生产适销对路的产品，必须以信息的精确性和可靠性为前提了解消费者的需求、习惯和偏好。事实上，很多信息在传递过程中被扭曲或忽略，所以信息发送者必须通过设计或"编码"把信息以接收者容易理解的方式发送出去。

二、东南亚促销组合决策

（一）促销组合策略

促销组合是指公司对人员推销、广告宣传、公共关系、营业推广和直接营销等各种促销方式进行选择、搭配及运用，使其成为一个有机的整体，发挥整体功能。这五种促销方式各有其特点和作用，其优缺点的比较分析见表12-1。

表12-1　　　　　　　　　　**五种促销方式优缺点的比较分析**

促销方式	优点	缺点
人员推销	直接沟通信息，及时反馈，可当面促成交易	占用人员多，费用高，接触面窄
广告宣传	传播面广，形象生动，节省人力	只能针对一般消费者，难以立即促成交易
公共关系	影响面广，信任程度高，可提高公司知名度	花费精力较大，效果难以控制
营业推广	吸引力大，激发购买欲望，可促成消费者当即采取购买行动	接触面窄，有局限性，有时会降低商品的心理价值
直接营销	用先进技术（网络、电话）手段直接沟通信息，一对一的顾客服务，反馈及时	因无法见到产品实物，信任程度稍差

❖ 小资料12-1

印度尼西亚继续大力促销　迎接2016中国新年

中国是印度尼西亚最主要的旅游客源市场之一，尤其是印度尼西亚对中国游客实施免签政策之后，中国游客赴印度尼西亚旅游更加便利。在2016年中国新年期间必将掀起中国游客赴印度尼西亚旅游的热潮。

2016年1月25日至29日，印度尼西亚旅游部派出大型旅游促销团分赴北京、上海、广州、昆明，武汉等城市，举行大型旅游路演活动，为两国的旅游交流提供了很好的机会，势必吸引更多的中国游客前往该国旅游。

此外，2016年2月5日至7日，印度尼西亚旅游部也举行了特别活动来迎接中国新年。巴厘岛被作为活动的主要地点，其他目的地如山口洋、棉兰、巴邻旁、爪洼岛梭罗河、日惹和三宝垄港也举行了迎接中国新年的庆祝活动，所有游客都受到了盛情的招待。同时，印度尼西亚旅游部支持降低游客成本，如拿出部分费用支持降低团费；春节期间在团费不涨价的前提下，向中国5 000名游客提供20%～30%的折扣。

资料来源：王鑫. 印度尼西亚国家旅游部办大型促销活动　迎接2016农历新年［EB/OL］.［2016-01-29］. http：//news.ifeng.com/a/20160129/47286530_0.shtml.

（二）东南亚促销组合策略的选择

由于促销方式各有其特点和作用，以及其适用范围的不同，因而公司在制定促销策略时需要考虑促销目标、产品因素、市场性质、费用预算等多种因素，有针对性地进行促销活动，选择有效的、灵活的促销组合。

1.促销目标

在不同时期和不同的市场环境下，公司开展的促销活动都有着特定的促销目标。短期促销目标宜采用广告和营业推广相结合的方式，公关促销对长期促销目标具有决定性的意义。需注意的是，公司促销目标的选择必须服从公司营销的总体目标。因此，促销组合和促销策略的制定要符合公司营销的总体目标，根据营销的总体目标确定不同的促销目标，采用不同的促销组合和促销策略。

2.产品因素

由于购买者对不同性质的产品的购买目的不同，因此公司对不同性质的产品必须采用不同的促销组合和促销策略。各类促销方式对工业品与消费品的促销效果有着明显的差别。一般来说，对于消费品的促销效果来说，最有效的方式为广告宣传，其次为营业推广、人员销售和公共关系；对于工业品的促销效果来说，最有效的方式为人员推销，其次为营业推广、广告宣传和公共关系。总地说来，人员推销的方式往往用于复杂程度高、单位价值大、风险系数高、市场上买主有限或者购买批量大的产品。

3.市场性质

市场性质的不同直接影响着公司的促销组合，其主要通过市场的地理范围、市场的类型以及不同类型市场潜在顾客的数量三个方面表现出来。规模大、范围广的市场，应以广告宣传为主；规模小、地域窄的市场，应以人员推销为主。消费者市场的用户数量多且分散的，应以广告宣传为主；而生产者市场的用户数量少且批量大的，应以人员推销为主。从市场潜在用户数量来看，数量多的应以广告宣传为主；数量少则以人员推销为主。

4.费用预算

公司为了在东南亚市场上销售产品，必然为开展促销活动而花费一定的费用。促销费用预算的多少，直接影响促销组合的选择。因为各种促销方式的费用都是不同的，且在不同时期其促销效果也是不同的。一般来说，广告宣传的费用最高，人员推销的费用次之，营业推广一次性开支较大，公共关系的宣传费用最低。公司应根据自己的促销目标和财力，正确处理各种促销方式的费用和效果之间的关系，力求用尽可能少的促销费用取得最好的促销效果。

第二节　广告策略

广告宣传是利用大众传播媒体传递信息的促销方式，是告知和劝导的好方法，是发展速度最快的促销方式，也是最为普遍的一种促销方式。

广告可以利用的媒体多种多样，除了传统的报纸、杂志、广播、电视四大媒体外，随着互联网、户外广告牌和移动设备等新技术设备的应用和普及，新媒体①广告如雨后春笋般不断涌现。新媒体广告主要有网络名片、公交广告、楼宇广告、手机广告、电子广告、短信广告、软文广告、网络视频广告等。

❖ **小资料 12-2**

东南亚和印度顶级消费者品牌争相采用移动广告

2014年年初，移动广告交易网络 Vserv.mobi 对外宣布：2013年，本公司在印度和东南亚市场的广告商和品牌客户组合实现三倍增长。随着移动媒体逐渐成为印度和东南亚的热门消费媒介，各广告商便积极使用 Vserv.mobi 等移动广告交易平台执行移动广告活动，以便高效覆盖用户群。

Vserv.mobi 执行过许多成功的活动，其中包括在印度尼西亚为 Sunsilk Black 执行的以年轻女性为目标的全方位移动活动。该活动有两大目标，即推动产品使用和扩大 Sunsilk 的 "Black" 产品范围。简单的讯息、创新的媒介加上富有创造力的方法使得该活动获得了 6.9% 的点击率。

富媒体移动广告的推出很快吸引了快速消费品和零售业的目光。快速消费品巨头联合利华（Unilever）是通过移动媒体探索新营销领域的先驱之一，它拥有世界最广泛的品牌和产品组合，一直利用移动媒体覆盖受众群。作为合作的一部分，联合利华正与 Vserv.mobi 在东南亚国家和印度开展合作，在网络上推出了许多活动，实现了更高的客户参与度。联合利华通过使用富媒体得到智能广告的支持，使其品牌产生更大的影响力，并推动消费者的参与。

资料来源：张东苏. 东南亚和印度顶级消费者品牌争相采用移动广告［EB/OL］.［2014-01-09］. http://www.zikoo.com/news/4xa2wbgqm.html.

---

① 就现阶段而言，新媒体指的是以数字传输为基础、可实现信息即时互动的媒体形式，其终端显现为网络链接的电脑、手机、电视和户外广告屏等多媒体视频。

一、东南亚营销广告的概念和特点

东南亚营销广告是指为了配合广告主进行东南亚营销的需要，通过有效的传播媒介对目标国家和地区的特定消费者进行的有关商品、劳务或观念的信息传播活动。与母国广告相比，东南亚营销广告的特点主要体现在以下几个方面：

（一）必须遵守目标国的广告法规

东南亚国家均有对广告管理的法律法规和执法机构。有关广告实施的法律法规直接限制和影响了公司广告宣传在东南亚的执行，因此公司在东南亚国家制作和发布广告时，一定要对目标国家广告的法律法规有全面、系统的了解。

（二）必须尊重目标国的风俗习惯

风俗习惯是一个民族或国家在较长的历史时期内形成的，短时间内难以改变的行为、倾向或社会风尚等。各个国家与地区有不同的风俗习惯、不同的文化传统，从而形成了各个国家不同的观念和习俗，这就造成了人们对广告表现的不同心理需求。例如，在新加坡，印有NBA球星詹姆斯形象的类似涂鸦的NIKE海报广告被粘贴在700个公交车站时，把那些过去习惯在整洁的环境下等候公交车的乘客给惊呆了，至少有50位市民给政府官员和卫生频道打去电话或者写信，抱怨拥有公交车站广告经营权的公司破坏了整洁的环境。

（三）必须尊重各国的宗教信仰

宗教信仰是一种强大的意识形态力量。它不仅影响人们的思想、行为，并且影响人们的消费习惯和观念。由于宗教信仰不同，各个国家对不同的广告表现和不同商品持有不同的态度。

（四）必须注意目标国的各种环境因素

公司在东南亚营销广告时应注意各种环境因素，包括各个国家的自然环境、人均收入水平、国民教育水平和语言文字特点等。

二、东南亚营销广告的限制因素

尽管东南亚营销广告可以为东南亚市场营销打开通道，是影响公司实现经营目标的主要因素之一，但是在东南亚做广告要比在母国做广告复杂得多、困难得多。这是因为各国文化背景之间存在着巨大的差异，而广告是营销组合诸因素中对文化差异最敏感的一个。也就是说，公司在东南亚做广告时面临着一系列制约因素。

（一）语言的限制

虽然有些语言在多国使用，如英语、法语等，但是在更多的情况下，一国国内会存在着多种语言。例如，在泰国做广告要使用英语、汉语和泰语三种语言。虽然东南亚销售人员不可能掌握所有国家中的所有语言，但是必须学会使用目标国的语言与潜在买主进行信息沟通。有时在东南亚营销广告中会采用标准化的广告主题，即通过广告向各国消费者传递同一信息。广告信息可以是标准化的，但语言必须是地方化的。在处理多国语言问题时，稍有不慎就可能犯错误。

（二）政府的限制

在东南亚国家，政府对广告业的控制日益加强已成为一种普遍趋势。公司在利用广告传递信息时，必须了解并遵守各国政府制定有关广告的法律法规。一般来说，各国政府关于广告的规定主要有以下几个方面：

1. 对某些产品的广告进行限制

马来西亚为了帮助12岁以下儿童养成良好的饮食习惯，规定禁止在儿童电视节目中播放快餐广告。

2. 对广告信息的限制

东南亚许多国家规定，禁播酒类广告。

3. 对广告媒介的限制

这部分内容将在下文中做详细介绍。

4. 对广告开支的限制

由于许多国家的公司广告开支越来越大，因此政府便采取措施进行干涉和限制，以降低产品流通费用，达到降低产品零售价格的目的。

（三）广告媒介的限制

东南亚广告还面临媒介可获性的问题。有时在甲国可以利用的媒介，在乙国却不能利用。其主要原因有两个：一是政府限制使用某种媒介；二是某种媒介的普及率低。有些东南亚国家的通信基础设施落后，某种或某些广告媒介的普及率很低，限制了公司对媒介的利用。

❖ 小资料12-3

新加坡严格控制户外广告数量

无论是行走在大街上，还是站在高楼俯瞰；无论是在高速快干道上，还是在中小马路上，新加坡的户外商业广告相当少。有时要找一块商业广告牌都相当难，特别是在新加坡的快速干道上，两边除了必要的交通指示标志外，户外广告牌几乎看不到。在新加坡，常见的户外广告仅有这几种：车身广告、公交候车亭广告、依附于路灯杆的布幅广告、平行于建筑物外墙的广告等。

新加坡禁止设立户外广告的范围较广，也非常具体。禁止设置的范围主要包括屋顶上的商业广告牌或招牌、摆放在道路上的孤立招牌或告示牌、天桥上的商业广告牌或招牌、道路上除庆祝法定节日外的商业广告旗帜等。新加坡还严格控制霓虹灯广告的设置，因此新加坡建筑物上的广告以布幅广告为主。

新加坡的广告管理系统由政府管理、行业自律和消费者自助三方面构成，户外广告管理模式的三大特点：一是立法严明，有完善的法律制度加以保障；二是通过加强行业自律来规范业界经营行为；三是注重户外广告设置与城市景观的协调性。

资料来源：他山之石. 一些国家户外广告管理做法［EB/OL］.［2011-09-25］. http: //www.jhnews.com.cn/jhrb/2011-09/25/content_1853342.htm.

（四）广告代理商的限制

限制东南亚广告的另一个因素是各国广告代理商的可获性。有些国家广告业很发达，广告代理商数量多、规模大、服务质量高；而有些国家很难找到合适的广告代理商。一般来说，广告业的发达程度是与经济发展程度成正比的。

三、东南亚广告策略

广告中的一个重要问题就是所谓的主题决策。从东南亚营销的角度来说，广告决策要充分考虑各种可能的因素，正确处理好标准化和差异化等问题。

通过广告载体向东南亚市场传达信息时，有的公司认为，各国之间存在文化、经济、政治、法律等方面的差异，因此应根据各国市场的不同特点分别设计不同的广告主题；有的公司认为，跨国公司的业务范围涉及数十个国家，如果要为所有市场设计不同的广告主题，不但复杂而且耗资巨大，因此应设计统一化、标准化的广告主题。

1.标准化广告

标准化广告是指在各国市场上使用相同的主题或相同的广告形象。随着经济全球化的发展，各国之间的经济合作不断加强，信息交往不断增多，已使各国文化之间产生一定程度的融合。例如，各国消费者对美的追求、对健康的向往等方面的需求具有一致性，以及各国文化传统习惯的隔阂日趋缩小，这使得公司统一协调控制各国市场的广告活动成为可能。这些变化使东南亚广告出现了标准化的趋势。

标准化广告策略的优点：①节约成本。一旦形成了某个广告概念，再推广到其他国家时就不需要太多的附加成本，尤其是初入某国市场，无法确定该市场是否值得花费巨资制作全新的广告时，采用标准化广告可以减少广告投资的风险。②移植经验。在多国市场推广同一广告，既可以继续分享效益，又能够缩短试验阶段。③树立标准化的产品形象。由于商务及非商务旅行数量的增长，许多人可能在不同的国家接触到同样的产品，标准化的广告可以避免同一产品在不同国家产生不同的商品信息。④发挥规模效益。公司采用标准化广告策略，可以集中管理全球广告业务，便于合理协调各种资源，发挥规模效益。

标准化广告的不足之处在于其忽视各国市场的不同特性。当这种差异性成为关键因素时，标准化广告就显得无能为力。

2.差异化广告

东南亚国家市场的差异是不容忽视的。虽然不同国家的产品特征和功能并未发生变化，但是不同国家的消费者对这些特征的认识及接受的方式却各不相同。而且，由于东南亚国家的市场经济发展水平不同、语言文字不同、宗教信仰或传统观念不同、社会文化不同，因此在营销活动中一味强调标准化可能导致失败。

差异化广告的优点：①适应不同文化背景的消费者的需求。②顺利进入当地市场。许多国家的政府对广告宣传实行较为严格的限制，这成为外国公司进入该国市场的主要障碍之一。外国公司通过雇用当地广告商制作差异化广告，可以避免广告宣传的失误。③针对性较强。不同国家的消费者对同一种产品可能有相同的需求，但是对这种产品的看法却不尽相同。因此，广告宣传就要有不同的侧重点。

差异化广告的不足在于公司对各国市场的广告宣传的控制较差，难以进行整体策划，有时甚至会相互矛盾，从而影响了公司的形象。

四、广告效果评估

正确地评价广告效果，有助于公司降低广告费用取得更好的效益。在各种促销手段中，广告的效果最难把握，因为它是单向的信息沟通，广告主只是发出了广告，并不能直接得到反馈。因此，公司应通过市场调查建立有效的反馈系统，持续跟踪广告效果。对广告效果的评估主要有两个方面的内容：

1.广告传播效果测定

广告传播效果测定，即评估广告是否将信息有效地传递给目标顾客，具体表现为受众对广告注意、理解和记忆的程度。这种测试的具体做法：一是阅读率、视听率、记忆率的测定；二是在事后找一些看过或听过广告的人，请他们回忆广告的内容；三是在刊登广告的报刊读者中抽取若干读者，看有多少人阅读了广告并记住了广告内容。

2.广告销售效果研究

研究广告的传播效果并不能准确揭示其对销售增长的影响，公司当然更希望知道某一广告到底带来了多少销售增长。但是，客观上销售的增长除受广告影响之外，还受其他众多因素的影响，而且很难把这些因素的影响一一剔除。一般来说，其他因素的影响越少或可控制的程度越高，对广告销售效果的评估越容易。另外，邮购广告的效果是较易评估的，而旨在树立品牌或公司形象的广告效果是最难评估的。

在实践中，许多公司采用实验法和历史资料法分析评估广告效果。实验法是指在不同地区支付不同水平的广告费用，或广告费用相同但选择不同的广告媒介，然后将销售结果进行比较。历史资料法是指将公司历年的销售额与广告支出额用统计学的方法进行处理，得出二者之间的相关关系。

❖ 小资料 12-4

泰国广告创意的启示

创意作为广告运作中的灵魂，在广告宣传中起到了至关重要的作用。在整个亚太地区，泰国被公认为是一个拥有高水平广告创意的国家。以下是泰国几组日常消费品的广告：

一则幽默的索尼广告：一位中年父亲正在饱含深情地观看从前为女儿拍摄的视频。视频中小女孩乖巧可爱，当父亲听到小女孩说想成为一个天使时，顿时留下了眼泪。此时，旁边的女儿递给了他纸巾擦拭。戏剧性的是，如今女儿已不再是当年那样可爱甜美了，而是画着浓重的烟熏妆，穿着非主流的奇装异服，父亲慨叹不已的离开了。此时，画面出现广告语：美好的回忆有价值——索尼。

一则潘婷洗发水的广告：一个留着披肩发的小女孩充满了对音乐的好奇，并得到街头卖艺老人的鼓励。在练习的时候被另一个梳着马尾辫的女孩嘲讽，但是她没有放弃梦想。她们的梦想都是参加大剧院的音乐会。在音乐会上，小女孩拿着被梳着马尾辫女孩损坏的小提琴站在了舞台上，小女孩的头发随着精彩的音乐舞动，人们露出惊异的表情，结束时雷鸣般的掌声和一只青涩的小蝴蝶破茧而出的画面衬托了小女孩表演的成功。最后出现潘婷的 LOGO 和广告语：You can shine！

此外，还有非常经典的泰国口香糖系列广告、普利司通轮胎广告、由皮尔斯布洛斯南和章子怡合拍的 VISA 广告等都体现了泰国广告创意的基本特点：一是佛教文化的影响；二是诙谐幽默，富有乐趣；三是大胆的想象和夸张离奇的情节；四是平民化的人物角色和细微画面的展示；五是现代化条件下丰富的国际性元素。

相比之下，在中国的广告中，脑白金的广告定位虽然符合中国尊重孝道的文化环境，但是其广告内容实在不敢让人恭维，这也使得脑白金广告被评为"十大恶俗广告"之一。此外，中国的广告常常带有明星符号，高价请明星或者名模来代言已蔚然成风。因此，在东盟各国广泛合作和发展的背景下，通过对泰国广告创意特点的深入研究，可以为中国的广告创意起到很好的借鉴作用。

资料来源：娄聪敏. 东盟合作背景下对泰国广告创意的研究 [J]. 电影评介. 文化艺术，2013（23）.

第三节　人员推销策略

人员推销是指公司派出销售人员直接向顾客推销商品或劳务的一种促销活动。人员推销是销售人员帮助和说服购买者购买某种商品或劳务的过程。人员推销活动的基本要素有销售人员、推销对象和推销品。其中，销售人员、推销对象是推销的主体，推销品是推销的客体。

一、人员推销的特点

人员推销之所以长盛不衰，关键是其具有不可替代的特点。其特点归纳如下：

（1）双向沟通。人员推销在推销过程中可以达到信息的双向交流，从而使销售人员及时与顾客沟通信息，及时发现顾客需求的特征，以便更好地促成销售。

（2）灵活性好。人员推销由于与顾客保持直接接触，可以根据各类顾客的欲望、需求、动机和行为，有针对性地采取必要的协调行动。同时也便于观察顾客的反应，及时调整推销计划和内容，顾客有什么意见或问题也可以及时回答和解决。

（3）选择性强。销售人员大多是一次访问一位潜在顾客，完全可以将目标顾客从消费者中分离出来。销售人员可以根据目标顾客的特点，在推销前对其深入研究，拟定具体的推销方案。相比之下，广告对目标顾客的选择性就差得多，因为广告的受众中有相当部分的人根本不会购买该产品。

（4）任务完整。销售人员的任务不仅是拜访客户，传递信息，说服顾客购买，还包括提供各种服务，现场指导消费，达成实际的交易。例如，销售人员可以提供签订购买合同、协助资金融通、正常交货等服务。特别是一些结构复杂的产品，按照合同买方可能还要承担运输、安装、调试、技术指导、维修服务的任务，人员推销显示出更佳的销售效果。

（5）公关作用。销售人员在推销的过程中由于与顾客长期接触，可以促使双方建立友好、信任、密切的长期关系，易于使顾客对公司产生偏爱。

（6）费用大。人员推销的最大问题是访问客户的数量受到时间和费用的限制。因此，不适合用于买者众多、分布范围广的消费者市场，而主要用于买主数量有限的团体组织和购买批量大的经销商。

（7）对销售人员要求高。在整个推销活动过程中，销售人员将面对面地与顾客接触、交流，这就要求销售人员必须具备良好的思想素质、心理素质和身体素质。同时，还必须掌握过硬的业务知识、推销能力及谈判技巧等。在东南亚市场上进行人员推销时，销售人员的外语水平也是必备条件。

二、销售人员的素质

1.思想素质

销售人员的思想素质非常重要，优秀的销售人员都是思想素质很高的人。思想素质包括以下两个方面：①事业心和责任感。在东南亚市场的销售人员需要具有很强的事业心和责任感，克服困难，耐心服务，同顾客建立长久的友谊，这样推销工作才能顺利进行。②职业道德。良好的职业道德素养也是销售人员必备的一个基本条件，其主要包括对国家和公司的忠诚、对顾客的诚实两个方面。

2.业务素质

销售人员想要取得推销的成功，良好的业务素质是必备的。销售人员的业务素质具体包括：①业务知识。销售人员必须把产品的各种知识介绍给顾客，让顾客真正了解本公司的产品。优秀的销售人员应掌握市场知识、顾客知识、产品知识、公司知识、法律知识、心理知识等。②推销能力。销售人员应具备娴熟的推销技巧，能应对千变万化的市场环境；善于说服顾客；善于抓住适当的推销时机，把握良好的成交机会；善于发现别人发现不了的市场机会。

3.身体素质

销售人员是应具有良好的身体素质，拥有强健的体魄和旺盛的精力。东南亚市场销售工作的流动性大、活动范围广、连续作业时间较长、挑战性大，如果销售人员没有良好的身体素质，就无法担任这项工作。

4.心理素质

良好的心理素质是销售人员所必须具备的又一个基本条件。销售人员天天与不同的顾客打交道，经受无数次的挫折与打击，必须加强心理素质训练，培养正确的推销态度。

一般情况下，公司的销售人员主要来自目标国当地人员、母国选派人员、除目标国和母国以外的第三国人员。后二者的选择标准除了具备以上基本素质外，还应同时具备独立工作能力、文化适应能力和外语能力。由于跨国性的推销活动难度非常大，选拔出来的销售人员在上岗前都要进行相应的业务培训，培训的内容可以根据不同来源的销售人员进行适当调整。

三、人员推销的形式和策略

（一）人员推销的形式

一般说来，人员推销有以下几种基本形式：①上门推销。上门推销是最常见的人员推销形式。它是由销售人员携带产品的样品、说明书和订单等走访顾客，推销产品。②柜台推销。柜台推销又称门市推销，是指公司在适当地点设置固定的门市，由营业员接待进入门市的顾客，推销产品。门市的营业员是广义的销售人员。柜台推销与上门推销正好相反，它是等待顾客上门的推销方式。③会议推销。会议推销是指利用各种会议向与会人员宣传和介绍产品，开展推销活动。例如，在订货会、交易会、展览会、物资交流会等会议上推销产品均属于会议推销。这种推销形式接触面广、推销集中，可以同时向多个推销对象推销产品，成交额较大，推销效果较好。

（二）人员推销的基本策略

在人员推销活动中，一般采用以下策略：①试探性策略又称为"刺激-反应"策略，是指在不了解顾客的情况下，销售人员运用刺激性手段引发顾客产生购买行为的策略。销售人员事先设计好能引起顾客购买欲望的推销语言，通过渗透性交谈进行刺激，在交谈中观察顾客的反应，然后根据其反应采取相应的对策，并选用得体的语言，再对顾客进行刺激，进一步观察顾客的反应，以了解顾客的真实需求，诱发购买动机，引导产生购买行为。②针对性策略是指销售人员在了解顾客基本情况的前提下，有针对性地对顾客进行宣传、介绍，以引起顾客的兴趣和好感，从而达到成交的目的。③诱导性策略是指销售人员运用能激起顾客某种需求的说服方法，引导顾客产生购买行为。这种策略对销售人员的要求较高，要求销售人员能因势利导，诱发顾客的需求，并能不失时机地宣传、介绍和推荐产品，以满足顾客对产品的需求。

四、销售人员的激励与评估

（一）对销售人员的激励

公司通过各种激励手段充分调动销售人员的积极性，使其发挥最大的作用。激励的方法有物质激励和精神激励两种。对于销售人员的激励，公司应当将物质激励和精神激励有机结合起来，在重视物质激励的同时切不可忽视精神激励的作用。

公司对销售人员的激励，通常是通过推销指标和竞赛等激励工具来进行的。推销指标按评估要求，如果销售人员完成了所规定的指标，公司就给予相应的奖励。公司在制定指标定额时应注意其合理性和可行性，其设计的指标既不能让销售人员过于容易地完成，也不能让销售人员经过努力后仍不能达标。就精神激励而言，可以奖励员工参加销售会议，使员工从例行工作中解脱一下，并有机会与公司领导沟通交流。公司还可以通过培训、享受休假、公费外出旅行等形式奖励员工。

（二）对销售人员的评估

销售人员的报酬是建立在对其工作业绩做出正确评估的基础上，为此，公司需要建立有效的评价标准。对销售人员的评估可以从定性开始，如销售人员对公司、产品、顾客、竞争对手、区域和任务的了解，完成的报告质量。然后，公司利用常见的评价标准对其定量评估。常见的评价标准有完成的销售额、毛利、销售访问次数、访问成功率、每次访问成本、平均客户数、新客户数、客户流失数、销售总费用与费用率等。由于各销售区域的市场潜力、工作负荷、竞争水平、促销效果和其他因素的不同，公司很难用统一的评价标准衡量不同销售人员的工作。因此，公司通常需要配合使用以下方法对销售人员进行评价。

（1）横向比较是将不同的销售人员在同一时期完成的销售额等进行比较，评定其等级。这种比较方法只有在销售人员各自负责区域的市场潜量、工作量、竞争情况、促销努力程度等方面差别不大的情况下才有意义。同时，公司应审查每个销售人员的销售组合和销售费用，以核实销售人员对公司净利润的贡献。

（2）纵向比较是将每个销售人员现在与过去的销售绩效等指标进行比较，评定其等级。这种比较方法既能反映出该销售人员的进步，又能分析出销售人员的工作效率。

五、销售人员的报酬形式

销售人员的报酬有四种形式：

（1）纯薪金制又称固定工资制，适用于非销售工作占很大比重的岗位。其优点是便于管理，给销售人员以安全感，当情况发生变化时，公司容易根据需要调整销售人员的工作。其缺点是激励作用差，销售人员动力不足，容易导致工作效率低下，难以留下有能力的销售人才。

（2）纯佣金制是指销售人员按销售额或利润额的一定比例获得佣金。佣金制可最大限度地调动销售人员的工作积极性，形成竞争机制，公司可以根据不同产品、工作性质给予销售人员不同的佣金。其缺点是管理费用高，容易造成销售人员的短期行为，即目光短浅、抢夺客户，忽视各种销售服务和公司的长期利益，破坏了长期、稳定的客户关系。

（3）薪金加佣金制是指将薪金制和佣金制结合起来，力图避免二者的缺点而兼有二者的优点。至于二者各占多大比例，则依具体情况而定。

（4）薪金加奖金加津贴加福利制又称混合制，奖金是公司对销售人员工作的肯定，是根据具体销售情况奖励业绩优异的销售人员。津贴是对销售人员在特殊条件下的额外劳动消耗或额外费用支出给予补偿的一种工资形式。福利包括带薪休假、养老金和人寿保险等，其目的是提供对职业的满意度和安全感。

目前，各国对公司员工的保障性社会福利及生活津贴基本都有相应的法律规定，多数公司采用混合制的报酬方式。

第四节　营业推广策略

营业推广又称销售促进，是指公司运用折扣、展示、有奖销售等各种短期诱因促使消费者立即购买的促销方式。营业推广以激发消费者购买和促进经销商的经营效率为目的。当前，东南亚国家的政府和多数公司已经把国际性会展当作一种非常重要的推广方式。例如，中国-东盟博览会、中国（昆明）东南亚国际旅游商品博览会、东南亚国际石油天然气展览会、东南亚医疗展览会、东南亚农机及农化产品展览会等。

❖ **小资料 12-5**

第13届中国-东盟博览会和商务与投资峰会硕果累累

第13届中国-东盟博览会、中国-东盟商务与投资峰会于2016年9月11日至14日在广西南宁举办。本次博览会总展位达到5 800个，各国公司申请展览面积超过12.95万平方米，比规划面积多17.73%。实际安排参展公司总数2 669家，比上届增长21%。实际展览面积11万平方米，其中东盟十国和区域外国家展览面积3万平方米，比上届增长28.6%。使用展位1 590个，比上届增长22.7%，占总展位的27.4%。除了柬埔寨、印度尼西亚、老挝、马来西亚、缅甸、泰国、越南7个东盟国家参展以外，区域外有18个国家的65家公司参展。本届博览会参会客商6.5万人，采购商团组89家，比上届增加4.7%，超过400个来自欧美、中东、南亚和非洲的国际买家到会采购洽谈，专业客商数量及质量进一步提高。

本届博览会取得了以下几个方面的新成效：一是经贸对接取得新成效。博览会期间举办了72场经贸投资促进活动，贸易成交活跃，达成了一批投资合作项目。二是东盟农业国际合作有新进展。在新型种植技术、农业机械、农村可再生能源、农业示范园区等方面促成了一批合作意向。三是东盟投资及服务贸易有新约。本届博览会集中展示了东盟产业园区的投资项目，吸引了有意向"走出去"的中国公司洽谈签约。四是国际产能合作取得新成果。国际经济与产能合作展区围绕铁路、电力设备、电子通信、金融等领域，吸引了中铁东方国际、中国铝业、华为、国家电力、广西投资集团、阿里巴巴集团等一批知名公司参展。本届博览会通过各类项目洽谈会成功签约的国际产能合作项目更多，涉及能源、航空、信息技术、金融等领域。五是拓展合作区域迈出新步伐。本届博览会新增"国际展区"，吸引了韩国、印度、巴基斯坦、斯里兰卡、哈萨克斯坦、阿联酋、澳大利亚、埃及、黎巴嫩等18个区域外国家参展，从服务"10+1"合作向服务"一带一路"合作延伸。

与此同时，本届博览会拓宽了"南宁渠道"；中国-东盟信息港建设得到了进一步推进，展会期间北斗/GNSS展示中心揭牌；中国-东盟电子商务峰会吸引了阿里巴巴、京东等中国电商领军公司及谷歌、微软等国际知名科技产业机构代表出席；中国-东盟技术转移与创新合作大会，促成了中越技术转移中心等一批重点科技合作项目签约，中国-东盟技术转移中心开通了老挝语、柬埔寨语、缅甸语版网站。

资料来源：佚名. 第13届中国-东盟博览会和商务与投资峰会胜利闭幕 [EB/OL]. [2016-11-23]. http://special.caexpo.org/html/2016/jdxw_1123/209351.html.

一、营业推广的特点

1.营业推广的促销效果显著

在开展营业推广的活动中，如果能选择合理的营业推广方式，就会很快地收到明显的促销效果，而不像广告和公共关系那样需要一个较长的时期才能见效。因此，营业推广适合于短期性的营销活动。

2.形式多样化、规模大型化、应用灵活化和普及化

营业推广的受益面广，有消费者、经销商和销售人员，其形式丰富多彩，针对性强，产生更强烈、更快速的反应，能够迅速扭转销量下降的局面。

3.短暂性

营业推广的影响常常是短期的，因此对建立长期的品牌偏好贡献不是很大。公司在采用营业推广的方式进行促销时，常使顾客认为公司急于抛售自己的产品，若太频繁使用或使用不当会引起顾客对产品质量、价格的怀疑，影响产品在市场上持久的竞争力。

二、营业推广的方法

针对具体的促销对象采用的营业推广方法不同。

（一）针对消费者的营业推广

1.赠送样品

赠送样品是指让消费者免费试用产品，通过亲身试用，使消费者领略到产品的好处和实际利益，从而迅速接受新产品，成为新产品的购买者。

2.有奖销售

公司在销售某种产品时设立若干奖励，印有奖券，规定购买数额，当消费者达到购买数额时可获得奖券，再由销售人员宣布中奖号码，中奖者持券兑奖。这种营业推广方法利用了消费者的侥幸心理，对其刺激性较大，有利于在较大范围内迅速促成购买行为，但应注意奖励的适度性和奖品的真实性。

3.廉价包装

公司在产品包装上注明统一折价率，购买时按折价率付款；或者包装上注明该产品是加大容量的包装或购买时另赠送小容量包装的产品。

4.折价优待

随广告或产品包装发送折价优待券，凭券到指定门店购买该产品即可获得一定价格的优惠。

5.包装兑现

采用产品包装来兑换实物或现金。例如，收集到若干个某种饮料瓶盖，可兑换一定数量的现金或实物，以此鼓励消费者继续购买该种饮料。

6.以旧换新

将以前购买的同品牌型号的产品或其他品牌的同类产品折价，再加上一定数量的现金即可换购该品牌的新产品。

7.奖励券

购买一定数量商品即可获得奖励券，凭奖励券数目的多少可换领不同价值的商品。

8.产品展销

展销可以集中消费者的注意力和购买力。在展销期间，质量精良、价格优惠、提供周到服务的产品备受青睐。可以说，产品展销是难得的营业推广机会和有效的促销方式。

❖ 小资料12-6

TF汽车公司在柬埔寨市场的促销策略

汽车市场的促销有很多种形式，如游戏、奖券、样品、奖金、折扣、购买积分等。针对不同的产品和目标市场，公司应该选择不同的促销方式，将正确的促销目的清晰地传递给消费者和受众。同时，公司应考虑不同国家的法律法规、风俗习惯等的限制和约束。

TF汽车公司在柬埔寨市场促销的主要目的是对代理的英国新品牌的导入，这需要一个较长的、全方位的投入过程，通过民众接受的户外广告迅速进入市场、激发消费者购买欲望；其次的目的是为了促进年度的库存销售，柬埔寨汽车消费者对新、旧车的概念非常清晰，不只是限于汽车的使用年限，甚至是追踪到年度更替的换代车型。TF汽车公司围绕自己的促销目的，在仔细观察了本地的消费者行为以及风俗背景后，根据柬埔寨的消费者对汽车购买的偏好，将促销手段分为以下几种：

1.旺季促销。柬埔寨每年5月以后就进入了雨季，天气炎热，城市内涝频发，因此本地客户会选择在4月新年的时候购入新车。一是需要回乡过节迎新，购买新车讨个彩头；二是淘汰旧车以免在雨季来临时遇到无法行驶的麻烦。TF汽车公司会选择在3月中旬启动1个月的时间完成这个促销活动，直到4月底的新年结束。

2.库存促销。柬埔寨民众对库存促销较为敏感，新、旧车型的换代以及新车升级都会对原有库存采取5 000美元左右的降价。TF汽车公司全年有两次机会可以进行库存促销，第一次促销的时间段为西方圣诞节至中国农历春节期间；第二次促销的时间段为3月中旬至4月底。这两个时间段相隔比较近，所以在分配促销车型上可以有所偏重。例如，在第一次促销的时间段中对去年的库存做一个促销活动，而在第二次促销的时间段中对本年度到店新车做一个优惠幅度较大的促销活动。

3.展会促销。柬埔寨民众的娱乐生活较为单一，对于展会这样的类似平时汽车交易市场的情况，普通民众是非常乐意参加的。由于汽车展会都是需要购票进入的，平均3美元的票价对于普通民众是一道门槛，因此进入现场的民众有实际购买意愿的占比较高。柬埔寨采取的是"做六休一"的工作制度，而当地民众又很重视家庭生活，因此他们没有太多空闲时间去汽车销售门店。而借用展会这样的形式能一次性的、真实的接触心仪的汽车，能够激发他们的消费热情，提高购买力。TF汽车公司从泰国或者香港租借展会物料，使用本地人工安装，这样保证了展会现场的展台足够吸引眼球。

资料来源：张吟. 柬埔寨汽车市场营销策略研究［D］. 南昌：南昌大学，2014.

（二）针对经销商的营业推广

1.以交易折扣为刺激，鼓励中间商大批量购买本公司产品

对第一次购买或购买数量较多的中间商给予一定的折扣优待，购买数量越大，折扣越多。折扣可以直接支付，也可以从付款金额中扣出，还可以以赠送产品作为折扣。

2.免费提供陈列样品

经销商在向顾客推销产品时，如果缺少陈列样品，就会减少许多成交机会。如果由公司提供陈列样品，经销商就会免除样品破损或废旧引起的损失，增加成交机会，这也是对经销商的支持。

3.经销奖励

公司对销售业绩突出的中间商给予奖励。这种奖励方式既可以刺激中间商更加努力、更加主动地经销本公司产品，也可以促使其他中间商为多经销本公司产品而努力，从而促进产品销售。

4.推广资助

按订货量或销售额的多少发放推广津贴，专门供其进行推广所用；与经销商联合做广告或特殊展示，费用由双方按比例分摊或全部由生产公司承担；为经销商提供推广指导，如提供广告样板、专橱（专柜）设计资料，提供推广所用的材料、展品等。

5.销售竞赛

由公司在经销商中发起销售本公司产品的竞赛，对优胜者给予奖金或奖励，邀请优胜者参加公司庆典活动。

6.协助经营

公司通过为本公司的经销商提供人员培训、派员指导，举办经营研讨会，提供经营手册，发放经营简报，邮寄广告宣传品、产品目录、样品手册等，使其了解公司动态，学习经营经验，促进其提高经营效率。

7.业务会议和贸易展览

业务会议是指公司自办或与其他公司合办的业务洽谈会或产品展示会，以便吸引消费者或中间商前来观看、购买或洽谈业务，这是难得的营业推广机会和有效的促销机会。

（三）针对销售人员的营业推广

1.推销竞赛

在销售人员中举行推销竞赛活动，对优胜者给予免费旅行、现金或授予某种荣誉称号等奖励，以激发员工士气和提高推销积极性。

2.推销津贴

对销售人员按完成销量的多少，发放数量不等的津贴或奖金。与推销竞赛相比，推销津贴的方式有更大的受惠面，通过设计可测量、可达到的销售目标（如发现新客户、恢复老客户或者增加客户利润率），促进更多销售人员改进推销方法，扩大销售量。

3.培训进修

培训是最好的福利。除了对销售人员进行常规的业务培训外，还对优秀的销售人员提供脱产培训的进修机会。

4.职位提拔

对业务出色的销售人员进行职务提拔，鼓励其将好的经验传授给其他销售人员，有利于培养更多优秀的销售人员。

三、营业推广方案的制定

（一）确定营业推广目标对象

营业推广的对象既有消费者，也有中间商、经销商等，公司在制定营业推广方案时首先要确定出目标对象。例如，门店的打折优待活动应因目标对象的不同而不同，成年男性是理性购买者，过分地打折会降低品牌形象，被其怀疑是清仓品；而女性是价格敏感型购买者，常常成为了营业推广的主要目标对象。

（二）明确营业推广的目标

营业推广有许多具体目标，包括鼓励对新产品的试用、鼓励中间商增加进货、刺激消费者增加购买量、激发冲动型购买、寻找新的顾客等目标，公司应该根据实际情况从中选择。

（三）制定营业推广预算

根据营业推广的管理成本、激励的幅度和预期的激励规模测算营业推广费用，如果公司与中间商或经销商合作进行营业推广活动，那么也可以与它们分摊预算。

（四）选择营业推广的手段

公司必须根据营业推广的具体目标、目标对象的特点、产品的特点等因素选择营业推广手段。例如，对中间商的销售刺激及营业推广手段的选择与刺激最终消费者购买有所不同；目标顾客的特点如年龄、受教育程度等也会影响营业推广手段的选用；小件产品可以免费赠送或买一送一，而大件产品更适合于打折和提高售后服务的档次；POP和店内产品陈列的选择要符合分销渠道的特点和中间商的意愿要求；如果竞争对手加强对中间商的优惠，公司则必须考虑采取相应的措施。

（五）制定营业推广方案

制定营业推广方案指的是公司安排的具体营业推广活动，一般要对整个活动进行统筹布置。其主要内容有：

（1）确定刺激强度。这涉及费用大小和目标对象。

（2）参与者的条件。可以选择任何人参加，也可以选择持券人或老顾客参加，或规定本公司职工及家属不得参加等。

（3）促销时间。设置限定时间，如半个月以上到半年，也可以以一定数量的产品销售完为止作为限定时间。

（4）营业推广活动信息的发布。主办者应利用广告或其他形式有效地将活动的信息传达给目标顾客或中间商。

（5）与经销商和零售商的合作安排。

（6）意外事件的应急处理安排。例如，参与者过多而奖品发完应如何应对。

（7）实施与效果评估。在活动实施后，公司应对本次营业推广活动进行效果评估，是对营业推广目标的完成程度的检查。通过评估测定营业推广的效果，总结好的经验以便全面推广，或吸取失误的教训对营业推广方案进行调整，以提高推广效率。

第五节　东南亚公共关系策略

公共关系是指公司在经营活动中正确处理与社会公众的关系，以便树立公司的良好形象，从而促进产品销售的一种活动。公共关系是一种社会关系状态，同时也界定了公关的传播行为。公共关系用来推广产品、人物、设想、活动、组织甚至一个国家。例如，在东南亚，华人商会是非常有效的组织，充分利用与华人商会的关系，搞好与当地政府或各类组织的关系是很有必要的。公共关系的行动主体是组织，其作用对象是公众，其作用手段主要是运用信息传播来达到目的。公共关系当中的组织包括各类公司、政府机关、事业单位、社会团体等。其面对的公众主要有股东、员工、媒体、政府机构、社会团体、民众等，公司需要与各类公众建立良好的关系。

一、公共关系的职能

1.搜集环境信息

公司可以通过公关活动搜集和展示产品形象信息、公司形象信息、公司内部信息和其他信息，以便与潜在顾客和现实顾客进行良好的沟通，从而实现公司自身的目标。

2.为公司经营活动提供建议和决策

公共关系利用所搜集到的各类信息进行分析和评估公司的决策和行为在公众中产生的效应及其影响程度，预测公司决策和行为与公众可能意向之间的吻合程度，并及时、准确地向公司的决策者进行反馈，提出合理可行的建议。

3.宣传公司信息和制造舆论

公共关系将公司的相关信息及时、准确、有效地传达给公众，以便树立公司在其心目中良好的形象，并营造良好的舆论气氛，引导公众舆论朝着有利于公司发展的方向进展，有时还能控制和纠正对公司不利的公众舆论，或将组织的改进措施公之于众，避免不良影响的扩大。

4.协调组织与公众的关系

公关活动主要依赖于主客体之间的沟通，只有有效的沟通，才能使公司的内外部信息及时、准确得到的输入和输出，从而使公司与外界的关系、公司内部关系、公司内部不同部门成员之间的关系得以有效的协调。

5.维持与投资者的关系

通过公关活动，公司可以较好地维持与股东及其他投资者的关系。

6.获得在东南亚的发展

发展与东南亚国家的社区捐款人或非营利组织成员的公共关系，可以帮助公司赢得财务上的支持。

二、公共关系策划原则

1.求实原则

公共关系策划必须建立在事实的基础上，以诚恳的态度向公众如实传递信息，并根据实事的变化不断调整策略。

2.系统原则

公关活动是一个过程，由很多相互独立又相互联系的子活动组成，必须注重整体的策划，将各子活动的策划有机地协调起来，充分发挥整体作战的策略，实现整体效应大于局部效应。

3.创新原则

公共关系必须打破传统，刻意求新，别出心裁，使公关活动生动有趣，从而给公众留下深刻而美好的印象。倡导逆向思维，出奇制胜。

4.弹性原则

公共关系应保持一定的弹性，留出充分的进退余地，以便能适应组织外部环境和内部条件的各种变化，有效地保持策划的动态性。

5.伦理道德原则

公关策划中应遵循和贯彻伦理道德行为准则，公关人员的行为直接影响到组织在公众心目中的形象、声誉，影响到能否有效地建立与公众的沟通渠道，公众对组织公关活动的从业人员的行为道德要求已日趋加强。

6.心理原则

在策划公关活动时，应灵活运用心理学的一般原理，正确把握公众心理，遵循公众的心理活动规律，因势利导。

7.效益原则

以较少的公关费用，取得最佳的公关效果。利用公关活动捕捉到的信息，抓住有利时机进行经营；利用公关活动帮助公司改善市场环境；利用公关活动与竞争对手竞争，加强横向比较，促进公司发展。

三、公共关系的工具

公共关系活动需要借助于一些工具，常用的工具有：

1.新闻报道

公关人员的一个主要任务是善于发现或创造对公司及产品有利的新闻，以吸引新闻界和公众的注意，增加新闻报道的频率，扩大影响，提高公司知名度。

2.事件

安排特殊事件来吸引公众对新产品及公司的注意，如新闻发布会、展览会、讨论会、竞赛、周年纪念、对体育和文化事业的赞助等，从而接触到目标受众。

3.出版物

出版物包括公司年度报告、宣传小册子、文章、刊物等，通过这些书面材料可以向目标受众传递各种有关公司及产品的信息。随着传播手段的进步，公司越来越多地利用

LED、网站、视频、音频、博客等方式传播产品信息。视听材料比文字材料更为生动形象，效果自然更优。

4.演说

公司发言人在电视上做节目，如参加"对话""大家"等节目，或在协会、年会、论坛上演讲，这些演讲都会建立或影响公司形象。公司应仔细挑选发言人，聘请辅导老师，帮助发言人提高演讲水平。

5.公司识别系统

公司识别系统又称为CI，即通过统一的视觉符号达到创造和强化公司形象的目的。公司将代表其形象的视觉符号，如色彩、字体、图案、LOGO等印制在公司的建筑物、车辆、制服、办公用品、产品包装物、文件、小册子、招牌等上面，力图给人以深刻、强烈的印象。

6.电话咨询服务

电话是一种快捷、便宜的信息沟通手段，通过电话，顾客可以方便地得到所需的信息和服务，化解消费者的烦恼和不满。

四、东南亚公共关系策略

从事东南亚市场经营活动的公司面临的是一个变幻莫测的全球性市场，由于东南亚国家的政治信仰、道德准则、经济水平和文化习俗迥然不同，因此公司应为不同的目标市场制定最适宜的公共关系策略。

1.宣传型公共关系策略

公关人员运用各种传播媒介直接向公众传递有关公司及其产品的信息，让公众充分了解、关心、支持公司，形成有利于公司发展的社会舆论与外部环境。公司对内可用宣传栏、板报、广播、讨论会等传播媒介，对外可用一切大众传媒，如广告、展览会、新闻介绍会等。这种策略的优点是主导性强、时效性强、传播面广。

当公共关系部门采用这种策略时，必须主动向媒介提供各种宣传材料，通过各种方式宣传公司的目标、实力和对地方社会的责任感。

2.交际型公共关系策略

交际型公共关系策略是通过直接的人际交往进行情感上的联络，为公司广结良缘，建立广泛的社会关系网络，以形成有利于公司发展的人际环境和社会环境。这种策略的优点是直接、灵活、人情味浓。实际上，市场营销活动中的交际型公共关系是一种直接的情感投资，公司通过与目标市场公众的直接接触，随时捕捉各种有价值的信息，了解特定公众的态度和反应，以期灵活、有效地及时调整和完善各种公共关系行为和策略。

3.服务型公共关系策略

服务型公共关系策略是通过提供优质服务博取公众的好感和支持，进而树立公司及其产品的良好形象。第一，注重服务的实在性。为公众做的事情越实在、越具体，就越能得到公众的好感。第二，注重服务的实惠性。从公众的实际需求出发，充分关注公众的利益，对公众让利。第三，提供优质服务。从服务态度、服务内容、服务形式等方面入手，全面提高公关的服务质量。

4.社会型公共关系策略

社会型公共关系策略是以举办各种有组织的社会性、公益性、赞助性的活动，如庆祝会、纪念会、运动会、公益事业活动等来扩大公司的社会影响力，提高其社会声誉，赢得公众的信任和支持。这种策略的形式有三种：一是自己筹办社会公关活动，如庆祝公司的开业纪念日，推出新产品介绍展览会等，渲染气氛，联络感情；二是赞助社会福利事业，如参与慈善事业活动、文化教育活动、公共服务设施的建设等，借此在公众心目中树立注重社会责任的形象；三是资助大众传媒，举办各种有益社会文明和进步的活动。

5.征询型公共关系策略

征询型公共关系策略是通过提供信息服务，建立公司与公众的联系，运用征询服务的方法，让公众了解公司和让公司了解公众的要求，从而进一步完善公司和产品形象。这种策略的形式有征询调查、征文活动、民意测验、建立信访制度、设立监督电话、处理举报和投诉、进行公司发展环境预测等。这种策略的特点是长期性、复杂性，公司需要用真诚、耐心和智慧及持之以恒的工作争取公众的信任和理解。

6.维系型公共关系策略

维系型公共关系策略多用于公司处在发展比较顺利、内外部环境较好、公共关系状态处于良性循环的时期。在这一时期，公司应注意不断地加强与公众的沟通和联系，增强公众对公司的认同感和依赖感，使公众始终维系在公司的周围。

7.矫正型公共关系策略

矫正型公共关系策略又称危机公关策略，多用于公司遭受突然的灾难和危机时。例如，由于谣言、不利的报道造成公司形象受损，或由于公司内部不完善造成外部公关严重失调等，公司为挽回声誉，恢复公众的信任，采用该策略迅速恢复良好的公司形象。

在东南亚市场营销活动中，尽管人们都希望将直接的磨擦和冲突化解在萌芽状态下，但是由于公司所处东南亚市场环境的复杂性以及公司自身的一些不确定因素，因此矛盾、冲突甚至危机是不可避免的。公司应利用矫正型公共关系策略，在认真调查研究的基础上，正视现实，勇于承担风险，及时地分析原因采取有效措施，防止事态进一步扩大。同时，尽可能调动公司内部、外部的一切有利因素，找出危机的突破点，积极、迅速地进行公关活动，减少不良影响，重新树立公司的良好形象。

❖小资料12-7

泰国公益行：海尔空调在社区学校"上岗"

2016年11月26日，海尔团队泰国公益行走进了位于巴真府（Prachin Buri）的班达普社区学校（Ban Thung Pho Community School），践行公司社会责任。期间，9套崭新的海尔Nebula系列变频空调上岗，给学校送去清凉，用健康、舒适的自然风陪伴孩子们健康成长。

据了解，班达普社区学校有学生350多人，覆盖幼儿园到中学。除了为孩子们安装

9台空调，海尔团队还坚持海外公益的初衷，根据国际领先的教学理念，带来精彩的启智游戏。"砸冰箱"、海尔产品的拼图及彩绘等趣味活动寓教于乐，让孩子们在开心玩耍的同时，锻炼想象力、培养团队精神，也让海尔品牌的人文关怀、产品的创新和品质在孩子们心里种下了小小的种子。

创新的产品和过硬的品质，让海尔品牌早已经成为包括泰国在内的整个东南亚地区用户的"老熟人"。立足"三位一体"本土化战略，海尔集团遵照当地消费者的使用习惯，进行本土化制造和销售，通过适合当地消费者的产品快速打开市场。市场数据显示，海尔空调在东南亚国家保持高速增长并稳居中国品牌第一，这也成为海尔空调持续引领海外市场的一个缩影。

资料来源：佚名. 泰国公益行：海尔空调在社区学校"上岗"［EB/OL］.［2014-01-09］. http://www.haier.net/cn/about_haier/news/shzr/201612/t20161209_331347.shtml.

@ 本章小结

东南亚市场营销促销组合是指公司在东南亚市场实施促销策略时，对广告宣传、人员推销、营业推广和公共关系等促销方式进行选择、搭配及其运用，使其成为一个有机的整体，发挥整体功能。

不同的促销方式各有其特点和作用及不同的适用范围。因此，公司在制定促销策略时，需要考虑促销目标、产品因素、市场性质、费用预算等多种因素，有针对性地进行促销活动，选择有效的、灵活的促销组合。

第十三章 东南亚市场网络营销

第一节 东南亚市场网络营销环境

一、网络营销概述

（一）网络营销的概念

网络营销是公司整体营销战略的一个组成部分，是公司为实现经营目标而利用互联网技术开展的各类营销活动的总称。

网络技术的快速发展和互联网的迅速普及，使公司可以突破传统市场营销在地域、时间、沟通方式等方面的限制，并不断创造出全新的产品或服务来满足消费者多样化的需求。面对竞争日趋激烈的传统市场和新兴的网络市场，公司迫切地希望应用新技术和新手段来开展市场营销活动，通过与消费者充分的互动沟通，提供个性化的产品和服务，以此与消费者建立长期的、稳定的关系。

（二）网络营销的优劣势

数字技术和网络技术创造了大量的网络应用，如搜索引擎、微信、微博、即时通信、在线客服、网店和论坛等，它们给消费者带来全新的消费体验，甚至是创造了全新的生活方式；同时，也给公司构筑了新的营销平台和提供了新的营销工具。因此，公司应用网络新技术开展网络营销具有传统营销无法比拟的优势，主要体现在：

1.成本低

首先，公司通过自建网站或向网络服务商租用虚拟店铺，便可部分替代实体店进行产品展示、信息发布、售前咨询、商品销售、售后服务等。其次，虚拟商铺的运营和维护成本节省了实体店的店面租金、装潢费用、水电费、人工费用等。最后，销售人员通过在线服务，足不出户便可以为全球各地的消费者提供咨询、导购等服务。另外，自动应答系统大幅降低了人力成本。

2.沟通效率高

公司可以通过网站、即时通信、邮件、留言板、论坛等途径与消费者实现全天24小时无休息的沟通。同时，丰富的网页链接和信息源，使公司可以更方便地、更充分地与消费者进行互动交流。

3.个性化营销

"一对一"服务是公司借助网络技术开展营销活动的优势。网络营销的低成本、互动性和高效沟通等特点，使消费者追求个性化的服务更容易实现。

4.客户体验好

公司网站借助多媒体手段充分展示产品,产品论坛为消费者搭建交流平台,消费者足不出户,就可以货比三家,得到良好的导购服务。快速发展的第三方物流和在线支付,为公司实现网上直销提供了有力的保障。

5.创新性强,手段丰富

互联网应用随着带宽资源、网络技术和网络消费市场的不断发展而发展。大数据分析的应用,使公司能准确地定位网民的需求变化;互联网新技术的应用,使公司的产品、服务、促销等信息渗透到网民的各种网络应用中,随时满足网民对产品(服务)信息的需求,引导网民消费。

另外,互联网市场的快速发展也给公司网络营销活动带来不小的挑战:

1.互联网上的信息安全和隐私保护问题,对公司网络营销活动提出更高要求

一方面,公司开展网络营销活动离不开对客户信息的深度分析,大量采集客户的上网信息,很容易涉及客户的个人隐私;另一方面,大量的客户信息数据存储在联网服务器上,容易成为黑客攻击的对象,甚至公司内部人员为谋取私利而贩卖客户信息。因此,在技术层面和管理层面上,对公司的信息保护系统提出更高的要求。

2.价格竞争容易诱发产品质量和诚信问题,降低公司网络营销的效果

价格竞争仍然是公司网络营销的重要手段,一些公司会通过降低产品质量、套餐搭售、虚假评价和刷信用等形式降低成本、增加销量,以弥补其利润的损失。因此,消费者经常会遇到糟糕的网络消费体验,从而使他们对公司的网络营销活动产生怀疑,更加谨慎地对待公司的网络营销活动,甚至是敬而远之或视而不见。

3.网络营销缺乏真实的体验

在开展网络营销时,公司通过展示产品图片、公司资质证明和顾客评价等信息增强网民对公司和产品的认知,而缺少消费者对实物产品的真实体验和"面对面"的人员销售服务是公司网络营销的劣势。

4.在线支付、第三方物流、征信等系统的不完善使公司应用服务滞后

公司要顺利完成交易离不开支付和物流两个重要环节。通常由第三方提供的在线支付和物流服务是公司不能控制的交易环节,由于整个社会征集系统的不完善,在不同程度上制约了公司对网络营销活动的完善和优化。

5.网络营销竞争的日趋激烈,公司的营销成本不断上升

由于互联网技术和应用的不断更新,公司需要不断地适应变化,为了不错过新技术和新应用带来的机会,很多公司会比较盲目地跟风冒险,使得公司投入到网络营销的人力、物力和财力不断增加,营销成本上升。

(三)网络营销工具和手段

公司网络营销的工具和手段是随着互联网络技术的发展而不断发展的,也会随着网络消费市场的变化和技术应用的创新而变得越来越丰富。目前,较常用的网络营销工具主要包括:

1.公司网站

公司可以通过自建和租用的方式来运营自己的网站。网站包括多个页面,公司可根

据网民的需求和偏好进行设计，发布产品、服务、促销等信息，公司所有的网络营销行为和活动都可在网站上实现，包括公司品牌形象展示、产品和服务展示、信息发布、在线客服、网上调研，以及与供应商及下游渠道共建供应链、网上销售等。

2.搜索引擎

搜索引擎是目前网络应用最多的服务项目之一，它拥有庞大的用户群，是公司开展网络营销至关重要的一个平台。公司可以将自己的网站信息提交给各大搜索引擎，选择好关键词，优化网站，提高网站的搜索结果排名。

3.即时通信

即时通信最大的优点是实时互动地沟通，它包括个人应用和公司应用两种类型。目前，很多公司运用即时通信工具提供在线客服，与网民的互动交流弥补了以往公告栏、留言板、论坛、邮件等工具信息反馈不及时的缺点。另外，网民的好友群和关系网也为公司开展病毒性营销提供了机会。

4.电子邮件

内容正式、格式规范的营销邮件是公司必不可少的网络营销工具之一。网络销售人员可以借助公司的客户信息管理系统（如客户关系管理（CRM）系统）设定每年度定时发送的邮件，如节假日和生日庆典的问候邮件；也可以依托进销存系统数据，设定相应条件下发送的邮件，如电子订单邮件、账款催收邮件、新产品目录邮件等。

5.论坛

公司在自己的网站设置论坛或由销售人员在一些网站的论坛上担任版主，可以将公司客户、产品使用者、潜在消费者集中在一起，在轻松、开放的环境里进行产品体验的交流分享，以此开展市场调查、提供售前咨询、售后服务等，培养更多忠诚的消费者。

6.电子商务平台

电子商务平台既包括阿里巴巴（Alibaba.com）、中国制造网（Made-in-china.com）、慧聪网（Hc360.com）、敦煌网（DHgate.com）等B2B网站；也包括易趣网（eBay.com）、淘宝网（Taobao.com）、亚马逊（Amazon.com）等B2C网站。知名的电子商务平台拥有庞大的公司客户群和消费群，公司在这些网站上既可以发布网络广告，也可以开店。特别是借助东南亚国家比较知名的本土电子商务平台，可以迅速地开拓当地市场。

7.SNS社交网站

SNS（Social Network Site）社交网站是指基于网民个人社会关系的人际关系交际网络，如微信、博客、微博、社区网和脸书（Facebook）等。公司可以通过植入广告或网民的口碑开展病毒性营销，让公司信息、产品信息和服务信息在网民的人际关系网中传播。

二、东南亚市场网络营销环境分析

东南亚各国的社会、经济水平差异较大，公司在东南亚市场开展网络营销必须充分调查市场，从电信基础设施、网络应用、物流服务等硬件环境到政府政策、法律法规、消费者行为、市场竞争情况等软件环境进行多方位的分析，充分了解开展网络营销的环境和条件，以达到利用东道国的各种网络资源开展营销活动的目的。

（一）东南亚市场网络营销的硬件环境

东南亚市场网络营销的硬件环境需要考察的主要内容包括东道国电信基础设施建设水平、居民个人电脑拥有率、互联网普及率及应用水平、在线支付平台建设和第三方物流服务保障等。

1.电信基础设施

电信基础设施是公司建设网站、网民上网的基础保障，良好的电信基础设施可以为公司和网民提供大流量的带宽，同时，便利的互联网接入条件为网络运营商和电子商务公司开发丰富的网络应用奠定了基础。

虽然东南亚各国的电信基础设施的建设水平存在较大的差异，但是近年来各国的电信基础设施都进入了快速发展阶段。新加坡是东南亚国家中信息化程度最高的国家之一，早在1997年就成为全球第一个将DSL宽带进行商务应用的国家，2015年的国际互联网流量达到12.76Tbps。目前，新加坡通过政策稳定支持、运营商投资、海底光缆建设、数据中心建设和国家宽带建设等逐渐占据了东盟ICT互联网的关键位置，构建了一个约1 000亿新元的ICT市场，且每年保持12%的增长。谷歌、微软、亚马逊等国际知名互联网的东南亚数据中心均建在新加坡。虽然缅甸、老挝等国由于经济基础比较薄弱，电信基础设施建设相对比较滞后，但是近年来其电信基础设施也得到了快速的发展。例如，缅甸的全国信号塔数量已从2013年的3 000个增至2016年的11 700个，光纤长度也由2013年的7 600公里增至2016年的31 000公里。老挝国际互联网带宽在2011年达到了2.5G，2013年达到了10 G。2017年东南亚国家网络连接情况见表13-1：

表13-1   2017年东南亚国家网络连接情况

国家	平均连接速度（Mbps）	平均峰值连接速度（Mbps）	4 Mbps 宽带覆盖率	10 Mbps 宽带覆盖率	15 Mbps 宽带覆盖率	25 Mbps 宽带覆盖率
新加坡	20.35	184.5	94.2%	71.7%	51.3%	24.6%
泰国	16	106.6	97.2%	71.6%	42.9%	11.6%
越南	9.5	59	85.9%	36.7%	10.7%	1.6%
马来西亚	8.95	64.1	71.9%	31.8%	13.7%	3.2%
文莱	7.44	50.9	63.7%	23.2%	7.8%	1.6%
印度尼西亚	7.2	66.1	75.9%	17.6%	5.0%	0.7%
菲律宾	5.45	45	38.7%	11.5%	6.2%	1.8%
柬埔寨	5.43	44.2	61.6%	6.4%	1.8%	0.4%
缅甸	4.36	57.9	23.9%	6.7%	4.0%	1.5%
老挝	4.03	58.2	85.9%	4.3%	1.4%	0.5%

资料来源：根据网站资料整理所得.

2.网络应用环境

东南亚国家的网络应用环境可从居民个人电脑拥有率、互联网普及率、宽带普及率、网站数量及具体的网络服务应用等统计的数据中分析。2015年10月We Are Social的统计数据显示，东南亚国家的活跃互联网用户有2.52亿户，其中活跃的社交媒体用户为2.33亿户，通过手机上网的用户达7.76亿户。可以预见，东南亚各国的网民数量越大，网络应用也就越丰富，公司开展网络营销的机会就越多，效果也越好。2015年东南亚国家网络应用环境见表13-2。

表13-2　　　　　　　　　**2015年东南亚国家网络应用环境**

国家	互联网用户量（户）	互联网普及率（%）	Facebook[①]普及率（%）
新加坡	4 710 132	84	67
泰国	36 911 160	54	58
越南	45 000 000	50	40
菲律宾	36 800 000	46	47
马来西亚	20 065 160	67	59
印度尼西亚	76 426 631	34	31
文莱	328 860	81	69
缅甸	4 850 734	9	14
老挝	838 600	14	14
柬埔寨	4 992 000	32	22

资料来源：根据网站资料整理所得.

———————————

① Facebook，2004年2月上线的一个社交网络服务网站，在2011年世界品牌500强排名中超越微软位居第一。

❖ 小资料 13-2

2015年越南电子商务营业总额40多亿美元

据越南《经济时报》2015年4月18日报道，越南电子商务与通信技术局发布《2015年越南电子商务报告》，指出2015年越南电子商务营业总额达40.7亿美元，同比2014年上涨了37%，占全国零售总额的2.8%，人均网购金额160美元。网购最多的商品种类依次为服装类、化妆品（64%）、电子产品、家居用品和书籍办公用品。营业收入位前十的电商包括 Lazada、Chodientu、Hotdeal、Rongbay、Vatgia、Enbac、Adayroi、Sendo、Cungmua、Deca。

资料来源：驻越南经商参处. 2015年越南电子商务营业总额40多亿美元［EB/OL］.［2016-04-22］. http://www.mofcom.gov.cn/article/i/jyjl/j/201604/20160401304207.shtml.

3.物流服务

物流服务是网络营销中一项重要的线下配套服务项目。东南亚国家或是隔海相望，或是山水相连，贸易往来密切，但交通条件却各不相同。各国的交通枢纽主要集中在经济较发达的首府和平原地区，物流配送体系在这些城市和区域也较便利，公司开展网络营销应首先选择东南亚国家的首府和中心城市进行，以便在物流服务上得到支持和保障。目前，许多知名的国际快递公司，如 TNT、DHL、UPS、FedEX、EMS、佐川急便、UKE 都在东南亚国家提供快递服务，并开通了面向这些国家客户的服务网站。

（二）东南亚市场网络营销的软件环境

从2000年11月东盟十国领导人共同签署了"电子东盟（e-ASEAN）"框架协议开始，东盟内部便在信息科技和电子商务领域的合作上跨出了重要一步。东盟各国从国家政策制定、基础设施规划、法律法规建设等方面都为电子贸易的发展铺平道路，网络消费市场也在一些发达城市和地区逐渐兴起并向周边地区辐射，公司开展网络营销的软件环境日渐成熟。

1.政府政策

为提升新经济时代国家的竞争力，推进本国电子商务发展，东南亚各国政府在制定国家发展战略时强调对信息产业的重视和发展，给予更多的政策支持，在不断完善电子政府服务功能的前提下，鼓励公司投资电子商务，支持银行提供网上支付服务和第三方物流服务的发展。公司应充分利用东道国政府给予的优惠政策，加强与东道国公司的合作，共同开发互联网市场。

❖ 小资料 13-3

东南亚各国政府信息化及电子商务发展策略

新加坡政府在2014年公布了"智慧国家2025"的10年计划，这份计划是"智能国家2015"计划的升级版。为把新加坡打造成为"智慧国"，新加坡政府将构建"智慧国平台"，建设覆盖全岛数据收集、连接和分析的基础设施与操作系统，以此获取数据预测公民需求，提供更好的公共服务。2014 年 9 月 23 日，泰国《世界日报》报道称，泰国商业部提出将泰国贸易网站（Thaitrade.com）发展成泰国主要电子商务交易网站，根据统计该网站上的商家数量有 13 024 家，网上交易的商品超过 20 万种，有机会成为东盟电子商务的首选网站，可更好适应东盟经济共同体（AEC）的发展形势。2016 年 8 月，越南政府总理批准了《2016—2020 年电子商务发展总体规划》，该规划提出：越南电子商务在基础设施、市场规模、公司和政府应用程度等方面的发展目标；力争到 2020 年，越南网上购物人数占总人口数的 30%，人均消费金额 350 美元；B2C（公司与消费者）电子商务交易额年均增长 20%，达到 100 亿美元，占全国商品零售和服务总额的 5%；跨境电子商务快速发展，B2B（公司与公司）电子商务交易额占进出口总额的 30%……

资料来源：根据相关新闻报道整理所得.

2.法律环境

网络市场是个新兴的市场，虚拟的交易环境使公司和消费者不需要面对面沟通和交流，存在着较大的风险。因此，公司需要考察和了解东道国有关电子商务的立法和政府法令，一方面可以寻求政策法规的支持和保障；另一方面确保网络营销活动是在法律许可的范围内以合法形式开展，避免违犯东道国的法规或禁令。公司开展网络营销涉及的主要相关法律包括《电子商务（交易）法》、《数字签名法》、《电子支付法》和《个人信息保护法》等。

目前，新加坡、马来西亚、泰国、菲律宾等国在 2000 年先后颁布了本国的《电子商务法》。越南政府在 2005 年批准了第一个关于电子商务的法律文件——《电子交易法》，在 2006 年颁布了《信息技术法》，在 2009 年年底建立了电子商务的基础法律环境，促进本国电子商务的发展。2013 年，新加坡《个人信息保护法》正式生效。

3.消费者行为

网民的消费行为对公司网络营销的决策具有决定性的影响。公司应通过访问东南亚国家的主要门户网站、新闻网站、购物网站、休闲娱乐网站、社区网站，调查网民使用的主要网络服务，了解网民的网络应用情况，掌握网民的浏览习惯、偏好、关注热点，有针对性地制定东道国的网络营销策略。

东南亚是个多民族聚居的区域，各国的经济发展水平存在着较大的差距，除了新加坡经济以服务业为主外，其他国家都是传统的农业经济国家。因此，网民的消费观念和行为还处在追求新奇、尝试的初始发展阶段，公司应抓住时机利用消费教育和引导的方式培育自己的市场。另外，东南亚又是世界上外籍华人和华侨最集中的地区之一，公司应利用中国文化和中国风俗搭建起良好的沟通渠道，赢得更多的市场机会。

（三）东南亚市场网络营销竞争分析

东南亚是当今世界经济发展最有活力和潜力的地区之一。2010 年 1 月 1 日中国-东盟自由贸易区建成，这不仅是跨国集团，也是中小公司获得市场拓展的机会。由于互联网络的开放性，东南亚市场的竞争会更加激烈，公司在东南亚市场开展网络营销需要从以下几个方面分析市场的竞争因素。

1.跨国集团将网络营销纳入公司市场营销战略

网络营销的优势已经得到了广泛的认可。跨国集团可以凭借其在人、财、物等方面的优势建立公司网站、购买网络广告、优化搜索引擎排名或与东道国的知名网站建立合作关系，快速地拓展网络市场。同时，跨国集团可以通过并购、参股或新建的方式在东道国建立分公司或与当地公司建立战略合作伙伴关系，为东道国的消费者和客户提供更完善的服务。

例如，Giosis Gmarket International（2012年1月14日 Alexa 网站流量排名第26位）是 eBay 与新加坡合资的电子商务平台，已经在新加坡和日本成功上线，并计划建成亚太地区最大的电子商务网站。

据泰国《曼谷邮报》2017年7月5日报道，泰国工业部长乌塔玛（Uttama Savanayana）表示，阿里巴巴集团已承诺将在泰国东部经济走廊（EEC）建设电子商务园区，占地面积约为48公顷，作为阿里巴巴集团在东盟地区的物流中心，以满足东盟日益壮大的电商市场的需求，该园区预计于2018年全面完工。

2.拥有稳定网民的知名网站成为公司争夺的合作对象

在东南亚国家，一些国际知名的社交网站、视频网站、购物网站等已经拥有了大量的忠实网民，公司可以通过与这些网站合作快速地开拓东南亚市场。因此，与这些知名网站合作机会的竞争会变得异常激烈。

2017年7月 Alexa 网站流量排名的统计数据显示，谷歌（Google）、脸书（Facebook）、YouTube、雅虎（Yahoo）、亚马逊（Amazon）、MSN、易趣（eBay）等知名网站在东南亚国家的流量排名均在前50位。

3.东道国本土中小公司在网络营销市场上崭露头角

东道国本土中小公司在自己熟悉的市场开展网络营销，有天时、地利、人和的优势。面对外来的竞争者，本土公司除了经济实力稍弱之外，对本土消费者的了解却是无可替代的优势，而且公司原有的消费者可以很快地转入在线客户管理系统。

例如，总部设在新加坡的综合 B2C 购物平台 Lazada，有"东南亚亚马逊"之称，累计融资近7亿美元，业务遍及印度尼西亚、马来西亚、菲律宾、新加坡、泰国和越南，该平台2015年的交易总额达到13亿美元。Tokopedia 成立于2009年，是印度尼西亚最成功的互联网公司之一，有"印度尼西亚版淘宝"之称，累计融资达2.47亿美元，访问量在印度尼西亚排名第8位（2017年7月12日 Alexa 网站流量排名）。泰国的 Ensogo 定位社交化电商平台，有"东南亚唯品会"之称，2011年该平台被美国团购网站 Livingsocial 收购，2013年12月在澳洲证券交易所上市，2015年3月得到唯品会的投资，为东南亚超过6亿的用户提供特价产品。

4.传统营销模式仍占据市场的主要份额

对于东南亚国家的广大消费者来说，公司传统的营销模式仍然是他们喜闻乐见的，公司在开展网络营销活动的同时，传统媒体广告、现场促销、公关仍是必不可少的，甚至网络营销活动的开展还需要通过传统的营销工具进行推广。因此，传统营销模式在公司的整体营销中仍占有较大的比重。

5.电子化东盟促进区域合作形成竞争合力

始于2000年的电子化东盟（e-ASEAN）走过了近20年合作的历程，东南亚国家政府从本国的基础设施建设、电子商务发展规划、电子商务立法到鼓励和支持公司培育本国网络消费市场都是不遗余力的。各国之间的合作发展也从机制的构建转向实质性的市场合作，这也使得东南亚国家的公司在进行网上交易时充分享受到关税、国际结算和国际物流合作的成果，促进了区域电子商务市场的发展，形成了对外的竞争合力。

三、东南亚市场网络营销发展趋势

近年来，东南亚各国政府都在大力推动本国的电子商务发展，鼓励外来投资和本国公司发展电子商务。根据Alexa网站流量排名（2017年7月8日），在新加坡、马来西亚、印度尼西亚、泰国、越南、菲律宾等国家的排名中，前20位的网站主要集中在谷歌（Google）、YouTube、脸书（Facebook）、维基百科（Wikipedia）、雅虎（Yahoo）、亚马逊（Amazon）、推特网（Twitter）、易趣（eBay）、MSN等，搜索引擎、视频分享、门户新闻、网络社交、网络购物、博客等网络应用最受网民关注，与当前国际互联网上的热门应用是一致的。公司的网络营销发展必然离不开这些最受网民欢迎和关注的网络应用。

东南亚市场的网络营销发展趋势与全球网络营销的发展趋势趋于同步，主要体现在以下几个方面：搜索引擎营销的地位；WEB2.0网络营销模式的深度发展；公司网站的网络营销价值；视频网络广告；更多适用于中小公司的网络广告形式；插件类网络推广产品市场演变；网站运营与注重用户体验；互联网用户行为研究等。

（一）搜索引擎仍然是第一网络营销工具

搜索引擎营销的发展势不可挡，并且随着多种专业搜索引擎和新型搜索引擎的发展，搜索引擎在网络营销中的作用更为突出，搜索引擎营销的模式也在不断发展演变。除了常规的搜索引擎优化、搜索引擎关键词广告、网页内容定位广告等方式之外，专业搜索引擎（如博客搜索引擎）、本地化搜索引擎等推广形式也将促进搜索引擎营销方法体系的进一步扩大和完善。

（二）WEB2.0网络营销模式的深度发展

在过去的几年中，社交媒体营销在东南亚已经取得了快速发展，在今后几年中，公司利用社交媒体开展网络营销有望成为主流营销手段，社交媒体营销已成为公司网络营销策略的组成部分，社交媒体引领网络营销进入全员营销时代。与此同时，更多WEB2.0网络营销模式将获得不同层次的发展，如RSS营销、网摘营销、播客营销、基于SNS网络社区的各种营销模式等。

（三）公司网站的网络营销价值将得到提高

随着IE7和火狐浏览器用户数量的增加，那些不符合WEB标准的网站将无法获得正常浏览效果，这将在一定程度上推动网站建设采用WEB标准的进程。已发布的中国互联网协会公司网站建设指导规范，是基于国际认可的WEB标准和新竞争力网站优化思想以及经过大量的调查研究而制定的，这一规范对于提高网站建设服务商和公司网站建设的专业水平将发挥积极作用。当越来越多的公司网站建设符合网络营销导向时，公司网站的网络营销价值将得到明显提升。这对于我国公司在东南亚国家开展网络营销有着十分重要的现实意义。

（四）智能手机APP应用成为营销新工具

网络带宽的提速、智能手机的普及和年轻消费力量的崛起都使得东南亚国家的手机互联网应用快速发展，网民通过手机进行信息消费、休闲娱乐和在线购物的活动越来越丰富。智能手机APP因其便捷的应用、强大的功能和丰富的信息量，正在成为公司开展网络营销的热门工具。公司一方面通过APP提供在线的服务项目，另一方面利用丰富的资讯内容提高有效客户的黏连度，逐渐培养客户对公司产品和品牌的忠诚度。

（五）视频网络广告将成为新的竞争热点

随着网络带宽的不断扩容和多媒体表现形式的多样化，互联网对网民的吸引力日益增长。例如，YouTube这类视频网站在东南亚主要国家已经成为最受网民欢迎的视频分享网站，个性化的原创视频在网民中的传播速度极快，这些视频无一例外地植入了片头商业广告。目前，新闻门户网站、购物网站、即时通信工具等网络应用上的流媒体广告也深受公司的关注，成为公司网络广告发布的新热点。

（六）更多适用于中小公司的网络广告形式

传统的横幅广告（Banner）和广告富媒体（Rich Media）由于广告制作复杂、播出价格高昂，至今仍然只是大型公司展示品牌形象的手段，难以走进中小公司。不过随着更多分类信息网站、本地化服务网站等网络媒体的发展，以及不同形式的PPA广告的出现，将有更多的成本较低的网络广告为中小公司扩大信息传播渠道提供机会。

（七）插件类网络推广产品市场的演变

随着反流氓软件的进一步深化使用，一方面与用户营销规则不相符的插件类网络推广产品在网络营销服务市场的地位将进一步降低，甚至存在被快速边缘化的可能；另一方面市场上也将产生基于用户许可的客户端插件的网络推广产品，并将成为插件类网络营销的主流趋势。

（八）网站运营注重用户体验改善

网站运营将进入精细化管理阶段，即体现出网络营销细节致胜理念。尽管很难详尽罗列用户体验的各项因素，也很难为用户体验下一个准确的定义，甚至对同一现象的用户体验没有统一的解决方案，但是这一理念将通过各种细节体现出来，并成为成功运营网站的法宝。让用户可以方便地获取有价值的信息和服务，是网络营销的精髓，是用户体验的基本思想。

（九）系统的用户行为研究将受到重视

以网站流量统计分析为基础的网络营销管理的内容将进一步扩大，应用层次也将逐渐提高。互联网用户行为研究是网站运营管理必不可少的内容，同时也是网站运营中用户体验研究的基础。因此，系统地研究用户行为将成为网络营销的重要研究领域。

❖ 小资料 13-4

东南亚国家的商务网站介绍

1.新加坡

新加坡是东盟国家中电子商务活动最活跃、最成熟的国家之一，其严苛的法律体系和高素质的消费群体形成了良好的网络营销市场。目前，在新加坡最受欢迎的商务网站包括 eBay（排名第 25 位）、Amazon（排名第 27 位）、eGuide.com.sg（排名 365 位）、Exporters.sg（排名第 3 823 位）等。其中，隶属于 Reed 商务信息有限公司的 eGuide 是新加坡最大的网上电子目录网站，它拥有 10 万家注册公司用户，每个月为 26 万网民提供商品和服务搜索，相当于 59 万次访问量而成立于 1998 年的 Exporters，已经建立了超过 200 个专业贸易平台，覆盖 23 个行业和 200 多个国家，是新加坡本土知名的 B2B 贸易平台。这两个网站在马来西亚、泰国、菲律宾、中国、越南和印度尼西亚等国也有较高的访问量排名。

2.印度尼西亚

印度尼西亚的电子商务发展迅速，是很有发展潜力的国家之一。目前，最为流行的电商网站包括：有"东南亚亚马逊"之称的 Lazada（2015 年 8 月网站访问量达 4 830 万次）；印度尼西亚规模最大、最完整的网上市场 Matahari Mall（2015 年 8 月网站访问量达 24 万次）；以计算机、服务器、软件、摄影及配件等电子产品销售为主的 Bhinneka（2015 年 8 月网站访问量达 420 万次）；被誉为"印度尼西亚网上购物商场先驱"的 Blibli（2015 年 8 月网站访问量达 320 万次）；东南亚发展最迅速的电子商务公司之一的 Zlora（2015 年 8 月网站访问量达 200 万次）；以网友团购为经营卖点的 Groupon（2015 年 8 月网站访问量达 84 万次）；印度尼西亚最大的电子商务平台 Tokopedia（2015 年 8 月网站访问量达 1.12 亿次）；专注于帮助微型、小型和中型公司网上销售的 Bukalapak（2015 年 8 月网站访问量达 910 万次）；印度尼西亚第二大电商运营商打造的 Elevenia（2015 年 8 月网站访问量达 390 万次）。

3.马来西亚

马来西亚本土较知名的商务网站包括 Amazon（排名第 38 位）、eBay（排名第 42 位）、Lelong.com（排名第 47 位）、Taobao.com（排名第 98 位）、Asiaep.com（排名第 3 942 位）和 Wtexpo.com（排名第 26 605 位）。其中，Lelong 是以 C2C 拍卖交易起步的，现在已经发展成为提供网店经营服务的 B2C 模式，包括英文、马来语、简体中文三个语言版本。Asiaep 是 MSC 计划项目之一，被誉为马来西亚的 B2B 门户网站，主要向中国、印度尼西亚、新加坡、泰国、菲律宾和越南等国家的公司提供索引服务，该网站有 20 个大类商品目录和 12 个专业网上市场。WTExpo 也是 B2B 网站，提供 24 个产品大类目录，按行业、交易目录、产品分类、公司和品牌等项目进行索引，还为公司提供个性化服务。

4.越南

2014 年《亚洲科技报》通过公司融资情况及电子商务公司对外宣布的投资调

查，整理出越南最具潜力的十大电子商务网站，包括东南亚知名的餐饮运营商 Foody.vn、大型综合类购物网站 Tiki.vn、公司和个人金融服务网站 Icarebenefits. com、大型综合类网上商城 Sendo.vn、为商务人士提供协助基金服务的越南科技网站 Haravan.com、电子商务物流服务商 Giaohangnhanh.vn、多家运输公司运营的在线巴士票务系统 Vexere.com、在线母婴用品超市 Deca.vn、大型文体科教活动在线票务平台 Ticketbox.com、婴儿用品专业网店 Taembe.vn。这些网站都专注于越南本土市场的开发与服务，专业性较强，大部分网站提供了智能手机的 App 下载功能，方便年轻人消费。

5. 菲律宾

菲律宾较有知名度的 B2B 商务网站包括 Philexport.ph、Globaltradephilippines. com、Tradingphilippines.com；而较有知名度的 B2C 商务网站包括 Sulit.com（排名第 12 位）、Amazon（排名第 23 位）、Ayosdito（排名第 33 位）、eBay（排名第 40 位）。这些商务网站均有销售和采购分类目录、产品分类、地区索引等板块和功能。

6. 泰国

在泰国较有影响力的国际商务网站包括 Amazon（排名第 21 位）、Weloveshopping.com（排名第 23 位）、Tarad.com（排名第 32 位）、eBay（排名第 34 位）；而本土网站包括 Thaipurchasing.com（排名第 3 272 位）、Thailandexportguide. com、Thaitradepoint.com、Asiagoods.com 等。

7. 其他地区商务网站

在东南亚其他地区较有知名度的国际或地区商务网站（B2B）包括 www.ec21. com、www.ecplaza.net、www.tradekey.com、www.taiwantrade.com.tw 等。这些网站的注册商户主要来自欧美、亚洲等地区，网站也开发有英文、中文、法文等多语言版本。

资料来源：Alexa 网站统计数据分析及网络相关报道.

第二节　东南亚市场网络营销策略

公司开拓东南亚市场的网络营销策略，不仅要根据网民的消费需求和网络应用情况来规划和制定，而且还要关注东南亚国家的电信网络设施、国家政策、法规等条件给公司带来的机会和挑战。

一、东南亚市场网络营销产品策略

从产品的整体概念分析公司网络营销的产品策略，充分利用网络虚拟性和开放性的特点增加服务项目，优化服务质量，提升品牌知名度，进而提高消费者对期望产品层次、延伸产品层次和潜在产品层次的体验，获得最大化的客户满意度。

(一) 网络营销的服务策略

网络营销对实体产品的展示仅限于在线的图片展示、产品参数介绍和视频等形式，消费者无法亲身感受或体验产品的效用，对产品质量的判断只能依赖于从公司网站上获取的信息。因此，公司提供的在线服务项目要迎合消费者的需求，并从响应速度、互动性、信息对称性以及信息准确性等方面对在线客服质量进行优化。

1.呼叫中心提升响应速度

公司可通过服务器分析消费者的访问IP、网页浏览请求，在传送网站页面时，将请求信息通过呼叫中心转发给当地客服人员，随时准备对客户的请求做出实时响应。为节省人力成本，响应的条件可在客户信息管理系统中进行设定，以区分普通消费者、潜在消费者和现有消费者。对不同的目标市场，呼叫中心的响应时机是有所区别的。例如，新加坡受西方文化的影响较大，消费者对网络隐私的安全性和保密性非常关注，适当的延时或采用机器自动应答系统，不会让消费者感觉到自己的隐私受到侵犯。

2.增强网站互动性

东南亚国家的消费者非常注重与贸易伙伴建立友好的关系，公司的网站客服人员应充分利用网络互动性的特点，通过即时通信、电子邮件、定制页面等方式增强与消费者的互动交流，提高消费者的忠诚度。

3.网页链接提高信息对称性

数字化信息使网页间的相互链接非常便利，减少了消费者因与公司的信息不对称所产生的顾虑和担忧。公司在网站上选择重要的信息设置链接点，为消费者提供更丰富的产品信息和服务信息，有助于增强他们网上交易的信心。

4.网站工具提高信息准确性

公司应注意在网站上设置快速检索信息和加工信息的工具或功能，如站内搜索、浏览记录、点击排名、关联产品推介、同类产品比较、排序索引等。这些功能将减少网民在网站上搜索信息的时间，提高浏览的效率，促成交易，形成网民的上网习惯，培育网民的忠实度。

(二) 网络营销的品牌策略

网络营销的品牌策略主要从两个方面来实现，即公司产品品牌的网络宣传和公司网站域名的有效传播。

1.公司产品品牌的网络宣传

公司产品品牌可以通过公司的网站、网络广告、软文营销、网络活动赞助、游戏植入等方式进行网络宣传和推广。另外，通过与相关网站合作，将公司产品品牌设置成关键词链接，也是很有效的推广方式。东南亚国家的一些知名品牌由于存在语言、地域文化的差异，在传播时应注重利用形象的图形和符号来宣传。例如，泰国商业部推广使用的茉莉香米的专利标识；越南、马来西亚等国的商品常采用的头像、徽标等可以方便、形象地在网络上传播。

2.公司网站域名的有效传播

公司网站域名可与产品品牌相同，也可以与产品品类相联系，还可以与公司发展定位相呼应，这样网民在访问公司网站时，可以加深对公司品牌的认识。另外，在东南亚国家申请注册网站域名时，可采用东道国语言中较简易或常用的文字作为域名，方便记忆和传播。例如，由新加坡出版集团和欧洲最大的分类广告商 Schibsted ASA 在马来西亚合资开办的购物网站，便以"mudah.my"作为域名（"mudah"马来语中的意思为方便、容易）。

二、东南亚市场网络营销价格策略

以顾客让渡价值理论来分析网络购物，网民在进行网络消费时，其所获得的顾客整体价值中的服务价值、人员价值和形象价值是降低的，整体顾客成本中的时间成本、体力成本也明显减少，网民所获得的让渡价值并没有提高。因此，从网络实践来看，网民希望通过以减少货币成本支付的方式弥补网络消费中损失的整体顾客价值。公司在制定网络营销的价格策略时，必须要符合网络定价的全球性、透明化、免费和网民主导的特点。网络营销的具体的价格策略包括：

1. 低价定价策略

网民选择网上购物，一方面是因为网上购物比较方便，另一方面是因为网上可以获取更多的产品信息，减少与公司的信息不对称，获得更强的议价能力，从而以最优惠的价格购买商品。此时，公司应摆脱传统定价模式的束缚，围绕着生产成本、配送成本、利润和竞争力等因素来考虑网络营销的定价。公司通过直接销售、简易包装、批量购买、自助售后服务、降低库存等途径来降低成本，满足网民的低价需求。例如，新加坡的 Deal 购物网站通过商家联盟、团购、联合促销、关联销售等形式，常年推出折扣率很高的产品。

2. 免费价格策略

免费价格策略是市场营销中常用的策略之一，它主要用于促销和新品上市，这种策略一般是短期和临时性的。但在网络营销中，免费价格不仅是一种促销策略，还是一种非常有效的产品和服务定价策略。免费价格策略的具体形式包括：产品和服务完全免费、产品和服务实行限制免费、产品和服务实行部分免费、附赠产品或服务免费。

实行免费价格策略的公司通常提供虚拟商品或服务，但是随着网民用户数量的增加，其运营成本也会不断增加，因此公司必须有自己独特的盈利模式维持这一策略的实施。例如，在东南亚国家非常受网民欢迎的社交网站（如 Facebook）、视频网站（如YouTube）、搜索引擎（如 Google）、博客网站（如 Blogger）等都有自己的盈利模式。

对于销售实物产品的公司来说，则应通过网络平台为网民提供更多的免费服务和咨询来促进实物产品的销售。

3. 网民主导定价策略

网民主导定价通常应用于拍卖网站和 C2C 网站。根据国外知名拍卖网站 eBay 的统计分析，在网上拍卖的定价产品中，只有 20% 的产品拍卖价格低于卖主的预期价格，50% 的产品拍卖价格略高于卖主的预期价格，30% 的产品拍卖价格与卖主的预期相吻合。在所有的拍卖成交产品中，有 95% 的产品成交价格是卖主比较满意的。目前，eBay 在东南亚国家也是最受欢迎的拍卖网站之一。公司可以通过在 eBay 上拍卖商品，吸引更多的网民关注，推广公司的品牌和产品。

三、东南亚市场网络营销渠道策略

公司的产品通过网络在东南亚市场开拓销售渠道，可采取三种方式进行：

1.利用公司品牌的知名度在东道国注册域名

产品或品牌已经在东南亚国家有一定的知名度，并且有成熟的销售网络的公司可以考虑在东道国注册公司网站域名，开设公司网站。针对东南亚国家网民的浏览习惯，可发布英文版、中文版、越文版、泰文版等版本的网站。

2.选择符合公司定位的B2B网站，发布产品信息

公司在选择东道国的网站进行网络营销时，没有必要一定选择最知名或最大的综合性网站，而应根据公司的目标市场、产品定位、客户或消费群定位选择适合信息发布的B2B网站。网站的选择可由公司自行考察，也可以通过东道国的贸易伙伴来挑选，或采用给予代理商广告补助的方式来进行。

3.招募目标市场国家的网络销售代理，开设网站

公司可以利用东道国的B2C网站招募网络销售代理商，还可以在B2C网站上开设个人网店，利用东道国对个体经营者的优惠政策进行产品的销售。表13-3为东南亚主要国家较受网民欢迎的B2C网站。

表13-3　　　　　　　东南亚主要国家较受网民欢迎的B2C网站

序号	B2C网站	国家（本国排名）
1	eBay	文莱（16）、泰国（39）、新加坡（49）
2	Amazon	新加坡（14）、菲律宾（34）、柬埔寨（41）、缅甸（47）、泰国（48）、文莱（49）
3	Taobao	新加坡（19）、马来西亚（23）、老挝（37）
4	Lelong	马来西亚（47）、新加坡（1 453）
5	Aliexpress	文莱（25）、缅甸（28）、老挝（33）、柬埔寨（34）、泰国（41）、新加坡（42）
6	Lazada	马来西亚（5）、泰国（7）、菲律宾（8）、印度尼西亚（14）、新加坡（17）、越南（20）
7	Qoo10	新加坡（10）

资料来源：根据Alexa网站的访问量统计整理。

四、东南亚市场网络营销促销策略

网络促销形式包括网络广告、网站推广、销售促进和网络公关等形式。面向东南亚市场的网络促销策略需要从以下几个方面着手：

1.调查分析东南亚国家访问量较大的网站

公司可以通过访问调查、网站监测、网站排名统计、行业新闻等途径调查了解东南亚国家访问量较大的知名网站。首先，可以借助Alexa网站的访问量排名筛选访问量排名靠前的各类型网站；其次，通过网站监测了解网站的注册用户数量、交易情况、下载流量等情况；最后，在网民中进行抽样访问调查，了解东道国网民的上网偏好，最终确

定东道国的知名网站排名表。表13-4显示了Alexa网站2017年7月3日统计的新加坡各知名网站访问量的排名情况。

表13-4　　　　　　　　　　　　新加坡网站访问量排名表

序号	网站	网类类别	主要服务	本国访问量排名
1	Google（新加坡）	搜索引擎	信息检索	1
2	You Tube	视频网站	视频分享	2
3	Google（全球）	搜索引擎	信息检索	3
4	Facebook	社交网站	交友、信息分享	4
5	Yahoo!	门户网站	信息分类搜索、邮箱服务	5
6	Wikipedia	百科网站	百科知识	6
7	Reddit	社交网站	自营社区、交流、分享	7
8	Live	搜索引擎	信息检索	8
9	Qoo10	购物网站	网上购物	10
⋮	⋮	⋮	⋮	⋮
14	Amazon	购物网站	网上购物	14

资源来源：根据Alexa网站数据整理所得。

2.根据公司产品特点、网民偏好、网站特色、目标客户分布选择促销网站

公司在选择促销网站时，不能只追求访问量大的知名网站，还应关注网站的性质是适合发布品牌广告，还是适合直接发布产品促销信息，网站访问者的年龄、职业、性别的分布，以及网站在同类型网站中的定位等信息，以便有的放矢地投放广告。例如，AsiaOne网站作为新加坡访问量最大的新闻报道网站，适合品牌广告、新产品发布和热销商品促销等推广宣传；Hardwarezone网站是新加坡最大的计算机硬件和消费电子产品交易平台，电子公司、家电连锁公司、科技公司和计算机爱好者都是这个网站的主要访问客户。

3.制订网络广告计划和网站推广计划

公司的网站广告和网站推广可以根据促销的目标选择广告形式、发布时机、链接方式，同时将网站广告推广与搜索引擎推广、电子邮件推广、软件宣传同步进行，在较短的时间里获得较多的关注和点击达到促销的目的。例如，"淘宝网热卖"2012年1月在马来西亚最大的C2C网站Lelong.com上发布了旗帜广告，促销冬季服装。

4.开展网络销售促进

在开展网络销售促进时，公司最好选择可以在线交易的产品或服务，这样既充分发挥了网络销售的便利性，又快速地实现了销售效果。另外，公司可以结合线下实体店的促销，采用网上预约、下载优惠券等方式带动实体店销售。网络促销期间应及时配送产

品，并邀请消费者对网购产品和服务进行评价，以获得更好的促销效果。

5.开展网络公关活动

公司利用互联网络开展公关活动是一项重要的营销策略，一方面，公司可以利用网站发布公司新闻，报道行业动态，面向股东和行业伙伴开展公关活动；另一方面，公司可以借助公共平台，如新闻网、论坛、社区网站、专业产品网站等发布有关公司新闻、产品推荐、用户产品体验等方面的软文进行公关宣传。另外，公司还可以组织销售人员利用个人博客、即时通信、电子邮件等手段进行公关活动。不过值得注意的是，很多公司把网络公关活动和网络广告混杂在一起进行，结果往往适得其反。

❖ 小资料13-5

中小公司如何开拓东盟市场

中小公司选择网络营销开拓新兴的东盟市场，能充分发挥其灵活性、机动性的优势，快速地将最新的网络营销技术进行消化和应用。

1.借助互联网络开展深入的市场调查

公司借助互联网可以从三个渠道来寻找贸易合作伙伴，开展市场调查。一是借助第三方网络监测和排名网站来寻找目标市场国家的知名商务网站，并在该类网站上寻找合作伙伴，开展市场调查；二是在目标市场国家的政府官方网站、金融机构网站、商会和行业协会网站的专栏内挖掘信息，寻找合作伙伴，开展市场调查；三是通过东道国的黄页网、搜索引擎寻找合作伙伴，开展市场调查。另外，公司还可以利用在线客服、在线调查表、在线访问监测和邮件列表等方式直接面向消费者进行市场调查。

2.针对不同的目标市场制定差异化的营销策略

东盟各国虽然同处一个经济体，但是各国消费者的收入、民族禁忌、风俗习惯、宗教信仰各不相同，网络营销应充分利用网络资源的易用性和低成本，为消费者打造不同的产品和服务，实施差异化营销策略。例如，新加坡、文莱、马来西亚等国可以采取个性化的产品和服务吸引消费者，宜采用撇脂定价策略开拓市场；而印度尼西亚、越南、菲律宾等国可以通过大众化的产品和服务降低成本，宜采用渗透定价策略开拓市场。

3.选择符合公司定位的B2B网站发布产品信息

中小公司在选择B2B网站时，不一定非要选择最知名或最大的网站作为网络营销的代理商，而应根据公司的目标市场、产品定位、客户或消费群定位等因素选择合适的B2B网站。公司通过在线监测、委托调查、客服咨询等方式对待选的B2B网站在目标市场国家的访问量排名、网站注册商家的类型和规模、访问网民的构成、网站自身发展定位、网站提供的服务种类和质量等情况进行综合评价后，再确定选择哪些网站或网站的哪些服务项目。公司还可以利用网站提供的免费注册服务，先行体验和监测各网站的营销效果。另外，公司在发布产品信息后应注意及时更新，对访问量和客户进行跟踪。

4.招募目标市场国家的网络营销代理开设网店

对于B2C网站，中小公司可以通过在目标市场国家招募网络营销代理的方式，支持代理商在本国的B2C网站上开设网店。一方面，吸引网民对产品的购买和评论；另一方面，较高的网上曝光率也容易引起潜在合作伙伴（贸易商、代理商）的关注，实现"拉式营销"与"推式营销"相结合，提高产品和公司品牌在目标市场的知名度。

5.开发多语言版本的公司自营网站

公司除了借助外部的商务网站平台开展营销活动外，公司自营网站的建设和营销也是至关重要的。公司可以考虑在多个目标国家市场中共用一个".com"的域名，然后开发网站的多个语言版本；也可以分别注册以东道国国别缩写为顶级域名的多个域名，开发不同语言版本和风格的网站。前者只有一个访问网址和主站点，统一的公司形象便于推广和营销，节省成本，但缺乏针对目标市场国家的亲善性；后者虽然网站建设、维护和推广的成本增加，但有利于增强网民对网站的亲切感和信任度，而且可将网站交给东道国的代理商来维护和推广。

6.通过搜索引擎优化、网络广告、交换链接推广公司网站和网店

尽管公司在商务网站平台上发布了信息或开设了网店，但仍应注重对自营网站和网店的推广。首先，公司应加强对搜索引擎技术的跟踪研究，通过关键词修正和使用、网站布局和网站构架调整、优化链接等方式提高搜索引擎的命中率；其次，鲜活、生动的富媒体网络促销广告可以最大限度地刺激网民的购买欲望或吸引其进一步浏览访问；最后，选择与一些具有较高知名度的网站或与公司产品（服务）具有互补性的网站实行交换链接或购买友情链接广告位，从而提高网站或网店的访问量。

7.在各类网站上进行软文营销

软文营销可以很巧妙地将公司的营销意图掩盖起来，同时让网民对公司、品牌或产品留下深刻的印象。中小公司可以选择包括商务网站、博客、论坛、政府官方网站、商会和行业协会网站及公司自营网站等平台，通过评论、博文、新闻、报道、FAQ等形式，让销售人员、消费者等参与到其中，提高公司的曝光度。另外，对于营销软文的写作应坚持原创，并加强网站信息的持续更新。

资料来源：李宁. 中小公司面向东盟网络营销策略研究 [J]. 时代经贸，2010（8）.

第三节　东南亚市场网络营销技术及发展趋势

一、东南亚市场网络营销技术

公司开展网络营销依托于网络技术和网络应用，具体实施要根据技术的成熟程度和

应用的广泛性来决定，包括注册搜索引擎，利用各种门户网站、商业网站、社交网站、行业网站，定向邮件列表，群发手机短信等。对于东南亚市场的网络营销，公司首先要根据开拓东南亚市场的总体目标制定网络营销的策略；其次要注意东南亚国家网民消费行为的特殊性，选择适当的网络营销工具；最后运用网络营销技术实现在东道国的网络销售活动。下面将分别探讨六类具体的网络营销技术。

（一）网上广告

互联网已被公认为第五种传媒。网上广告可以做在电子公告牌上，也可以做在专门的网上市场、网上交易会上，以及自己的电子网页上。网上广告可分为地域类、国别类、产品类三种类型。地域类集中了某一地区几个国家的产品信息，如利用雅虎网上浏览器的用户可以在几分钟内搜寻到全世界范围内的有关产品或公司的资料。国别类集中了本国市场或本国公司发布的产品信息，如"中国黄页"可以查到中国公司登载的各类产品的信息。产品类集中了世界各地厂商生产的同类产品，其类似于专业市场。

（二）电子邮件

电子邮件（E-mail）相当于公司的一个邮政信箱加特快专递。但它与普通信箱和特快专递有很大的不同：①方便。信息的传送不受时间、空间的制约，且传递速度快，无干扰。通过电子邮件，公司不仅可以传送文字信息，还可以传送图像、声音、报表、计算机程序。与邮政信函相比，它还具有一函多发，即同时将一份文件发送给若干个收件人的功能；与传真、电话相比，它具有可编辑性，用户收到电子邮件后可在电脑上任意编辑所收文件。②安全可靠。由于每个用户拥有单独的电子信箱，取信时必须输入用户名及密码，加大了通信的安全性和保密性。另外，用户若未删除邮件，邮件会自动长期保存，不会丢失。③廉价快捷。互联网不分国界，收费标准是一样的。

（三）电子网页

电子网页相当于一个公司的名片，公司通过电子网页可以将产品和服务信息告知潜在客户和目标客户，而网络用户也可以通过搜索软件查到公司的电子网页获取相关信息。电子网页还可以设置留言簿，便于公司和网络客户建立联系。很多公司，尤其是中小公司，由于缺乏人力和财力、信息闭塞，无法经常参加东南亚商业展览，更无法在海外设立办事机构，但是中小公司可以通过建立电子网页，并配合一些营销手段，就能够在东南亚市场上初步开展网络营销活动。

（四）独立网站

网站如同互联网上的大型豪华商场。与传统的有店铺经营（以批发和零售为代表）和无店铺经营（以邮购和直销为代表）的方式不同，电子商场是"虚拟商场"，它将实际的商业购物空间转换为虚拟的信息购物空间，实现了谈判、订货、签单、支付、运送、服务各环节的网上操作。客户可以边看边逛，浏览货架上琳琅满目的商品，选中商品后只需点击鼠标，即可确定购买。

（五）IBS（Internet Business System）系统

建立 IBS 系统相当于在互联网上建立整体 CI 策划和制定总体营销战略，公司通过对网站受访情况的分析，找出真正的潜在客户，实行有针对性的主动营销。IBS 系统一般包括三个子系统：①产品展示子系统，包括公司的电子邮件地址、域名规划、主页设计、宣传及网页链接、产品目录等部分；②产品销售子系统，包括自动订单系统、自动报价系统、代理商服务系统；③用户反馈子系统，包括用户技术解答系统、用户反馈回应系统、用户交流联络系统。

（六）数据挖掘（Data Mining）

公司的客户管理系统应用数据挖掘技术，可以对网民的注册信息、访问时间、浏览内容、页面停留时长、访问历史等信息进行分析，再通过分类、估计、预测、相关性分析、聚类、描述等运算分析得出消费者上网的习惯和偏好，进而对网站的结构、页面设计、购物流程、服务进行优化，以提高消费者访问网站的满意度。

二、东南亚市场网络营销应用发展趋势

东南亚地区作为拥有6亿人口的庞大市场，电子商务发展紧跟中国和美国的脚步，进入了快速发展的黄金时代。虽然2015年该地区网络购物的比例仅占零售业的1%，但是预计到2020年可以达到两位数的比例。东南亚市场的网络营销应用发展呈现出一些新动向。

（一）电子商务公司的投资规模不断扩大

在印度尼西亚，Matahari Mall 针对 Rocket Internet 投资的 Lazada 大肆宣扬其本土性。作为回应，在前任 CEO Magnus Ekbom 回归后，Lazada 对印度尼西亚的投资翻了一倍。aCommerce 在印度尼西亚的订单量首次超过泰国。阿里巴巴在中国的竞争对手京东已进入印度尼西亚，并上线了 JD.id。

2015年，电商公司的并购也非常热闹。Ardent Capital 投资的 WhatsNew 于2016年1月在泰国收购了生活消费类垂直网站 Moxy。美容网站 Luxola 被法国奢侈品巨头路易威登收购。一家有150年历史的瑞士零售商大昌华嘉收购 aCommerce20%的股份，100多种西方品牌得以在该地区上架。

（二）品牌直销网站异军突起

在东南亚市场，品牌对电子商务平台的需求正在日益增长，无论是通过自营的品牌直销网站，还是通过东南亚当地的综合电商平台，都有助于提高品牌上线的速度。例如，P2P网站（如 OLX）、C2C网站（如 Rakuten、Tokopedia、Shopee）、B2C网站（如 Lazada、Zalora、Matahari Mall）和品牌直销网站（如 L'oreal、Esteem Lauder）都是在非常短的时间内发展起来的。联合利华也在泰国设立了一个电子商务的分支平台。

（三）最后一公里仍是电子商务的瓶颈

当今，全渠道零售概念日益盛行，公司要实现跨越实体和线上购物渠道的目标，必须面对整合线上线下店铺的政策风险和物流服务的挑战。例如，新加坡邮政局宣布将建立融合线上线下并具有未来主义思想的购物商城；越南电子零售商 Nguyen Kim（已经被泰国 Central 集团收购）通过其拥有的大量线下零售站点，实现了购物当天4小时之内完成配送；Lazada、Matahari Mall 和 aCommerce 将投资建立自营物流公司，以缓解整个行业普遍的运能问题。最后一公里配送，将成电商领域必须努力突破的瓶颈。

（四）专营电商模式寻求夹缝生存

B2C电商公司在各个国家都呈现出一家或几家独大的态势，中小公司要生存下去，

只有选择专营电商模式。例如，Pomelo 和 Sale Stock Indonesia 通过自身独特的模式正在慢慢向上游发展，逐步通过专营品牌而获得相应的竞争优势。虽然 Moxy 的宣传口号是"出售一切产品的商铺"，但是其更侧重于女性使用的产品。同时，Central 受海外消费者数量下跌的影响，正在利用 Gilt 式即时抢购模式清除库存，以便重新启用预售的商业模式。

（五）电子商务人才竞争激烈

缺乏人才是东南亚国家的电商公司面临的最大问题之一。据统计，2015 年跳槽的员工一般能拿到原工资的 1.5～3 倍。为了留住人才，越来越多的电商公司努力建设公司文化并使办公环境更具吸引力。例如，2016 年 aCommerce 将其总部搬迁至曼谷的电子商务硅谷——Emquartier 区。

@ **本章小结**

网络营销是公司整体营销战略的一个组成部分，是公司为实现经营目标而利用互联网络技术开展的各类营销活动的总称。

公司面向东南亚市场开展网络营销必须熟悉东南亚国家的互联网发展的硬件环境（如电信基础设施、网络应用情况和物流服务条件等）、软件环境（如国家政策、法律环境和消费者行为等），以及网络营销市场的竞争状况（如跨国集团、知名网站、东道国本土中小公司、传统营销模式、电子化东盟等带来的竞争压力）。调查了解东南亚国家网络营销的发展趋势，针对应用广泛的搜索引擎、Web2.0 技术、智能手机 APP、视频分享、网络广告、嵌入式软件等技术，制定符合公司网络营销战略目标的产品策略、价格策略、渠道策略、促销策略，熟练应用包括公司网站、搜索引擎、即时通信、电子邮件、论坛、电子商务平台、SNS 社交网站等网络营销工具，有计划、分步骤地开展东道国目标市场的网络营销。

参考文献

[1] KOTLER P, KARTAJAYA H, HOOI DEN HUAN.Think ASEAN! rethinking marketing toward ASEAN Community 2015 [M]. London：The McGraw-Hill Companies，2007.

[2] 凯特奥拉，格雷厄姆. 国际市场营销学 [M]. 周祖城，赵银德，张璘，译. 12版. 北京：机械工业出版社，2005.

[3] 伊根. 关系营销：剖析营销中的关系策略 [M]. 林洪，等，译. 北京：经济管理出版社，2005.

[4] 杜尔，洛. 国际营销战略 [M]. 徐子健，译. 3版. 北京：清华大学出版社，2004.

[5] 科特勒，阿姆斯特朗. 市场营销原理 [M]. 郭国庆，等，译. 11版. 北京：清华大学出版社，2007.

[6] 科特勒，等. 营销管理（亚洲版）[M]. 梅清豪，译. 3版. 北京：中国人民大学出版社，2004.

[7] 科塔比，赫尔森. 全球营销管理 [M]. 刘宝成，译. 3版. 北京：中国人民大学出版社，2005.

[8] 基根. 全球营销管理 [M]. 段志蓉，等，译. 7版. 北京：清华大学出版社，2004.

[9] 阿姆斯特朗，科特勒. 市场营销教程 [M]. 俞利军，译. 6版. 北京：华夏出版社，2004.

[10] 克里斯托弗，佩恩，巴伦泰恩. 关系营销：为利益相关方创造价值 [M]. 逸文，译. 北京：中国财政经济出版社，2005.

[11] 波特. 竞争战略 [M]. 陈小悦，译. 北京：华夏出版社，2005.

[12] 苏格兰学历管理委员会. 国际市场营销（综合）[M]. 北京：中国时代经济出版社，2006.

[13] 苏格兰学历管理委员会. 国内市场营销（高级）[M]. 北京：中国时代经济出版社，2005.

[14] 佩勒尔特，麦卡锡. 市场营销学基础：全球管理视角 [M]. 赵银德，译. 15版. 北京：机械工业出版社，2007.

［15］博报堂品牌咨询公司. 品牌市场营销［M］. 陈刚，靳淑敏，译. 北京：科学出版社，2006.

［16］郑军健. 中国东盟商务年鉴（2009）［M］. 南宁：广西人民出版社，2009.

［17］庞鸿藻. 国际市场营销学［M］. 北京：对外经济贸易大学出版社，2006.

［18］刘志超. 国际市场营销［M］. 广州：华南理工大学出版社，2006.

［19］金润圭. 国际市场营销［M］. 北京：高等教育出版社，2006.

［20］王士录. 东南亚报告（2005—2006）［M］. 昆明：云南大学出版社，2006.

［21］吴晓萍. 网络营销［M］. 北京：北京交通大学出版社，2009.

［22］陈启杰. 市场调研与预测［M］. 上海：上海财经大学出版社，2004.

［23］逯宇铎，常士正. 国际市场营销学［M］. 北京：机械工业出版社，2004.

［24］郭国庆. 国际市场营销学［M］. 北京：中国人民大学出版社，2008.

［25］朱金生，张梅霞. 国际市场营销学［M］. 武汉：华东科技大学出版社，2008.

［26］杜学森. 国际市场营销［M］. 北京：对外经济贸易大学出版社，2008.

［27］李寿平. 多边贸易体制中的环境保护法律问题研究［M］. 北京：中国法制出版社，2004.

［28］杨丽艳. 区域经济一体化法律制度研究：兼评中国的区域经济一体化法律对策［M］. 北京：法律出版社，2004.

［29］刘仁伍. 东南亚经济运行报告（2006）［M］. 北京：社会科学文献出版社，2006.

［30］李荣林，宫占奎，孟夏，等. 中国与东盟自由贸易区研究［M］. 天津：天津大学出版社，2007.

［31］许宁宁. 中国–东盟"零关税"日记［M］. 北京：华夏出版社，2010.

［32］包昌火，谢新洲. 竞争对手分析［M］. 北京：华夏出版社，2003.

［33］王唤明，齐美东. 区域市场营销［M］. 合肥：合肥工业大学出版社，2006.

［34］张艳芳. 关系营销［M］. 成都：西南财经大学出版社，2007.

［35］鲁元军，金晓岚. 市场营销最重要的100个管理法则［M］. 深圳：海天出版社，2005.

［36］王瑞丰. 市场营销技术：策划与运作［M］. 北京：北京航空航天大学出版社，2007.

［37］梁东，刘建堤，等. 市场营销新视点［M］. 北京：经济管理出版社，2007.

［38］高微. 市场营销调查与预测［M］. 2版. 北京：首都经济贸易大学出版社，2006.

［39］张丁，卫东. 国际市场营销理论与实训［M］. 北京：电子工业出版社，2007.

［40］叶生洪，张泳，张计划. 市场营销经典案例与解读［M］. 广州：暨南大学出版社，2006.

［41］王方. 市场营销策划［M］. 北京：中国人民大学出版社，2006.

［42］郭庆方. 市场营销基础［M］. 北京：中国传媒大学出版社，2006.

［43］胡世强，王谊，邓康林. 小公司市场营销实务［M］. 成都：西南财经大学出

版社，2006.

　　[44] 于建原. 市场营销案例 [M]. 成都：西南财经大学出版社，2007.

　　[45] 汤定娜. 国际市场营销 [M]. 2版. 北京：高等教育出版社，2015.

　　[46] 娄伟. 美国"亚太再平衡"战略新态势及中国应对 [J]. 河南师范大学学报：社会科学版，2016（1）.